Oberitalien

E-Book *inklusive*

Das E-Book herunterladen – so einfach geht's:

1. Besuchen Sie www.vistapoint.de/ebook
2. Klicken Sie dort auf den Button »E-Books der Reiseführer-Reihe weltweit«.
3. Geben Sie Ihre E-Mail-Adresse und den folgenden Download-Code ein.

   Code: BOR-VWBE-R3AD-14

4. Klicken Sie auf »Code absenden«.
5. Das E-Book wird als E-PDF gespeichert und kann auf Tablet, Smartphone und ausgewählten E-Readern gelesen werden.

Ausführliche Hinweise zum Download-Vorgang finden Sie hier:
www.vistapoint.de/ebook

Eine Übersichtskarte von Oberitalien mit den eingezeichneten Reiseregionen finden Sie in der vorderen Umschlagklappe.

Stefanie Bisping

Oberitalien

Sehnsuchtsziel Oberitalien

Das Land, wo Zitronen und Träume blühen

»Bella Venezia«: die Piazzetta San Marco im Morgenlicht

Traubensorten aus biologischem Anbau aus dem Aostatal

Irgendwo auf dem Brenner passiert es. Der Himmel reißt auf, die Sonne bricht durch die Wolken, der Alltag verschwindet im Rückspiegel. In Fahrtrichtung liegen die Dolomiten, später die von Palmen gesäumten, tiefblauen Alpenseen Norditaliens, prächtige Kunststädte, mittelalterliche Dörfer und schließlich das Mittelmeer. Abwechslungsreiche Landschaften, die Spuren einer Jahrtausende umspannenden Geschichte, dazu ein hochentwickelter Lebensstil, in dem kulinarische Freuden einen zentralen Platz einnehmen – es ist nicht verwunderlich, dass Italien ein Sehnsuchtsziel all derer ist, die nördlich der Alpen leben.

Daran hat sich nichts geändert, seit Goethe im September 1786 überstürzt in Weimar aufbrach und sich auf die lange Reise machte ins Land, wo die Zitronen blühen. Getrieben von ganz ähnlichen Motiven wie die Urlauber von heute, suchte er in Kultur, Klima und in der Schönheit Italiens Erlösung von den Zwängen des Alltags. Er wurde nicht enttäuscht.

Doch was macht Italien so unwiderstehlich, woher kommt die ansteckende Leichtigkeit, die auch schwere Stunden im Stau der Brennerautobahn (oder, in Goethes Fall, Tage des Knochenschüttelns in zahlreichen Postkutschen) sofort vergessen lässt, hat man erst auf der Piazza Platz genommen, die Sonnenbrille ins Haar

geschoben und einen Cappuccino bestellt? Es ist die Schönheit, die in Norditalien allgegenwärtig zu sein scheint. Noch ein altes Gehöft mit rotem Ziegeldach, das in den Weiten der Po-Ebene verfällt, übt im Licht der Abendsonne seinen ganz eigenen Zauber aus. Von Altstadt-Ensembles kleiner Städte wie Alba und Asti, mittelgroßer wie Padua oder Mantua und den funkelnden Juwelen Venedig, Vicenza und Verona gar nicht zu reden.

Das Aostatal, Trentino-Südtirol, Piemont, Friaul-Julisch Venetien, die Lombardei, Ligurien und die Emilia-Romagna, an deren südlichem Ende der Miniaturstaat San Marino klebt – diese ganz unterschiedlichen Regionen machen Oberitalien gerade durch die Vielseitigkeit ihrer Landschaften und die außerordentliche Schönheit ihrer Städte zum faszinierenden Reiseziel.

Das Synonym für adriatische Badefreuden: Rimini (Emilia-Romagna)

Bellagio – in exponierter Lage am Comer See (Lombardei)

Sehnsuchtsziel Oberitalien

Neben der funkelnden Modemetropole Mailand und der mit Design und Kunst gesegneten Lombardei, der alten Hafenstadt Genua und der einzigartigen Lagunenstadt Venedig besitzt Norditalien zerklüftete Alpenlandschaften – darunter das Weltnaturerbe der Dolomiten –, einige der schönsten Seen Europas, die ligurische Küste mit den zauberhaften Cinque Terre und die Emilia-Romagna mit endlosen Adriastränden einerseits und den Kunststädten Ravenna, Ferrara, Parma und Modena andererseits. Auch das Hügelland des Piemont vor steiler Alpenkulisse und der stille Zauber seiner Ebenen sind nicht unschuldig daran, dass mancher Mitteleuropäer Italien bereits verfallen ist, wenn er es eben erst über die Grenze geschafft hat. Zu den Reizen der Landschaft gesellt sich eine Dichte an Kultur und Kunstschätzen, wie man sie anderswo in der Welt kaum findet (außer vielleicht in Mittel- und Süditalien). Allein die Emilia-Romagna hat die Künste um den Komponisten Giuseppe Verdi, den Dirigenten Arturo Toscanini, die Sänger Luciano Pavarotti und Lucio Dalla, den Schriftsteller Giuseppe Guareschi und die Regisseure Bernardo Bertolucci und Federico Fellini bereichert. Und als wäre das alles noch nicht genug, haben die Städte des Nordens eine Menge Geld in Erhalt und Pflege ihrer eleganten historischen Zentren gesteckt, die mit Cafés, Arkadengängen und Baudenkmälern eine perfekte Kulisse zum Flanieren, Einkaufen und zum Einüben des *Dolce far niente* abgeben.

Oberitaliens reiche Kunstschätze: das Baptisterium in Parma oder Giovanni Bellinis »Sacra Conversazione« (1510–15)

Für dieses süße Nichtstun sind die rund 26 Millionen Menschen, die zwischen den Alpengipfeln des äußersten Nordens und der alten Festungsanlage von San Marino ganz im Süden leben, selbst indessen meist zu beschäftigt. So verschieden sie sind, eint sie doch alle ein Wohlstand, der Oberitalien dank seiner klimatisch wie politisch günstigeren Bedingungen von jeher deutlich und sichtbar vom Süden des Landes unterscheidet. Auch nach der Wirtschaftskrise, die ganz Italien empfindlich getroffen hat, sind die wirtschaftlichen Verhältnisse im Norden noch immer solide. Geld wird hier außer mit Handel, Tourismus und Landwirtschaft seit Langem mit den

Ein bauliches Highlight der Lombardei: der Mailänder Dom

der Ästhetik verpflichteten Branchen Mode und Design verdient – vor allem in und um Mailand. Ein weiterer Wirtschaftszweig mit Tradition ist die Herstellung von Automobilen. Was Fiat (bis 1969 auch Lancia) in Turin ist, das sind die Edelmarken Ferrari, Lamborghini und Maserati im Hinterland der Adria. Ferrari hat in Maranello bei Modena seine Heimat, Lamborghini bei Bologna, Maserati in Modena sowie Bugatti und Dallara in Parma.

Die Lebensmittelherstellung ist ein wirtschaftliches Standbein, aus dem sich der kulinarische Reichtum Oberitaliens ergibt: Parmesan, Parmaschinken, Mortadella und Aceto Balsamico haben in der Emilia-Romagna ihre Heimat, erlesene weiße Trüffel, wuchtiger Barolo und die berühmten saftigen Kirschen stammen aus dem Piemont, wunderbar leichte Weine aus Friaul-Julisch Venetien und der Lombardei. Produktiv und kreativ bei der Arbeit, verstehen die Menschen es hier, das Leben zu genießen und es sich gut gehen zu lassen. Vielleicht macht das bei allen seinen Trümpfen den größten Reiz Oberitaliens aus.

Die Langkofelgruppe in den Grödner Dolomiten

Sportlich hat Südtirol eine Menge zu bieten

Eine der zahlreichen Palladio-Villen im Veneto: Villa Trissino in Cricoli bei Vicenza

Mosaik aus dem 6. Jahrhundert in San Vitale in Ravenna

Chronik Oberitaliens

Daten zur Landesgeschichte

10. Jh. v. Chr.	Indogermanische Veneter aus Illyrien besiedeln das Gebiet der Adria.
6. Jh. v. Chr.	Gründung der Städte Ravenna und Bologna durch die Etrusker.
3. Jh. v. Chr.	Das Gebiet der Ligurer gerät unter die Herrschaft Roms.
2. Jh. v. Chr.	Oberitalien wird zur römischen Provinz *Gallia cisalpina.*
25 v. Chr.	Die Römer erobern das von Kelten bewohnte Aostatal.
49 v. Chr.	Julius Cäsar überschreitet bei Cesenatico den Rubikon und beansprucht somit in der Auseinandersetzung mit Pompeius die römische Führung für sich. Die Gebiete der heutigen Lombardei, des Piemont und Venetiens erhalten die Bürgerrechte des Römischen Reichs.
395	Das Römische Reich teilt sich in West- und Ostrom; das Gebiet der Adriaküste wird dem Weströmischen Reich zugeordnet.
402	Ravenna wird unter Kaiser Honorius Hauptstadt des weströmischen Reichs.
476	Der Germanenfürst Odoaker lässt sich in Ravenna zum König von Italien krönen.
493	Der Ostgote Theodorich ermordet Odoaker und begründet ein Reich, an das noch heute Mosaiken und Bauten in seiner Residenzstadt Ravenna erinnern.
526	Theoderich stirbt; Baubeginn der Kirche San Vitale in Ravenna, die 547 geweiht wird.
540	Ankunft der Byzantiner; Venedig und die Adriaküste geraten unter die Kontrolle Ostroms.
568	Unter Führung von König Alboin erobern die Langobarden die Städte der Po-Ebene.
7. Jh.	Die Langobarden nehmen nach und nach Norditalien ein. Ihre Hauptstadt wird Pavia.
697	Erstmals leitet ein vom oströmischen Kaiser Leontios ernannter Doge die Geschicke Venedigs.
726	Eine kirchliche und weltliche Elite der Venezianer wählt zum ersten Mal den auf Lebenszeit regierenden Dogen.
754	Der Frankenkönig Pippin III. erobert das Reich der Langobarden und überlässt dem Papst in der »Pippinischen Schenkung« unter anderem Istrien, Venetien und Ravenna. Damit legt er den Grundstein des Kirchenstaats. Die Lombardei wird Zentrum des karolingischen Italien.
800	Pippins Sohn Karl (der Große) wird zum Kaiser des Heiligen Römischen Reichs gekrönt.
812	Im Rahmen des Friedensvertrags von Aachen überlässt Karl der Große Venedig und Istrien Byzanz.

Die eiserne Krone der Langobardenkönige

Die Römer in Oberitalien

Rund 800 Jahre lang, vom 5. Jahrhundert v. Chr. bis zum 3. Jahrhundert n. Chr., herrschten die Römer. Den Norden Italiens eroberten sie vor der Zeitenwende und errichteten Befestigungen und Kolonien, von denen einige Bauten – etwa das **Amphitheater in Verona** – die Zeit überdauert haben. Vom hochentwickelten Lebensstil der Römer zeugen die Überreste ihrer Feriendomizile am Comer See. In das durch ihren Niedergang entstandene Machtvakuum, drängten in rascher Folge neue Kräfte. Als das Römische Reich zerfiel, wurde zunächst Odoaker König des heutigen Italien, bevor nacheinander Westgoten, Hunnen, Ostgoten und im Jahr 535 Byzantiner in den Norden einfielen. Ihnen folgten die Langobarden, die Pavia zu ihrer Hauptstadt machten und ab der zweiten Hälfte des 7. Jahrhunderts fast das ganze heutige Italien beherrschten. Ab dem 8. Jahrhundert regierten die Franken, die als Heiliges Römisches Reich im 9. Jahrhundert in Hinblick auf die Größe ihres Einflussbereichs zeitweise eine Art Nachfolge des antiken Römischen Reichs antraten.

828 Venezianische Händler stehlen in Alexandrien die mutmaßlichen Gebeine des heiligen Markus. Der Evangelist wird zum Schutzpatron der späteren Republik von San Marco. 830 wird mit dem Bau des Markusdoms begonnen.

840 Venedig emanzipiert sich von Byzanz, schließt Frieden mit seinen Nachbarn und erlangt Handelsfreiheit im Westreich. Der Aufstieg Venedigs zur Handelsmacht beginnt.

951 Otto I. besetzt Norditalien und die Adriaküste.

1000 Unter Führung des Dogen Pietro II. Orseolo besiegt Venedig Istrien und Dalmatien und erringt eine Vormachtstellung, die es über Jahrhunderte halten wird.

1085 Venedig schlägt die Normannen, die große Teile Italiens erobert haben, und wird durch seinen Seehandel zur ökonomischen und militärischen Großmacht.

»Brot und Spiele« seit der Antike – die Arena von Verona

Ansicht von Venedig auf einem Kupferstich von Georg Braun und Frans Hogenberg (Köln, 1572)

Chronik Oberitaliens

Baubeginn 1340: Filigrane Säulen und Bögen bestimmen die Fassade des Dogenpalasts in Venedig

Eine Vorlesug um 1380 in der Universität Bologna

Von einem Mauergürtel mit Schwalbenschwanzzinnen umgeben, war die Scaligerburg in Sirmione bereits von außen als kaisertreu ghibellinisch zu erkennen

1088 Gründung der ersten Universität Europas in Bologna.

1094 In Venedig wird der Markusdom geweiht.

1162 Venedig erobert das Friaul.

1167 Im Kräftemessen mit Kaiser Friedrich I. Barbarossa gründen die Städte des karolingischen Italien den Lombardischen Städtebund.

1176 Nach Kämpfen norditalienischer Städte gegen Kaiser Friedrich Barbarossa muss dieser den Lombardischen Städtebund anerkennen. Versöhnung des Kaisers mit Papst Alexander III. im Markusdom. Als Dank für die Vermittlung des Dogen wird Venedig vom Kaiser eine durch keine Zölle beschränkte Handelsfreiheit im ganzen römisch-deutschen Reich gewährt.

1204 Venezianer und Ritter des vierten Kreuzzugs erobern Konstantinopel. Viele kostbare Beutestücke gelangen nach Venedig. Die »Durchlauchteste« (Serenissima) Republik wird zur führenden politischen Macht im Mittelmeerraum.

1208 In Ferrara gelangt die Familie Este an die Macht.

1222 Die Universität Padua wird gegründet.

1231 Tod des heiligen Antonius in Padua. Im Jahr darauf Grundsteinlegung der Grabkirche Basilica di Sant'Antonio.

1257 Krieg zwischen den Seemächten Venedig und Genua.

1264 Erste öffentliche Proklamation eines Herrschers aus der Familie Este, die nun die Macht in Ferrara, Reggio und Modena erringt. In Rimini herrscht das Geschlecht der Malatesta.

1284 Genua wird zu Venedigs Mitbewerber um die Stellung als wichtigste Handelsmacht im Mittelmeer.

1340 In Venedig beginnt der Bau des heutigen Dogenpalasts.

Ghibellinen und Guelfen

Im Kräftemessen mit Kaiser Friedrich I. Barbarossa gründeten 1167 mehrere Städte Norditaliens den Lombardischen Städtebund. Neun Jahre später besiegten sie Barbarossa, der den Bund nun anerkennen musste. Nachdem sich Mailand mit dem Kaiser verbündete, entstanden zu Beginn des 13. Jahrhunderts innerhalb der Städte neue Parteien, die papsttreuen Guelfen und die dem römisch-deutschen Kaiser nahestehenden Ghibellinen. Ihr Konflikt zog sich durch viele Städte. Papst Benedikt XII. suchte dem Zwist ein Ende zu setzen, indem er 1334 beide Bezeichnungen verbot. Da hatten die Ghibellinen in Folge des Niedergangs der Staufer ohnehin bereits an Schlagkraft verloren.

Die Renaissance in Oberitalien

Während der Renaissance blühte die Wirtschaft Norditaliens, was Geld für die Künste freisetzte. Baumeister und Künstler arbeiteten nicht mehr nur im Auftrag der Kirche, sondern für Fürsten und Geldadel. Vor allem die reichen Republiken Venedig und Genua entwickelten sich zu kulturellen Zentren, in denen Reiche und Neureiche Paläste bauten und sich als Förderer der Kunst profilierten. Aber auch kleinere Städte wie Mantua, wo Fürst Ludovico durch kostspielige Prachtentfaltung von der Überschaubarkeit seiner Ahnenreihe abzulenken suchte, erlebten eine architektonische und künstlerische Blüte. Das Universalgenie Leonardo da Vinci verbrachte zehn Jahre am Mailänder Hof, in denen er das Wandgemälde **»Das Abendmahl«** (Cenacolo; 1495–98) im Kloster Santa Maria delle Grazie schuf und sich am Bau von Dom und Kastell beteiligte. Anders als nördlich des Brenners entwickelte sich die Renaissance in Italien bereits zu Beginn des 14. Jahrhunderts.

1380 Venedig besiegt Genua nach fast 130 Jahren Krieg und erringt die Vorherrschaft an der Adria und im östlichen Mittelmeer.

1389 Treviso fällt an Venedig. Nach und nach erweitert Venedig nach der Auflösung der Einheit Norditaliens seinen Besitz auf dem Festland, der *Terraferma*.

1405 Verona und Padua fallen an Venedig; Udine und Friaul folgen 1420, Ravenna und Cremona 1441.

1451 In Genua kommt Cristoforo Colombo (Christoph Kolumbus) zur Welt. 1492 wird er auf der Suche nach dem Seeweg nach Indien Amerika entdecken, ohne es recht zu bemerken.

1492 Ravenna und Rimini fallen an den Kirchenstaat zurück.

1498 Sechs Jahre nach der Entdeckung Amerikas durch Christoph Kolumbus findet Vasco da Gama den Seeweg nach Indien. Langfristig bedeutet das für Venedigs Position als Handelsmacht das Ende, weil sich neue Handelsrouten entwickeln.

1518 Enthüllung von Tizians Meisterwerk »Himmelfahrt Mariens« in der Frari-Kirche in Venedig.

1528 Genua wird unter Andrea Doria zur selbstständigen Republik.

1530 Karl V. lässt sich in Bologna zum Kaiser krönen.

1578 Das mutmaßliche Leinentuch Jesu wird im Turiner

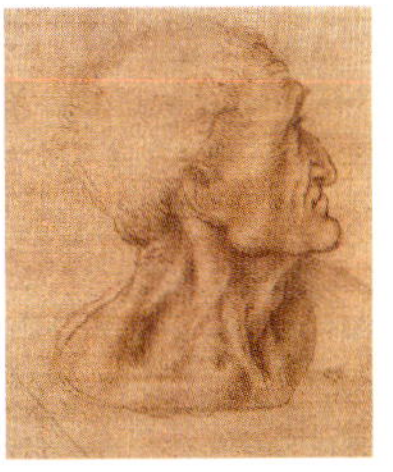

Studie Leonardo da Vincis zum »Abendmahl« (um 1495, Mailand)

Andrea Palladio – Wegweiser der Architektur

Der große Renaissancebaumeister Andrea Palladio wurde am 30. November 1508 als Andrea di Piero della Gondola in Padua geboren. Hier ließ er sich zum Steinmetzen und Bildhauer ausbilden. Später ging er nach Vicenza, wo er in Stadt und Umland rund 60 Villen baute. Fast alle dieser Anwesen für Herrscher, Händler und Bankiers erbaute er im Stil antiker Villen. Zu den berühmtesten zählen La Rotonda in Vicenza und La Malcontenta am Brentakanal. So schlug er den Kerngedanken der Renaissance, die Rückkehr zu den Idealen der Antike, quasi in Stein. Seine Bauten strahlen über die Jahrhunderte hinweg eine außerordentliche Klarheit und Schönheit aus und inspirieren Architekten bis heute. Weitere Meisterwerke Palladios sind Il Redentore und San Giorgio Maggiore in Venedig – christliche Kirchen mit den Fassaden heidnischer Tempel. Palladio starb am 19. August 1580 in seiner Wahlheimat Vicenza.

Statue des Andrea Palladio (1508–80) vor der Basilica Palladiana (Vicenza)

Chronik Oberitaliens

1786 bricht Johann Wolfgang von Goethe 37-jährig zu seiner Italienreise auf, sein Reisebericht bestimmt für lange Zeit das deutsche Italienbild

Dom untergebracht, wo es sich noch heute befindet.

1630 Die letzte große Pest-Epidemie bricht in Venedig aus und fordert insgesamt 47 000 Opfer. Allein im November sterben fast 15 000 Menschen in der Lagunenstadt, die zu diesem Zeitpunkt 140 000 Einwohner hat.

1786 Johann Wolfgang von Goethe beginnt im Spätsommer eine Italienreise, die zwei Jahre dauern wird und aus der sein Bericht »Die italienische Reise« entsteht. Im September erreicht er den Gardasee.

1792 Das venezianische Opernhaus La Fenice wird eröffnet.

1797 Napoleon Bonaparte hat große Teile Oberitaliens besetzt und zwingt am 12. Mai den 120. und letzten Dogen Ludovico Manin zum Rücktritt. Es ist das Ende der Republik Venedig nach rund 1000 Jahren.

1778 In Mailand eröffnet am 3. August das Opernhaus La Scala.

1815 Im Ergebnis des Wiener Kongresses fallen Venetien und die Lombardei an die Habsburger Monarchie, die südlichen Gebiete der Adria an den Kirchenstaat.

1815–61 Nach dem Ende der Ära Napoleon gehört das Gros Norditaliens zum Königreich Sardinien-Piemont, das 1861 im neu ausgerufenen Königreich Italien aufgeht.

1843 Die ersten Urlauber besuchen die Adriaküste.

1848 Erhebung gegen die Österreicher in Venedig; die »Demokratische Republik Venetien« wird proklamiert und schließt sich Sardinien-Piemont an.

1861 Der Savoyer Vittorio Emanuele II. wird König von Italien; Turin ist vier Jahre lang Hauptstadt (dann folgt Florenz). Bis 1945 stellen die Savoyer, die erst als Fürsten, dann als Könige von Sardinien-Piemont geherrscht hatten, die Könige Italiens.

1866 Nach der Emilia-Romagna und den Marken werden auch Friaul und Venetien Teil des italienischen Nationalstaats.

1870 Rom wird die Hauptstadt des vereinigten Italien.

1895 In Venedig findet die erste »Esposizione Biennale d'Arte Contemporanea« statt.

1899 In Turin rollt der erste Fiat vom Band.

1915 Italien tritt mit der Kriegserklärung gegen Österreich-Ungarn in den Ersten Weltkrieg ein.

1918/19 Österreich verliert mit Istrien und Triest seine letzten Besitzungen in Italien.

1919 Der Friedensvertrag von Saint-Germain schlägt die südlich des Brenners liegenden Gebiete Tirols überwiegend Italien zu. Es beginnen Italienisierungsbestrebungen in den deutsch- und ladinischsprachigen Gebieten.

1899 rollt mit dem »Fiat 3,5 HP« das erste Modell des Turiner Automobilherstellers vom Band

1939–44 Italien schließt sich unter Mussolini Nazi-Deutschland an.

1946 Italien wird Republik. Damit endet auch offiziell die Ära des savoyischen Königshauses.

1947 Die Pariser Friedenskonferenz spricht Istrien Jugoslawien zu, während Triest Freistaat unter Aufsicht der Vereinten Nationen wird.

1948 Das Aostatal erhält einen Sonderstatus als Autonome Region.

1954 Die Stadt Triest fällt mit ihrem Hafen an Italien, das übrige Istrien an Jugoslawien.

1963 Die Region Friaul-Julisch Venetien entsteht und erhält zum Schutz der slowenischen Minderheit einen Sonderstatus.

1966 Am 4. November erreicht ein schweres Hochwasser in Venedig einen Pegelstand von 1,94 Meter über Normalnull und verursacht in großen Teilen Norditaliens schwere Schäden.

1972 Das »Südtirol-Paket« tritt in Kraft, das den Schutz von Minderheiten im italienischen Staat vorsieht.

1989 Die Algenpest an der Adriaküste sorgt für schwere Einbußen im Tourismus. Von jetzt an wird das Wasser der Adria regelmäßig von Forschungsschiffen kontrolliert.

1991 Ein deutsches Ehepaar findet bei einer Wanderung in den Ötztaler Alpen die Mumie eines vor 5000 Jahren gestorbenen Mannes. Der Fund des Steinzeitjägers »Ötzi« ist eine Riesensensation. Dieser findet im Südtiroler Archäologiemuseum in Bozen eine viel besuchte Ruhestätte.

1992 Die Autonomie der Region Trentino-Südtirol ist vollzogen.

1994 Silvio Berlusconi wird zum ersten Mal italienischer Ministerpräsident.

1996 Venedigs Opernhaus La Fenice fällt einem Brand zum Opfer.

2003 Der italienische Staat beginnt mit dem Bau der ersten Schleuse des MOSE-Projekts, dessen mobile Dammanlagen Venedig vor Überflutungen schützen sollen.

2004 Genua ist Europäische Kulturhauptstadt. Das Opernhaus La Fenice in Venedig eröffnet wieder.

2008 Ministerpräsident Romano Prodi aus Bologna unterliegt bei der Wahl Silvio Berlusconi, der somit seine vierte Amtszeit beginnt.

2012 Im Mai werden Emilia-Romagna und Teile der Lombardei von schweren Erdbeben erschüttert. Besonders betroffen ist die Region um Modena. 20 Menschen kommen ums Leben; zahlreiche historische Bauten werden schwer beschädigt.

Im Oktober wird der ehemalige Ministerpräsident Silvio Berlusconi wegen Steuerbetrugs zu vier Jahren Haft verurteilt.

2014 Im Februar wird der 1975 in Florenz geborene Matteo Renzi italienischer Ministerpräsident.

2004 findet die Wiedereröffnung des Teatro La Fenice statt (Venedig)

Bologna, die Hauptstadt der Emilia-Romagna, aus der Vogelperspektive gesehen

Die schönsten Reiseregionen Oberitaliens

REGION 1
Aostatal

Aostatal/Valle d'Aosta

Eine Region mit Sonderstatus

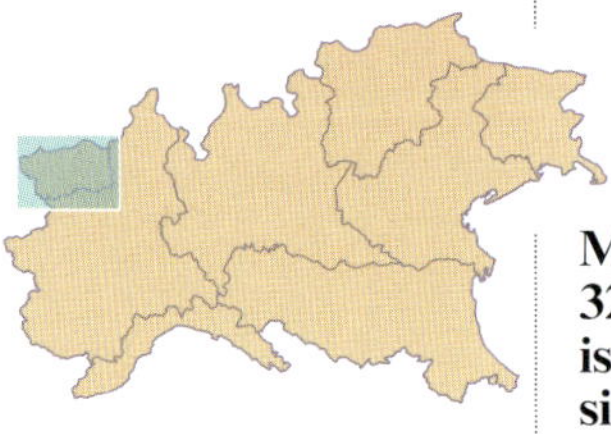

Mit rund 127000 Einwohnern, die sich eine Fläche von gerade mal 3262 Quadratkilometern im äußersten Nordosten Italiens teilen, ist das autonome Aostatal die kleinste Region Italiens. Dafür besitzt es besonders große Berge: Drei Viertausender – der Mont Blanc (4810 m), das Matterhorn (4478 m) und der Monte Rosa (4634 m) liegen teilweise, ein vierter, der Gran Paradiso (4061 m), liegt ganz auf italienischem Gebiet. Die Region zählt wie Trentino-Südtirol und Friaul-Julisch Venetien im Norden sowie Sardinien und Sizilien im Süden zu den autonomen Regionen mit Sonderstatus, der ihr relativ weitgehende Autonomie bei den Finanzen, der Gesetzgebung und der Verwaltung gewährt. Ein Regionalrat übt im Aostatal die Gesetzgebungsgewalt aus, was jedoch nicht bedeutet, dass hier komplett andere Gesetze gelten: Sie fußen auf der Rahmengesetzgebung des italienischen Staates.

Seine Lage zwischen der Schweiz im Norden, Frankreich im Westen und dem Piemont im Süden und Osten verweist auf die Vorzüge des Aostatals: Umrahmt von Viertausendern besitzt es unberührte Naturlandschaften, aber auch hervorragend erschlos-

Seltene Blumen wie die wundervollen weißen Paradieslilien gedeihen im Garten der Festung Bard und …

Die Südseite des Matterhorns (italienisch Monte Cervino) von Valtournenche im Aostatal aus gesehen

sene Skigebiete wie Courmayeur und Breuil-Cervinia, dazu eindrucksvolle Burgen und Festungen sowie eine Bevölkerung, die soliden Wohlstand genießt und von der Lage zwischen drei Nationen geprägt ist. Das wirkt bis in die Küche, die eine an deftigen Spezialitäten reiche Alpen-Cuisine mit italienischem und französischem Savoir-vivre verbindet. Neben dem Italienischen ist Französisch gleichberechtigte Amtssprache, auch die Orte tragen französische Namen. Dennoch ist Italienisch die Muttersprache der meisten Bewohner des Aostatals, wenn auch ein französisches Patois sowie mancherorts das Walserdeutsche ebenfalls gebräuchlich sind.

Die Hauptstadt Aosta wurde zur Römerzeit als Augusta Pretoria gegründet, nachdem die Römer einige Jahre vor der Zeitenwende die hier heimischen Kelten besiegten. Später machten Ostgoten, Langobarden, Franken und das Burgund Herrschaftsansprüche geltend, bevor das Aostatal vor rund 1000 Jahren an die Savoyer fiel. Die Lage am Handelsweg zwischen Schweiz und Frankreich verschaffte ihm bereits im Mittelalter Wohlstand, der sich auch im Bau von Burgen und Schlössern niederschlug. Mit kurzen Intermezzi verblieb das Aostatal beim Haus Savoyen, bis es 1861 im italienischen Königreich aufging. 1946 wurde es zur Region mit Sonderstatus erklärt. Wie in Südtirol war auch hier die Ära des Faschismus von italienischem Nationalismus bestimmt, der im Aostatal alle französischen Einflüsse zu verdrängen suchte. Zugleich – oder deshalb – zeichneten sich Bewohner der Region als entschiedene Widerstandskämpfer aus.

... der blau blühende Kurzblattenzian auf den alpinen Hochweiden des Valle di Gressoney

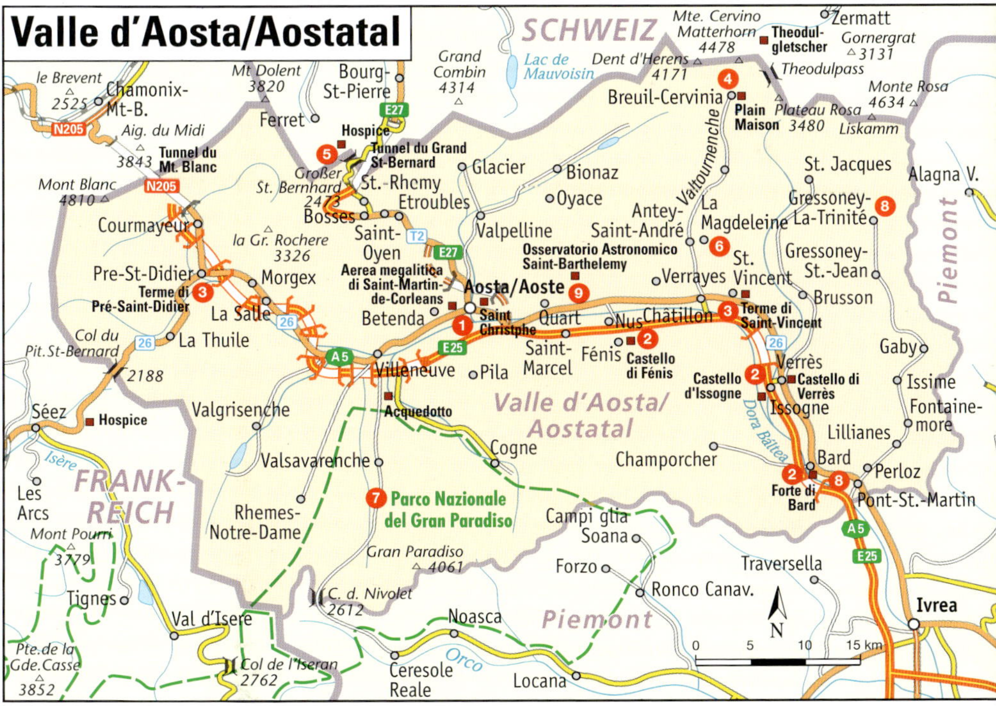

REGION 1
Aostatal

Die hölzerne »Coppa dell'amicizia« kommt im Aostatal beim Umtrunk unter Freunden zum Einsatz

Der leckere Rohschinken aus Saint-Rhémy-en-Bosses wird während des Reifeprozesses gesalzen

Spezialitäten der kleinsten Region Italiens
Unverfälscht und naturrein

Die schlechte Nachricht zuerst: Abnehmen werden Sie hier nicht. Die gute: Sie werden es auch gar nicht versuchen wollen. Denn die Küche des Aostatals ist viel zu gut, als dass man hier kulinarisch etwas verpassen wollte. Von der Alm Fontin stammt der berühmte Fontina-Käse, der 1717 erstmals erwähnt wurde und dessen Herkunft seit knapp 60 Jahren ein DOP-Siegel schützt. Die Consorzia Produttori Fontina prüft die Qualität jedes der rund 400 000 Laibe, die im Jahr hergestellt werden, und drückt jedem erst nach erfolgreicher Prüfung ihr Qualitätssiegel auf die Rinde. Hergestellt wird der Käse aus der Rohmilch von Kühen, die rund um Aosta im Sommer auf Almwiesen weiden und im Winter Heu bekommen. Fontina reift drei bis vier Monate und wird als Schnittkäse zur Brotzeit serviert, aber auch zum Würzen von Suppen oder der äußerst beliebten, auf Mais basierenden und mit Butter zubereiteten Polenta verwendet. Er veredelt Gnocchi (denn wenn man hier Pasta isst, sollte sie wenigstens durch Kartoffeln angereichert sein) und ist Bestandteil des überaus schmackhaften hiesigen Käsefondues. Ein *Fonduta alla valdostana*, das seinen unvergleichlichen Geschmack außer dem guten Käse auch weißen Trüffeln verdankt, sollten Sie sich keinesfalls entgehen lassen.

Wegen der Höhenlage tritt **Gemüse** in der traditionellen Küche des Aostatals vor allem in Form von Kohl auf, der sich gut am Hang anbauen lässt. Kastanien und Walnüsse aus heimischem Bestand werden in Speisen verarbeitet und letztere außerdem zur Herstellung von Walnussöl verwendet. Als Erinnerung an die Reise oder als Mitbringsel empfiehlt sich der **Honig** des Aostatals. Spezialitäten aus der Fleischverarbeitung sind Lardo (Speck), **Salami, Schinken** – zum Beispiel aus Bosses, aus Saint-Oyen und aus Saint-Marcel –, hervorragend gewürzte **Würste** und die Boudin genannte Blutwurst vom Schwein.

Die deftigen Fleischgerichte beweisen ebenso wie nahrhafte Eintöpfe, Polenta und nicht zuletzt das üppige Käsefondue, dass das Leben in den Bergen den Bewohnern des Aostatals viel Energie abforderte. Gegen Kälte half der ***vin brulée alla gressonara***, ein Glühwein, der außer mit Zimt und Gewürznelke mit Schwarzbrot und Butter erhitzt wurde. Der ***caffè alla valdostana*** vereint Kaffee gar mit Grappa, Rotwein und diversen Gewürzen und empfiehlt sich vor allem für die Abendstunden. Doch auch Wandern und Wintersport verbrauchen Energie, so dass trotz schwerer Kalorienlage gilt: probieren.

Allgemeines regionales Weinbrevier des Aostatals

Zu gutem Käse gehört guter Wein, das ist auch im Aostatal, dem kleinsten Anbaugebiet Italiens so. Trotz extremer Steil- und Höhenlagen erzeugen die Winzer – es gibt sechs große Kellereien und rund 30 individuelle Erzeuger – aus einigen sehr alten Rebsorten außerordentlich gute und charaktervolle Weine. Die Anbaugebiete, die sich überwiegend auf schmalen Terrassen drängen, erstrecken sich an den Seiten des Flusses Dora Baltea. Zu unterscheiden sind die Tafelweine *(Vins de Table)*, unter denen sich sehr gute finden, und die Weine mit kontrollierter Herkunftbezeichnung *(Vino Vallée d'Aoste)*.

Zu den Großen des kleinen Weinbaugebiets gehören schwere, in Eichen- oder Kastanienfässern gereifte **Rotweine** wie der **Donnas** oder der **Enfer d'Arvier**, deren kontrollierte Herkunft ein DOC-Siegel bezeugt. Beide sind, ebenso wie der in Chambave, Châtillon, Saint-Denis, Saint-Vincent, Pontey, Verrayes und Montjovet erzeugte **Chambave Rouge** und der ebenfalls im Eichen- oder Kastanienfass ausgebaute **Arnad-Monjovet**, ideale Begleiter für

Fleisch- und Wildgerichte, aber auch für gereiften Käse. Weitere eindrucksvolle Rotweine sind der leuchtend rote **Torrette** und der im mittleren Flusstal gekelterte **Fumin**, der sich sehr gut mit würzigem Käse verträgt.

Aus besonders großer Höhe – seine Reben wachsen in 1100 Metern Höhe zwischen La Salle und Morgex – stammt der weiße **Blanc de Morgex et de la Salle**, der damit topografisch zu den Spitzenweinen der Welt zählt. Leicht und spritzig ist dieser **Weißwein** und bildet den geschmacklichen Gegenpol zum wuchtigen hiesigen **Chardonnay**, der gerne auch im Holzfass ausgebaut wird. Er passt nicht nur zu Fisch und leichten Speisen, sondern kann es auch mit Fleisch aufnehmen.

Auch an weißen Dessertbegleitern herrscht kein Mangel: In Nus, Saint-Christophe, Verrayes, Quart und Aosta wachsen die Trauben, aus denen der trockene Nus Malvoisie hergestellt wird. Ebenfalls für Süßspeisen geeignet sind der sattgoldene Chambave Moscato und der schwere Nus Pinot Grigio Passito. Wer früh im Sommer das Aostatal bereist, kann am letzten Sonntag im Mai bei den *Cantine aperte*, dem Tag der offenen Weinkellereien, mit den Winzern plaudern und nach Herzenslust probieren – neben den Weinen auch andere Köstlichkeiten aus der Region.

Ein ausgewähltes Rezept aus dem Aostatal

Fonduta alla Valdostana – Käsefondue mit Brotwürfeln

Für vier Personen
450 g gut gereifter Fontina-DOP-Käse
30 g Butter
4 Eigelb
500 ml Vollmilch
weißer Pfeffer, Salz
frische weiße Trüffel

Den zimmerwarmen Fontina-Käse von seiner Rinde befreien und in kleine Würfel schneiden (oder grob raffeln). In eine Schüssel geben und mit Vollmilch bedecken, etwa drei Stunden ruhen lassen.

Die Butter im Fonduetopf auslassen, den Käse und die Milch dazugeben und mit einem Holzlöffel im Wasserbad bei niedriger Temperatur ständig umrühren. Sobald der Fontina-Käse geschmolzen ist und Fäden zieht, wird die Temperatur des Wasserbads erhöht. Unter ständigem schnellen Umrühren wird ein Eigelb nach dem anderen dazugegeben, bis eine cremige Konsistenz erreicht ist und der Käse keine Fäden mehr zieht. (Das nächste Eigelb erst dann dazugeben, wenn das vorhergehende gut verrührt ist.)

Mit weißem Pfeffer und Salz abschmecken. Die Portionen in Tonschälchen füllen. Erst beim Servieren kommt der Trüffelhobel zum Einsatz. Zusammen mit mundgerecht zerkleinertem Brot – alternativ gerösteten Brotwürfeln – reichen, dazu Weintrauben und einen Wein aus dem Aostatal.

Sattgrüne Weinhänge vor gewaltigen Bergmassiven im Valle d'Aosta

Gehaltvoll: Käsefondue mit Milch, Butter, Eigelb und weißen Trüffeln aus dem Aostatal

Aus teilentrahmter Kuhmilch hergestellter Bergkäse aus dem Valle di Gressoney

REGION 1
Aostatal

Ufficio del Turismo
Piazza Porta Praetoria 3
11100 Aosta
✆ 01 65 23 66 27
www.lovevda.it/turismo
Tägl. 9–19 Uhr

Cattedrale Santa Maria Assunta
Piazza Giovanni XXIII
11100 Aosta
✆ 01 65 404 13
April–Sept. Mo–Sa 6.30–12 und 15–20, So 7–12 und 15–18, Okt.–März jeweils bis 19 Uhr
Eintritt frei

Sant'Orso
Piazzetta Sant'Orso
11100 Aosta
✆ 01 65 26 20 26
Tägl. 9–17.30 Uhr
Eintritt frei

1 Aosta

Die antike römische Kolonie Augusta Praetoria Salassorum

Lange ist es her, dass die umtriebigen Römer die Geheimnisse des Weinanbaus ins Aostatal brachten – 25 v. Chr. übernahmen sie hier das Ruder –, doch haben viele Zeugnisse ihrer Ära die Zeit überdauert: annähernd die gesamte **Stadtmauer**, das Stadttor **Porta Praetoria** (das einzige von einstmals vieren und eines der wenigen auf der Welt, die vollständig erhalten sind) mit dem Triumphbogen **Arco d'Augusto** (Augustusbogen) davor sowie Fragmente von **Theater** und **Forum**. Vor der Stadt finden sich außerdem Teile einer römischen Villa. Dass die Römer nicht die ersten Bewohner waren, beweisen Ausgrabungen – die außerhalb gelegene archäologische Stätte **Saint-Martin-de-Corléans** öffnet einen Blick in die ganz ferne Vergangenheit. Hier zeugt eine der größten Ansammlungen von Megalith-Anlagen in Italien mit Dolmen und Menhiren vom dritten vorchristlichen Jahrtausend.

Nicht nur in Architektur und Weinbau waren die Römer findig, auch strategische Städteplanung zählte zu ihren Stärken. Die Kolonie *Augusta Praetoria Salassorum* siedelten sie strategisch günstig an einem wichtigen Alpenpass an, dem Kleinen Sankt Bernhard, den sie von hier aus sicherten. Zugleich lag die Stadt an dem Punkt, an dem diverse Alpenstraßen zusammentrafen. Später gewann die auf 580 Metern Höhe gelegene Stadt zusätzlich an Bedeutung, als der Große Sankt Bernhard erschlossen wurde.

Heute leben in der Hauptstadt des Aostatals knapp 35 000 Menschen. Trotz ihrer überschaubaren Größe ist sie mit schönen Geschäften, Cafés und Restaurants ein lebhaftes, gepflegtes Städtchen. Auch in nachrömischer Zeit wurde hier Handel getrieben und Bauten späterer Epochen zählen ebenfalls zu den Sehenswürdigkeiten Aostas. Die **Kathedrale Santa Maria Assunta** (mit Domschatzmuseum) hat ihre Ursprünge zwar im 4. Jahrhundert, erhielt aber im 11. Jahrhundert neben der Krypta und einem wunderschönen Freskenzyklus an der Westseite eine neue Apsis und zwei Türme. Im Mittelalter gab es weitere Umgestaltungen, die zu ihrem im Wesentlichen romanischen Erscheinungsbild führten.

Auch **Sant'Orso** geht auf eine frühchristliche Kirche zurück, wurde aber ab dem 9. Jahrhundert völlig erneuert und erhielt im 11. Jahr-

Reste des römischen Theaters in Aosta

hundert ihr heutiges romanisches Gesicht. 100 Jahre später war der Glockenturm vollendet. Besonders sehenswert sind der Freskenzyklus aus dem 11. Jahrhundert, die Kreuzrippengewölbe und das prachtvolle Chorgestühl.

2 Burgen des Aostatals
Festungen mit Aussicht

»Uneinnehmbar« wurde anno 1034 lakonisch über die **Forte di Bard** (Festung Bard) vermerkt – ein früher, aber nicht der erste Hinweis auf die wehrhafte Alpenfestung, deren Ursprünge aufs 6. Jahrhundert zurückgehen. Seine Lage an der Kreuzung bedeutender Alpenstraßen machte das Aostatal immer anfällig für Begehrlichkeiten von außen – und beförderte eine rege Bau- und Befestigungstätigkeit. 82 Burgen gibt es insgesamt im Aostatal, die meisten davon verdanken sich Baulust und Verteidigungsbereitschaft der Adelsfamilie der Challants.

Aber auch andere Herrscherclans suchten sich das strategisch bedeutsame Gebiet zu sichern. Im Fall der Festung Bard verdrängten 1242 die Savoyer Ugo di Bard, der sich durch hohe Wegzölle unbeliebt gemacht hatte – bis heute ein Problem im Alpenraum. Bard blieb in den Händen der Savoyer. 1800 war die Festung Schauplatz einer zähen Auseinandersetzung zwischen Napoleon und einer österreichischen Garnison. Erst nach zweiwöchiger Belagerung gelang es dem französischen Feldherrn, sich durch eine Kriegslist Zugang zur Burg zu verschaffen. In der ersten Hälfte des 19. Jahrhundert wurde Bard wieder zur uneinnehmbaren Festung, danach war sie Gefängnis und später Waffenlager; erst 1976 endete ihre militärische Karriere. Heute ist die Burg Sitz des **Alpenmuseums**, das dem Wesen, der Geografie und dem Klima des Lebens- und Kulturraums der Alpen gewidmet ist.

Ein weiteres uraltes Kastell ist das **Castello d'Issogne**. Bis zum ausgehenden 14. Jahrhundert war es im Besitz der Bischöfe von Aosta, um die Wende zum 16. Jahrhundert erhielt es sein heutiges Gesicht, als Giorgio di Challant, Prior des Klosters San'Orto, das Kastell zu einem schmucken Renaissanceschloss für seine Cousine Margherita de la Chambre umgestalten ließ. 1907 schenkte der Maler Vittorio Avendo, der hier 25 Jahre gelebt hatte, die Burg dem Staat. Heute können der Innenhof mit einem schmiedeeisernen Granatapfelbrunnen und die gut erhaltenen und reich mit Fresken dekorierten Räumlichkeiten besichtigt werden. Dazu gehören der Speisesaal, die reich ausgestattete Kapelle in der ersten Etage und das Gemach des Königs von Frankreich mit dem Wappen der Valois.

Auch das **Castello di Verrès** verdankt seine Existenz der Bauwut eines Zweigs der Challants. 1390 wurde es für Ibleto di Challant als befestigte

Im strategischer Lage zur Kontrolle des Durchgangs: Forte di Bard hoch über dem Aostatal

Forte di Bard/ Museo delle Alpi (Alpenmuseum)
11020 Bard
✆ 01 25 83 38 11
www.fortedibard.it
Tägl. außer Mo 10–18, Sa/So bis 19 Uhr, Eintritt € 8/4, (6–18 J.)

Castello d'Issogne
11020 Issogne
✆ 01 25 92 93 73
Tägl. April–Aug. 9–19, März und Sept. 10–18, Okt. außer Mi 10–18, Nov.–Feb. außer Mi 10–16 Uhr
Eintritt € 5, bis 18 und über 65 J. frei

Castello di Verrès
11029 Verrès
✆ 01 25 92 90 67
Tägl. April–Juni 10–16, Juli/Aug. 9–19, Sept–März außer Do 10–16 Uhr, während der Karnevalstage geschl.
Eintritt € 3, unter 18 und über 65 J. frei

Castello di Fénis
11020 Fénis
✆ 01 65 76 42 63
www.comune.fenis.ao.it
Geöffnet wie Castello d'Issogne
Eintritt € 5, bis 18 und über 65 J. frei

Residenz fertiggestellt, knapp 150 Jahre später vom Nachfahren Renato modernisiert und militärisch auf den neuesten Stand gebracht. Ab dem frühen 19. Jahrhundert stand die Burg leer und verfiel; heute präsentiert sie sich aufwendig restauriert und ist alljährlich Schauplatz des historischen Karnevals von Verrès.

Das von Zinnen und Türmen geschmückte **Castello di Fénis** wurde Mitte des 14. Jahrhunderts nicht als Festung, sondern als Residenz erbaut. Bauherren waren wiederum die wohlhabenden Challants. Weil sie in erster Linie schön wohnen wollten, thront das Kastell nicht auf einem Berg, sondern an einem Hügel – hier war die Aussicht wichtiger als der Schutz. Bis 1716 blieb Fénis in Familienbesitz; anschließend folgten Jahre des Niedergangs, bis Ende des 19. Jahrhunderts mit der Restaurierung der Anlage begonnen wurde. Heute ist hier das Museum für Möbel des Aostatals untergebracht; zu besichtigen sind außerdem Küche, Vorratskammer und Speisesaal sowie der Waffensaal und einige Gemächer.

3 Wellness im Aostatal
Entspannung mit Blick auf den Mont Blanc

Terme di Pré-Saint-Didier
Allée des Thermes
11010 Pré-Saint-Didier
✆ 01 65 86 72 72
http://termedipre.it
Mo–Do 9.30–21, Fr/Sa 8.30–23, So 8.30–21 Uhr
Eintritt Mo–Fr € 44, Sa/So € 49, ab 17 bzw. 18 Uhr günstiger; Jugendliche ab 14 J. willkommen

Terme di Saint-Vincent
Viale IV. Novembre 100
11027 Saint-Vincent
✆ 01 66 51 12 23
www.termedisaintvincent.com
So–Do 10–21, Fr/Sa bis 22 Uhr
Eintritt bis 4 Stunden Mo–Do € 35, Fr–So € 45; Jugendliche ab 16 J. willkommen

Bergluft, Wandern, Wintersport – für viele Menschen braucht es gar nicht mehr, um sich gleich viel wohler zu fühlen als im heimischen Alltag. Für alle anderen bietet das Aostatal dazu noch zwei ebenso traditionsreiche wie topmoderne Kurorte: die Terme di Pré-Saint-Didier und die Terme di Saint-Vincent. Von zahlreichen Hotels mit den international üblichen Wellnessangeboten von der finnischen Sauna über das türkische Bad bis zur Thai-Massage, die in den Ferienorten des Aostatals außerdem zu finden sind, gar nicht zu reden.

In der **Terme di Pré-Saint-Didier** taucht der Gast am Fuß des Mont Blanc in stark eisenhaltiges, 36 Grad warmes Wasser. Bereits seit Mitte des 17. Jahrhunderts wird dieses Wasser, das in einer Grotte unterhalb des Wasserfalls des Orrido und oberhalb des Zuflusses des Verney entspringt, als Grundlage heilsamer Kuren genutzt.

1834 wurde das Thermalbad errichtet und im Aostatal begann das Zeitalter des Tourismus. Damit die Gäste sich zwischen den Anwendungen nicht langweilten, kam 1888 das Kasino hinzu, dessen Besuch im 19. und frühen 20. Jahrhundert zu einer gelungenen Erholungsreise gehörte. Nur die Elite konnte sich einen solchen Kuraufenthalt leisten. Nicht umsonst zählten Mitglieder der italienischen Königsfamilie und des europäischen Hochadels zu den Stammgästen. Das Thermalbad präsentiert sich stilvoll saniert in neuem Glanz, der Reigen klassischer und innovativer Wellnessangebote wendet sich an alle Urlauber, die Wohlbefinden und Erholungseffekt steigern möchten.

Im alten Kasino werden heute Fangopackungen aufgetragen; die beiden Gebäude sind durch einen unterirdischen Gang miteinander verbunden, so dass der Gast auch bei Minusgraden im Bademantel von Haus zu Haus kommt. Im Außenbereich mit den wohlig warmen Schwimmbecken und dem Thermalgarten mit seinen im Chalet-Stil gehaltenen Saunahütten bietet das Panorama der Mont-Blanc-Kette Wellness für die Augen.

Auch in der **Terme di Saint-Vincent** dreht sich alles um Gesundheit und Wohlbefinden. Das Mineralwasser der Thermalquelle Font Salutis, die 1770 entdeckt wurde, wird wegen seiner positiven Wirkung auf den Magen und die inneren Organe sowie bei Erkrankungen der Haut und bei Allergien geschätzt. Seit dem Jahr 2012 gibt es hier neben Trink- und Inhalationskuren (zur Behandlung entzündlicher Erkrankungen der Atemwege) auch einen eleganten und modernen Wellnessbereich,

der ein breites Spektrum an Anwendungen von Thalassotherapie bis zum Schlammbad sowie Massagen, Packungen und Schönheitsbehandlungen umfast.

Sonnenaufgang am Mont Blanc (italienisch Monte Bianco) bei Courmayeur im Aostatal

4 Die Gletscherwelt von Breuil-Cervinia
Auf dem Dach Europas

Am nördlichen Ende des Tals Valtournenche befindet sich auf 2003 Metern Höhe das ebenso traditionsreiche wie exklusive Skigebiet Breuil-Cervinia. Überragt wird es von einem der eindrucksvollsten (und höchsten) Berge der Alpen: dem 4478 Meter hohen Matterhorn, das mit seiner markanten Silhouette das Panorama dominiert und teils auf italienischem, teils auf Schweizer Staatsgebiet zwischen Breuil-Cervinia und Zermatt liegt. Die Hälfte seines Namens verdankt der zur Gemeinde Valtournenche (2170 Einwohner) gehörende Ort dem Matterhorn: *Cervinia* rührt vom italienischen Namen des Bergriesen *Monte Cervino* her, das französische *Breuil* bedeutet Sumpf. Von Sumpf ist am Matterhorn indessen wenig zu spüren – zumindest nicht im Winter, wenn die Temperaturen oft über Wochen deutlich unter dem Gefrierpunkt liegen.

Die 350 Pistenkilometer der Region Valtournenche-Breuil-Cervinia und das jenseits der Grenze gelegene Zermatt bilden eines der größten (und schneesichersten) Skigebiete der Alpen. Die erste Seilbahn erhielt Breuil-Cervinia 1936, heute gibt es 24 Liftanlagen. Seit 2011 verbindet den Ort eine topmoderne Panoramabahn mit dem Skigebiet am **Plateau Rosa**. Zwei schwarze Gondeln transportieren bis zu 1450 Personen pro Stunde von Cime Bianchi Laghi (2816 m) über Plan Maison aufs Plateau Rosa (3480 m). Auch im Sommer ist im Gletschergebiet Skifahren problemlos möglich. In der warmen Jahreszeit ist Breuil-Cervinia außerdem seit Langem ein Zentrum des Bergsteigens und war das bewährte Basislager früher Matterhorn-Expeditionen von der italienischen Südseite. Von hier aus zeigt der Berg seine Pyramiden-Silhouette aus ungewohnter, aber eindrucksvoller Perspektive. Der in gut 3000 Metern Höhe gelegene **Theodulpass** verbindet den Breuil-Cervinia mit Zermatt.

i Ufficio del Turismo
Via Circonvallazione 2, 11021 Breuil-Cervinia
✆ 01 66 94 91 36
www.lovevda.it/turismo
Tägl. ganzjährig 9–12.30, nachmittags Juli/Aug. und 23.12.–6.1. 14.30–19, Mai/Juni und Sept./Okt. 14.30–18, Jan.–April und Nov./Dez. 14–18.30 Uhr

Ganz in der Nähe von Breuil-Cervinia zeugt die höchstgelegene und größte **Gletschergrotte** der Welt von den extremen klimatischen Verhältnissen. Hier hat sich unter dem an der schweizerisch-italienischen Grenze am **Theodulgletscher** gelegenen Gletscherfeld Plateau Rosa ein 50 Meter langer Eistunnel gebildet. Er führt in eine spektakuläre, auf 3885 Metern Höhe gelegene Gletschergrotte. Aus Eis ist hier Kunst, aus den Elementen Architektur geworden. Eine Aussichtsplattform öffnet den Blick ins Aostatal und bis zum Mont Blanc.

5 Großer Sankt Bernhard
Retter aus Bergnot am Alpenpass

Der Große Sankt Bernhard verbindet den Schweizer Kanton Wallis mit dem italienischen Aostatal

So lange den Menschen die Alpen im Weg standen, fanden sie auch Möglichkeiten, die Berge zu queren. Schon in der Eiszeit führte eine in 2469 Metern Höhe gelegene Passstraße durch die Walliser Alpen vom Aostatal ins Schweizer Rhonetal im Kanton Wallis. Noch heute sind

Teile der römischen Straße erkennbar, die einstmals zu einem Jupiter gewidmeten Tempel auf der Passhöhe führte. Später liefen hier diverse Pilgerwege über die Alpen zusammen. Je mehr Menschen am Alpenpass unterwegs waren, desto mehr Unfälle gab es auch: schweres Wetter, Lawinen, Abstürze – die Natur war unbarmherzig, das Reisen gefährlich. Um das Jahr 1050 gründete der später heiliggesprochene Wanderprediger Bernhard von Aosta und heutige Schutzpatron der Bergsteiger und Alpenbewohner daher ein Hospiz (wobei dieses Wort anders als heute eine Krankenstation beschrieb) für in Bergnot geratene Menschen. Ab dem frühen 12. Jahrhundert standen Hospiz und das sich entwickelnde Kloster unter Leitung von Augustinern.

Auch die berühmte gleichnamige Hunderasse stammt von hier. Die gutmütigen und arbeitswilligen Bernhardiner wurden im Hospiz gezüchtet und bei der Suche nach von Lawinen verschütteten Menschen eingesetzt. Dass die Hunde bei der Suche ein Fässchen mit Schnaps für unterkühlte Lawinenopfer am Halsband trugen, wird heute ins Reich der Legenden verwiesen – nicht nur, weil der Schnaps Verschütteten vermutlich den Rest gegeben hätte, sondern auch, weil ein solches Fass die Tiere bei ihrer Arbeit behindert hätte.

Erst seit dem Jahr 1964, als der 5,85 Kilometer lange (mautpflichtige) Große Sankt-Bernhard-Tunnel öffnete ist die bereits 1905 angelegte Straße ganzjährig befahrbar.

Auch wenn aus dem schwierigen Alpenpass längst eine bequeme Autostraße geworden ist, präsentiert sich hier eine wilde, spektakuläre Naturlandschaft. Höchster Gipfel am Großen Sankt Bernhard ist der **Dent d'Hérens** mit 4171 Metern, über dessen Gipfel die Grenze zwischen Italien und der Schweiz verläuft. Rund 20 Gletscher speisen Bergseen, darunter Cornet, Fenêtre, Livournea und Thoules. Steinböcke und Gemsen fühlen sich in dieser Landschaft wohl, aber auch Hermeline und zahlreiche Greifvogelarten.

Auf mittlerer Höhe wird noch immer Viehwirtschaft betrieben. Im Sommer leben Kuhherden auf der Alm, im September werden sie wieder ins (noch relativ wenig besuchte) Tal getrieben, auch dort beeindruckt die Natur. Der Wildbach Artanavaz, der in den Buthier mündet, donnert mit solcher Wucht durch das Tal, dass er in **Oyace** eine 50 Meter tiefe Schlucht in den Boden gegraben hat: die **Schlucht von Betenda** im Valpelline-Tal. Eine Brücke aus dem 17. Jahrhundert überspannt den Abgrund.

Legendär für seinen unfehlbaren Ortssinn und seine gute Nase: Bernhardiner auf der Passhöhe

[i] Ufficio del Turismo
Strada Nazionale G.S. Bernardo 13
11014 Etroubles
✆ 01 65 785 59
www.lovevda.it/turismo
Juli/Aug. und 23.12.–6.1. tägl. 9–12.30 und 14.30–18, sonst tägl. 9–12.30 und 14–17.30 Uhr, April–Juni und Mitte Sept.–22.12. Mi geschl.

Paragliding Fans de Sport
11021 Breuil-Cervinia
und Area Sportiva
Antey-Saint-André
✆ 335 45 71 55
www.fansdesport.it

6 Paragliding über La Magdeleine

Der Traum des Ikarus

Ein freundlicher kleiner Skiort, auf 1644 Metern Höhe am Fuß des Monte Tantané gelegen – das ist La Magdeleine im Valle del Cervino. Seit der frühen Eisenzeit ist der Ort besiedelt. Die acht Wassermühlen, die bis zu 200 Jahre alt sind, erzählen von Alltag und Erwerbsleben der Bergbewohner vor der Erfindung des Alpentourismus. Die hübsche, im 16. Jahrhundert erbaute **Kapelle San Rocco** im Ortsteil Messelod beweist, dass göttlicher Beistand nicht unwesentlich dazu beitrug, das harte Leben der Bergbauern erträglicher zu machen.

Wer La Magdeleine und seine Umgebung nicht auf Skiern, mit dem Mountainbike oder in Wanderschuhen erobert, kann das Panorama aus der Vogelperspektive auf sich wirken lassen. Für ein erstes Erproben des Gleitschirmfliegens benötigt man keinen Luftfahrerschein, sondern nur gute Nerven und eine Portion Abenteuerlust. Ein erfahrener, speziell ausgebildeter Lehrer, der sich mit Technik und Thermik genau auskennt, lenkt den zweisitzigen Flug im Tandemschirm, so dass sich der Anfänger ganz auf das Erlebnis Fliegen konzentrieren kann. Nach dem ersten Herzklopfen (oder -rasen) stellt sich dabei schnell ein Gefühl der Euphorie ein: Wie schwerelos gleitet der Passagier am Schirm durch die Luft, genießt das berauschende Gefühl des Fliegens ohne Motor – und die Aussicht auf das großartige Panorama einiger der schönsten Alpengipfel.

Kein Wunder, dass dem Gleitschirmfliegen ein gewisses Suchtpotenzial nachgesagt wird. Denn dem Traum des Ikarus kommt man selten so nahe wie hier, aber zu große Nähe zur Sonne ist nicht zu fürchten (höchstens ein Sonnenbrand). Wer beim Erstflug auf den Geschmack gekommen ist, kann auch selbstständiges Fliegen lernen. Nach mehreren Übungstagen mit rund 20 Flügen in bis zu 100 Metern Höhe erwirbt man zuerst einen Lernausweis und nach weiteren Ausbildungsschritten den »Luftfahrerschein«.

Wer La Magdeleine von oben betrachten will, startet dort und beendet den Flug auf dem Landeplatz in **Antey-Saint-André** – adrenalinberauscht und um eine außergewöhnliche Erfahrung reicher: Der Traum vom Fliegen ist wahr geworden.

Manchmal sehr zutrauliche Füchse im Parco Nazionale del Gran Paradiso

Kämpfende Alpensteinböcke, das Symboltier des Parks Gran Paradiso

7 Parco Nazionale del Gran Paradiso
Im Refugium der Alpensteinböcke

70 000 Hektar misst der älteste Nationalpark Italiens, der Parco Nazionale del Gran Paradiso, der in den Regionen Aostatal und Piemont liegt und im Westen an den französischen Nationalpark Vanoise grenzt. Er umfasst fünf Täler und Gemeinden – Soanatal, Orcotal, Cognetal, Rhêmestal und Valsavarenche – und reicht von der Talsohle auf 800 Metern bis zum Gipfel des Gran Paradiso in 4061 Metern im Zentrum des Parks. Auf seinem Gebiet befinden sich kleine Dörfer, aber auch das einstige Grand Hotel, das in Ceresole Reale (Piemont) an einen frühen Tourismus im 19. Jahrhundert erinnert; außerdem eine Werkstatt für Umweltaktivitäten, der Botanische Alpengarten Paradisia und ein Kupfermuseum. Die Hauptrolle spielt aber die grandiose Berglandschaft mit ihrer Fauna und Flora. Wahrzeichen des Nationalparks ist der anderswo bereits ausgerottete **Alpensteinbock**, der hier überleben konnte. Allerdings sind seine Bestände in den vergangenen Jahren auch hier zurückgegangen, weil die Sterblichkeit von Jungtieren aus bisher noch nicht geklärten Gründen stark angestiegen ist.

Ironischerweise geht die Rettung des Alpensteinbocks auf eine exklusive Jagderlaubnis zurück: Vittorio Emanuele II. (1820–78), König von Sardinien-Piemont und von 1861 bis 1878 König von Italien, sicherte sich das Gebiet des heutigen Nationalparks im Jahr 1856 als königliches Jagdrevier. Dass nun niemand sonst mehr Zugang zu dem Gebiet hatte – Vittorio Emanuele ließ es streng überwachen –, erwies sich für die Tierwelt als Segen. Die Alpensteinböcke, die in ihrem übrigen Lebensraum in Bedrängnis gerieten, erhielten hier ein Refugium. 1920 überließ die Krone das Gebiet dem Staat mit der Auflage, es zum Naturschutzpark zu erklären. 1922 wurde der Nationalpark gegründet.

Wanderer können sich heute an einer einzigartigen Naturlandschaft erfreuen. Die in kleinen Gruppen auf Hochgebirgsweiden und Bergklip-

Besucherzentrum Parco Nazionale di Gran Paradiso
Località Cheriettes
11010 Aymavilles
✆ 01 65 90 26 93
www.pngp.it
Di 9–13 Uhr

pen lebenden Steinböcke lassen sich ebenso wie **Murmeltiere** regelmäßig blicken. Im Sommer sind die Tiere vor allem im Cognetal und im Valsavarenche anzutreffen. Mit Glück sieht man auch die kleineren **Gämsen**, die zwar zahlreich vertreten, aber scheu sind. **Schneehasen** und **Schneehühner**, die sich im Winter mit weißem Fell bzw. Federkleid tarnen, sind hier ebenso heimisch wie knapp 20 **Steinadler**-Paare. Der **Bartgeier**, der in der Gegend bereits als ausgestorben galt, wurde wieder angesiedelt.

Im Winter kann man die Landschaft auf Skiern erkunden. Für Frühling, Sommer und Herbst bietet der Park Wanderrouten unterschiedlicher Längen und Schwierigkeitsgrade. Über das Besucherzentrum können geführte Wanderungen gebucht werden.

i Ufficio del Turismo
Via Circonvallazione 30
11026 Pont-Saint-Martin
✆ 01 25 80 48 43
www.lovevda.it/turismo
Juli/Aug. und 23.12.–6.1. tägl. 9–12.30 und 14.30–18, sonst tägl. 9–12.30 und 14–17.30 Uhr, April–Juni und Mitte Sept.–22.12. Di geschl.

8 Von Pont-Saint-Martin nach Gressoney-La-Trinité
Kurvenspaß im Schatten der Viertausender

43 Kilometer liegen zwischen Pont-Sant-Martin und Gressoney-La-Trinité im Südosten des Aostatals – eine kurze, kurvige und an attraktiven Panoramablicken vor allem auf den Monte Rosa ebenso wie an Kultur und Geschichte reiche Route, die für Radler und für Biker (aber auch für Autofahrer) lohnend ist. Ausgangspunkt ist die Piazza IV. Novembre in **Pont-Saint-Martin**. Das Städtchen (4000 Einwohner) liegt auf 354 Metern Höhe, grenzt an das Piemont und markiert den Eingang ins Aostatal. Eine 23 Meter hohe und fünf Meter breite steinerne Brücke aus römischen Tagen zeugt von der frühen Besiedelung des Ortes, der an der Handelsstraße zwischen Rom und Gallien lag. Bis 1831 bot sie Reisenden die einzige Möglichkeit, das Tal zu queren. Von der vergleichsweise

Seit den Zeiten des römischen Kaisers Augustus rollte über sie der Verkehr: die Bogenbrücke in Pont-Saint-Martin

neuen, Anfang des 13. Jahrhunderts erbauten Burg des alten Herrschergeschlechts derer von Bard sind nur malerische Überreste erhalten. Sie befindet sich am Eingang des Valle di Gressoney.

Die Route führt von Pont-Saint-Martin über Perloz, Chamoux, Nantey, Lillianes, Fontainemore und Issime nach Gaby. Dieser Abschnitt der Strecke führt ins obere Gressoney-Tal, eines der längsten Taleinschnitte der Region, und ins Walsergebiet, erkennbar an seinen typischen Häusern mit geschwungenen Vordächern und schönen Holzbalkonen – stilecht mit überquellenden Blumenkästen vor den Fenstern und an den Balkonen.

Sogar eine eigene Sprache hat sich hier herausgebildet, ein »Titsch« genanntes Idiom, das sich von anderen Dialekten im Aostatal deutlich unterscheidet und seine Wurzeln in der deutschen Sprache hat. Die Walser selbst stammen aus dem Schweizer Kanton Wallis und wanderten im 12. und 13. Jahrhundert ins angrenzende Ayas-Tal aus. Das erste alte Dorf der Walser ist **Issime**. Der nächste Ort, den Sie erreichen, ist **Gressoney-Saint-Jean**. Hier lohnt es sich, eine Pause einzulegen, denn hier liegt umgeben von Kiefern das **Castello Savoia**, das Anfang des 20. Jahrhunderts im lombardischen Stil für Königin Margherita gebaut wurde, die die Berge und das Wandern liebte. Dort öffnet sich eine prachtvolle Aussicht ins Tal und auf den Liskamm-Gletscher. Ebenfalls einen Besuch wert ist das **Regionalmuseum »Beck Peccoz«**, das die Pflanzen- und Tierwelt der Berge zeigt und erläutert.

Von hier aus geht es auf die letzte Etappe nach **Gressoney-La-Trinité**, wo die Tour auf dem Parkplatz der Skilifte und Seilbahnen hinter dem Ort endet.

9 Sternwarte und Planetarium in Saint-Barthélemy
Nach den Sternen greifen

Hohe Sonneneinstrahlung, wenig Luftverschmutzung und geringe Lichtemission – Nus, der Hauptort der Gemeinde und die nächste größere Ansiedelung, liegt etwa 15 Kilometer entfernt – machen das auf 1600 Metern Höhe auf einem Plateau gelegene Saint-Barthélemy zu einem idealen Ort fürs Sterneschauen. Mit dem Monte Rosa, dem Mont Blanc und dem Matterhorn liegen drei der höchsten Gipfel Europas in einer Entfernung von maximal 40 Kilometern. Das wissen außer Wintersportlern, Bergsteigern und -wanderern eben auch Astronomen zu schätzen, denn auch auf dem Plateau zwischen den Bergmassiven ist die Luft sauber und der Himmel nah. Hinzu kommen besonders günstige meteorologische Bedingungen: Mindestens 250 wolkenlose Nächte genießt Saint-Barthélemy in jedem Jahr. Davon können außer den im Observatorium tätigen Wissenschaftlern – die Sternwarte ist eine Außenstelle des Astronomischen Instituts der Universität Mailand – auch Urlauber profitieren, die sich für Astronomie interessieren.

Mit einem anschaulichen Informationszentrum und dem »Pfad der Planeten« ist die 2003 eröffnete Sternwarte der Autonomen Region Aostatal ein lehrreiches und unterhaltsames Ziel für alle Altersstufen; die Wetterstation und das Sonnenphysiklabor sind Wissenschaftlern vorbehalten. Neben einem Teleskop mit einem Durchmesser von einem Meter stehen den Astronomen sechs weitere Teleskope für die Beobachtung von extrasolaren Planeten, die nicht dem Sonnensystem, sondern einem anderen Planetensystem angehören, zur Verfügung. 2008 wurde die Anlage um ein Planetarium mit 67 Sesseln ergänzt. Hier erklären Filme, die in die Kuppel mit einem Durchmesser von zehn Metern projiziert werden, die Geheimnisse des Universums und ermöglichen so auch bei Tag einen Blick in die Welt der Sterne und Galaxien.

Osservatorio Astronomico und Planetarium
Saint-Barthélemy, Località Lignan 39
11020 Nus
✆ 01 65 77 00 50
www.oavda.it
Tagesführung € 6/3 (5–12 J.), Abendführung € 12/6, Kombiticket für beide € 15/9, unter 5 J. frei
Führungen April–Sept. Di–Sa 16.30 und 21.30, Okt.–März 15 und 21 Uhr, Anmeldung ist erforderlich (per Telefon oder online über die Website)
Vorführungen Planetarium: April–Sept. Sa 15 und 18, Juli/Aug. zusätzlich So 16.30 und 18, Okt.–März Sa 16.30 und 18 Uhr, Eintritt € 6/4 (5–12 J.), unter 5 J. frei

REGION 2
Emilia-Romagna

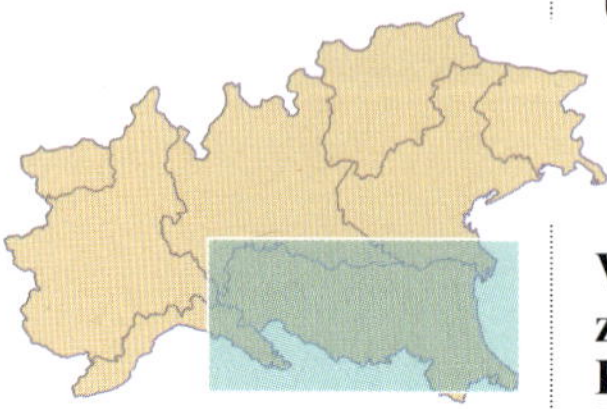

Emilia-Romagna

Von der Römerstraße zum Urlaubsparadies

Von den Grenzen zum Piemont und zu Ligurien im Westen bis zur Adriaküste im Osten erstreckt sich die Emilia-Romagna, eine Region aus neun Provinzen, die alles haben, was Italien zu einem Traumziel macht: prachtvolle Kunststädte wie Ravenna und Ferrara, die einstmals stolzen Herzogtümer Parma und Modena, romantische Dörfer und mit Rimini, Cattolica und Cesenatico einige der lebhaftesten Badeorte der Adria, gesegnet mit breiten Stränden und sauberem Wasser. Im Norden grenzt die Region an den Fluss Po, die Lombardei und Venetien, im Süden an die Republik San Marino, an die Marken und an die Toskana. 4,4 Millionen Einwohner leben hier auf einer Fläche von gut 22 000 Quadratkilometern; die Hauptstadt ist Bologna, Sitz der ältesten Universität der westlichen Welt.

Pittoresk: bunt bemalte historische, adriatische Fischerboote im Wasser des Hafenkanals Porto Canale in Cesenatico

Die römische Tiberiusbrücke in Rimini lag an der für die Region namengebenden Via Aemilia

Sonne, Sand und Strand: Rimini

Den Osten der Region bildet die Romagna; zur Emilia, die ihren Namen der römischen Via Aemilia verdankt, zählt das Gebiet um Piacenza, Parma, Reggio, Modena und Ferrara. Die Via Aemilia kreuzte die Region zwischen Rimini, damals Ariminium genannt, und Piacenza (Placentia). Ravenna, das nur phasenweise zur Emilia zählte, war in byzantinischer Zeit Sitz des Exarchats. Einzigartige Sakralbauten und weltberühmte Mosaiken erinnern noch heute an die Blüte der Stadt, als sie im 5. Jahrhundert Sitz der weströmischen Kaiser und im 6. Jahrhundert des kaiserlichen Exarchats Ostroms war. Die Romagna gehörte ab dem 8. Jahrhundert zum Kirchenstaat, die Städte der Emilia blieben unabhängig. Im ausgehenden Mittelalter bildeten sie kleine Fürsten- und Herzogtümer, um die Wende zum 19. Jahrhundert wurde die Region erst Teil der Italienischen Republik, dann des italienischen Königreichs.

Heute wird die Grenze zwischen Emilia und Romagna prosaisch – und typisch – mittels Küchengepflogenheiten gezogen: In der Emilia, so heißt es, trinke man zur Pasta Wasser, in der Romagna Wein. Das entspricht, wenn es das denn jemals tat, nicht mehr ganz den Tatsachen. Wahr ist aber, dass die Emilia Heimat des berühmten (im Ausland lange berüchtigten) Perlweins Lambrusco ist, der gut zu ihrer schweren, deftigen Küche passt, während in der Romagna stille Weine hergestellt und getrunken werden. Die Emilia-Romagna hat teure Rennwagen wie Ferrari und Lamborghini hervorgebracht, aber auch berühmte Künstler: Der Komponist Giuseppe Verdi, der legendäre Tenor Luciano Pavarotti, der Regisseur Federico Fellini und der Cantautore Lucio Dalla – sie alle haben ihre Wurzeln im »Bauch Italiens«.

Die typische Küche der Emilia-Romagna
Im Schlaraffenland Italiens

Der »Bauch Italiens« wird die Region genannt, und das bezieht sich nicht nur auf ihre Lage in der Leibesmitte des langbeinigen Italien. Tatsächlich befindet sie sich nördlich der Mitte, also quasi auf Magenhöhe – das scheint kein reiner Zufall zu sein. Lang ist die Reihe der in aller Welt geliebten Köstlichkeiten, die hier ihren Ursprung haben: Rund um Modena, Reggio Emilia und Parma werden mit **Parmaschinken** und **Parmesan** (Parmigiano Reggiano) gleich zwei Exportschlager italienischer Essenskultur hergestellt. Der zähflüssige, ausgesprochen aromatische und kostbare **Balsamessig** kommt ebenfalls aus der Gegend um Modena. Ein Gedicht ist der hauchzarte **Schinken Culatello**, der in den Po-Auen unter strengsten Vorgaben an der Luft reift. Die würzig duftende Mortadella stammt aus Bologna – ebenso wie die weltweit beliebteste Nudelsoße. Wissen sollte man allerdings, dass sie in ihrer Heimat nicht Bolognese genannt wird, sondern *ragù alla bolognese*, kurz *ragù* – und dass sie hier niemals mit Spaghetti serviert wird, sondern stets mit Eiernudeln. Insbesondere bei kulinarischen Köstlichkeiten zeigt sich, dass die Emilia-Romagna fast alles hat, was gut, teuer und überaus wohlschmeckend ist. Weil man zu Recht stolz ist auf diese hochwertigen Erzeugnisse, unterliegen ihre Herstellungsverfahren meist strengen Vorgaben (nur beim ragù, der sogenannten Bolognese, leisten sich viele Familien und Küchenchefs ihr eigenes Rezept); die Namen von »Parmigiano Reggiano«, »Prosciutto di Parma« und »Aceto Balsamico Tradizionale di Modena« sind geschützt. Das Qualitätssiegel D.O.P. (denominazione di origine protetta) schmückt auch die **Salami Felino** aus der Gegend südlich von Parma, die **Salami Piacentino** und den **Prosciutto di Modena**.

Obwohl zumindest am Sonntag noch immer die hausgemachte Pasta vor industriell gefertigter Ware bevorzugt wird, nahm der Nudelhersteller Barilla schon 1877 in Parma seine Arbeit auf – zunächst allerdings als kleine Teigwarenmanufaktur. Heute hat der Pasta-Gigant auch anderswo in Italien Fabriken, sein Hauptsitz befindet sich aber nach wie vor in Parma. Kaum verwunderlich ist es angesichts dieser Fülle von Zutaten, dass die Emilia-Romagna köstliche Pasta-Sorten kennt: Tagliatelle, Tortellini, Lasagne, Strozzapreti und viele mehr. Weniger bekannt ist die Piadina Romagnola, ein süß oder herzhaft gefüllter, überaus schmackhafter Teigfladen.

Allgemeines regionales Weinbrevier der Emilia-Romagna

An berühmten Gewächsen herrscht in der Emilia-Romagna, die mit einer Jahresproduktion von sieben Millionen Hektolitern auch quantitativ keine kleine Rolle im großen Weinland Italien spielt, kein Mangel. Eher berüchtigt ist hierzulande noch immer der **Lambrusco**, weil lange Zeit nur liebliche Ware aus Massenproduktion in den Norden exportiert wurde. Dabei gibt es auch

Fünf Jahre Reifezeit im kleinen Holzfass: »Aceto Balsamico di Modena invecchiato«

»Culatello« von den schwarzen Schweinen aus der Po-Ebene

Anbaugebiet des »Lambrusco Grasparossa di Castelvetro rosso« südlich von Modena

Gut gekühlt ein außergewöhnliches Geschmackserlebnis: schäumender Lambrusco

hochwertige und sehr bekömmliche Vertreter des rubinroten, mild schäumenden Weins, der die schwere Küche der Emilia-Romagna verträglicher machen soll und im Übrigen bereits zur Zeit der Römer gekeltert wurde. Hergestellt wird er vor allem in den Gebieten um Modena und Reggio aus der gleichnamigen Rebsorte. Getrunken wird er jung: Dies ist kein Wein zum Einlagern, sondern er ist zum baldigen Genuss bestimmt. In der Emilia-Romagna wird zu Vorspeise und Hauptgang in der Regel trockener Lambrusco (secco) gereicht, während der süße Amabilia dem Dessert vorbehalten ist.

Lambruscos mit geschützter Herkunftsbezeichnung (D.O.C.) sind der trockene Lambrusco di Sorbara, der Lambrusco Reggiano – er ist mit 250 000 Hektolitern pro Jahr mengenmäßig der Spitzenreiter –, der mit etwas Restsüße auftretende Lambrusco Grasparossa di Castelvetro und die überwiegend süßen Vertreter aus dem DOC-Gebiet Lambrusco Salamino di Santa Cruce.

Über jeden Zweifel erhaben ist der ebenfalls rote, aber schaumfreie und zuverlässig trockene **Sangiovese di Romagna**. Seine Reben gedeihen an den sonnigen Hängen des Appenin. Die Trauben finden außer im hiesigen Sangiovese auch in Weinen des Chianti Verwendung. Doch auch Freunde weißer Weine müssen in der Emilia-Romagna nicht darben. Trockenen **Trebbiano** und **Malvasio** bietet die Emilia. Aus der Romagna stammen der **Pagadebit di Romagna**, der in kontrolliertem Herkunftsgebiet produzierte **Albana** und der ebenfalls herkunftsgeschützte romagnolische Trebbiano. Der Pagadebit (Schuldzahler) verdankt seinen Namen einer alten Tradition: Mit ihm wurden einstmals offene Rechnungen beglichen. Auch bei den Weißen schätzt man ein leichtes Moussieren, weshalb diese Weine nicht nur still, sondern auch frizzante eingeschenkt und genossen werden.

Ein ausgewähltes Rezept aus der Emilia-Romagna

Pasta all'ouvo – Eiernudeln
Für vier Personen
400 g Mehl Typ 00
4 mittelgroße Eier (à 70 g)
Das Mehl auf der Arbeitsplatte häufeln und eine Mulde in der Mitte formen. Die Eier in die Mulde geben. Bei mehreren Eiern ist die Mulde entsprechend groß anzulegen, um den gefürchteten »Vulkaneffekt« zu verhindern, bei dem Ei unkontrolliert aus einem zu flachen Mehlberg rinnt und sich über die Arbeitsplatte ergießt. Nun das Ei zunächst mit einer Gabel mit dem Mehl vermengen. Wenn das Mehl die Flüssigkeit vollständig aufgenommen hat, muss man es mit den (mit Mehl bestäubten) Händen so lange kneten, bis ein geschmeidiger, elastischer Teig entsteht. Ergebnis der Mühen sollte eine goldgelbe, krümelfreie Kugel sein. Den Teig in Frischhaltefolie wickeln und über Nacht ruhen lassen (wenn es schnell gehen muss, reicht eine Stunde im Kühlschrank). Danach den Teig noch einmal durchkneten und mit dem Nudelholz dünn ausrollen. Wichtig ist, dass der Teig an allen Stellen gleich dünn gerät. Andernfalls entstehen Nudeln mit unterschiedlicher Kochzeit. Den Teig dann ganz leicht antrocknen lassen.

Nun ist alles möglich. Um **Tagliatelle** herzustellen, den Teig zu einem mehrlagigen Päckchen falten, dann in schmale Streifen schneiden und diese vorsichtig aufziehen. Geraten die Streifen etwas breiter, erhält man **Pappardelle**. Die fertigen Nudeln kurz zum Trocknen beiseitelegen.

Für **Tortelloni** und – wenn Sie sehr fingerfertig sind – die kleineren **Tortellini** benötigt man naturgemäß eine Füllung. Dafür kann man z. B. 750 Gramm Ricotta mit 100 Gramm zwei Jahre gereiftem Parmesan, einem Ei, etwas Muskatnuss sowie einem EL Petersilie, Basilikum oder Spinat vermengen. Die Füllung in eine kleine Plastiktüte geben, die man zur Portionierung an einer Ecke unten aufschneidet. Für die Tortelloni aus dem Teig Dreiecke schneiden, einen Klecks Füllung aus der Tüte aufbringen, die Ecken des Dreiecks feststecken. Gefüllte Nudeln benötigen keine zusätzliche Soße.

Die Nudeln in leicht gesalzenes, kochendes Wasser geben. Wenn sie aufsteigen – das ist nach etwa zwei Minuten der Fall –, sind sie fertig. Sofort servieren.

Tortellini – schmackhaft mit Ricotta-Füllung

REGION 2
Emilia-Romagna

Von den Bolognesern »der Riese« genannte Neptunbrunnen auf der Piazza Nettuno

🛈 Bologna Welcome
Piazza Maggiore 1/E
40124 Bologna
✆ 051 23 96 60
www.bolognawelcome.com (ital. und engl.)
Mo–Sa 9–19, So 10–17 Uhr

Galleria Cavour
Via Luigi Carlo Farini
40124 Bologna
✆ 335 640 82 40
www.galleriacavour.net
Tägl. außer So 10–19.30 Uhr

1 Bologna
Eine üppige Schönheit in Rot

La Rossa, la Grassa, la Dotta. Die Rote, Fette und Gelehrte – so beschreiben die Bewohner Bolognas nicht ohne Koketterie ihre Heimatstadt. Rot ist sie dabei weniger wegen ihrer politischen Ausrichtung seit dem Zweiten Weltkrieg (obschon auch das – bis auf eine Unterbrechung von1999 bis 2004 – im Großen und Ganzen zutrifft) als aufgrund des roten Ziegelsteins, aus dem Fassaden und Dächer der Altstadt leuchten. Als gelehrt gilt die Perle der Emilia-Romagna, die in der Gunst der Touristen zu Unrecht hinter ihren schönen Schwestern an der Küste rangiert, dank ihrer im Jahr 1088 gegründeten **Universität**. Heute pauken hier 85 000 Studenten, die Bologna eine lebhafte, junge Atmosphäre verleihen. Fett ist sie schließlich wegen der exzellenten Kochkunst, die hier gepflegt wird. Trotz der großen Zahl an Kunstschätzen sollte man genug Zeit zum Essen einplanen – es lohnt sich. In 42 Kilometern **Arkadengängen**, den Portici, kann man einen Teil der Kalorien wieder verbrennen. Die schönen Laubengänge entstanden als aufgestockter Wohnraum für Studenten. So ließen sich die Häuser ab der ersten Etage zur Straße hin erweitern; die Pfeiler stützten die zusätzlichen Zimmer. Eine Mindesthöhe von 2,66 Metern war vorgeschrieben, damit Reiter die Portici ungehindert passieren konnten. Rund 80 **Geschlechtertürme** prägten die historische Skyline; leider haben nur zwölf von ihnen überdauert.

Immer schon brachte Bologna kreative und unternehmerische Persönlichkeiten hervor. Einer der meistgeliebten Söhne der Stadt war der Musiker und Cantautore Lucio Dalla (1943–2012), ein weiterer kreativer Kopf war der Schriftsteller und Regisseur Pier Paolo Pasolini (1922–75). Die Brüder Maserati gründeten in ihrer Heimatstadt 1914 ihr Unternehmen und auch die Wurzeln der Marke Lamborghini liegen in Bologna. Die Edel-Täschner Furla und Mandarina Duck haben ihren Sitz in der Stadt – obwohl die letztere Marke 2011 nach Südkorea verkauft wurde. Und auch das Mode-Unternehmen Max Mara gehört mit den Maramottis einer Bologneser Familie, die nebenbei mit der Collezione Maramotti, einer Sammlung von Gegenwartskunst, Ansehen erworben hat.

Luftbild der Piazza Maggiore im mittelalterlichen Zentrum von Bologna

Die klangvollen Namen lassen es ahnen: Bologna ist auch für Shopping-Victims ein lohnendes Ziel. Es muss nicht gleich ein Maserati sein. Armani, Prada, La Perla, Louis Vuitton, Bulgari, Fendi, Yves Saint Laurent – alles, was schön und teuer ist, ist in der **Galleria Cavour** im Herzen der Altstadt versammelt.

2 Basilica di San Petronio in Bologna
Prunksucht und Pleiten oder: Die fünftgrößte Kirche der Welt

Auf Piazza Maggiore und Piazza Nettuno, zwei L-förmig ineinander verschränkten, von prachtvollen Palästen gesäumten Plätzen, schlägt Bolognas Herz. An einer Seite der Piazza Maggiore wacht die Basilica di San Petronio, mit der die Bauherren den Petersdom in Rom in den Schatten stellen wollten – bis das Geld ausging. 1390 begonnen wurde die mit 132 Metern Länge, 66 Metern Breite und einer Gewölbehöhe von 47 Metern immerhin fünftgrößte Kirche der Welt nie vollendet. Auf das ursprünglich geplante, 140 Meter breite Querhaus wurde verzichtet. Auch die Fassade erzählt vom Ende der Mittel: Ihr Kleid aus rosa Marmor reicht der Kirche nur bis zur Taille, darüber liegen bloße Ziegel.

Reich an Kunstschätzen und historischer Bedeutung – Karl V. ließ sich hier 1530 zum Kaiser krönen – ist die Basilika dennoch. Am 1425 fertiggestellten Hauptportal sieht man unter anderen San Petronio,

Fresko von Giovanni da Modena in einer Seitenkapelle der Basilica di San Petronio in Bologna: die »Reise der Heiligen Drei Könige« (um 1412)

🏛 **Museo Morandi**
Wegen Restaurierungsarbeiten am Palazzo ist die Sammlung derzeit verlegt ins **MAMbo** (Museo d'Arte Moderna di Bologna)
Via Don Minzoni 14
40121 Bologna
✆ 051 649 66 11
www.mambo-bologna.org
Di/Mi, Fr 12–18, Do, Sa/So 12–20 Uhr
Eintritt € 6/4 (Rentner und Studenten), bis 18 J. frei

Basilica di San Petronio
Piazza Maggiore
40124 Bologna
✆ 051 23 14 15
www.basilicadisanpetronio.it
Tägl. 7.45–13 und 15–18 Uhr
Eintritt frei

Palazzo d'Accursio o Comunale
Piazza Maggiore 6
40124 Bologna
✆ 051 20 30 40
Sala Borsa Di–Fr 10–20, Sa 10–19 Uhr
Eintritt frei

den achten Bischof Bolognas und Namenspatron der Kirche. Im Inneren sind die Wandfresken Giovannis von Modena beachtenswert, unter denen sich eine eindrucksvolle Darstellung der Hölle befindet. Dass darauf auch der Prophet Mohammed abgebildet ist, sorgt in der muslimischen Gemeinde Bolognas immer wieder für Unmut.

Zudem besitzt die Basilika zwei der ältesten Orgeln Italiens (gebaut 1470 und 1596) sowie den mit 67,72 Metern längsten Meridian der Welt, den Gian Domenico Cassini 1656 konstruierte. Durch eine Auslassung in 27 Metern Höhe fällt das Licht so ein, dass sein Strahl auf dem Boden die Mittagsstunde anzeigt. In einer Seitenkapelle schlägt ein Foucaultsches Pendel. Nicht umsonst lehrte Umberto Eco, Philosoph, Schriftsteller und Autor von Weltbestsellern wie »Der Name der Rose« und eben »Das Foucaultsche Pendel«, hier an der Uni Semiotik.

Bolognas Freiluftwohnzimmer erstreckt sich bis zur benachbarten **Piazza Nettuno**. Sie wird dominiert vom roten **Palazzo d'Accursio** (Rathaus), einem festungsartigen Palast, in dessen Prunksaal Trauungen stattfinden. Er beherbergt das **Kunstmuseum Museo Morandi** (wird derzeit restauriert) und in der **Sala Borsa** eine Bibliothek; sein Portal ziert eine Bronzestatue des in Bologna geborenen Papstes Gregor XIII., der von 1572 bis 1585 auf dem Heiligen Stuhl saß.

Vor dem Rathaus bildet der 1564–66 von Giovanni da Bologna geschaffene Neptunbrunnen**, Fontana di Nettuno**, den zentralen Treffpunkt der Stadt. Gekrönt wird er von »Il Gigante«, einem nackten, 3,20 Meter großen Neptun aus Bronze. Zu seinen Füßen drängen sich Putten und barbusige Nymphen. Weitere bedeutende Bauten sind der zwischen Basilika und Rathaus gelegene, gotische **Palazzo dei Notai**, einst Sitz von Bolognas Notaren, sowie der ab 1412 erbaute (nicht zu besichtigende) **Palazzo dei Banchi** gegenüber vom Rathaus. In seinen Arkaden hatten früher Banken ihre Wechselstuben.

❸ La Vecchia Scuola Bolognese in Bologna
Pasta kochen wie ein Profi

Pasta aus dem Supermarkt? *No, no, no*. Die Kochschule der aus dem italienischen Fernsehen bekannten Köchin Alessandra Spisni will die letzte in Italien sein, die Pasta-Herstellung ausschließlich und ausnahmslos von Hand vermittelt. Denn mit der Maschine hergestellter Teig erreiche nie die gleiche Geschmeidigkeit wie von Hand gekneteter, erklären die Lehrmeister hier ihren Eleven. Die Schüler sind Profis und Amateure; Urlauber, die auch zu Hause so gut essen möchten wie in den Ristorantes von Bologna, aber auch Italiener. Denn die alte Tradition, am Sonntagmorgen die Pasta für das Familienessen frisch herzustellen, weicht in Italien mittlerweile vielerorts dem bequemen Griff zum Fertigprodukt. »So ist eine ganze Generation von Italienern herangewachsen, die ihren Kindern nicht mehr beibringen kann, wie man gute Pasta macht, einfach, weil sie es selbst nicht beherrschen«, erzählt einer der Köche. Dass dieses immaterielle Kulturgut verloren gehen könnte und traditionelle Fertigkeiten und Rezepte in Vergessenheit geraten, will Alessandra Spisni mit ihrer Vecchia Scuola Bolognese verhindern. Ihr besonderes Augenmerk gilt dabei den Spezialitäten Bolognas.

Für die Schüler ist der Vormittag in der Vecchia Scuola ein lehrreiches Vergnügen. Das Mischen, Kneten und korrekte Ausrollen von Pasta-Teig mit dem knapp meterlangen Nudelholz steht ebenso auf dem Programm wie das Zuschneiden von Tagliatelle und die Zubereitung verschiedener Füllungen für die kleinen Tortellini und die größeren Tortelloni – und natürlich auch das etwas knifflige Falten und Formen dieser gefüllten Sorten. Zugleich lernt man, dass nichts so einfach ist, wie es scheint –

La Vecchia Scuola Bolognese
Via Galliera 11
40121 Bologna
051 649 15 76
www.lavecchiascuola.com

auch nicht in der Pasta-Küche: Aus der Teigkugel einen ebenmäßig flachen Fladen herzustellen kostet Schweiß, ist aber notwendig, denn gerät der Teig nicht ganz gleichmäßig, entstehen Nudeln mit unterschiedlicher Kochzeit. Und das kann und darf nun wirklich nicht sein. Zum Glück sorgt mit dem Instruttore ein wachsamer Profi dafür, dass alle Versuche glücklich enden. Und so krönt den Kochkurs ein herrliches Mittagessen aus verschiedenen Sorten köstlicher selbst gemachter Pasta.

Ein vierstündiger Kochkurs mit Mittagessen kostet 90 Euro pro Person; ein ganztägiger Kurs (10–18.30 Uhr) 164 Euro, ein dreitägiger mit drei jeweils vierstündigen Unterrichtseinheiten 224 Euro. Die Kurse finden montags bis freitags statt; eine vorherige Anmeldung per Telefon oder über die Website ist nötig.

4 Palazzo dell'Archiginnasio in Bologna
Ein Anatomiesaal aus dem 17. Jahrhundert

Palazzo dell'Archiginnasio
Piazza Galvani 1
40124 Bologna
✆ 051 27 68 11
www.archiginnasio.it
Mo–Fr 9–18.45, Sa 9–13.45 Uhr
Eintritt frei

Von jeher spielt Bologna eine wegweisende Rolle in Sachen Bildung. 1088 wurde hier die erste Universität Europas gegründet, fast 1000 Jahre später, im Jahr 1999, wurde mit der »Bologna-Erklärung« die Vereinheitlichung europäischer Hochschulabschlüsse auf den Weg gebracht.

Im Palazzo dell'Archiginnasio fing das geordnete akademische Leben an. Bis im 16. Jahrhundert auf Anweisung von Papst Pius IV. mit dem Bau begonnen wurde, hatten Studenten und Professoren in Klöstern gelernt und gelehrt; die Juristen fanden bei den Dominikanern Aufnahme, die *artisti* – das waren alle anderen *studiosi* – bei den Franziskanern. Auch beim neuen, zweistöckig um einen Innenhof angelegten Bau fand die Teilung in Karriere und Künste Niederschlag: Die Juristen erhielten eine prachtvolle Treppe, für die Studenten der Künste wurde eine bescheidenere Stiege gezimmert. Bis 1803 blieb der Palast Sitz der Universität, die sich heute wieder über die ganze Stadt verteilt. Seit 1838 residiert hier die Städtische Bibliothek, die eine Sammlung seltener Handschriften und Karten besitzt. Im Zweiten Weltkrieg wurde der Bau durch Bomben schwer beschädigt.

Treppenhäuser und Galerien sind mit den Namen und Wappen einstiger Studenten verziert. Im ersten Stock kann man den von Antonio Levante holzverkleideten **Teatro Anatomico**, den zweitältesten Anatomie-Hörsaal Italiens (nach Padua) bewundern. Wie in einem Theater steigen die Sitzreihen nach oben an und in der Mitte steht der Seziertisch. Die Decke schmückt ein von den Sternbildern gerahmtes Bild Apollos. Ab 1637 saßen die angehenden Mediziner in diesem Hörsaal auf schmalen Holzbänken, die ein Einschlafen zumindest sehr erschwerten. Damit auch sonst alles im Rahmen der guten Sitten verlief, war stets ein Geistlicher zugegen. Die erste weibliche Lehrende musste hinter einem Vorhang vortragen, damit ihr Körper die (ausschließlich männlichen) Studenten nicht ablenkt. Besonders sehenswert sind neben den Statuen großer Ärzte der Antike und Darstellungen Bologneser Professoren die beiden geschnitzten Statuen von Ercole Lelli, die »Spellati« (die Gehäuteten).

Hörsaal für die angehenden Mediziner des 17. Jahrhunderts: das Teatro Anatomico in Bologna

5 Pier Paolo Pasolini und Bologna

Ein sozialkritischer Provokateur in der Geschichte des italienischen Films

Was Fellini für Rimini ist Pasolini für Bologna. Der Schriftsteller und Regisseur Pier Paolo Pasolini, am 5. März 1922 in Bologna geboren, hat allerdings im Gegensatz zu seinem Kollegen von der Küste darauf verzichtet, seiner Geburtsstadt in seinem filmischen Schaffen ein Denkmal zu setzen. Womöglich lag es daran, dass Pasolini seine prägenden Kindheitsjahre im Friaul, genauer im Dorf Casarsa della Delizia verbrachte, woher seine Mutter Susanna stammte. Seine ersten Versuche als Autor unternahm er sogar in friaulischem Dialekt. Das Studium der Kunstgeschichte führte ihn zurück nach Bologna, bis der Ausbruch des Zweiten Weltkriegs seine Studien unterbrach. Während der Kriegsjahre hielt er sich in Casarsa auf, wo er später als Dorfschullehrer unterrichtete. Pasolini besaß eine pädagogische Begabung und erwarb als Lehrer großes Ansehen. Als allerdings seine Homosexualität zum Thema öffentlicher Diskussionen wurde, musste er seinen Job schweren Herzens aufgeben.

Mit seiner Mutter übersiedelte er nach Rom, hielt sich als Autor über Wasser – 1955 erschien sein erster Roman »Ragazzi di Vita« – und knüpfte bei der Mitarbeit an Drehbüchern (darunter »Flucht in die Dolomiten« unter der Regie von Luis Trenker) erste Kontakte zur Cinecittà. 1961 drehte er mit »Accattone« (Wer nie sein Brot mit Tränen aß) seinen ersten Film. Ihm sollten gut 20 folgen, darunter dokumentarische Arbeiten, aber auch abendfüllende Unterhaltung wie »Erotische Geschichten aus 1001 Nacht« (1974) und »Die 120 Tage von Sodom« (1975), sein letzter Film. Seine frühe Schaffensperiode prägte das Interesse am Schicksal der Arbeiterklasse und den sich daraus ergebenden sozialkritischen Themen, die er auch in Romanen, Essays und politischen Texten schonungslos beleuchtete. Seine Vision vom Ende der Bourgeoisie verarbeitete er 1968 im Film »Teorema – Geometrie der Liebe«, der den Verfall einer bürgerlichen Familie thematisiert.

In der Nacht zum 2. November 1975 wird Pasolini unter nie vollends geklärten Umständen ermordet. Sein mutmaßlicher Mörder, ein 17-Jähriger aus dem Strichermilieu, wird für das Verbrechen verurteilt, widerruft aber später sein Geständnis. Hatte Pasolini sich mit seinen provokanten Thesen Feinde geschaffen, die vor einem Mord nicht zurückschreckten? Man weiß es nicht. Seine letzte Ruhestätte fand er im Dorf seiner Kindheit im Friaul.

6 Pinacoteca Nazionale di Bologna

Emilianische Bildschätze vom 13. bis 18. Jahrhundert

Pinacoteca Nazionale
Via delle Belle Arti 56
40126 Bologna
✆ 051 420 94 11
www.pinacotecabologna.beniculturali.it
Di/Mi 9–13.30, Do–So 14–19 Uhr
Eintritt € 4, bis 18 J. frei

Höhepunkte Bologneser und emilianischer Malerei machen dieses Museum zum Muss für Kunstliebhaber. Die hier versammelten Meisterwerke bieten aber auch eine gute Gelegenheit, sich mit der Entwicklung der italienischen Malerei von der Gotik bis zum Barock vertraut zu machen. Seit 1808 hat die 1796 begründete Sammlung ihre Heimat im ehemaligen Kloster St. Ignazio. Ursprünglich speiste sie sich aus den Kunstschätzen von Klöstern, die unter dem Regime Napoleons aufgelöst und deren Bilder und Skulpturen nach Paris oder Mailand geschickt worden waren. Nach dem Fall Napoleons 1815 gelangte der monumentale Bilderschatz an dieses Museum. Mitte des 19. Jahrhunderts gingen zahlreiche weitere Kunstwerke aus Klöstern in Staatsbesitz über und wiederum profitierte das Museum. Ende des 19. Jahrhunderts wurde die Pinacoteca mit dem Erwerb zweier großer privater Sammlungen endgültig zu einem der ganz großen Museen Italiens.

Alle 30 Säle zu besichtigen wäre eine mindestens tagesfüllende Beschäftigung. Die Struktur der Ausstellung erlaubt jedoch einen Spaziergang durch fünf Jahrhunderte italienischer (und insbesondere emilianischer) Kunstgeschichte mit Stopps an ihren wichtigsten Stationen. Unter den ältesten Werken des Museums verdienen jene von Vitale da Bologna und Simone dei Crocifissi besondere Beachtung; heraus ragt außerdem ein Flügelaltar von Giotto, der die Jungfrau Maria mit Heiligen zeigt. Es ist Giottos einziges Werk in Bologna und zählt ebenfalls zu den älteren Schätzen der Sammlung.

In der gewaltigen Renaissance-Abteilung gehört Raffaels »Verzückung der heiligen Cäcilia« (um 1514) zu den Höhepunkten; weitere sind die Arbeiten von Tintoretto, Perugino und Francesco del Cossa, um nur einige zu nennen. Der Bologneser Künstler Guido Reni (1575–1642) ist mit dem »Kindermord von Betlehem« (1611), dem »Triumphierenden Samson« sowie einem »Christus mit Dornenkrone«, der bereits vom Übergang zum Barock kündet, vertreten.

Von den drei Malern Carracci erzählt ein eigener Saal; die aus Bologna stammenden Cousins Ludovico, Agostino und Annibale gründeten gegen Ende des 16. Jahrhunderts ihre eigene Kunstakademie, um ihre Gegenposition zum Manierismus weiterzugeben. Vor allem Ludovico Carracci schuf spirituell motivierte Bilder im Geist der Gegenreformation. Ruhm erwarben die drei Vettern außerdem durch ihre Fresken in diversen Stadtpalästen Bolognas.

Ein Leben für den Glauben: »Verzückung der heiligen Cäcilia« (um 1514) von Raffael in der Pinacoteca Nazionale di Bologna

7 Santuario della Madonna di San Luca in Bologna
Das Ziel des längsten Arkadengangs der Welt

Durch 666 Arkaden und vorbei an 15 Rosenkranzkapellen führt der knapp vier Kilometer lange Pilgerweg von Bolognas Stadttor Porta Saragozza bis zur auf einem Hügel gelegenen Wallfahrtskirche der Madonna di San Luca. Am Arco de Meloncello wechseln Pilger und Flaneure die Straßenseite und folgen dort den Arkaden weiter bergan. Irgendwann wird aus dem Weg eine Treppe, der Verkehrslärm ebbt ab, die Ausblicke weisen auf die ersten grünen Hügel des Appenin und auf Bologna. Interessant ist, wie sich die Arkaden verändern: Was unten in sachlich-schlichten Bögen beginnt, ist kurz vor dem Ziel lichter, facettenreicher; die Bögen öffnen sich hier mit jedem Schritt zu neuen Perspektiven. Ziel der Pilger ist die Kuppe des Colle della Guardia, wo in der Kirche San Luca die Madonna di San Luca verehrt wird: eine byzantinische Marien-Ikone, die im 12. Jahrhundert auf Umwegen nach Bologna gelangte und bis heute alljährlich in der Woche um Christi Himmelfahrt in einer Prozession in die Cattedrale Metropolita San Pietro in der Stadt getragen wird.

Der religiöse Brauch wird gepflegt, seit es im Jahr 1433 so anhaltend regnete, dass die Ernte gefährdet war. Die Bauern taten, was gottesfürchtige Menschen in solcher Lage tun: Sie beteten zur Heiligen Jungfrau

Madonna di San Luca
Via di San Luca 36
40135 Bologna
✆ 051 614 23 39
www.sanlucabo.org
März–Okt. Mo–Sa 6.30–12.30 und 14.30–19, So 7–19, Nov.–Feb. nur bis 17 Uhr

REGION 2 Emilia-Romagna

Das Marienheiligtum Santuario della Madonna di San Luca über der Innenstadt von Bologna

Vito a San Luca
Via di Monte Albano 5
40135 Bologna
✆ 051 43 77 11
www.vito.it
Tägl. außer Di 12–24, Feiertage 9–12 Uhr
Traditionelle regionale Küche (gute Pasta-Gerichte und schmackhafte Pizzen) gleich unterhalb der Kirche San Luca. €

Paolo Atti & Figli
Via Caprarie 7 und Via Drapperie 6
40124 Bologna
✆ 051 22 04 25
www.paoloatti.com
Mo–Sa 7.30–19.15, Fr/Sa bis 19.30 Uhr
Hausgemachte Pasta, Brot, Kuchen, Gebäck.

Tamburini
Via Caprarie 1
40124 Bologna
✆ 051 23 47 26
www.tamburini.com
Tägl. 12–15 Uhr, im Aug. drei Tage geschl.
Frische Wurstwaren; mittags auch Pasta-Buffet. €

Zerocinquantuno
Via de Pignattari 1/F
40124 Bologna
✆ 051 22 86 94
www.051bologna.it
Tägl. 12.30–16 und 19.30–23 Uhr
Zum *Aperitivo* rappelvoll. Später gibt es hausgemachte Pasta und andere regionale Spezialitäten. €€

Maria, und zwar im Kirchlein auf dem Hügel über Bologna. In einer Prozession brachten sie dann das Bildnis der Maria in die Stadt hinab. Als sie das Stadttor erreichten, geschah das Wunder: Der Regen ließ nach, der Himmel riss auf.

Die ebenso schöne wie schön gelegene und in Ockertönen leuchtende Wallfahrtskirche entstand zwischen 1723 und 1757 nach Plänen von Carlo Francesco Dotti (der auch die zweite Phase der insgesamt 80 Jahre andauernden Bauzeit der Arkaden überwachte und neben dem Meloncello-Bogen die letzten, oberen Bögen entwarf) an der Stelle der Vorgängerkirche aus dem 15. Jahrhundert. Vollendet wurde der Bau erst von Dottis Sohn Giacomo; er war für die flankierenden Gebäude verantwortlich. Die runde Kuppel der Kirche ist das weithin sichtbare Wahrzeichen Bolognas. Heute nutzen sportliche Bewohner der Stadt den zunächst nur leicht, dann immer steiler ansteigenden Pilgerweg durch die Arkaden auch als Joggingstrecke.

8 Schlemmen in Bologna
Die Heimat der berühmtesten Soße der Welt

Zwar hat Bologna die Palette italienischer Wurstwaren um die hauchzarte, wohlduftende und universal geliebte Mortadella di Bologna bereichert. Sie wird aus Schweinefleisch hergestellt und erhält ihr Aroma durch Salz, Pfeffer, Zucker, Speck und die Tatsache, dass sie nicht geräuchert wird. Bolognas bekanntester Exportschlager aber ist unzweifelhaft die Soße Bolognese, die hier als *ragù* bekannt ist – und niemals zu Spaghetti gegessen (oder gar im Restaurant bestellt) wird. Denn an einer solchen Nudel kann die Soße, die vier bis sechs Stunden köcheln muss, um hinreichend zart zu werden und ihr ganzes Aroma zu entfalten, nicht haften. Dafür gibt es die breitere, etwas rauere Tagliatelle oder Papardelle. Und: Basis des *ragù* ist Rindfleisch – eine Alternative gibt es (hier) nicht. Wer neben diesen Grundwahrheiten auch noch verinnerlicht hat, dass Pasta im Ristorante kein Hauptgang, sondern eine warme Vorspeise ist, kann sich ohne Zwischenfälle in den besten Häusern der Stadt bewegen.

Delikatessen gibt es indessen nicht nur im Ristorante. Ob man fürs Picknick einkauft oder für die Lieben daheim – **Paolo Atti & Figli**, ein seit 1880 am Ort ansässiger Spezialist für frisch gefertigte Pasta und Kuchen, bietet in seinen beiden Niederlassungen viele Versuchungen. Auch bei **Tamburini,** dem ältesten Delikatessgeschäft der Stadt, gibt es hausgemachte Pasta zu kaufen, aber auch alle anderen kulinarischen Schätze der Region, darunter natürlich Mortadella, Schinken und Culatello. Weil eine Weinbar zum Haus gehört, kann auch gleich alles an Ort und Stelle verkostet werden.

Eine Institution in der Stadt, in der immerhin fast 85 000 Studenten leben, ist der *Aperitivo.* Dabei erhält der Gast für zehn bis zwölf Euro neben einem Glas Wein freien Zugang zum Buffet – eine wegen ihrer Wirtschaftlichkeit von der jungen Generation besonders geschätzte Form der Frühabendgestaltung, die viele Restaurants und Bars anbieten. Dass das Buffet von guter Qualität ist, versteht sich von selbst.

Wer Bologna kulinarisch würdigen möchte, sollte schon am Morgen den örtlichen Gepflogenheiten mit einem entspannten und sehr leichten Frühstück folgen, das Raum für spätere Großtaten lässt. In der **Pasticceria Zanarini**, einer der ältesten Konditoreien der Stadt, kann man den Tag bei Cappuccino und einem Teilchen sehr angenehm beginnen.

9 Brescello
In den Kulissen von »Don Camillo und Peppone«

In dem unscheinbaren Dorf in der Po-Ebene herrscht tiefster Frieden. Doch der Schein trügt: Der kommunistische Bürgermeister und der Seelsorger des Ortes liegen sich in den Haaren – aus rein politischen Gründen. Menschlich verbindet die beiden mehr, als sie ideologisch voneinander trennt. Die fünf Filme, die zwischen 1951 und 1965 nach den Erzählungen und Romanen von Giovannino Guareschi gedreht wurden, leben von dem Konflikt zwischen Politik und Religion, der seinerzeit in Italien ein beherrschendes Thema war. Gedreht wurden sie in Brescello.

In einer Seitenkapelle der Kirche **Santa Maria Nascente** können Filmfans den sprechenden Jesus am Kreuz besuchen, mit dem Don Camillo sich in allen Zweifelsfragen berät. Vor der Kirche steht eine Statue Don Camillos, vor dem Rathaus schräg gegenüber die seines Widersachers Peppone. Aus diesem Grund war die Wahl des Drehorts auf Brescello gefallen: Es ist das einzige Dorf in der Gegend, in dem Kirche und Rathaus nicht vis-à-vis, sondern schräg zueinander stehen. Das erleichterte die Kameraschwünge – und bescherte Brescello einen Platz auf der cineastischen Landkarte Italiens.

50 000 Besucher folgen Jahr für Jahr den Spuren von Don Camillo und Peppone. Im Filmmuseum sind Plakate, Requisiten wie das Herrenrad des Geistlichen, sein Talar und Erinnerungsstücke wie der Originalprojektor der Premiere versammelt. Auch Anekdoten von den Dreharbeiten sind hier nachzulesen: dass Fernandel, der französische Don Camillo, im Hotel logierte, im Cadillac bei den Dreharbeiten vorfuhr und darauf bestand, dass man Französisch mit ihm sprach. Der aus Bologna stam-

Wurstspezialitäten aus Bologna

Pasticceria Zanarini
Piazza Galvani 1
40124 Bologna
✆ 051 275 00 41
Mo–Fr 7–21, Sa/So 8–21 Uhr
Stilvolles Traditionscafé in der Altstadt.

All'Osteria Bottega
Via Santa Caterina 51
40123 Bologna
✆ 051 58 51 11
osteriabottega@alice.it (Reservierung erforderlich)
Di–Sa 12.30–14.30 und 20–23 Uhr, Aug. geschl.
In der gemütlichen, kleinen Osteria wird nach Slow-Food-Philosophie gekocht: ohne vorgefertigte oder industriell hergestellte Zutaten.
€€–€€€

Museo di Peppone e Don Camillo
Via Cavallotti 37
42041 Brescello
✆ 05 22 96 21 58
www.mondoguareschi.com
Mo–Fr 10–12 und 14.30–17.30, Sa/So 9.30–12 und 14.30–18.30 Uhr
Eintritt € 4/2, bis 12 J. frei (Karten im Tourismusbüro)

Casa Natale di Verdi
Via della Processione 1, Le Roncole
43011 Busseto
✆ 05 24 974 50
März–Nov. tägl. außer Mo 9.30–13 und 14.30–18, Dez.–Feb. Sa/So 9.30–13 und 14.30–17 Uhr
Eintritt € 4/3, Kombiticket mit Teatro Verdi und Casa Barezzi € 9/7,50

mende Gino Cervi alias Peppone soll sich volksnäher gegeben haben. Er wohnte bei Familien im Dorf und war abends in den Bars an der Piazza anzutreffen. Doch als Fernandel 1971 während der Dreharbeiten zum sechsten Film starb, wollte Cervi nicht an der Seite eines anderen Schauspielers weitermachen.

Brescello bewahrt das Erbe liebevoll. Die Drehorte sind beschildert, größere Requisiten außerhalb des Filmmuseums aufgebaut: So hängt die »Glocke des Volkes«, die der Bürgermeister in »Hochwürden Don Camillo« vor dem Rathaus anbringen ließ, in einem Bogengang der Straße Giglioli. Allerdings aus Pappmaché – und ohne Klöppel.

⑩ Busseto – Fahrradtour auf den Spuren von Giuseppe Verdi
Verdi auf Rädern

Schlanke Pappeln säumen die Straßen, hier und da ist ein Hof mit rotem Ziegeldach zwischen die Felder getupft. Unmittelbar leuchtet ein, weshalb die Po-Ebene das meistberadelte Gebiet Italiens sein soll. Das Land ist flach. Aber Urlauber machen hier auch Entdeckungen, die bei schnellerem Tempo womöglich am Wegrand verborgen blieben.

Geboren wurde Verdi in **Le Roncole de Busseto**, wo sein Geburtshaus (**Casa Natale di Verdi)** heute als Museum zu besichtigen ist. Eine schmale Landstraße führt nach **Sant'Agata**, einen drei Kilometer von Busseto entfernten Sprengel. 47 Jahre lang lebte Verdi mit seiner zweiten Frau Giuseppina Strepponi, einer Sängerin, hier in der schmucken **Villa Verdi.** Mehr als 20 Opern schrieb er im Schlafzimmer – und zwar meist nachts, am Schreibtisch neben dem Bett. Ein Instrument brauchte er nicht, um zu komponieren. Stattdessen brachte er die Melodien aus seinem Kopf direkt zu Papier. Wie eingefroren wirkt das Parterre der Villa – als wäre

Ein guter Ausgangspunkt für die Fahrradtour auf den Spuren Giuseppe Verdis: die Verdi-Statue auf der Piazza Giuseppe Verdi in Busseto

der Komponist eben auf die Terrasse getreten, um an dem weißen Gartentisch, der wie jedes andere Möbelstück hier aus seinem Besitz stammt, Platz zu nehmen. Nur die Vitrinen mit Briefen und Kompositionen und das Sterbebett im letzten Raum, der samt originalem Bett und Nachthemd jenem Zimmer im »Gran Hotel Milan« nachgebildet ist, in dem er am 27. Januar 1901 einem Schlaganfall erlag, erinnern daran, dass dies ein Museum ist. Den Rest der Villa Verdi inmitten eines großen Parks bewohnen seine Nachfahren.

Der Komponist der italienischen Romantik: Giuseppe Verdi (1813–1901)

In **Busseto**, wo Verdi seine erste Frau Margherita geheiratet hatte, baute man eigens für den berühmten Bewohner ein schönes Theater. Doch Verdi trat hier niemals auf – er fand den Bau zu teuer und ein Theater mit 400 Plätzen unverhältnismäßig für ein Städtchen mit 7000 Einwohnern. Die **Casa Barezzi** in Busseto, das Haus von Verdis (erstem) Schwiegervater, der ihn als Lehrer für seine Tochter Margherita engagierte, beherbergt heute ein kleines Museum.

Wer nicht nur durch Verdis Nachbarschaft radeln möchte, kann dem Radweg **Destra Po** bis zur Küste folgen. Über gut 300 Kilometer ist das rechte Ufer des Po von Piacenza bis zu seiner Mündung in die Adria als Radweg ausgeschildert. Neben der Flusslandschaft sind seine Attraktionen Schlösser des Herrschergeschlechts der Este und idyllische Dörfer. Für die Langstrecke empfiehlt es sich, das eigene Rad mitzubringen. Zwar gibt es vielerorts Verleihe, doch sind diese Drahtesel meist sehr unbequem.

⓫ Castello di Canossa

Weltgeschichte im Schnee: der »Gang nach Canossa«

Mathilde von Tuszien (1046–1115), der Nachwelt besser bekannt als Mathilde von Canossa, fungierte im Januar 1077 als Gastgeberin eines heiklen Treffens. König Heinrich IV. hatte sich auf den schweren Weg gemacht, hier von Papst Gregor VII. die Lösung des Kirchenbanns zu erwirken.

Dass Heinrich im Zuge der Wormser Synoden den Papst nicht nur geschmäht, sondern sogar abgesetzt hatte, konnte der nicht so stehen lassen. Die deutschen Fürsten, die sich zunächst dafür stark gemacht hatten, die Macht Roms einzudämmen, ruderten hastig zurück. Gregor hatte sich bereits auf den Weg nach Deutschland gemacht, um dem Kaiser die Leviten zu lesen, als er von dessen Ankunft in Italien erfuhr. Er nahm in Mathildes wichtigster Burg zwischen Bologna und Parma am Rand des Appenin Quartier, die so zum Schauplatz des Treffens wurde.

Mathilde war im Alter von neun Jahren Alleinerbin eines Feudalreichs geworden, das von Mantua bis in die Toskana reichte. Ihr Stiefvater hatte sich im Streit um die Investitur des Papstes gegen den Kaiser gestellt. Der setzte daraufhin Mathilde und ihre Mutter als Geiseln in Deutschland fest; erst nach ihrer Rückkehr nach Italien (und dem Tod des Stiefvaters) konnte Mathilde über ihren Besitz verfügen. Ihre eigene Ehe mit Gottfried dem Buckeligen war nur von kurzer Dauer, ihre Treue zum Papst – das war seit 1073 der Mönch Hildebrand als Gregor VII. – hingegen hielt.

REGION 2
Emilia-Romagna

Villa Verdi
Via G. Verdi 22
29019 Sant'Agata di Villanova sull'Arda
✆ 05 23 83 00 00
www.villaverdi.org
Tägl. außer Mo 9.30–11.45 und April–Okt. 14.30–18.15, Nov.–März 14–16.30 Uhr
Eintritt € 9/7,50, Kombiticket mit Casa Barezzi € 11/9

Casa Barezzi
Via Roma 119
43011 Busseto
✆ 05 24 93 11 17
www.museocasabarezzi.it
Geöffnet wie Villa Verdi, Eintritt € 4/3, Kombiticket mit Geburtshaus und Teatro Verdi € 9/7,50; Kombiticket mit Villa Verdi € 11/9

Markgräfin Mathilde von Tuszien, Hugo von Cluny und König Heinrich IV. (Miniatur aus der Handschrift »Vita Mathildis«, um 1115)

REGION 2
Emilia-Romagna

Die Ruinen der Burg von Canossa, Schauplatz des Bußgangs Heinrichs IV. nach Canossa

Castello di Canossa
Località Canossa Castello
42026 Canossa
✆ 05 22 87 71 04
www.castellodicanossa.it
April–Sept. tägl. außer Mo 9–12.30 und 15–19, Okt.–März Mi–So 9–13 und 13.30–16.30 Uhr
Eintritt mit Führung € 3/1,50

Leicht machte Gregor es dem aufsässigen Kaiser nicht. Zwei Tage musste er vor der Burg Canossa barfuß im Schnee verharren, bis der Papst Gnade walten ließ. Am dritten Tag hob er – wohl auch durch Vermittlung Mathildes – den Bann auf. Allerdings sollte der Frieden nicht lange währen, der Kaiser gab sich bald schon wieder kämpferisch. Mathilde, deren zweite Ehe mit dem viel jüngeren Welf von Bayern nur sieben Jahre hielt, dehnte ihr Herrschaftsgebiet weiter aus, ließ Kirchen, Kathedralen und Armenhäuser erbauen und war an der Gründung der Universität von Bologna beteiligt. Im Jahr 1111 ernannte sie Heinrich V., der Sohn des alten Feindes, zur Statthalterin Italiens. Vier Jahre später starb sie in Bondeno di Roncore. Canossa ist heute eine Burgruine; ihr Status als Nationaldenkmal sorgt dafür, dass ihre Überreste erhalten werden.

12 Cesenatico
Pastellfarben und ein schwimmendes Museum

Cesenatico Turismo
Viale Roma 112
47042 Cesenatico
✆ 05 47 67 32 87
www.cesenaticoturismo.com
Tägl. 8.30–19.30 Uhr

Museo della Marineria
Via Carlo Armellini 18
47042 Cesenatico
✆ 05 47 792 05
http://cms.delfo.fc.it/web/museo_marineria
Mitte Juni–7. Sept. tägl. 10–12 und 17–23, im Frühling tägl. außer Mo 10–12 und 15–19, im Winter Sa/So 10–12 und 15–19 Uhr, Eintritt € 2/1 (mit Antiquarium)

Cesenatico (22 000 Einwohner) bietet das Beste aus zwei Welten: traditionelles Badeleben am sieben Kilometer langen, gewohnt breiten und feinsandigen Adriastrand (über dem die Blaue Flagge weht) und dazu einen bezaubernden historischen Stadtkern, der Kultur und Geschichte vereint. Gegründet wurde Cesenatico im 14. Jahrhundert als Handelshafen des 15 Kilometer entfernten Cesena. Im Mittelalter fiel die Stadt an Cesare Borgia, der 1502 den großen Leonardo da Vinci mit dem Ausbau des Hafens betraute. Da Vinci legte ihn so an, dass er vor Versandung geschützt war. Der bildschöne **Kanalhafen** (Porto Canale) teilt die Stadt in die Bereiche Ponente im Norden und Levante im Süden. Für dieses sehenswerte Hafenviertel mit den Fischerbooten, die vor dem **Museo della Marineria** liegen, und den pastellfarbenen Fassaden rund um den Porto Canale lohnt es sich unbedingt, die Strandliege zu verlassen.

Das schwimmende Museum – das einzige seiner Art in Italien – versammelt traditionelle Fischerboote und Schiffe der nördlichen und mittleren Adria mit ihren farbenfrohen Segeln (gehisst werden sie von Mitte Juni bis Ende August täglich außer montags). Das dazugehörige **Antiquarium** stellt den Alltag in römischer Zeit anhand von Gegenständen des täglichen Lebens sowie von Relikten der örtlichen Befestigungsanlagen und von Landhäusern der Umgebung dar. Auch die Überreste zweier Statuen von Dädalus und Ikarus, die im Dorf **Ca'Turchi**, dem Standort einer römischen Brennerei, gefunden wurden, sind hier zu sehen.

Das pastellfarbene Kirchlein San Giacomo am Porto Canale (Cesenatico)

REGION 2 Emilia-Romagna

Ristorante da Urbano
Via Molo di Ponente 4
47042 Cesenatico
✆ 05 47 832 52, www.ristoranteurbano.com
Tägl. außer Di 12–15 und 19–22.30 Uhr
Hausgemachte Pasta und ausgezeichnete Fischgerichte sowie Meeresfrüchte in schöner Lage am Hafen. €€

Deutlich weniger schön als der historische Hafen, aber mindestens ebenso auffällig ist das Wohnhochhaus an der Strandpromenade, das vom Schandfleck zum Wahrzeichen Cesenaticos avancierte. Sein optischer Gegenpol ist das nicht weit vom Kanal gelegene **Grand Hotel da Vinci**, das nach Jahrzehnten der Zweckentfremdung und des Verfalls 2013 als erstes Fünf-Sterne-Hotel Cesenaticos neu eröffnete und neben 100 eleganten Zimmern auch ein Spa, ein exzellentes Restaurant und einen schicken, allerdings auch teuren Strandabschnitt besitzt.

Ende des 19. Jahrhunderts mauserte sich die Hafenstadt zum Seebad – im Jahr 1878 wurde die erste Badeanstalt eröffnet. Heute besitzt Cesenatico rund 130 Strandbäder und eine riesige Auswahl an Unterkünften, Gastronomie und Freizeiteinrichtungen.

In der Altstadt mit der **Piazza delle Conserve** erinnern steinerne Kühlgefäße *(conserve)* daran, dass die Fischer im 18. und 19. Jahrhundert hier einen Teil ihres Fangs aufbewahrten. Am Strand wird der Tag im Sommer häufig mit Kammermusik begrüßt – die Konzerte um 6 Uhr morgens sind ein ganz besonderes Erlebnis (Termine beim Tourismusbüro).

Der Begriff »Fayence« geht auf die Stadt Faenza zurück

13 Faenza
Wiege der Fayencen

Weltruhm hat Faenza (58 000 Einwohner) durch seine Keramik erlangt. Insbesondere in der Renaissance zierten Blüten und schmuckvolle Figuren die Keramik aus Faenza, die bald in keinem adeligen Haushalt mehr fehlen durfte.

Der französische Begriff *Fayence*, der sich für glasierte Tonarbeiten in aller Welt durchgesetzt hat, geht auf den Namen der Stadt am Fuß des Appenin zurück, die ihre Wurzeln im römischen *Faventia* hat. Im 12. Jahrhundert findet sich der erste definitive Beleg für diese Kunstform, die wahrscheinlich aber schon zur Zeit der Römer am Ufer des Lamone gepflegt wurde. Zwischen 1300 und 1500 erlebte die Stadt dank ihrer Keramikkunst dann ein regelrechtes Wirtschaftswunder. Heute haben Besucher in gut 60 Werkstätten und Geschäften die Qual der Wahl. Zudem erinnern Straßenschilder und Hausnummern aus Terrakottakacheln an die Tradition der Fayence.

Das 1908 in einem schon um seiner selbst willen sehenswerten ehemaligen Kloster begründete Keramikmuseum **Museo Internazionale delle Ceramiche** besitzt die wohl umfangreichste Keramiksammlung der Welt. Dabei schien im Mai 1944 alles verloren zu sein, als das Museum schwer bombardiert wurde. Durch gewaltige Anstrengungen von Museum und Gemeinde sowie durch die Unterstützung von Sammlern aus der ganzen Welt gelang es, die zu großen Teilen zerstörte Kollektion zu ersetzen und wieder aufzubauen. Heute vereint sie Arbeiten aus dem Altertum mit solchen aus dem präkolumbischen Amerika, aus der Welt des Islam und den Zentren der italienischen Renaissance sowie Werke verschiedener Epochen aus fünf Kontinenten. So lässt sich hier die Entwicklung dieser Kunstform in ganz unterschiedlichen Kulturräumen im Lauf der Jahrhunderte ablesen. Einen Schwerpunkt bilden Arbeiten aus Faenza vom 14. bis 17. Jahrhundert.

Die Fayencen haben Faenza zwar in der ganzen Welt berühmt gemacht, aber die Stadt besitzt auch eine ganz eigene Schönheit. Ihr elegantes Herz bilden die **Piazza del Popolo** mit einem barocken Brunnen, mehreren Palästen aus dem Mittelalter und dem Uhrenturm sowie die **Piazza della Libertà** mit der **Cattedrale San Pietro** aus dem 16. Jahrhundert. Die Fassade der Kathedrale besteht zu einer Hälfte aus Marmor, die andere ist unvollendet geblieben.

Pro Loco Faenza
Piazza del Popolo 1
48018 Faenza
✆ 05 46 252 31
www.prolocofaenza.it
Mai–Sept. Mo–Sa 9.30–12.30 und 15.30–18.30, So nur vormittags, Okt.–April nur bis 17.30 Uhr, So/Mo sowie Do nachmittags geschl.

Museo Internazionale delle Ceramiche
Viale Baccarini 19
48018 Faenza
✆ 05 46 69 73 11
www.micfaenza.org
April–Sept. tägl. außer Mo 10–19, Okt.–März Di–Fr 10–13.30, Sa/So 10–17.30 Uhr
Eintritt € 8/5

⓮ Palio del Niballo in Faenza
Reiterspiele gegen Hannibal

Palio del Niballo heißt das Fest, das zur Erinnerung an die Belagerung Hannibals – *Niballo* ist quasi eine Verballhornung seines Namens – jedes Jahr am vierten Sonntag im Juni die alte Tradition der Ritterspiele aufnimmt. In der Woche des Palio vor den eigentlichen Reiterspielen veranstaltet jedes der fünf *Rioni* genannten Stadtviertel ein Straßenfest mit viel Musik, bei dem es auch darum geht, zahlreiche lokale Spezialitäten zu probieren – gegenwärtige und solche aus dem Mittelalter. Höhepunkt der Festwoche ist am Sonntag der Umzug in historischen Gewändern, bei dem 400 Kostümierte durch die Straßen der Altstadt ziehen. Ritter, Trommler und Flaggenträger sind in den Gassen unterwegs, Faenza wird zur Kulisse einer Zeitreise in die frühe Renaissance.

Dem Spektakel folgen die Reiterspiele. Je zwei in historische Kostüme gewandete Reiter nähern sich aus zwei Richtungen über eine Strecke von 154 Metern in vollem Galopp dem *Niballo*, einem hölzernen Abbild Hannibals. Beide zielen mit ihren 2,75 Meter langen Lanzen auf zwei Scheiben von acht Zentimetern Durchmesser, die an Niballos Armen befestigt sind. Wer als erster trifft, trägt den Sieg dieser Runde davon; das Viertel, das nach 20 Runden die meisten Siege errungen hat, gewinnt das Turnier und erhält als Anerkennung ein prachtvolles Banner (der zweite Preis ist ein Spanferkel, der dritte sind ein Hahn und eine Kette Knoblauch). Die Reiter repräsentieren die fünf *Rioni* Faenzas. Sie tragen die historischen Farben ihres Viertels und werden von Freunden und Nachbarn lautstark angefeuert. Angesichts des filigranen Ziels und des Tempos ist es kaum verwunderlich, dass sich die Teilnehmer das ganze Jahr über auf das Spektakel vorbereiten.

Ursprünglich wurden die Turniere ausgefochten, um den Rittern in friedlichen Phasen eine Trainingsmöglichkeit zu verschaffen und sie auf kriegerische Auseinandersetzungen vorzubereiten. Denn nur die wendigsten Reiter hatten in der Schlacht Überlebenschancen. Während der Ära der Manfredi, die Faenza im Hochmittelalter beherrschten, erlebte die Kultur der Ritterspiele eine besondere Blüte. Im Jahr 1410 wurden die Turnierregeln in den Statuten der Stadt schriftlich festgehalten und von da an trug Faenza um den Tag des heiligen Petrus, des Schutzpatrons Faenzas, ein Turnier aus. Nach langer Pause wurden die modernen Reiterspiele 1959 wieder aufgenommen.

⓯ Ferrara
Die Hochburg der Renaissance mit dem Fahrrad erleben

Ferrara ist nicht nur eine der schönsten Renaissancestädte der Region – die UNESCO zählt ihr historisches Zentrum um die Anfang des 14. Jahrhunderts vollendete **Cattedrale San Giorgio** zum Weltkulturerbe –, es gilt dank zahlreicher Radwege und einer Zahl von 1,8 Fahrrädern pro Einwohner auch als Stadt der Fahrräder. Das Fremdenverkehrsamt bietet auf seiner Website Tourenvorschläge für die Stadt und das Umland zum Downloaden.

Einen guten Überblick bietet die Tour »Die Stadtmauer von Ferrara«. Sie beginnt in der weitgehend von Autos befreiten Altstadt vom Schloss der Este in Richtung der nördlichen Stadtmauer. Vom Nordausgang des Kastells erstreckt sich ein ab 1493 im Auftrag von Ercole I. von

Palio del Niballo
www.paliodifaenza.it

IAT Ferrara
Castello Estense
44100 Ferrara
✆ 05 32 29 93 03
www.ferrarainfo.com
Tägl. 9–19 Uhr

Marmorlöwe vor dem Portal der Kathedrale in Ferrara

REGION 2
Emilia-Romagna

Der romanisch-gotische Dom San Giorgio in Ferrara

Cattedrale San Giorgio
44100 Ferrara
✆ 05 32 20 74 49
Mo–Sa 7.30–12 und 15.30–18.30, So 7.30–12.30 und 15.30–19 Uhr, Eintritt frei

Casa Romei
Via Savonarola 30
44121 Ferrara
✆ 05 32 23 41 30
So/Mo 8.30–14, Di–Fr 8.30–19.30, Sa 14–19.30 Uhr, Eintritt € 3, bis 18 und über 65 J. frei

Palazzo Schifanoia
Via Scandiana 23
44100 Ferrara
✆ 05 32 24 49 49
Sala dei Mesi und Sala delle Virtú tägl. außer Mo 9.30–18 Uhr, Eintritt € 3, bis 18 J. frei

Fahrradverleih Velocipedi
Via Voltapaletto 11/A, 44100 Ferrara
✆ 340 237 04 39
Mo–Sa 8.30–12.30 und 14.30–18.30 Uhr
Leihgebühr € 2,50 pro Std., € 10 pro Tag

Ca d'Frara – da Elia e Barbara
Via del Gambero 4
44100 Ferrara
✆ 05 32 20 50 57
www.ristorantecadfrara.it
Di/Mi mittags geschl. Auch Radler müssen essen. Regionale Küche in rustikalem Ambiente. €€

Biagio Rossetti neu angelegter Stadtteil im Stil der Renaissance. Zu den schönsten Bauten zählen hier die **Casa Romei** als gelungenes Beispiel der Frührenaissance mit einem prachtvollen Patio und der spektakuläre **Palazzo Schifanoia**, das 1385 von Alberto V. d'Este in Auftrag gegebene Stadtschloss, dessen Name Programm sein sollte: Schivar la noia bedeutet »Nur keine Langeweile«.

Die **Corso Ercole I. d'Este** ist bis heute eine der teuersten Adressen der Stadt. Über diese Straße erreichen Radler den begrünten Erdwall, der über neun Kilometer die Altstadt umschließt und nur Fußgängern und Radlern zugänglich ist. Wachtürme und Schießscharten in der Stadtmauer zeugen hier von den zahlreichen Begehrlichkeiten, denen Ferrara im Lauf der Jahrhunderte ausgesetzt war.

Nach der Umrundung der Altstadt führt die Route bei der Mura degli Agneli durch den **Parco Urbano G. Bassani** und über den grünen Radweg FE 203 weiter nach Francolini und auf den Po-Damm. Der Damm ist Teil des **Radwegs Destra Po**, der bis auf zwei kurze Abweichungen ganz dem unteren Lauf des Flusses folgt. Der Rückweg führt zunächst in Richtung Pontelagoscuro, wo sich ein schöner Blick auf die **Oasi dell'Isola Bianca** öffnet, eine der ältesten Flussinseln des Po. Weiter geht es über Kies- und Schotterwege zurück zum Stadtpark Urbano G. Bassani und von dort zum Castello d'Este. Die Gesamtlänge der Radtour beträgt 31 Kilometer.

Andere Touren erkunden das ehemalige jüdische Viertel oder folgen dem einstigen Bett des Po, der bis zum 11. Jahrhundert südlich der Stadt verlief. Ferrara wurde ebenso wie das teils sogar unter dem Meeresspiegel gelegene Umland immer wieder durch Hochwasser bedroht.

16 Castello Estense und die Este in Ferrara
Machtzentrale und Musentempel

Fast 300 Jahre lang war Ferrara (140 000 Einwohner) Sitz des Hofes der Este. Das viertürmige **Castello Estense** wurde ab 1385 infolge einer Revolte gegen die Herrscher errichtet. Ursache des Unmuts, der sich schließlich in einem Aufstand und der Ermordung des Finanzministers entlud, waren allzu hohe Steuerforderungen. Auftraggeber des festungsartigen Baus war Niccolò II. d'Este. Der Schlossgraben war damals schiffbar und über den Stadtgraben mit dem Po verbunden. So waren stets ein Versorgungsweg und im Notfall auch eine Fluchtmöglichkeit offen. Außerdem schützten Zugbrücken vor weiteren Ausbrüchen des Volkszorns.

Schließlich kehrten ruhigere Zeiten ein; innerhalb weniger Generationen hatten die aus der gleichnamigen Stadt stammenden Este ihren Machtanspruch gesichert. Von nun an erhielt das Schloss den Charakter einer Residenz, beherbergte die eindrucksvolle Kunstsammlung der Familie und wurde Schauplatz wichtiger politischer Ereignisse. 1438 etwa fand hier ein ökumenisches Konzil statt. Das Kastell war aber nicht nur Bühne großer Politik, es wurde insbesondere unter Ercole I. auch zu einem Musenhof. Künstler und Musiker kamen nach Ferrara, das dieser Herzog mit standesgemäßer Grandezza erweitern ließ. Alfonso II., der ohne legitimen Erben starb, war ebenfalls ein Förderer der Künste. Erst als die Este im 16. Jahrhundert nach Modena übersiedelten, sank der Stern des Schlosses.

Heute schwimmen dicke Karpfen im Graben. Äußerlich erinnert das Kastell noch immer an die wehrhafte Burg, als die es erbaut wurde, doch allein die Dimensionen und die Eleganz der Räumlichkeiten lassen den Prunk erahnen, in dem die Este lebten. Unter ihrer Führung erlebte Ferrara im 14. und 15. Jahrhundert seine Blüte und entwickelte sich zum wichtigen Machtzentrum im Gefüge europäischer Reiche.

Das Schloss beherbergt heute die Provinzverwaltung, kann aber auch besichtigt werden. Von den Verliesen im Keller, an deren Wänden die Graffiti unglücklicher Gefangener zu sehen sind, bis zu den repräsentativen Räumen der Herzöge und ihrer Frauen erzählen viele architektonische Details, kostbare Fresken sowie die Porträts der Protagonisten die Geschichte der Dynastie der Este. Bildschön sind die Fresken im Sala dell'Aurora, dem Gemach von Ercole II., und in der herzoglichen Kapelle.

Castello Estense
Largo Castello 1
44100 Ferrara
✆ 05 32 29 92 33
www.castelloestense.it
Juni–Aug. tägl. 9–13 und 15–19, sonst 9.30–17.30 Uhr
Eintritt € 6/4, unter 12 J. € 1

Folter und Feste: Hinter den Mauern des Castello Estense regierte das Fürstengeschlecht der Este (Ferrara)

⑰ Girolamo Savonarola aus Ferrara
Der berühmt-berüchtigte Sohn der Stadt

»Eine völlig zu Feuer und Flamme gewordene Persönlichkeit«, so urteilte der Schweizer Historiker und Kunsthistoriker Jacob Burckhard über den in Ferrara geborenen Dominikaner Girolamo Savonarola (1452–98). Und in der Tat war Savonarola fest im Glauben wie an seiner Kritik an der herrschenden Klasse, der er allerdings schließlich selbst angehören sollte. Sein Medizinstudium brach er ab, trat in ein Dominikanerkloster ein und wurde ein Prediger, der die Verkommenheit der Oberschicht geißelte – mit großem Erfolg beim Volk.

Ferrara: Geburtsort des Bußpredigers Girolamo Savonarola

Nach einem theologischen Studium in Bologna kehrte er zunächst nach Ferrara zurück, bevor er in verschiedenen Städten Norditaliens Stationen seiner Karriere absolvierte. 1490 wurde er neuerlich nach Florenz berufen, wo er weiterhin mit Leidenschaft gegen Korruption innerhalb der Kirche und Reichtum ganz allgemein predigte. Die herrschenden Medici hielten es aus, bis auch sie schließlich durch Savonarolas Wirken von Karl VIII., der sich das Königreich Neapel einverleiben wollte, aus der Stadt gejagt wurden.

Savonarola nutzte die Gelegenheit in Florenz für die Macht des Volkes zu predigen. Als er sich auf die Seite der Franzosen schlug und auch noch mit dem Borgia-Papst Alexander VI. anlegte, war er angezählt. 1495 traf ihn ein päpstliches Predigtverbot. Als er sich dem widersetzte und im Februar 1497 gar eine Plünderung in Florenz initiierte, bei der er neben von ihm als ketzerisch bezeichneten Schriften auch ihm ebenso sündig erscheinende Reichtümer – darunter Musikinstrumente und Kunstgegenstände – einkassieren und auf einem Scheiterhaufen verbrennen ließ, war das Maß voll. Der Papst exkommunizierte ihn bald darauf als Häretiker, sein politischer Arm verlor 1498 die Mehrheit bei den Wahlen. Sein Gegner auf dem Heiligen Stuhl ordnete die Festnahme Savonarolas an. Unter Folter gestand er alles, was ihm vorgeworfen wurde, widerrief aber wieder. Am 23. Mai wurde er auf demselben Platz aufgehängt, auf dem er die Beute seines Feldzugs gegen Gottlosigkeit und Eitelkeit verbrannt hatte: der Piazza della Signoria in Florenz.

Bis heute werden Person und Wirken Girolamo Savonarolas kontrovers bewertet. Einigen gilt der berühmt-berüchtigte Sohn Ferraras – ein aussagekräftiges Denkmal des Bußpredigers steht gegenüber dem Dom – als gefährlicher Eiferer und Bilderstürmer, anderen als Märtyrer im Kampf gegen Dekadenz und Korruption.

⑱ Palio di San Giorgio in Ferrara
Ritter, Knappen, Musikanten

Palio di Ferrara
44100 Ferrara
✆ 05 32 75 12 63
www.paliodiferrara.it
Eintritt € 25 (Galerie), Rasenplätze frei
Traditionell findet der Palio am letzten Sonntag im Mai statt, gelegentlich auch Anfang Juni.

Schon im Jahr 1279 war der älteste Palio der Welt eine Institution: der Palio di Ferrara, mit dem die Stadt sich heute lautstark und farbenprächtig ihrer Vormachtstellung während der Renaissance erinnert. Auch hier bildet wie bei jedem Palio der Wettstreit zwischen einzelnen Vierteln der Stadt den Höhepunkt eines Festmonats, der mit einer Segnung in der Kathedrale beginnt und mit Prozessionen, Paraden und Wettbewerben angefüllt ist. Ziel aller Bemühungen war es, den Palio zu erringen, ein dem heiligen Georg gewidmetes Stück Tuch; als zweiter Preis war eine

Salami, als dritter ein Hahn ausgelobt. Anfangs gab es zwei Palios im Jahr, im ausgehenden Mittelalter dienten auch Geburten oder Eheschließungen im Herzogshaus sowie hohe Gäste der Stadt als Anlass.

Heute erinnert der Palio am letzten Sonntag im Mai an das glanzvolle Turnier des Jahres 1471 zur Krönung von Borso d'Este zum ersten Herzog Ferraras. Ihren besonderen Ruhm verdanken die Palios in Ferrara der gelegentlichen Teilnahme von Adeligen oder gar gekrönten Häuptern. 1466 war beispielsweise Ferdinando di Napoli mit von der Partie. Wie die frühen Palios aussahen, zeigen Bilder im Salone dei Mesi des Palazzo Schifanoia.

Noch immer begleiten außer zahlreichen Musikanten anmutige Hofdamen, tapfere Ritter und brave Knappen die Wettkämpfe, in denen sich Reiter und Fahnenschwenker den Sieg streitig machen. Allerdings sind es heute kostümierte Bewohner der Stadt. Tausende sind unterwegs, wenn die vier innerhalb der Altstadt gelegenen Viertel San Benedetto, San Paolo, Santa Maria in Vado und Santo Spirito ebenso wie die vier außerhalb des historischen Zentrums gelegenen Bezirke ihre Vertreter in die Wettbewerbe schicken. Es gibt einen für Jungen *(Corsa dei Putti)*, einen für Mädchen *(Corsa delle Putte)* sowie jeweils einen für Reiter auf Eseln *(Corsa delle Asine)* und Pferden *(Palio di San Giorgio)*. Und tatsächlich gelingt es Ferrara, mit den farbenprächtigen Umzügen, Reiterspielen und Musikdarbietungen nicht nur ein rauschendes Fest zu feiern, sondern auch der Ära der Renaissance Leben einzuhauchen.

⑲ La Rocca Sanvitale in Fontanellato
Große Fresken nach Ovid

Wer in Parma schon Correggios Fresken in der Camera di San Paolo bewundert hat, kann mit Parmigianinos (1503–40) Fresken im Gewölbe des Wasserschlosses La Rocca Sanvitale an den Bilderrausch anknüpfen. Dort schuf der Meister im jugendlichen Alter von 20 Jahren eine von Putten bevölkerte, sich zum (gemalten) Himmel öffnende Laube und erzählt in nahezu plastisch anmutenden Lünetten den Mythos von Diana und Aktäon, den Ovid in seinen »Metamorphosen« geschildert hatte. Aktäon beobachtet darin heimlich die badende Diana, verwandelt sich daraufhin in einen Hirsch und wird von seinen eigenen Hunden gejagt und getötet. Seiner Diana verlieh Parmigianino dabei die Züge von Paola Gonzaga, der Gattin seines Auftraggebers Galeazzo Sanvitale. Das Motiv war durchaus passend, da man vermutet, dass dieser kleine, in den Jahren 1523/24 ausgemalte Raum das Ankleidezimmer der Hausherrin war.

Die ab 1124 vom Clan der Pallavicinos errichtete Burg, die von einem drei Meter tiefen Wassergraben geschützt wird, erscheint in ihrer heutigen Form mit vier Festungstürmen, deren Verbindungsmauern einen Innenhof umschließen, sehr groß für ein Städtchen von 6600 Einwohnern. Tatsächlich aber verdankt dieses erst der Burg die Ansiedlung. In der zweiten Hälfte des 14. Jahrhunderts erwarben die Sanvitales die Burg. Im 16. Jahrhundert wurde die heu-

Porträt der Auftraggeberin Paola Gonzaga (1524) von Parmigianino in der Rocca Sanvitale in Fontanellato

La Rocca Sanvitale
Piazza Matteotti 1
43012 Fontanellato
✆ 05 21 82 90 55
Nur geführte Besichtigungen: April–Okt. Mo–Sa 9.30–11.30 und 15–18, So 9.30–12 und 14.30–18, Nov.–Feb Di–Sa 10–11.30 und 14.30–16.30, So 10–12 und 14.30–17, März Di–Sa 9.30–11.30 und 15–17, So 9.30–12 und 14.30–17 Uhr
Eintritt € 7/2,50 (6–16 J.)

tige Struktur fertiggestellt, im 17. Jahrhundert kamen kleine Fenster und schmückende Balkone hinzu. Um diese Zeit wandelte sich die wehrhafte Festung in eine schmucke Residenz, wovon auch die Umgestaltung einer Waffenrampe in einen Dachgarten zeugt. Zu besichtigen sind außer dem Werk Parmigianinos diverse Räume aus dem 16. bis 19. Jahrhundert, darunter der Waffensaal, der Saal der Optik (Camera Ottica) mit einer komplexen Anordnung von Spiegeln, die den Blick auf den Vorplatz der Burg öffnen, das mit Möbeln aus dem 17. Jahrhundert ausgestattete Hochzeitszimmer und die Ahnengalerie mit 74 Porträts von Mitgliedern der Familie Sanvitale.

20 Forlì
Römische Wurzeln, mittelalterliche Blüte

IAT Forlì
Piazzetta della Misura 5
47121 Forlì
✆ 05 43 71 24 35
www.turismoforlivese.it
Juni–Sept. tägl. außer So 8.30–13 und 16–19, Mi nachmittags geschl., Juli/Aug. Sa nachmittags geschl., Okt.–März tägl. außer So 8.30–13 und 15–18.30 Uhr, Mi nachmittags geschl.

Abbazia di San Mercuriale
Piazza Aurelio Saffi 4
47121 Forlì
✆ 05 43 256 53
www.sanmercuriale.it
Tägl. 6.30–19 Uhr, Glockenturm nur nach tel. Voranmeldung, Eintritt frei, Glockenturm € 1

Musei San Domenico/Pinacoteca
Piazza Guido da Montefeltro 12
47121 Forlì
✆ 05 43 71 26 59
www.cultura.comune.forli.fc.it
Di–Fr 9.30–19, Sa/So bis 20 Uhr
Eintritt frei

Das einstmals von den Römern an der Via Emilia begründete Forum Livii ist heute die blühende, 116 000 Einwohner zählende Hauptstadt der Provinz Forlì-Cesena. Im Jahr 1500 fiel Forlì, das seit dem 9. Jahrhundert freie Stadt war, bis es in den Machtbereich erst der Ordelaffi, dann der Riario-Sforza geriet, in die Hände von Cesare Borgio. Dieser

Piazza Aurelio Saffi in Forlì

uneheliche Sohn von Papst Alexander VI., den dieser (unter anderem) zum Herzog der Romagna ernannt hatte, zog mit seinem Söldnerheer einer Dampfwalze gleich durch die Romagna und verleibte sich und somit dem väterlichen Kirchenstaat zahlreiche Städte ein. Die Festung **Rocca di Ravaldino** erinnert noch an den Widerstand, den Caterina Sforza hier gegen den Besatzer Cesare Borgio leistete – mutig, aber vergeblich. Bis zum Einzug Napoleons sollte Forlì unter der Herrschaft des Kirchenstaats verbleiben.

Architektonisch ist das Zentrum – beim Durchfahren der neuen Außenbezirke möchte man lieber die Augen schließen – geprägt vom Nebeneinander mittelalterlicher und faschistischer Bauten. Obwohl Forlì im Zweiten Weltkrieg schwer bombardiert wurde, sind Teile der Stadtmauer, sehr schöne Palazzi am Corso Garibaldi und die prachtvolle, von Arkadengängen und Palästen gesäumte **Piazza Aurelio Saffi** erhalten. Hier lässt sich die Geschichte der Stadt betrachten wie in einem dreidimensionalen Bildband. Besonders sehenswert sind der ab 1459 erbaute **Palazzo del Podestà** und der benachbarte, im 16. Jahrhundert errichtete **Palazzo Albertini** mit seiner venezianisch anmutenden Fassade. Ihnen schließt sich der **Palazzo del Municipio** an, von jeher Sitz der Stadtobersten, dem man im 19. Jahrhundert eine klassizistische Fassade verpasste. Einen ganz anderen Anblick bietet das 1932 im monumentalen Stil des nach Ewigkeit strebenden Faschismus erbaute **Postamt** (Palazzo delle Poste).

Das Herz des Zentrums und Sitz älterer Ewigkeitsansprüche bildet die 1181 errichtete Backsteinkirche **Abbazia di San Mercuriale** mit ihrem 75 Meter hohen, romanischen **Campanile**, dem Wahrzeichen der Stadt. Beides ersetzte eine Vorgängerkirche, die 1173 abgebrannt war. In der Kirche lohnt die Besichtigung des marmornen Renaissancegrabs, das 1466 die letzte Ruhestätte von Barbara Manfredi wurde, der Frau des wenig beliebten Pino III. aus dem Haus Ordelaffi.

Die **Musei San Domenico** bezeichnen einen Ausstellungs- und Museenkomplex, zu dem unter anderem der Palazzo Pasquali, das Dominikaner- und das Augustinerkloster gehören. Im fast 6000 Quadratmeter großen ehemaligen Dominikanerkloster hat bereits die **Pinacoteca** mit Werken aus dem 13. bis 18. Jahrhundert ihren Sitz. Das **Museo Archeologico**, das die Vergangenheit Forlìs in prähistorischer Zeit thematisiert, derzeit noch im Palazzo del Merenda untergebracht, soll ebenfalls in den neuen Komplex umziehen.

🏛 **Museo Ferrari di Maranello**
Via Dino Ferrari 43
41053 Maranello
✆ 05 36 94 32 04
http://museo.ferrari.com
Mai–Sept. tägl. 9.30–19, Okt.–April bis 18 Uhr; tägl. 12.30 und 13.30 Uhr Bustouren zur Fiorano-Testrennstrecke und durch das Werk (Reservierung über die Website)
Eintritt € 15/13, Kinder 6–18 J. in Begleitung der Eltern € 5, bis 5 J. frei
Formel-1-Simulator € 25, Kombiticket mit Casa Enzo Ferrari € 26/22/10

21 Museo Ferrari in Maranello und Casa Enzo Ferrari in Modena

Im Reich der Roten

Bis auf die nahe gelegene Ferrari-Teststrecke und ein von weltbekannten Rennfahrern frequentiertes, geschickt als Ferrari-Werkskantine getarntes Restaurant ist das 16 Kilometer von Modena gelegene **Maranello** eine unauffällige Kleinstadt. Dass sich hier dennoch alles um die schnittigen Autos dreht, ist Enzo Ferrari (1898–1988) geschuldet. Der Begründer des gleichnamigen Imperiums hat hier ebenso ein Denkmal erhalten wie sein

Exponate der »Roten« in der Galleria Ferrari in Maranello

Glanzleistungen romanischer Bildhauerkunst: die Reliefs an der Fassade des Doms von Modena

Museo Casa Enzo Ferrari di Modena
Via Paolo Ferrari 85
41121 Modena
✆ 059 439 79 79
www.museocasaenzoferrari.it
Öffnungszeiten und Eintritt wie Museo Ferrari

Firmenlogo, das berühmte hochsteigende Pferd, das die Mitte eines Kreisverkehrs ziert. Im **Museo Ferrari**, dem Firmenmuseum, das sich ohne falsche Bescheidenheit als »Bewahrer des Mythos« bezeichnet, sind einige der auffälligsten Modelle ausgestellt: jene, die für die Rennstrecke gebaut wurden, auf der Ferrari sich 30 Weltmeisterschaftstitel sicherte, aber auch solche, in denen man ganz langsam fährt, um einem dankbaren Publikum ausreichend Gelegenheit zur Bewunderung zu geben.

Historisch bedeutsame Autos wie der allererste Ferrari 125 S gehören zu den Exponaten, aber auch praktische Fahrzeuge wie das Modell »Enzo Ferrari«, der einzige Formel-1-Wagen, der auch für die Nutzung im Straßenverkehr zugelassen ist. Rennsport, Automobilherstellung und Firmengeschichte sind in dem Museum, das aussieht wie ein Showroom, geschickt miteinander verbunden worden. Ein besonderes Highlight ist der Formel-1-Cockpit-Simulator, in dem man sieben Minuten lang erleben kann, wie man sich am Steuer eines Formel-1-Boliden auf der Rennstrecke von Monza fühlt – Unebenheiten im Fahrbahnbelag und Geschwindigkeitsrausch inklusive.

Seit 2012 ehrt die Stadt **Modena** Enzo Ferrari, einen ihrer berühmtesten Söhne, mit dem **Museo Casa Enzo Ferrari**. Es misst 6000 Quadratmeter und umfasst sein Geburtshaus und eine futuristische, an eine überdimensionierte knallgelbe Motorhaube erinnernde Ausstellungshalle. Illustriert wird die Lebensgeschichte des Rennfahrers und Automobilmagnaten Ferrari mit Fotos, Dokumenten und persönlichen Gegenständen; in der Ausstellungshalle wird die Geschichte des Motorsports in und um Modena nachgezeichnet.

IAT Modena
Piazza Grande 14
41100 Modena
✆ 059 203 26 60
http://turismo.comune.modena.it
Mo 15–18, Di–Sa 9–13 und 15–18, So 9.30–12.30 Uhr

22 Modena
Hochburg exklusiver italienischer Lebensart

Zwar gilt Modena als »Terra dei Motori« – schließlich ist dies die Heimat von Enzo Ferrari (sein Geburtshaus ist heute ein Museum) und von Maserati. Doch auch diese Automobile scheinen in Modena in erster Linie die Bestimmung zu haben, ihre Eigner ins Ristorante zu bringen und ihren Herstellern jenen Wohlstand zu bescheren, der es ihnen erlaubt, einen Großteil ihrer Zeit kulinarischen Problemstellungen sowie dem Essen selbst zu widmen. Dass der 2007 verstorbene Tenor Luciano Pavarotti hier zu Hause war und sogar ein eigenes Restaurant besaß, ist da nur passend – ebenso wie die große Trauer, mit der Modena die

Der schlank aufragende weiße »Torre Ghirlandina« hinter der Südfassade des Doms des hl. Geminiano ist das Wahrzeichen Modenas ▷

Nachricht vom Tod des großen Sängers und Gourmets aufnahm. Das schöne Theater der Stadt, in dem regelmäßig Opern aufgeführt werden, trägt heute seinen Namen.

Alle Wege führen in Modena zum Essen. Wenn man sich nicht gerade erschöpft in Diskussionen um den einzig wahren Parmesan, der in den Käsereien der Umgebung hergestellt wird, wenn man nicht gerade debattiert, wie viele Tropfen vom 25 Jahre alten Aceto Balsamico nötig sind,

um ein Kalbsfilet zu veredeln, dann fantasiert man von unterschiedlichen Typen von Pasta. Tortellini etwa sollen in ihrer Formgebung durch den Nabel der Venus inspiriert sein, die langen Tagliatelle immerhin von den Haaren von Lucrezia Borgia. Sie war zu Beginn des 16. Jahrhunderts in vierter Ehe mit Alsonso d'Este, dem Herzog von Ferrara, Modena und Reggio, verheiratet.

Jahrelang gelagert in Holzfässern: Aceto Balsamico di Modena

Modena, dereinst die Hauptstadt des Herzogtums Este, zählt bis heute dank Motoren, Fliesen und Strickwaren zu den reichsten und zu den besonders schönen Städten Italiens. Mit 20 Kilometern Arkaden ist die Altstadt ein ideales Pflaster für Flaneure. Hier sind außer edlen Boutiquen und Haushaltsausstattern natürlich auch besonders viele Restaurants vertreten. Das Herz der Altstadt bilden der schöne romanische **Dom**, dessen Grundsteinlegung sich 2009 zum 1000. Mal jährte, der **Ghirlandina-Turm** daneben und die **Piazza Grande** davor. Seit 1997 zählt die UNESCO das bildschöne Ensemble zum Weltkulturerbe.

23 Aceto Balsamico di Modena
Schwarzes Elixier

Die Herstellung des kostbaren Aceto Balsamico Tradizionale di Modena erfordert viel Zeit, viel Geduld und ein wenig Wahnsinn. Erste Verkäufe erlaubt dieses Produkt nämlich frühestens nach zwölf Jahren – so lange muss der einzig wahre Balsamessig mindestens reifen. Für nach schnellen Gewinnen strebende Unternehmer ist dieses Erzeugnis daher nicht geeignet. Wer sich ihm verschreibt, macht das vielmehr aus Leidenschaft. Der wahre *Aceto* basiert – anders als das industriell gefertigte Imitat, das es billig im Supermarkt zu kaufen gibt – nicht auf Alkohol, sondern wird ausschließlich aus biologisch angebauten Trauben gewonnen. Diese dürfen laut dem Herstellerverband für traditionellen Balsamessig, der über höchste Qualität wacht und nichts zur Abfüllung zulässt, was nicht den Ansprüchen von ausgebildeten, anonymen Juroren genügt, nur aus der Umgebung stammen. Für einen halben Liter des über 25 Jahre alten *Extra Vecchio* braucht man 100 Kilogramm Trebbiana-Trauben. Der vor der Gärung aufgekochte Most wird in Fässer aus Eichen-, Kastanien-, Kirsch- oder Wachholderholz gegeben, die dem Essig Aroma verleihen, und mit zunehmender Verdunstung jedes Jahr in kleinere Fässer umgefüllt. Der Vollmond im Juni ist der ideale Zeitpunkt dafür, glauben Eingeweihte.

Um das traditionelle Herstellungsverfahren und die Existenz der Produzenten zu schützen, darf nur jener Balsamessig den Zusatz »di Modena« tragen, dessen Säuregehalt im Naturverfahren zustande kommt, ohne dass Luft zugesetzt wird, dessen Grundstock mindestens zehn Jahre alt und der im Holzfass gereift ist. Alles andere heißt schlicht »Aceto Balsamico«.

Hegt ein Hersteller die Hoffnung, sein Essig könne fertig sein, bringt er ihn nach Modena zur Prüfungskommission. Wird er abgenommen und in die 100-Milliliter-Fläschchen mit Banderole und Siegel des Herstellerverbands abgefüllt, gelangt er in den Verkauf – meist um die 50 000 Flaschen. Mancher stellt nur ein paar Dutzend Flaschen her. Zwar wird der Aceto heute nicht mehr, wie früher in Adelskreisen üblich, Töchtern als Mitgift auf den Weg gegeben. Aber noch immer leisten sich manche Familien die Essigherstellung nur für den eigenen Bedarf oder den des eigenen Restaurants.

Azienda Agricola Pedroni
Via Risaia 4
41015 Rubbiara di Nonantola
✆ 059 54 90 19
www.acetaiapedroni.it
Restaurant tägl. außer Di 12–15, Fr/Sa auch 20–24 Uhr, Aug. geschl., Reservierung erforderlich
Führungen nach telefonischer Anmeldung tägl. 8–20 Uhr
In der Essigkellerei Pedroni kann man 12 und 25 Jahre alten Aceto verkosten und kaufen; das hauseigene Restaurant serviert hervorragende, traditionelle Modenser Gerichte. €€

24 **Piazza Grande in Modena**
Weltkulturerbe und Treffpunkt

Zentrum und Stolz Modenas ist die fürstliche Piazza Grande, auf der sich besonders in der warmen Jahreszeit die ganze Stadt trifft und überdies Konzerte stattfinden. Standesgemäß wird sie vom romanischen **Dom San Geminiano** und dem benachbarten, 88 Meter hohen Glockenturm **Torre Ghirlandina** gesäumt. Der Dom wurde ab 1099 von Baumeister Lanfranco aus der Lombardei und Steinmetz Wiligelmo da Modena an der Stelle einer frühchristlichen Kirche errichtet. Der Campanile entstand zwischen dem 12. und 14. Jahrhundert. Gegenüber liegt das **Stadthaus** (Palazzo Comunale) mit dem Uhrenturm aus dem 12. Jahrhundert, das im 16. Jahrhundert sein heutiges Gesicht erhielt.

Seit 1997 zählt die UNESCO das bildschöne Ensemble der kopfsteingepflasterten Piazza zum Weltkulturerbe – nicht nur als herausragendes Beispiel romanischer Architektur, sondern auch als Zeugnis der Verbindung religiöser und weltlicher Werte in einer christlichen Stadt des Mittelalters. Denn die marmorverkleidete Backsteinfassade des dem heiligen Geminianus geweihten Doms birgt Hinweise darauf, dass das Wohlergehen Modenas von jeher auf den Säulen Handel und Freude am Essen ruht: Zur Piazza Grande hin findet sich eine in den Stein geschlagene Elle, mit der an spätmittelalterlichen Markttagen Textilien abgemessen wurden, und in einer Mulde in der Mauer ganz in der Nähe wurden Ricotta-Stücke geteilt. Wer hier einkaufte, hat beim Anblick des großen Steins vor der Treppe des Palazzo Comunale unverzüglich bezahlt. Der **Pietra Ringadora** genannte Block, der eigentlich als Rednerpult diente, erinnert nicht nur an gelebte Redefreiheit, sondern auch an eine rüde Praxis der Händler. Sie jagten säumige Zahler samstags dreimal um die Piazza, bevor diese die Hosen herunterlassen mussten, um mit ihrem blanken Hinterteil den mit Terpentin präparierten Stein zu polieren.

Duomo San Geminiano
Corso Duomo
41121 Modena
✆ 059 21 60 78
www.duomodimodena.it
Tägl. 7–12.30 und 15.30–19 Uhr
Eintritt frei

Das weltliche Gegenstück zum Dom: der Palazzo Comunale (Modena)

Parco del Delta del Po
Corso Mazzini 200
44022 Comacchio
✆ 05 33 31 40 03
www.parcodeltapo.it

25 Parco del Delta del Po
Schutzgebiet zwischen Wasser und Land

Breit und schlammig wälzt sich der Po in Richtung Meer, bevor er sich am östlichen Rand der Po-Ebene im Delta zu einem schmalen Lauf verjüngt. Das teils mehrere Meter unter dem Meeresspiegel gelegene Land wurde über Jahrhunderte trockengelegt; Deiche schützen es vor Hochwasser. Wo Süß- und Salzwasser sich treffen, sieht es noch heute so aus wie einstmals im ganzen Mündungsgebiet: Wasser, Schilf und der Gesang von Mücken prägen die Landschaft, Carnaroli-Reis, Aal und Meeresfrüchte die Speisekarten.

Mit 53 600 Hektar ist der Naturpark Po-Delta, den die UNESCO seit 1999 zum Weltnaturerbe zählt, der größte Regionalpark und das größte geschützte Feuchtgebiet Italiens. Er erstreckt sich von Po di Goro im Norden über das ganze Po-Delta und die Mündungen der Flüsse Reno, Lamone und Bevano. Auch die **Salinen von Cervia**, die **Valli di Comacchio** und die Feuchtgebiete im Hinterland der Küste sind hier geschützt. 374 Wirbeltier-, 300 Vogel- und rund 1000 Pflanzenarten profitieren davon. Obwohl das Wasser der Flüsse und der Adria die Landschaft gestaltet hat, befinden sich innerhalb des Schutzgebiets auch Kulturdenkmäler, die von vielen Jahrhunderten gelebten Lebens

zeugen: die **Abtei von Pomposa** etwa, **Sant'Apollinaire in Classe** sowie die historischen Zentren von **Ravenna**, **Cervia**, **Comacchio** und **Mesola**.

Dass in dem seit römischen Zeiten besiedelten, von jeher landwirtschaftlich genutzten und später hochindustrialisierten Gebiet der Provinzen Ravenna und Ferrara eine solche Schutzzone für Fauna und Flora geschaffen werden konnte, ist ein Glücksfall für die dicht besiedelte Region. Obwohl etwa die Landwirtschaft jenseits der Parkgrenzen durch Düngung und Wasserentnahme negativ auf die Natur wirkt und menschliche Ansiedlungen immer den Lebensraum von Tieren und Pflanzen einschränken, scheint die Welt hier noch in Ordnung. Wer im Park unterwegs ist, sollte das Auto stehen lassen und Land- und Ortschaften mit dem Fahrrad oder zu Fuß erkunden. Zur Wahl stehen 18 Wanderrouten zwischen Lagunen, Pinienwäldern und Salinen oder durch Gebiete für Birdwatcher (Download von GPS-Routen über die Website des Parks). Radler erwartet der Radweg **Destra Po**.

Silberreiher beim Abendmahl

Sacca di Scardovari, die größte Lagune im Po-Delta

REGION 2
Emilia-Romagna

26 Parma
Pasta, Parmigiano und Prosciutto

Die einstige herzögliche Residenzstadt Parma ist nicht nur außerordentlich schön, sie ist als Heimat des Nudelgiganten Barilla und Namenspatin von Parmesan und **Parmaschinken** auch kulinarisch ein sehr lohnendes Ziel. Im Umland von Parma gibt es189 Schinkereien, das sind an zwei Seiten mit Fenstern versehene Bauten, in denen die Schinken in leichtem Durchzug an der Luft trocknen. Nur mindestens neun Monate alte männliche Schweine der Rassen Large White, Landrance und Duroc dürfen ihre Hinterschenkel zur Herstellung von Prosciutto di Parma, Fiocchetto oder köstlichem Culatello opfern. Die Tiere müssen aus der Hügellandschaft zwischen den Flüssen Stirone, Taro und Enza stammen und dürfen nur mit Gerste, Hafer und Molke aus der Parmesan-Herstellung gefüttert worden sein.

Der *Maestro Salatore* reibt die Keule zunächst mit Meersalz ein. Er muss den perfekten Zeitpunkt und die richtige Menge Salz – nämlich so wenig wie möglich – wählen. Dann wird der Schinken im Kühlraum aufgehängt und ruht 70 Tage lang. Die Verwendung chemischer Zusatzstoffe ist bei der Reifung nicht erlaubt. Danach wird der Schinken gewaschen, das Salz entfernt. Rund um den Knochen wird eine Mischung aus Schmalz und Salz aufgetragen, die ein zu starkes Austrocknen verhindert. Nun reifen die Schinken in den Lagerräumen an der Luft, bevor sie im siebten Monat in dunklere Keller verlagert werden. Nach zehn Monaten werden sie von einem Prüfer gestört, der mit einer aus einem Pferdeknochen hergestellten Nadel, die keine Gerüche annimmt, sondern sie schnell verfliegen lässt, in fünf Stellen des Schinkens piekst. Sind Duft und Konsistenz zufriedenstellend, erhält das Produkt das Siegel mit der fünfzackigen Krone des Herzogtums Parma.

Auch die **Parmesan**-Herstellung ist ein wichtiger Wirtschaftsfaktor: Von insgesamt 521 Käsereien, die im geschützten Herkunftsgebiet nach nicht minder strengen Regeln den köstlichen und bekömmlichen Parmigiano Reggiano herstellen, sind 300 in Parma und Umgebung heimisch. Die Milch, aus der er entsteht, darf nur aus den Provinzen Parma,

i Ufficio IAT di Parma
Strada Garibaldi 18
43121 Parma
✆ 05 21 93 18 00
http://turismo.parma.it
Tägl. 9.30–19.30 Uhr

Parmigiano Reggiano wird bei uns ganz lapidar Parmesan genannt

Reggio-Emilia, Modena und Bologna – links der Flüsse Reno und Mantua sowie rechts des Po – stammen. Zusatzstoffe sind verboten, sowohl im Käse als auch in der Nahrung der Kühe. 16 Liter Milch ergeben ein Kilogramm Parmesan, 600 Liter einen Laib. Mindestens zwölf Monate muss der Käse reifen, dann wird er von einer Kommission geprüft und gegebenenfalls mit dem Siegel »Parmigiano Reggiano Consorzio Tutela« samt Jahreszahl versehen. Wird der Käse als geeignet für eine lange Reifezeit eingestuft, kommt er mindestens ein weiteres Jahr ins Regal. Dann entwickelt er ein noch komplexeres Aroma.

27 Auditorium Niccolò Paganini in Parma

Hommage an den Teufelsgeiger

Auditorium Niccolò Paganini
Via Toscana 5 A
43121 Parma
✆ 05 21 27 30 37
https://teatroregioparma.it

1899 wurde das 80 Meter lange Gebäude mit 45 Meter hohem Schornstein als Zuckerfabrik Eridania errichtet, 1968 schloss sie für immer ihre Pforten. Der italienische Stararchitekt Renzo Piano versenkte in dieser Struktur einen gläsernen Konzertsaal mit 780 Sitzplätzen und schuf damit ein meisterhaftes Beispiel für die Umwandlung und kulturelle Nutzung frühindustrieller Bauten. 1997 bis 2001 entstand das dem »Teufelsgeiger« Niccolò Paganini (1782–1840) gewidmete Auditorium. Der (wie im Jahr 1937 Renzo Piano) in Genua gebürtige Musiker und Komponist lebte ab 1834 in Parma und übernahm auf Wunsch von Herzogin Maria Luigia 1836 die Gesamtleitung des Hoforchesters. Der Tochter von Kaiser Franz II. und Gattin von Napoleon Bonaparte (eigentlich Marie Louise von Habsburg) wurden beim Wiener Kongress das Herzogtum Parma und Piacenza sowie Guastalla zuerkannt.

Niccolò Paganini (1782–1840)

Zunächst hatte sich der umtriebige Paganini in Parma von seinen ausgedehnten Gastspielreisen durch ganz Europa erholen wollen, doch gab er bald wieder unentwegt Konzerte – diesmal für die hiesige Aristokratie – und arbeitete zudem an seinen Kompositionen. Später kam es zwischen ihm und der Herzogin zu Unstimmigkeiten über die Errichtung einer Akademie, so dass Paganini die Stadt verließ und neuerlich zu einer langen Konzertreihe aufbrach. Er starb am 27. Mai 1840 in Nizza; seine sterblichen Überreste wurden 1896 auf den Cimitero della Villetta in Parma überführt – wie eine späte Abbitte dafür, dass die Stadt, oder vielmehr ihre herrschende Schicht, sein äußerst engagiertes Wirken zunächst nicht angemessen zu schätzen wusste.

Das Foyer des Theaters erstreckt sich über zwei Etagen. Der Konzertsaal selbst besitzt eine fabelhafte Akustik. Seine Sitzreihen steigen sacht an, so dass alle Plätze gute Sicht auf die Bühne bieten. Die beiden großen Glasflächen, die die hohen Mauern der beiden Seiten kontrastieren, lösen die Bereiche von innen und außen auf, der Park scheint ein Teil des Auditoriums zu sein. Der Konzertsaal ist Teil des Kongresszentrums der Stadt, zu dem außerdem diverse Ausstellungsflächen gehören; administrativ ist er dem Opernhaus Teatro Regio angegliedert, als dessen Konzertspielort er fungiert.

Figürlicher Schmuck an der Fassade des Baptisteriums in Parma

Battistero
Piazza dell'Duomo
43100 Parma
✆ 05 21 23 58 86
www.cattedrale.parma.it
Tägl. 9–12.30 und 15–18.45 Uhr
Eintritt € 6/4 (Studenten und über 65 J.)

Blick in die Kuppel der großartigen achteckigen romanischen Taufkirche von Parma

28 Baptisterium in Parma

Benedetto Antelami, der Erneuerer der romanischen Steinmetzkunst

Das neben dem Dom gelegene Baptisterium, ein achteckiger, durch an Balkone erinnernde Säulengalerien reich gegliederter Turm mit drei üppig geschmückten Portalen, ist ein romanisches Wunderwerk aus rosafarbenem Marmor. Auf seinem Nordportal, der **Porta della Vergine**, finden sich Darstellungen aus dem Leben von Johannes dem Täufer. Die Taufkapelle wurde ab 1196 erbaut, 20 Jahre später war sie vollendet. Dass die Fertigstellung so lange dauerte, lag auch daran, dass es zeitweise Lieferschwierigkeiten für den Marmor aus Verona gab. Überwacht wurden die Arbeiten vom Bildhauer und Baumeister Benedetto Antelami, der für den Entwurf verantwortlich zeichnete und die aufwendigsten und feinsten Steinmetzarbeiten selbst ausführte.

Das achteckige **Taufbecken** aus dem 12. Jahrhundert im Inneren rahmen Marmorsäulen, von denen keine der anderen gleicht. Die schirmförmige **Kuppel** des Baptisteriums besteht aus 16 Feldern, die Szenen aus dem Alten Testament zeigen. Mehrere Etagen von Säulengalerien zieren Skulpturen und Reliefbilder, die anhand von Sternzeichen und Monatsbildern den Lauf des Jahres im Leben der Bauern illustrieren. Auch sie sind das Werk Antelamis, der zu den wenigen romanischen Künstlern gehört, deren Namen der Nachwelt bekannt sind. In einer Zeit, in der der Künstler zumeist hinter seinem Kunstwerk verborgen blieb und schöpferisches Wirken eher als Ausdruck göttlichen Auftrags denn als Leistung des Individuums gesehen wurde, bestand kein öffentliches Interesse am Leben des Künstlers. So ist auch über die Vita Antelamis wenig mehr bekannt, als dass er ab 1178 bis kurz nach der Jahrhundertwende in Parma arbeitete und mit seiner Kunst als Steinmetz maßgeblich zur Schönheit des romanischen Ensembles aus Dom und Baptisterium beitrug. Sein Werk lässt darauf schließen, dass ihm Südfrankreich und seine romanischen Bauten nicht unbekannt waren. Fest steht auch, dass er neben seinen Werken im Dom und am Baptisterium am Dom von Borgo San Donnino (heute Fidenza) Beschäftigung fand. Für die (unvollendet gebliebene) westliche Fassade, ein weiteres Meisterwerk der emilianischen Romanik, fertigte er – vermutlich unter Mitwirkung von Schülern – Skulpturen an.

29 Camera di San Paolo und Cella di Santa Caterina in Parma

Zauberhafte Fresken für eine Äbtissin

Ein schattiger Weg führt von der Via Melloni zum ehemaligen Benediktinerinnenkloster San Paolo. Nur einen Steinwurf liegt es von der Piazza dell'Duomo entfernt und doch taucht man hier in eine andere Welt ein: still, verschwiegen, noch immer ein wenig weltabgewandt – und wie fast überall in Parma verbirgt sich auch hier der eine oder andere Kunstschatz. Der wichtigste ist das Deckengemälde im privaten Esszimmer der Äbtissin Giovanna da Piacenza.

Der meisterliche Antonio Allegri Correggio (1489–1534) hatte sich an die Arbeit gemacht und 1519 ein Fresko von einzigartiger Schönheit geschaffen: An der wie ein Schirm gestalteten und durch gotische Bögen in 16 Felder unterteilten Decke tummeln sich entzückende dralle Putten in Ovalen und unterhielten die Ordensfrau mit ihren Possen. Sie spielen mit Hunden, spannen Pfeile in Bögen, jagen und strahlen dabei heitere Lebensfreude aus, wie man sie in der Wohnung einer Äbtissin nur bedingt vermuten würde. Auch an den Wänden geht es lebhaft zu: Am Fuß der Gewölbedecke sind auf Lünetten Motive aus der Mythologie dargestellt, über einem steinernen Kamin macht sich Diana zur Jagd bereit. Man vermutet, dass das Leitmotiv der Jagd in diesem Raum eine Allegorie bilden sollte zu den heftigen Auseinandersetzungen der Äbtissin mit der weltlichen Obrigkeit, die die Macht der Klöster einzuschränken suchte.

Alessandro Araldi, ein Künstler aus der Umgebung, malte im Jahr 1514 den – ebenfalls zur Privatwohnung Giovannas gehörenden – Nachbarraum aus. Hier mischen sich Putten und Fabelwesen vor einem nachtblauen Hintergrund. Die Wände zieren Szenen aus dem Alten und Neuen Testament.

Am anderen Ende des Klostergartens liegt die Kapelle **Cella di Santa Caterina**, die ebenfalls Alessandro Araldi mit zwei Szenen aus dem Leben der Schutzheiligen des Klosters ausschmückte. Hinter der hohen Mauer des Klostergartens erstreckt sich ein leicht verwilderter, von hohen Bäumen beschatteter Park. Zum Klosterkomplex gehört außerdem das **Castello dei Burattini**, das »Marionettenschloss«, in dem die Marionettensammlung der Puppenspielerfamilie Ferrari ausgestellt ist. Gelegentlich werden in einer kleinen Vorführung Geschichte, Entwicklung und Personal des Puppenspiels erläutert und gezeigt.

Deckenfresko von Correggio in der Camera di San Paolo (Parma)

Camera di San Paolo und Cella di Santa Caterina
Via Melloni 3
43121 Parma
✆ 05 21 53 32 21
Di–So 8.30–14 Uhr
Eintritt € 2, unter 18 und über 65 J. frei

Castello dei Burattini/Museo Giordano Ferrari
Via Melloni 3 A
43121 Parma
✆ 05 21 03 16 31
www.castellodeiburattini.it
Tägl. April–Sept. 9–19, Okt.–März 9–17 Uhr, Eintritt € 2,50/1,50 (unter 14 und über 65 J.)

In der Galleria Nazionale in Parma: Weiblicher Kopf (La Scarpigliata, um 1508) von Leonardo da Vinci und …

30 Galleria Nazionale und Palazzo della Pilotta in Parma

Prunkstücke hiesiger Meister

Der **Palazzo della Pilotta** wurde 1583 zunächst als Verwaltungssitz mit angeschlossenen herzoglichen Ställen konzipiert. Bald aber entwickelte er sich zu dem kulturellen Mehrzweckbau, als der er heute noch genutzt wird. Seit 1618 ist der unverhältnismäßig große Palazzo, der von außen nüchtern, fast abweisend wirkt, die Heimat des Hoftheaters **Teatro Farnese** (ursprünglich war in dem großen Saal ein Waffenarsenal untergebracht), seit Mitte des 18. Jahrhunderts auch der Galleria Nazionale. Auch das Archäologiemuseum und die Bibliothek Palatina sind hier untergebracht. Der etwas eigenwillige Name des gewaltigen Baus leitet sich vermutlich vom baskischen Pelota-Spiel her, das durch spanische Soldaten seinen Weg an den Hof von Parma gefunden haben soll. Dort begeisterten sich bald auch einheimische Adelige für den importierten Ballsport.

Gleich hinter dem Teatro Farnese erstrecken sich die Säle von Parmas **Nationalgalerie**. Im Gegensatz zum ursprünglichen Teatro Farnese überstand die Sammlung das Bombardement im Zweiten Weltkrieg, weil die Gemälde und Skulpturen ausgelagert wurden. Entstanden aus den privaten Pinakotheken der Herzöge der Stadt und durch kluge Käufe von den örtlichen Adelsfamilien und solchen in der Toskana ergänzt darf sich die Sammlung bedeutender Werke von der Gotik bis zum Barock heute zu den wichtigsten Museen Europas zählen.

Ein Schwerpunkt ist den großen Söhnen von Stadt und Region, Parmigianino und Correggio, gewidmet. Doch auch ortsfremde Künstler sind reich vertreten, unter ihnen einige der wichtigsten Maler der Kunstgeschichte: das Multigenie Leonardo da Vinci (1452–1519) mit dem Bild der wunderschönen »Scapigliata« (der Zerzausten), der große Venezianer Jacopo Tintoretto (1518–94), der Barockmaler Giovanni Battista Tiepolo (1696–1770) und schließlich Hans Holbein der Jüngere (1497/98–1543), dessen berühmtes Porträt »Erasmus von Rotterdam« hier hängt – um nur einige Höhepunkte zu nennen. Weitere illustre Namen sind Anselmi, El Greco, van Dyck und Canaletto. Die Sammlung ist chronologisch vom Mittelalter bis zum 19. Jahrhundert angeordnet. Ein Raum gibt mit Hofporträts des 18. Jahrhunderts einen Einblick in diese Epoche der Stadtgeschichte und die Familien, die sie prägten.

... »La schiava turca« (Türkische Sklavin, 1533) von Parmigianino

Galleria Nazionale di Parma
Piazzale della Pilotta 5
43121 Parma
✆ 05 21 23 36 17
www.gallerianazionaleparma.it
Di–Sa 8.30–19, So 8.30–14 Uhr; die Säle zur Renaissance in der Emilia tägl. außer Mo 8.30–14 Uhr
Eintritt € 6, unter 18 und über 65 J. frei, ab 14 Uhr € 3/1,50

31 Piazza dell'Duomo und Duomo Santa Maria Assunta in Parma
Parmas gute Stube

Wenn die Piazza Garibaldi mit Restaurants, Geschäften und dem Garibaldi-Denkmal als Treffpunkt für die Jugend das Herz der Stadt bildet, ist die Piazza dell'Duomo ihre Seele – schön wie eine Opernkulisse, gerahmt von prachtvollen Bauten und Palästen. In der Sonne des Nachmittags leuchtet der fast tausendjährige Dom Santa Maria Assunta in warmem Ockerton. Hinter seiner schlichten Fassade verbirgt sich manches Wunder: die Kuppel, die Correggio ab dem Jahr 1526 mit der Szene des Aufstiegs Marias in einen lichten Himmel ausmalte und deren Schönheit den durchreisenden deutschen Romantiker Ludwig Tieck zu Tränen rührte; die 1178 in Marmor gemeißelte Szene der Kreuzabnahme von Benedetto Antelami im Querschiff; eine von Girolamo Magnani, dem Bühnenbildner Giuseppe Verdis, ausgemalte Kapelle; der Altar aus dem Mittelalter. Zum Zeitpunkt ihrer Weihe im Jahr 1106 war die dreischiffige Basilika ein topmoderner Bau: groß, luftig und mit Pfeilern, von denen jeder aus vielen Säulen besteht.

Renoviert und umgestaltet wurde der Dom in der Renaissance, als der Boden erneuert werden musste und Correggio die Kuppel ausmalte. 283 Tage, die er auf mehrere Jahre verteilen musste, kostete ihn das Projekt. Denn im Winter konnte er nicht malen, weil die Fresken dann zu schlecht trockneten. Wer genau hinschaut, erkennt, dass der warme Goldton des Himmels aus Puttengesichtern besteht; mit ihnen gelang es dem Künstler, die lichte Transparenz des Himmels fassbar zu machen. Die Motivwahl war kein Zufall, sondern Reaktion auf religionspolitische Entwicklungen der jüngeren Vergangenheit. Neun Jahre zuvor hatte Martin Luther seine papst- und kirchenkritischen Thesen veröffentlicht. In und mit dieser Kirche wurde nun ganz der Muttergottes gehuldigt, mit ihrer von Engeln und Heiligen begleiteten Himmelfahrt im Zentrum. Neben dem Dom ragt der gotische **Glockenturm** auf, der am 22. Oktober 2009 mitten in der Nacht von einem Blitz getroffen wurde und derzeit noch restauriert wird.

Antonio da Correggios spektakuläres Kuppelfresko der »Himmelfahrt Mariä« im Dom von Parma

Dem Dom gegenüber liegt der ein wenig zu glatt restaurierte **Bischofspalast**, an der anderen Seite das in hellem Rosa leuchtende **Baptisterium,** das sich mit dem Dom zu einem wunderschönen Ensemble romanischer Baukunst fügt. Der **Palazzo Dalla Rosa Prati** rundet das Bild der von Sonne übergossenen, mittelalterlichen Piazza ab. Einen Teil dieses Palasts, der seit dem 16. Jahrhundert im Besitz der Familie Rosa Prati ist, vermietet sie. Wer hier logiert, kann auf dem um den Innenhof angelegten Treppenhaus an die Balustrade treten und über blühende Glyzinien aufs benachbarte Baptisterium schauen.

Die Piazza dell' Duomo vor dem Dom Santa Maria Assunta und dem weltberühmten Baptisterium ist eine Oase der Ruhe (Parma)

Palazzo Dalla Rosa Prati
Strada al Duomo 7
43121 Parma
© 05 21 38 64 29
www.palazzodalla rosaprati.de

32 Prosciutteria Noi da Parma
Köstliche Erinnerungen

Die Prosciutteria Noi da Parma liegt in der von Bars, Restaurants und Feinkostgeschäften gesäumten Fußgängerzone Strada Faeini, einer lebhaften Flaniermeile, in der sich das Geschehen gegen Abend zunehmend in die gastronomischen Betriebe verlagert. Die Prosciutteria selbst duftet wie das Eingangstor zum Himmel. Auf einem Tisch liegen Parmesanlaibe und große, verpackte Stücke des köstlichen Käses, in den Regalen ruhen Aceto Balsamico aus Modena, Gläser mit eingemachtem Gemüse und allerhand Teigwaren. Über der Theke hängen die berühmten Schinken.

Wer hofft, hier billigen Parmaschinken zu erwerben, der irrt. Denn billigen Parmaschinken gibt es nicht. Angesichts eines Herstellungsverfahrens, das trotz zulässiger technischer Hilfen wie Kühlanlagen nach wie vor mit einem hohen Anteil an Handarbeit verbunden ist – von der artgerechten Unterbringung und Ernährung der Schweine gar nicht zu reden –, wäre das ein Widerspruch in sich. Doch die Ware ist ihren Preis wert. Für hauchdünn geschnittenen Schinken muss man mit einem Kilopreis von knapp 35 Euro für 24 Monate gereiften und knapp 40 Euro für 30 Monate gereiften Schinken rechnen. Glücklicherweise braucht man aber nur selten gleich ein ganzes Kilogramm. Es lohnt sich, hier für ein Picknick (zum Beispiel im schattigen **Parco Ducale**, der auf der anderen Seite des Flusses Parma den im 16. Jahrhundert erbauten Herzogspalast – heute Sitz der Carabinieri – umgibt) einzukaufen: ein kleines Stück Parmesan, ein Päckchen Schinken, dazu ein wenig Gebäck.

Die Prosciutteria Noi da Parma, die nicht nur in Parma, sondern auch in Reggio Emilia, Fidenza und Traversetolo diverse Filialen unter-

In aller Munde: Parmaschinken (Prosciutto di Parma)

REGION 2 Emilia-Romagna

La Prosciutteria Noi da Parma
Strada Farini 9/C
43121 Parma
✆ 05 21 23 41 88
www.noidaparma.it
Mo–Sa 8.30–20, So 9–13 Uhr

San Giovanni Evangelista
Piazzale San Giovanni 1
43100 Parma
✆ 05 21 23 53 11
www.monasterosangiovanni.com
Tägl. 9–12 und 15–18 Uhr, Eintritt frei

Gleich den Titanen der griechischen Mythologie: die Apostel Peter und Paul (1520–24) in der Kuppel von San Giovanni Evangelista in Parma

hält, zählt zu den besten Adressen der Stadt für lokale, regionale und nationale Spezialitäten. Kernkompetenzen sind eindeutig die beiden Produkte, mit denen die Region die Welt so reich beschenkt hat: Parmaschinken und Parmesan. Auch den kostbaren Balsamessig aus Modena hat man am Lager. Wer hier Mitbringsel einkauft, darf mit besonders freudiger Begrüßung durch die Lieben daheim rechnen.

33 San Giovanni Evangelista in Parma

Meister der Emilianischen Schule: Correggio und Parmigianino

Gleich hinter dem Dom erhebt sich die zum 1005 gegründeten (und noch immer von Mönchen bewohnten) Benediktinerkloster **Convento San Giovanni** gehörige, dreischiffige Renaissancekirche **San Giovanni Evangelista** mit barocker Fassade und barockem Glockenturm. Sie wurde nach einem Brand im 15. Jahrhundert wieder aufgebaut; Fassade und Glockenturm datieren aus dem frühen 17. Jahrhundert. Die Kirche birgt – neben anderen Kunstwerken – einige äußerst sehenswerte Arbeiten von zwei der größten emilianischen Künstler überhaupt, die dazu noch Zeitgenossen waren: von dem nach seinem Heimatort bei Reggio Emilia benannten großen Renaissancemaler Antonio da Correggio (eigentlich Antonio Allegri; 1489–1534) sowie vom jungen Parmigianino (der 1503 als Girolamo Francesco Maria Mazzola geboren wurde und 1540 starb), einem der ersten Vertreter des die Renaissance ablösenden Manierismus.

Correggio blieb ab 1516 in Parma, wo er verschiedene Großaufträge übernahm, von denen der erste von der Äbtissin von San Paolo stammte. Für sie malte der Meister der Hochrenaissance die Decke ihres privaten Speisezimmers aus. Es folgten mit der Kuppel dieser Kirche (1520–23) und der des Doms von Parma zwei durch ihre Perspektive geradezu revolutionäre Arbeiten. Die Kuppel von San Giovanni Evangelista zeigt die Vision des Evangelisten Johannes, in der Jesus ihm im Himmel seinen Platz im Kreis der Apostel weist. Wie in der Kuppel des Doms gelang es ihm, die Idee der Unendlichkeit des Himmels sichtbar zu machen. Neben den Fresken in Parma sind mehr als 40 seiner Gemälde erhalten, die in den großen Museen Europas hängen.

Der jüngere, in Parma gebürtige und nach seiner Heimatstadt benannte Parmigianino soll Correggio bei den Arbeiten in San Giovanni Evangelista kennengelernt haben, wo er drei Kapellen im linken Schiff mit Fresken verzierte. Auch im Dom arbeiteten sie vermutlich Seite an Seite. Nach Aufenthalten in Rom und Bologna kehrte Parmigianino 1531 nach Parma zurück. Eines seiner berühmtesten Bilder ist das »Selbstporträt im Konvexspiegel«, das heute im kunsthistorischen Museum in Wien hängt – so wie die meisten seiner Werke in den großen Museen der Welt zu finden sind.

Zum Klosterkomplex San Giovanni Evangelista gehören eine Bibliothek mit 20 000 Bänden sowie die alte Klosterapotheke, die einen faszinierenden Einblick in die Medizin des Mittelalters gibt.

34 Teatro Farnese in Parma
Ein traumhaftes Theater

Von 1545 bis 1731 herrschten die Farnese über das Doppelherzogtum Piacenza-Parma. Seit Mitte des 16. Jahrhunderts residierten sie nicht mehr in Piacenza, sondern in Parma. Aus der Ära der Farnese stammen einige der eindrucksvollsten Bauten der Stadt, darunter der **Palazzo della Pilotta**, in dessen erstem Stockwerk sich das barocke Teatro Farnese befindet. Erbaut wurde es 1618/19 nach Plänen von Giovanni Battista Aleotti, der sich von Palladios Teatro Olimpico in Vicenza inspirieren ließ. Weil es schnell gehen musste, wählte man Tannenholz als Baumaterial. Stuckarbeiten sollten es zumindest wie Marmor aussehen lassen. Einzig die Bodenplatten sind aus Stein. Trotz der Hast der Bauarbeiten wurde es nur neun Mal benutzt – und das erste Mal im Dezember 1628, als der Auftraggeber Herzog Ranuccio I. schon nicht mehr lebte. Anlass war die Hochzeit von Odoardo Farnese mit Margherita de Medici. Bei der Aufführung einer Oper von Monteverdi legte man Wert auf eine möglichst authentische Darbietung und zögerte nicht, die Bühne für die Szene einer Seeschlacht mit Wasser zu fluten.

Seine Premiere erlebte das Theater mit so großer zeitlicher Verzögerung, weil es knapp zehn Jahre zuvor für einen Besuch des toskanischen Großherzogs Cosimo II. de Medici gebaut wurde, der dann aber nicht zustande kam. Parmas Herzog Ranucci I., der Cosimo II. gehörig beeindrucken wollte, erkrankte und musste absagen. Eine neue Gelegenheit für die Staatsvisite fand sich nicht, und so war das brandneue Theater fast eine Dekade lang zum Leerstand verurteilt. Späteren Herzögen schien die Maschinerie des Theaters mit der riesigen Bühne – sie misst 40 mal zwölf Meter, der ganze Saal mit 14 Rängen plus Logen, wo insgesamt 3000 Zuschauer Platz fänden, ist 87 Meter lang und 32 Meter breit – zu aufwendig und teuer, sie bauten sich andere Spielorte. Die letzte Aufführung ging 1732 über die Bühne, dann wurde das Theater vernachlässigt und verfiel schließlich. Im Mai 1944 wurde die Bühne durch Bomben der Alliierten fast völlig zerstört.

Heute strahlt das nach dem Krieg über mehrere Jahre originalgetreu restaurierte Theater wieder in altem Glanz. Weil es sich aber für zeitgenössische Sicherheitsbestimmungen nicht schnell genug räumen lässt, finden hier nur intime Vorführungen mit höchstens 70 Zuschauern statt.

REGION 2
Emilia-Romagna

Teatro Farnese
Piazzale della Pilotta 5
43121 Parma
✆ 0521 23 33 09
www.parmabeni artistici.beniculturali.it
Tägl. außer Mo 8.30–19 Uhr
Eintritt € 2, unter 18 und über 65 J. frei

35 Teatro Regio in Parma
Eine der berühmtesten Opernbühnen der Welt

Parma sieht nicht nur aus wie eine Opernkulisse, die Stadt ist auch Heimat einer der berühmtesten – und schönsten – Opernbühnen der Welt. Am 16. Mai 1829 hob sich hier zum ersten Mal der Vorhang. Vincenzo Bellinis »Zaira« wurde zur Premiere aufgeführt. Acht Jahre hatte die Fertigstellung des von Nicola Bettoli entworfenen, neoklassizistischen Gebäudes gedauert. Auftraggeberin war Herzogin Marie Louise von Habsburg (1791–1847), die seit dem Wiener Kongress Regentin des Herzogtums Parma und Piacenza sowie Guastallas war und ein Herz für die Künste besaß. Damit sie selbst beim Kulturgenuss angemessen saß, hielt das Theater in der Ridotta im ersten Stock einen Thron für sie bereit. Noch angenehmer: Vom Herzogspalast hatte sie direkten Zugang zum Opernhaus, das bis heute eine Augenweide ist. Die Decke zieren von Giovan Battista Borghesi gemalte Dichter und Dramatiker; Borghesi gestaltete auch den Theatervorhang, der Minerva (mit den Zügen Marie Louises versehen) umgeben von Göttern, Nymphen, Musen

Teatro Regio
Strada Giuseppe Garibaldi 16
43121 Parma
✆ 05 21 20 39 99
http://teatroregio parma.it
Theaterkasse Di–Sa 10.30–13.30 und 17–19 Uhr sowie jeweils eine halbe Stunde vor Aufführungsbeginn

und Dichtern zeigt – eine Allegorie der Weisheit, mit der der Patronin des Hauses gehuldigt wurde.

1853 nahm Girolamo Magnani, Verdis bevorzugter Bühnenbildner, eine Umgestaltung des Interieurs vor. Das frühere, neoklassizistische Design wich den aufwendigen Stuckarbeiten Magnanis; zugleich wurden Öllampen und Kerzen von Gasleuchten abgelöst. 1890 zog elektrisches Licht in die Oper ein. Nicht nur die Bühnentechnik, auch das Repertoire war im Teatro Regio stets auf dem neuesten Stand. Den Aufstieg des großen Giuseppe Verdi hat es ebenso begleitet wie das Debüt der Sopranistin Renata Tebaldi.

Doch von jeher sieht sich das prachtvolle Haus mit den üppig verzierten Logen insbesondere dem Werk Verdis verpflichtet. Jedes Jahr im Oktober findet hier, im Teatro Farnese sowie im Auditorium Niccolò Paganini das Verdi-Festival statt. Niccolò Paganini, der »Teufelsgeiger«, trat während seiner Jahre in Parma häufig im Teatro Regio auf. Schon wegen der hochkarätigen einheimischen Musiker war dieses Opernhaus von Anfang an eine ebenso anspruchsvolle wie schwierige Bühne, deren verwöhntes Publikum als besonders kritisch galt (und gilt).

36 Piacenza
Jenseits der Touristenströme

IAT Piacenza
Piazza dei Cavalli
29121 Piacenza
✆ 05 23 49 22 23
www.comune.piacenza.it
Mo–Sa 8.30–18, So 9.30–13.30 Uhr

Wäre die Emilia-Romagna weniger reich mit Kunstschätzen gesegnet, fänden gewiss mehr Besucher den Weg in die am Zusammenfluss von Po und Trebbia gelegene Hauptstadt der Provinz Piacenza. So aber ist Piacenza (100 800 Einwohner) noch immer ein Geheimtipp: trotz der schönen Altstadt mit prachtvollen mittelalterlichen Kirchen und Renaissancepalästen, trotz vieler schöner Geschäfte und der Zeugnisse einer langen Geschichte.

Im Jahr 218 v. Chr. wurde Piacenza zur – immer wieder umkämpften und von Galliern bestürmten – römischen Kolonie. Einmal wurde sie dem Erdboden gleichgemacht, wurde aber bald wieder neu besiedelt. Der Anschluss an die Via Emilia um 187 v. Chr. verband sie mit dem heutigen Rimini und später mit Mailand. Auf diese Zeit gehen die lineare Anlage der Altstadt, die bis heute erkennbar ist, und ihre Existenz als Handelsstadt zurück. Der Niedergang des Römischen Reichs machte Piacenza im 3. Jahrhundert zur ersten von nördlichen Stämmen belagerten Stadt; auch später bemühten sich Goten und Byzantiner gewaltsam um ihren Besitz. Im 12. Jahrhundert gesellte sie sich als unabhängige Stadt zum Lombardischen Städtebund, bevor sie erst in Auseinandersetzungen zwischen Guelfen und Ghibellinen geriet und dann im Kirchenstaat aufging. 1545 schuf Papst Paul III. das Herzogtum Parma und Piacenza für seinen Sohn Pier Luigi Farnese. Seine vier unehelichen Kinder hatte dieser Papst immerhin vor seiner Priesterweihe gezeugt – und mit ein und derselben Frau. Allerdings kam der erste von acht Herzögen aus dem Haus Farnese nach einem Jahr in Piacenza gewaltsam ums Leben, so dass seine Erben die Residenz hastig nach Parma verlegten, wo sie bis zum Ende des Clans 1731 verbleiben sollte. Dennoch waren es die Farnese, die die Architektur der Innenstadt prägten.

Herz der Altstadt ist die **Piazza dei Cavelli** mit den bronzenen Denkmälern der Herzöge Alessandro Farnese und seines Sohnes Ranuccio I. zu Pferd, die das Rathaus, den gotischen **Palazzo del Commune** aus dem 13. Jahrhundert, flankieren. Auf der anderen Seite liegt der ab 1749 erbaute **Palazzo del Governatore**, heute Sitz von Provinzregierung und Handelskammer und um eine Ecke die 1278–1365 errichtete, dreischiffige **Chiesa di San Francesco**. Sie ist auch historisch bedeutsam, weil hier 1848 der Anschluss der Stadt an Piemont-Sardinien verkündet wurde – der erste Schritt zum geeinten Italien.

Über die schöne Flaniermeile **Via XX Settembre** erreicht man die **Piazza Duomo** mit dem Dom **Santa Maria Assunta**. 1122 begonnen dauerte der Bau des überwiegend romanischen, aber von einer großen gotischen Fensterrose erhellten Gotteshauses mehr als 100 Jahre. Mindestens ebenso sehenswert ist die am Rand der Altstadt gelegene Renaissancekirche **Santa Maria die Campagna** mit ihren wunderschönen Fresken von Giovanni Antonio da Pordenone aus der ersten Hälfte des 16. Jahrhunderts.

Das bronzene Reiterstandbild (1620–25) des Feldherrn und Herzogs von Parma, Alessandro Farnese, auf der Piazza dei Cavelli in Piacenza

37 Gutshof Antica Corte Pallavicina in Polesine Parmense

Schmelzzarter Culatello in der Po-Ebene

Inmitten von Wiesen, auf denen sich die schwarzen Schweine der Rasse Nero di Parma wälzen, liegt Massimo Spigarolis Gutshof Antica Corte Pallavicina. Als Küchenchef eines Gourmetrestaurants und Biobauer ist er heute einer der führenden Köpfe der kulinarischen Szene der Emilia-Romagna. Außer einem Keller mit 5000 Schinken darin gehören auch sieben Gästezimmer und ein Michelin-besterntes Restaurant zu seinem Anwesen. Spigaroli, der 1958 geboren wurde, ist einer von nicht einmal 20 Herstellern, die den Culatello innerhalb eines genau festgelegten Gebiets in der Po-Ebene produzieren.

Beim **Culatello de Zibello** handelt es sich nicht um ein beliebiges Produkt aus dem Hinterteil des Schweins, sondern um nichts Geringeres als den teuersten Schinken der Welt. Rund 200 Euro kostet das Kilogramm. Jeder Schritt der Herstellung unterliegt strengen Vorgaben, von der Diät der schwarzen Schweine bis hin zu den großen Fenstern im Lagerkeller, von denen die dem Po zugewandten stets offen sein müssen. Das muss sein, damit der hereinziehende Flussnebel die Entwicklung von Edelschimmel befördert. Sein einzigartiges Aroma verdankt der Culatello nämlich auch dem feuchten Klima der Po-Ebene. Was etwa den Prosciutto di Parma verderben ließe, bringt hier erst die besondere Geschmacksnote. Und auch sonst verläuft die Herstellung anders als etwa die des berühmten Parmaschinkens. Ohne Knochen und Schwarten wird Culatello in eine mit Wein angefeuchtete Schweinsblase geschnürt, in der er 18 bis 24 oder 40 Monate lang an der Luft trocknet. Dass er nicht am Knochen reift, macht ihn streng genommen zur Wurstware.

1320 wurde der Hof von der Adelsfamilie Pallavicina am Ufer des Po errichtet. Massimo Spigarolis Urgroßvater mietete 1882 das Schlösschen, das eher wie eine Festung wirkt, der Urenkel kaufte es. Auch der Ahne stellte hier Schinken her; zu den Kunden zählte der Nachbar Giuseppe Verdi. Wer sich intensiver mit dem Culatello beschäftigen möchte, kann der **Strada del Culatello di Zibe**llo (www.stradadel culatello.it) folgen. Diese Route von Orten, die mit der Herstellung der Delikatesse verbunden sind, umfasst die Orte Busseto, Fontanellato, San Secondo Parmense, Colorno, Sissa, Roccabianca und eben Polesine Parmense.

Antica Corte Pallavicina
Strada del Palazzo Due Torri 3
43010 Polesine Parmense
✆ 05 24 93 65 39
www.acpallavicina.com
Restaurant tägl. außer Di 12.30–14 und 18–22.15 Uhr
Die Zimmer sind mit Antiquitäten eingerichtet und kosten pro Nacht mit Frühstück ab € 140; das Restaurant krönt ein Michelin-Stern.

Al Cavallino Bianco
Via Sbrisi 3
43010 Polesine Parmense
✆ 05 24 961 36
www.ristoranteal cavallinobianco.net
Tägl. außer Di 12.30–14 und 18–22.15 Uhr
Hervorragende regionale Küche. Reservieren! – und genießen. €€€

REGION 2
Emilia-Romagna

IAT Ravenna
Via Salara 8/12
48121 Ravenna
✆ 05 44 35404
www.turismo.ra.it (auch in deutscher Sprache)
Mo–Fr 8.30–18, Sa/So 10–16 Uhr

Mausoleo di Galla Placidia
Via Argentario 22
48121 Ravenna
✆ 05 44 54 16 88
www.ravenna mosaici.it
Tägl. April–Sept. 9–19, März/Okt. bis 17.30, Nov.–Feb. bis 17 Uhr
Eintritt € 9,50/8,50, unter 10 J. frei (mit Basilica Sant'Apollinaire Nuovo, Cappella Sant'Andrea, Battisterio Neoniano, Basilica San Vitale), 7 Tage gültig

Battisterio Neoniano
Piazza Duomo 1
48121 Ravenna
✆ 05 44 54 16 88
www.ravenna mosaici.it
Öffnungszeiten und Eintritt vgl. Mausoleum.

㊳ Frühchristliche Bauten und Mosaiken in Ravenna

Reise in eine fast vergessene Zeit

Weltberühmt ist Ravenna (144 000 Einwohner) wegen seiner Mosaiken aus dem 5. Jahrhundert sowie wegen der frühchristlichen und byzantinischen Bauwerke, in denen sich diese Schätze finden. Acht Nennungen auf der Liste des UNESCO-Weltkulturerbes – das ist auch für italienische Verhältnisse eine eindrucksvolle Zahl.

Schon früh erlangte die Stadt wegen ihrer günstigen Lage Bedeutung: In der Antike befand sie sich als römischer Kriegshafen Portus Classis, von Sumpfgebiet umgeben, unmittelbar am Meer – heute beträgt die Entfernung acht Kilometer –, was es den Germanen aus dem Norden schwer machte, sie zu überfallen. Von hier aus wurde die ganze Adria kontrolliert. 402 wurde Ravenna die Hauptstadt des Weströmischen Reichs, nachdem das alte Römische Reich 395 in Ostrom mit der Hauptstadt Byzanz und in das von Kaiser Honorius geführte Westrom geteilt worden war. Dessen Schwester Galla Placidia übernahm nach Honorius' Tod für ihren minderjährigen Sohn Valentinian III. von 425 bis 437 die Regentschaft. Aus dieser Zeit datieren einige der wichtigsten Bauwerke. Von 493 bis 540 regierten die Ostgoten, die von den Byzantinern abgelöst wurden. Vier Bauwerke des Ostgoten Theoderich sind erhalten. Auch nach der Eroberung durch die Langobarden 751 sowie durch die Franken im Jahr 774 blieb Ravenna bedeutend, wovon bis heute zahlreiche mittelalterliche Bauwerke künden.

Weltruhm aber verdankt die Stadt ihren frühchristlichen und byzantinischen Bauten. Im Ge-

Blick in die Kuppel von San Vitale, Ravenna

Das byzantinische Mausoleum der Galla Placidia in Ravenna

wölbe des **Mausoleo di Galla Placidia**, das 425 in Form eines lateinischen Kreuzes gleich gegenüber der Basilika errichtet wurde, sind Ravennas älteste Mosaiken zu sehen. Auf ihnen leuchtet echtes Blattgold. Sie zeigen einen prachtvollen Sternenhimmel sowie Christus als Hirten. Das Mausoleum sollte letzte Ruhestätte für Galla Placidia, ihren zweiten Mann und ihren Sohn werden, doch die Kaiserin starb in Rom.

Wunderschöne Mosaiken zum Thema Taufe findet man südwestlich der Piazza del Popolo im **Battisterio Neoniano**, wo vom ausgehenden 4. Jahrhundert bis heute in einem brunnengroßen Becken aus der Renaissance Taufen vollzogen werden. Acht Kilometer südlich liegt die in der ersten Hälfte des 6. Jahrhunderts erbaute **Basilica di Sant'Apollinaire in Classe**. Ihre Struktur und ihre Mosaiken haben Plünderungen ebenso überdauert wie die Zeit.

Basilica di Sant'Apollinaire in Classe
Via Romea Sud 224
48124 Ravenna
✆ 05 44 47 35 69
Mo–Sa 8.30–19.30, So 13–19.30 Uhr
Eintritt € 5, unter 18 und über 65 J. frei (Kombiticket mit Mausoleum des Theoderich und Nationalmuseum € 10)

39 Mirabilandia bei Ravenna
Autosplash und Achterbahn

Der zweitgrößte Freizeitpark Italiens ist besonders für Familien mit Kindern ein faszinierendes Ziel. Der integrierte Wasserpark Mirabilandia Beach macht den Besuch der zwischen Ravenna und Rimini gelegenen Anlage – ebenso wie die üppige Bepflanzung, die für Schatten sorgt – auch an heißen Hochsommertagen erträglich. Die Fahrt mit der Schnell-Wasserbahn »Niagara Splash« gerät annähernd so erfrischend (und so nass) wie ein Bad im Meer (daher ist es ratsam, sie nur in Badekleidung zu nutzen). Ebenfalls zur Abkühlung geeignet sind »Rio Bravo«, eine imitierte Fahrt durch Stromschnellen, und »Blue River«, eine gewaltige Wasserrutsche. Die 50 Meter hohe Achterbahn »Kartun« ist das Highlight des Parks. Sie sorgt mit ihren Loopings und einer Geschwindigkeit von 100 Stundenkilometern für reichlich rasante Unterhaltung. Neben »Kartun« gibt es fünf weitere Achterbahnen, die für unterschiedlich starke Nerven und Mägen konzipiert sind. Die jüngsten Besucher finden im Kinderbereich mit Karussells altersgerechte Vergnügungen. Mehrere ziemlich laute Shows mit tollkühnen Stunts runden das Programm ab.

Für den Besuch sollte man schon wegen der stolzen Eintrittspreise den ganzen Tag einplanen. Wem das nicht reicht – der Eintritt gilt für zwei aufeinanderfolgende Tage. Restaurants und Bars sichern das Überleben; ein schön bepflanzter Garten bietet zwischendurch Ruhe vor der allgegenwärtigen Musikberieselung. Wer kann, legt seinen Besuch in Früh- oder Spätsommer, dann sind die Wartezeiten vor den Attraktionen naturgemäß deutlich kürzer als im August.

Mirabilandia
Strada Statale 16 Adriatica, km 162
48125 Savio Ravenna
✆ 05 44 56 11 56
www.mirabilandia.it
Mitte April–Juni und erste Septemberhälfte tägl. 10–18, Juli/Aug. bis 23, Mitte Sept.–Okt. Sa/So 10–18 Uhr
Eintritt € 34/28, Kinder unter 1 m frei

REGION 2
Emilia-Romagna

Kaiser Justinian: Chormosaik in San Vitale in Ravenna

40 Mosaikkurs in Ravenna
Steinchen für Steinchen

Demut ist die erste Tugend des Künstlers. Zumindest, wenn er sich an Mosaiken wagen will. Die Steine sind winzig, und wer zum ersten Mal auf die (immerhin nach Farben sortierten) bunten Häufchen blickt, kann sich schwer vorstellen, dass aus der Unordnung auf dem Tisch einmal ein Bild werden soll. Was neben Demut auch noch hilft, sind eine ruhige Hand, Geduld und – Zeit. Denn: »Wenn Sie ein traditionelles Mosaik für einen Kirchenboden legen wollen, brauchen Sie fünf Jahre«, erklärt die Leiterin des eintägigen Schnellkursus im Mosaiklegen schonungslos, während sie den Schülern bei ihrer mühseligen Arbeit zusieht. An einem Tag schafft man immerhin ein kleines Bild, das zu Hause die Küchenwand zu schmücken vermag. Die Lehrerin hilft bei der Motivwahl und schlägt Details der berühmten Mosaiken vor – das kann ein Vogel sein oder eine Blüte. Aber auch der Schöpfungskraft der eigenen Phantasie stehen alle Wege offen.

Das Mosaikenlegen ist eine ebenso kreative wie meditative Tätigkeit. Wer bei der Grundübung im Gestalten von Mosaiken Feuer fängt, kann gleich einen einwöchigen Kurs in der Mosaic Art School dranhängen und sich intensiver mit der Kunstform beschäftigen, die in Ravenna auf eine eindrucksvolle Tradition verweisen kann. Dass die Mosaiken in ihrer Dauerhaftigkeit – Ravennas uralte Mosaiken sind der beste Beweis dafür, dass diese Kunstwerke nahezu unzerstörbar sind – in starkem Gegensatz zu Massenproduktion und Wegwerfkultur des 21. Jahrhunderts stehen, ist für viele Menschen heute nicht ihr geringster Reiz. Fest steht: Wer sich selbst einmal daranmacht, die bunten Steinchen zu Bildern zusammenzufügen, wird die Kunstfertigkeit der Schöpfer noch mehr zu schätzen lernen. Die farbenprächtigen und überaus filigranen Mosaiken, die vor vielen Jahrhunderten in Ravennas Kirchen gelegt wurden, versetzen bis heute Menschen aus der ganzen Welt in Staunen.

i Mosaic Art School
Via Negri 14
48121 Ravenna
✆ 33 55 61 84 85
www.mosaicschool.com
Einwöchige Kurse ab € 600

41 Teatro Alighieri und Museo Dantesco in Ravenna
Dante im Exil

Nahe der Kirche San Francesco (in der die Trauerfeier stattfand) steht an der Via Dante Alighieri das **Grabmal** des berühmten Dichters **Dante Alighieri** aus Florenz. Er starb in der Nacht zum 14. September 1321 nach 20 Jahren im Exil – die letzten fünf davon hatte er in Ravenna verbracht – an Malaria. In seiner Heimatstadt hatte der 1265 geborene Autor der unsterblichen »Göttlichen Komödie« sich politisch in die Nesseln gesetzt – und zwar so gründlich, dass man ihm erbost das Haus abfackelte und er Florenz überstürzt verlassen musste. Zwar gab es ein Versöhnungsangebot: Dante möge gegen Zahlung einer Geldbuße und die Zusicherung einer öffentlichen Entschuldigung zurückkehren, hieß es vom Arno. Doch darauf mochte Dante sich nicht einlassen. Beleidigt erneuerte seine Vaterstadt im Jahr 1315 ihr Urteil. So endete Dantes Weg schließlich in Ravenna.

Tomba di Dante
Via Dante Alighieri 9
48121 Ravenna
✆ 05 44 336 62
Tägl. außer Mo 10–16 Uhr
Eintritt frei

Der Dichter Dante Alighieri lebte lange Zeit im Exil in Ravenna (»Dante und seine Dichtung«, 1465, von Domenico di Michelino)

Auf ein angemessenes Grabmal sollte der Dichter indessen noch länger warten als auf die Vergebung der Florentiner: 1865 erst wurden seine sterbliche Überreste in einem Sarkophag aus Marmor in dem 1780 in neoklassizistischem Stil errichteten Tempel beigesetzt – als die Franziskaner keine räuberischen Übergriffe aus Florenz mehr fürchteten. Ein von Pietro Lombardo 1483 gestaltetes Relief zeigt Dante sinnend am Schreibtisch.

Auf dem Gelände des Franziskanerklosters befindet sich auch das zum 600. Todestag im Jahr 1921 eröffnete **Museo Dantesco** (im Centro Dantesco dei Frati Minori). Die Ausstellung konzentriert sich vor allem auf die Rolle, die Ravenna im Leben Dantes spielte, und auf die Geschichte seiner umkämpften Gebeine. Das Museum besitzt aber auch eine umfangreiche Sammlung von Porträts und Büsten des Dichters. Zwei Ecken vom Grabmal entfernt hat Dante 1854 mit dem schönen, ebenfalls neoklassizistischen **Teatro Alighieri** eine Art lebendiges Denkmal erhalten, das jetzt allerdings den Sparten Oper und Tanz vorbehalten ist.

Heute bedauert man in der Toskana die schlechte Behandlung des großen Dichters sehr. Noch immer bringen daher der Bürgermeister von Florenz und eine mittelalterlich gewandete Delegation dem verbannten Sohn ihrer Stadt alljährlich am zweiten Sonntag im September frisches Olivenöl aus der Toskana. Das Öl wird für ein Votivlämpchen aus dem 18. Jahrhundert verwendet, das in seinem Grabmal brennt.

42 Theoderich der Große in Ravenna
Ein Germane auf dem Kaiserthron

493 zog der Ostgotenkönig Theoderich mit rund 100 000 Menschen im Gefolge nach Italien. Ravenna blieb lange uneinnehmbar – bis Theoderich den regierenden Germanenkönig Odoaker eigenhändig umbrachte und zum Stellvertreter des weströmischen Kaisers aufstieg. Theoderich regierte Italien bis zu seinem Tod im Jahr 526 und in dieser Zeitspanne entstanden viele der Bauten und Mosaiken, auf denen Ravennas Ruhm bis heute fußt.

Im östlich der Piazza del Popolo gelegenen achteckigen, von Theoderich erbauten **Battistero degli Ariani** (Baptisterium der Arianer) hat das Taufbecken selbst zwar nicht überdauert, aber ein Mosaik in der Kuppel, das die Taufe Christi zeigt, blieb erhalten. Die dreischiffige, ebenfalls von Theoderich errichtete **Basilica Sant'Apollinaire Nuovo**, die Theoderich unmittelbar vor den Toren seines – leider nicht erhaltenen – Palasts bauen ließ, verfügt über nicht weniger eindrucksvolle Mosaiken. Die kreuzförmige **Cappella di Sant'Andrea** (oder auch Cappella Arcivescovile/Erzbischöfliche Kapelle) diente Theoderich als privater Gebetsraum. Letztes Bauwerk des umtriebigen Ostgoten ist das (heute leere) **Mausoleo di Teodorico,** das ein Kilometer nordöstlich des Zentrums liegt. Der Bau aus weißem Kalkstein ist im unteren Teil zehneckig, im oberen polygonal; letzte Ruhestätte des 526 gestorbenen Theoderichs war ein gewaltiger Sarkophag.

Grabmal Theoderich d. Gr. in Ravenna

Museo Dantesco
Via Dante Alighieri 4/6
48121 Ravenna
✆ 05 44 21 56 76
Tägl. 10–16 Uhr
Eintritt € 3, bis 14 J. frei

Teatro Alighieri
Via Angelo Mariani 2
48121 Ravenna
✆ 05 44 24 92 44
www.teatroalighieri.org, Theaterkasse Mo–Sa 10–13, Do auch 16–18 Uhr

Cappella di Sant'Andrea
Piazza Arcivescovado 1
48121 Ravenna
✆ 05 44 54 16 88
Website, Öffnungszeiten und Eintritt vgl. Basilica di San Vitale.

Sant'Apollinaire Nuovo
Via di Roma 52
48121 Ravenna
✆ 05 44 54 16 88
Website, Öffnungszeiten und Eintritt vgl. Basilica di San Vitale.

Battistero degli Ariani
Vicolo Degli Ariani 1
48121 Ravenna
✆ 05 44 54 37 11
Tägl. 8.30–19.30, Okt.–Feb. bis 16.30 Uhr, Eintritt frei

Mausoleo di Teodorico
Via delle Industrie 14
48122 Ravenna
✆ 05 44 68 40 20
Tägl. April–Sept. 8.30–19, Okt.–März 8.30–17.30 Uhr, Eintritt € 4, unter 18 J. frei

Münze mit dem Bildnis Theoderich d. Gr.

Basilica di San Vitale
Via Argentario 22
48121 Ravenna
✆ 05 44 54 16 88
www.ravennamosaici.it
Tägl. April–Sept. 9–19, März/Okt. 9.30–17.30, Nov–Feb. 10–17 Uhr
Eintritt € 9,50/8,50, unter 10 J. frei (mit Cappella di Sant'Andrea, Battisterio Neoniano, Sant'Apollinaire Nuovo, Mausoleo di Galla Placidia), 7 Tage gültig

Basilica San Prospero und der achteckige Campanile in Reggio Emilia

Die ab 526 erbaute, mit grün und golden leuchtenden, einzigartig schönen Mosaiken geschmückte **Basilica di San Vitale** wurde erst im Jahr 547, gute 20 Jahre nach Theoderichs Tod, geweiht. Sie ist die wohl großartigste byzantinische Kirche im Abendland. Säulen und Kapitelle wurden aus Konstantinopel eingeschifft. Besonders eindrucksvoll sind die leuchtenden Mosaiken im achteckigen Zentralraum. Die Lichtbrechung lässt die Bilder aus winzigen goldenen, perlmuttfarbenen und farbigen, in unterschiedlichen Winkeln zueinander gesetzten Steinchen nahezu lebendig erscheinen. In der Apsis ist neben vier großen Darstellungen aus dem Alten Testament Christus zwischen Bischof Ecclesius und dem Märtyrer Vitalis, dem Schutzpatron Ravennas, zu sehen. Die Seitenwände zeigen das oströmische Kaiserpaar Theodora und Justinian mit Beamten und Hofdamen – ein Symbol ihres Sieges nach langem, zähen Kampf gegen die Ostgoten. Theodora trägt den Wein fürs Abendmahl.

43 Reggio Emilia
Prunkbauten, Parmesan und Pädagogik

An ihre Vergangenheit als römische Siedlung erinnern Teile des alten römischen Pflasters, das in der Altstadt von Reggio Emilia (164 000 Einwohner) erhalten blieb. Der viertgrößten Stadt in der Emilia-Romagna verdankt auch die Region ihren Namen. Marcus Aemilius Lepidus, römischer Konsul und Erbauer der Via Emilia (die die Altstadt von Reggio quert und bis heute ihre Hauptstraße ist), war ihr Namenspate, weshalb sie zunächst *Regium Lepidi* hieß, bevor sie später seinen zweiten Vornamen annahm. Die Tage der Römer waren gezählt, der Name blieb. 489 fielen die Goten ein, denen 80 Jahre später die Langobarden folgten. Nach Herrschern unterschiedlicher Herkunft – darunter die Canossas aus der Lombardei – und einer Phase der Unabhängigkeit übernahmen im Jahr 1409 die Este als Herzöge von Modena und Reggio das Ruder.

1797 begründete Reggio mit den freien Städten Bologna, Ferrara und Modena die Republik Cispadana.

Außer für ihren Beitrag zur Parmesan- und Lambrusco-Herstellung ist die Stadt als Geburtsort der italienischen Flagge berühmt. 1797 entwarf Ludovico Bolognini das Design der grün-weiß-roten Trikolore, die später auch das italienische Königreich überzeugte. Heute ist Reggio nell'Emilia eine wohlhabende Stadt mit reichem Kulturangebot und vielen merkantilen Verlockungen. Geschätzt wird sie außerdem für die Reggio-Pädagogik, die die individuelle Förderung jedes Kindes und eine Erziehung zu Solidarität mit anderen in den Mittelpunkt stellt und heute in vielen Ländern praktiziert wird.

Anzuschauen gibt es auch einiges. Herz der Altstadt ist die **Piazza Grande**, die eigentlich Piazza Prampolini heißt. Sie wird gesäumt vom Rathaus (Palazzo del Commune), wo die **Sala di Tricolore** die allererste italienische Flagge hütet, und der ab dem 9. Jahrhundert erbauten **Cattedrale** mit ihrem von einer goldenen Madonna geschmückten, achteckigen Turm. Ihr heutiges Gesicht stammt aus dem 15. Jahrhundert, als die Kathedrale ihre Marmorfassade erhielt. Flankiert wird sie vom **Baptisterium**, das im 11. Jahrhundert erbaut wurde und im 15. Jahrhundert das aus rotem Veroneser Marmor geschlagene Taufbecken erhielt. Ein schöner Arkadengang verbindet die Piazza Grande mit der von den Bewohnern der Stadt liebevoll **Piazza Piccola** genannten Piazza San Prospero. Roter Marmor ziert auch die **Basilica San Prospero**, die die kleine Piazza überstrahlt. Seit dem 16. Jahrhundert wird die 940 geweihte Kirche von sechs Löwen aus rotem Marmor bewacht. Den Verkauf von Correggios Altargemälde »Die Heilige Nacht« nach Sachsen, mit dem die Este sich 1745 etwas dazuverdienten, konnten sie nicht verhindern; geblieben ist nur eine Kopie.

REGION 2 Emilia-Romagna

i IAT Reggio Emilia
Via Farini 1/A
42100 Reggio Emilia
✆ 05 22 45 11 52
http://turismo.comune.re.it
Mo–Sa 8.30–13 und 14.30–18, So 9–12 Uhr

44 Rimini
Von der Römerstadt zum Strandbad

Rimini (132 000 Einwohner) ist das Synonym für adriatische Badefreuden mit Sonne, 15 Kilometern Sandstrand, wildem Nachtleben und jeder Menge Rummel. Bereits im Sommer 1843 eröffnete hier das erste *Bagno* Italiens und bis heute gilt Rimini als einer der populärsten Badeorte des Landes. Weniger bekannt ist, dass die Stadt auch eine lange Geschichte – schon 268 v. Chr. gründeten die Römer *Ariminum* – und ein reiches kulturhistorisches Erbe aufweist.

Wiewohl die Lage des historischen Flusses ungeklärt ist, überquerte Cäsar 49 v. Chr. in dieser Gegend den Rubikon in Richtung Süden, was im Streit um seine neuerliche Kandidatur als Konsul einer Kriegserklärung an Rom gleichkam. Aus Riminis römischer Vergangenheit blieb vieles erhalten. Zugang zur Altstadt bietet im Norden die von 14–21 n. Chr. erbaute römische Brücke **Ponte di Tiberio**, die den Marecchia überspannt, und im Süden der noch ältere **Arco d'Augusto**. Der Triumphbogen wurde im Jahr 27 v. Chr. zu Ehren von Kaiser Augustus errichtet, um das Ende der Via Flaminia und den Beginn der Via Emilia zu markieren. Zur Römerzeit war der Hafen von Rimini neben Portus Classis beim heutigen Ravenna einer der wichtigsten der Adria; die Via Flaminia verband Rimini mit Rom.

Im 12. Jahrhundert wurde die Stadt selbstständig, 200 Jahre später gewann die Familie der Malatesta Macht und Einfluss. Noch heute begegnet man ihren Spuren auf Schritt und Tritt. Interessantester Vertreter der Sippe ist der schillernde Sigismondo Malatesta (1417–68), der über Rimini, Cesena und Fano herrschte und neben 13 überwiegend illegitimen Sprösslingen auch den **Tempio Malatestiano** hinterließ.

Bronzestandbild des römischen Imperators Cäsar auf der Piazza Tre Martiri in Rimini

REGION 2
Emilia-Romagna

IAT Rimini Marina Centro
Piazzale Fellini 3
47900 Rimini
✆ 05 41 533 99
www.riminiturismo.it
Tägl. außer So 8.30–19 Uhr

Hotel Alibi
Viale Bengasi 14
47921 Rimini
✆ 05 41 38 07 64
www.hotelalibi.it
Sympathisch und liebevoll eingerichtet ist die zwei Querstraßen vom Strand gelegene Pension Hotel Alibi. DZ ab € 66

La Notte Rosa
Termin ist der erste Freitag im Juli. Programm unter www.lanotterosa.it (italienisch und englisch).

Malatesta, der ein Freund der Künste war und viele Maler, Bildhauer und Dichter an seinen Hof holte, veranlasste ab 1447 den Umbau der Kirche San Francesco in ein Mausoleum für seine Familie. Ausführender Architekt war Leon Battista Alberti. Die Fassade ziert ein Triumphbogen nach antikem Vorbild. Die Grabstätten der Malatestas liegen in den Seitenkapellen. Ein Fresko von Piero della Francesca zeigt Sigismondo vor seinem Namenspatron kniend. Ein weiteres Porträt Francescas von Malatesta hängt heute im Louvre in Paris. Nach dem Niedergang der Fürstenfamilie fiel Rimini 1509 an den Kirchenstaat, dem die Stadt bis zum 19. Jahrhundert angehörte.

Die im 15. Jahrhundert erbaute Burg **Castello Sisimondo** liegt gegenüber der **Piazza Cavour** mit einem 1543 errichteten Brunnen. Gesäumt wird die Piazza vom Rathaus und von mehreren Palästen aus dem 13. bis 16. Jahrhundert.

Einer der berühmtesten Söhne Riminis ist der Regisseur Federico Fellini (1920–93), der seiner Heimatstadt mit dem Film »Amarcord« 1973 ein Denkmal setzte.

45 »Notte Rosa« in Rimini
Party in Pink

Um Mitternacht strömt alles an den Strand: Paare, Familien, ausgelassene Teenager. Am nachtschwarzen Himmel ergießen sich pinkfarbene Fontänen. Das Knattern der Feuerwerkskörper übertönt den adriatypischen Geräuschteppich aus Popmusik, Hupen, Rufen und Lachen. Das gewaltige Feuerwerk, das die Brüder und Pyrotechniker Mario, Vincenzo und Giuseppe Scarpato jedes Jahr an der Küste inszenieren, markiert den Höhepunkt der »Notte Rosa«. Danach geht es weiter: Man lässt sich treiben, hört Konzerte italienischer Popstars, genehmigt sich einen pinkfarbenen Prosecco.

Bis zum Morgen wird gefeiert, wenn die elf bekanntesten Badeorte der Emilia-Romagna am ersten Freitag im Juli ihr rosafarbenes Gewand überstreifen. Die Epizentren der Veranstaltung bilden Rimini, Riccione und Cattolica. 3000 Straßenlaternen leuchten rosarot, 10 000 Liegestühle sind rosa bezogen, Geschäfte und Hotels erstrahlen in Pink, Städte schmücken sich mit rosafarbenen Kunstobjekten. In Anlehnung an ein Album der Band Pink Floyd lautete das Motto einmal »The Pink Side of the Moon« – wie zum Beweis dafür, dass Rosa in Italien nicht nur die Lieblingsfarbe kleiner Mädchen ist, sondern für ganz große Dinge steht: Liebe, Schönheit, Leidenschaft. Ein anderes Mal wurde unter dem Titel »La Dolce Vita in Riviera« gefeiert. In jenem Jahr standen Star-Regisseur Federico Fellini (1920–93), der berühmteste Sohn Riminis, und sein Werk im Zentrum des Geschehens. Klar, dass das schneeweiße Grand Hotel, in dem Fellini bei Heimatbesuchen stets logierte, zu diesem Anlass in leuchtendem Pink erstrahlte. Im Garten des ehrwürdigen Luxushotels floss der pinkfarbene Prosecco in Strömen. Fellini, der Rimini mit 19 Jahren verlassen hatte, um in Rom Weltkarriere zu machen, wäre stolz gewesen auf seine Heimatstadt.

Was 2005 als Marketing-Gag zur Begrüßung des Sommers begann, ist längst zu einem identitätsstiftenden Ereignis geworden. Auf privaten Balkons werden rosa Flaggen gehisst, zum Dresscode der Einheimischen gehört in dieser Nacht unverzichtbar ein Hauch von Rosa – und sei es nur ein Einstecktuch in der Hemdtasche. Echte Nachtschwärmer werden um fünf Uhr morgens am Strand zwischen Rimini und Riccione belohnt: Dort trifft man sich bei Sonnenaufgang zum letzten Konzert.

»Notte Rosa« über der Bucht von Rimini, einem der populärsten Badeorte der Adria

REGION 3
Friaul-Julisch Venetien

Friaul-Julisch Venetien/ Friuli-Venezia Giulia

Ein Kosmos im Dreiländereck

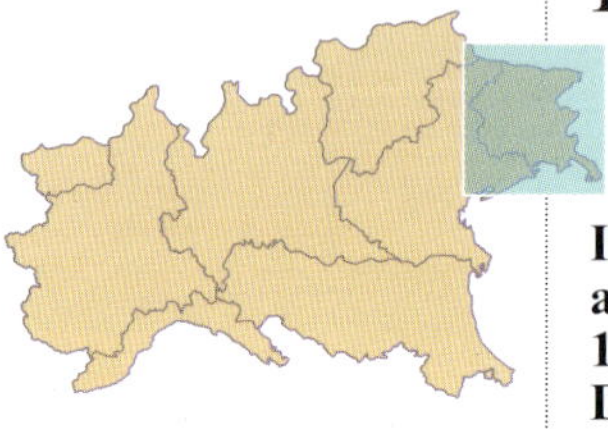

Im äußersten Nordosten Italiens liegt die autonome Region Friaul-Julisch Venetien. Auf 7856 Quadratkilometern leben hier 1 222 000 Menschen, davon 201 000 in der Hauptstadt Triest. Den größten Teil – mehr als 90 Prozent – der Region macht das Friaul aus, den Rest der nach dem Zweiten Weltkrieg bei Italien verbliebene Teil Julisch Venetiens. Er gehörte – mit Ausnahme von Triest – über Jahrhunderte der Republik Venedig an, was nicht nur im Namen, sondern auch in der Bausubstanz seiner Altstädte bis heute sichtbar geblieben ist. Gerahmt wird Friaul-Julisch Venetien im Süden von der Adria, im Osten von Slowenien, im Norden von Österreich und im Westen von Venetien.

Gipfelstürmer auf dem Mangrt in den Julischen Alpen im Grenzgebiet zu Slowenien

Das Friaul, das bereits zur Römerzeit besiedelt war, wurde 1866 in das Königreich Italien eingegliedert. Julisch Venetien und Triest fielen 1918 von Österreich an Italien. Nach dem Zweiten Weltkrieg ging der größte Teil von Julisch Venetien an Jugoslawien. Im Dreiländereck von Italien, Österreich und Titos Jugoslawien gab es sowohl Vertreibungen von Italienern aus Istrien als auch Verschleppungen von Angehörigen unterschiedlicher slawischer Nationen nach Jugoslawien. Sie waren nach Österreich geflüchtet, weil sie unter dem gemeinsamen Dach Jugoslawiens im besten Fall ein ungewisses Schicksal erwarteten. Ein Teil der Grenzen wurde neu gezogen und letztlich der Keim zu den Kriegen in Jugoslawien 50 Jahre später gelegt.

Triest wurde erst 1954 endgültig Italien zugesprochen. Die Region Friaul-Julisch Venetien entstand 1963 und erhielt – hier zum Schutz der slowenischen Minderheit – wie Südtirol einen Sonderstatus. Italienisch ist alleinige Amtssprache, Deutsch, Friaulisch – das rund 600 000 Menschen als Muttersprache sprechen – und Slowenisch sind als Minderheitensprachen anerkannt.

Die unterschiedlichen Einflüsse im Dreiländereck machen heute nicht den geringsten Reiz der Region aus. Alpen und Adria liegen hier ebenso nahe beieinander wie drei ganz unterschiedliche Länder. Ihre Kulturen haben uralte Berg- und Fischerdörfer, aber auch bedeutsame Städte geschaffen. Die regionale Küche vereint die guten Zutaten Norditaliens mit königlich-kaiserlichen Einflüssen aus der Ära der Habsburger sowie einer rustikalen (Vor-)Alpenküche.

Heute ist der Tourismus insbesondere an der Küste ein wichtiger Wirtschaftsfaktor. Wichtig sind auch das Dienstleistungsgewerbe sowie die Möbel- und Textilherstellung.

Römische Fußbodenmosaiken in Aquileia

»Pitina«, eine friaulische Wurstspezialität

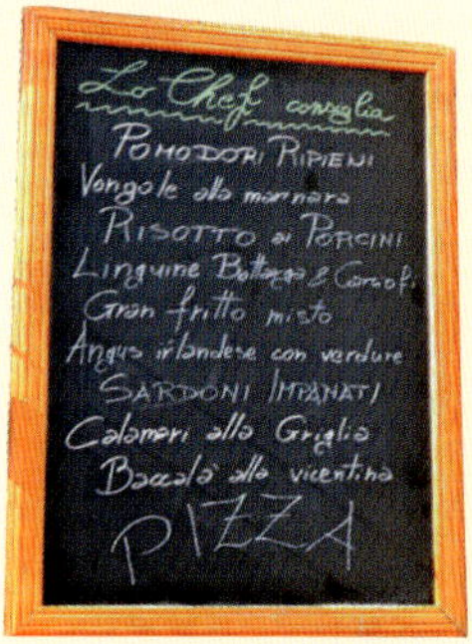

»Lo Chef consiglia«: Tagesempfehlung in Grado

Der köstliche Schinken aus dem Friaul: San Daniele

Köstlichkeiten aus Friauls Kochtöpfen
Ein vielfältiger Schatz an Gaumenfreuden

Auf der Speisekarte steht Vielfalt. Einflüsse aus dem Mittelmeerraum, Slowenien und der k.-u.-k.-Monarchie – in der Region um Gorizia können Sie es mit Zwetschgenknödeln zu tun bekommen, in Triest mit Torte, Strudel und Krapfen – haben Eingang in die Küche von Friaul-Julisch Venetien gefunden. An sich handelt es sich um eine bodenständige Küche, die ihre Wurzeln zum einen mit ihren vielen Kräutern in den Bergen, zum anderen im Fischreichtum der Küste hat. Der köstliche **Schinken San Daniele** hat Strahlkraft für die gesamte Region. Weniger bekannt, aber ebenfalls sehr wohlschmeckend sind **Prosciutto di Sauris** und **Prosciutto di Cormòns**. Speck, Salami sowie die Spezialitäten **Brusaola** und **Pitina** (eine gewürzte, mehrere Tage über Kiefer- oder Wacholder geräucherte und danach getrocknete Frikadelle aus dem Fleisch von Ziege, Schaf, Gämse oder Rehwild) zeigen, dass das Friaul bei den Wurstwaren mit anderen berühmten Erzeugerregionen Italiens mithalten kann. Zugleich verweisen sie auf die bäuerlichen Wurzeln der Region. Die Pitina entstand, weil Fleisch so kostbar war und man Wild(reste), auch von Raubtieren angefallene und verletzte Tiere, verwerten und haltbar machen musste.

Eine typische Käsesorte ist etwa der Hartkäse **Montasio**, der aus Rohmilch hergestellt wird und seit 1986 das Gütesiegel DOC trägt, obwohl er bereits seit dem 13. Jahrhundert von den Käsern in den Alpentälern Karniens produziert wird.

Am Meer dominieren Fisch und Meeresfrüchte die verschiedenen regionalen Speisekarten, so die **Boreto alla Graisana** genannte Fischsuppe auf der Basis von Steinbutt und gemischten Fischen aus Grado, wie ihn die Fischer früher aus dem im Netz zurückgebliebenen Restfang zubereiteten; **El Bisato in Spéo**, gegrillter Aal vom Holzspieß aus Marano Langunare; **Sardellen** aus dem Golf von Triest und die **Ribaltavapori**, sehr kleine frittierte Fische aus der Lagune von Marano. Ungewöhnlich ist auch der entgrätete und durch ein Sieb gedrückte Fisch, der in Lignano und Marano auf geröstetem Brot serviert wird. **Brodetto** heißt diese Spezialität. Im Landesinneren gibt es **Forellen**, die häufig geräuchert auf den Tisch kommen.

Jota heißt die julische Suppe aus Bohnen, Kartoffeln und Sauerkraut, die in Triest sehr beliebt ist. Ein Klassiker der friaulischen Küche ist der weiche oder knusprig gratinierte Käse **Frico**, der von **Musèt e brovade** (gekochter Wurst und Rüben) begleitet wird. In Karnien werden die **Cjarsòns della Carnia**, süß oder mit Kräutern gefüllte Teigtaschen, heiß geliebt.

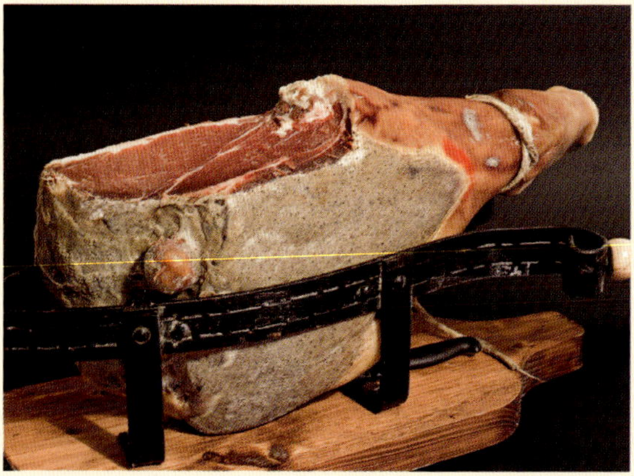

Allgemeines regionales Weinbrevier Friaul-Julisch Venetiens

Das Weinland Friaul ist zu Recht berühmt und lässt vor allem Weißweintrinkern das Herz aufgehen. Tatsächlich gilt Friaul-Julisch Venetien als die **beste Weißweinregion** Italiens. Was nicht bedeutet, dass es hier keine Rotweine gäbe – im Gegenteil, fast die Hälfte des gekelterten Weins ist rot. Dass diese Weine absolut trinkbar sind, beweist zum Beispiel der aus der hiesigen Rebsorte Tazzelenghe (Zungenschneider) gekelterte herbe Rote. Trotzdem gilt: Die Spitzenweine des Friauls sind weiß.

Seit mehr als 2000 Jahren wird im Friaul Wein hergestellt. Mit dem Niedergang des Römischen Reichs und dem Einfall der ahnungslosen Germanen gerieten die wertvollen Kenntnisse der Römer in Vergessenheit. Im ausgehenden Mittelalter machten sich endlich Mönche an die Arbeit, die überwucherten Weinberge frei zu schneiden und neuerlich zu kultivieren. Heute füllen insgesamt 1500 Weinbaubetriebe jedes Jahr 80 Millionen Flaschen ab; die Gesamtanbaufläche beträgt 16 327 Hektar. Acht DOC-Anbaugebiete (Friuli-Aquileia, Friuli Annia, Carso, Collio Goriziano, Friuli Colli Orientali, Friuli Grave, Friuli-Isonzo und Friuli Latisana) und zwei Gebiete mit DOCG-Status – dem staatlichen Siegel für beste Qualität –, Picolit und Ramandolo, sind die Trümpfe der Winzer Friauls. Ein weiteres DOC-Gebiet ist Lison Pramaggiore; allerdings liegt nur ein kleiner Teil seiner 290 Hektar innerhalb der Grenzen der Region. Die beiden DOCG-Gebiete sind ebenfalls relativ klein. Aus deren Trauben werden hervorragende Süß- bzw. Dessertweine gekeltert.

Zu den **Roten** zählen Merlot, Cabernet Sauvignon und Cabernet Franc sowie die hier heimischen Rebsorten Terrano, Tazzalenghe, Pignolo, Refosco und Schioppettino. Auch der rote Terrano stammt aus diesem Gebiet.

Die eisen- und kalkreiche Erde des Karsts bringt von jeher ebenso ausgezeichnete Weiße hervor: Chardonnays und Sauvignon Blancs ebenso wie Malvasias und den eleganten Vitovska. Die Auswahl ist sogar noch größer: blumiger Friulano, trocken-zitroniger Verduzzo, Malvasia istriana, der zunehmend reinsortig verarbeitet wird, aber auch internationale Trauben wie Pinot bianco und

Weißweintrauben im DOC-Anbaugebiet Collio

Im sanften Friaulischen Hügelland gedeihen die Reben für hervorragende Weißweine

REGION 3
Friaul-Julisch Venetien

Jede Familie hütet ihre eigene, ganz besondere Zubereitungsart: Cjarsòns, die karnische Variante der Ravioli

Pinot grigio und Sauvignon werden gekeltert. Aus der Glera-Traube wird **Perlwein** hergestellt; seit aus »Prosecco« vor einigen Jahren der Name eines Herkunftsgebiets in Venetien wurde, darf die Rebsorte nicht mehr damit bezeichnet werden. Der Qualität friaulischen Perlweins tut dies keinen Abbruch. Wichtig für Urlauber: Friauls Weißweine lassen sich gut lagern, ein triftiger Grund also, im Kofferraum Platz zu lassen.

Ein ausgewähltes Rezept aus Friaul-Julisch Venetien

Cjarsòns della Carnia als herzhafte Süßspeise

Für vier Personen
600 g Kartoffeln
200 g Mehl
2 Eier
50 g frischer Ricotta
150 g geräucherter Ricotta
150 g Butter
30 g Zucker
2 Tütchen Vanillezucker
1 Zwiebel
1 Bund glatte Petersilie
1 Zweig Bergminze oder Salbeiblätter
50 g Sultaninen
50 g gemahlene Walnüsse
30 g Zwetschgenmarmelade
Zimt
1 Esslöffel Rum
abgeriebene Schale einer ungespritzten Zitrone
Paniermehl
Pfeffer und Salz

Aus der Hälfte der geschälten, gekochten und pürierten Kartoffeln und dem Mehl, einem Ei, einer Prise Salz und Pfeffer eine weiche Masse herstellen. Den Teig ausbreiten und mit einem mittelgroßen Glas Scheiben von etwa 4 mm Dicke ausstechen.

Zubereitung der Füllung: Mischen Sie die restlichen pürierten Kartoffeln mit dem abgetropften frischen Ricotta, einem Ei, etwas Butter, einer Prise Salz, dem Zucker, Vanillezucker, der fein gewürfelten Zwiebel und der Zwetschgenmarmelade, den Sultaninen, den Walnüssen, Rum, Zimt, Zitronenschale und den fein gehackten Kräutern. Die Masse auf die Teigscheiben verteilen, danach jede Scheibe zur Mitte hin einschlagen und an den Rändern zusammendrücken.

Die Cjarsòns in kochendes Salzwasser geben, kurz aufkochen lassen, dann runterschalten und drei bis vier Minuten ziehen lassen, bis die Cjarsòns an die Oberfläche kommen. Abgießen, abtropfen lassen und auf einem warmen Teller mit Butter, geriebenem geräucherten Ricotta und einer Prise Zimt gewürzt servieren.

Die romanische Basilika Santa Maria Assunta von Aquileia gehört zum UNESCO-Weltkulturerbe – Blick in das Baptisterium >

❶ Aquileia
2000 Jahre Geschichte

Das heute eher unauffällige und mit 3400 Einwohnern sehr überschaubare Städtchen war zur Römerzeit eine Handelsmetropole, in der 100 000 Menschen lebten. Nach den Überfällen von Hunnen und Langobarden im 5. und 6. Jahrhundert sank der Stern der Stadt; zudem versandete der einstmals wichtige Hafen.

Die Ausgrabungsstätte des 181 v. Chr. gegründeten Aquileia gehört zum UNESCO-Weltkulturerbe. Erhalten blieben unter anderem Überreste des römischen Theaters, einer Basilika und der Stadtmauern, des Friedhofs, des Forums, eines Flusshafens und eines großen Mausoleums. Fundamente von Häusern und Fußbodenmosaiken geben eine Ahnung vom Alltagsleben in der antiken Metropole. In der Via Sacra, die dem Lauf eines antiken Wasserwegs folgt, sind Fragmente von Säulen zu sehen. Am westlichen Ufer der einstigen Wasserstraße kann man den steinernen Kai des Hafens aus dem 1. Jahrhundert erkennen. Vom Hafen und seinen Lagerhäusern führten Straßen zum Forum, dem antiken Marktplatz. Befestigungen, die im 3. Jahrhundert entstanden, zeugen von den Bedrohungen, denen dieser wichtige Umschlagplatz zwischen Mittelmeer und den Wegen über die Alpen ausgesetzt war. Ein Teil der Ausgrabungen ist abgedeckt; der Rest kann täglich von 8.30 Uhr bis Sonnenuntergang besichtigt werden (Eintritt frei). Allerhand Gegenstände, die bei Ausgrabungen in Aquileia und der Umgebung gefunden wurden, sind im **Museo Archeologico Nazionale** ausgestellt, einem der wichtigsten archäologischen Museen in Norditalien. Im dazugehörigen **Museo Nazionale Paleocristiano** wird mit Mosaiken und Fundstücken aus frühchristlicher Zeit gewissermaßen die Fortsetzung der Geschichte Aquileilas erzählt.

Die **Basilika Santa Maria Assunta (Hl. Maria Himmelfahrt)** an der Piazza Capitolo wurde im 11. Jahrhundert an der Stelle eines Vorgängerbaus aus dem 4. Jahrhundert errichtet und in den darauffolgenden Jahrhunderten noch mehrmals erweitert. Besonders sehenswert sind die frühchristlichen **Mosaiken** aus dem 4. Jahrhundert, die den Boden der dreischiffigen Kirche schmücken, sowie die **Fresken** aus dem 9. Jahrhundert in der Krypta und dem 11. Jahrhundert im Apsisgewölbe. Der 73 Meter hohe Glockenturm wurde um das Jahr 1000 erbaut, wobei er zunächst als Wachturm fungierte. Ein wichtiges Symbol der frühchristlichen Geschichte Aquileias ist die angrenzende **Cripta degli Scavi**, die ebenfalls wunderschöne Mosaiken aus dem 4. Jahrhundert besitzt.

Pietà in der Basilika in Aquileia

IAT Aquileia
Via Iulia Augusta
33051 Aquileia
✆ 04 31 91 94 91
www.aquileiaturismo.it, tägl. Juni–Aug. 9–13.30 und 14.30–19, März–Mai, Sept. 9–13 und 14–18 Uhr

Museo Archeologico Nazionale
Via Roma 1
33051 Aquileia
✆ 04 31 910 16
Tägl. außer Mo 8.30–19.30 Uhr, Eintritt € 4, bis 18 J. frei

Museo Nazionale Paleocristiano
Piazza Pirano 1
33051 Aquileila
✆ 04 31 910 35
Do 8.30–13.45 Uhr
Eintritt frei

REGION 3 Friaul-Julisch Venetien

Beeindruckende Stuckaturen und säulengleiche Heiligenfiguren schmücken den Innenraum des Tempietto Langobardo in Cividale del Friuli

Santa Maria in Valle und Tempietto Langobardo
Via Monastero Maggiore 34
33043 Cividale del Friuli
✆ 04 32 70 08 67
www.tempiettolongobardo.it
April–Sept. Mo–Fr 10–13 und 15–18, Sa/So 10–18, Okt.–März Mo–Fr 10–13 und 14–17, Sa/So 10–17 Uhr
Eintritt € 4/1,50 (8–14 J.), Kombiticket mit Museo Cristiano und Domschatz € 6/3

Museo Cristiano e Tesoro del Duomo
Via Candotti 1
33043 Cividale del Friuli
✆ 04 32 73 04 03
www.mucris.it
Mi–So 10–13 und 15–18 Uhr
Eintritt € 4/2, Kombiticket vgl. Santa Maria in Valle

2 Cividale del Friuli
Hatte der Teufel seine Hand im Spiel?

In Cividale del Friuli, einer kleinen (11 400 Einwohner), 17 Kilometer östlich von Udine gelegenen Stadt, die die UNESCO zum Weltkulturerbe zählt, stolpert man geradezu über Kunstschätze und Spuren einer langen Geschichte. Julius Caesar machte die keltische Ansiedlung um 50 v. Chr. zur Stadt und nannte sie *Forum Iulii,* den Markplatz des Julius. Nachdem diverse Germanenstämme das Machtvakuum zu füllen suchten, das der Untergang des Römischen Reichs hinterlassen hatte, errichteten hier 568 die Langobarden ihr erstes Herzogtum in Italien. Später, als die Franken die Langobarden ablösten und das Römische Reich, nicht aber seine Sprache längst Geschichte war, erhielt sie den Namen *Civitas Austriae*: die »östliche Stadt«. Daraus wurde schließlich Cividale.

Viele Zeugnisse aus der Ära der Langobarden haben überdauert. Zum mehr als 1000 Jahre alten Kloster **Santa Maria in Valle** gehört der **Tempietto Langobardo** aus dem 8. Jahrhundert, eine langobardische Pfalzkapelle und eines der komplexesten Bauwerke seiner Zeit. Er befand sich außerhalb der alten Stadtmauern am Fluss; im Frühmittelalter hatte sich das religiöse Zentrum hierher verlagert. Der Tempietto Langobardo besteht aus einem quadratischen Saal mit Kreuzgewölbe und einem dreischiffigen Presbyterium. Er weist wunderschöne Fresken, Mosaiken und prachtvolle schmückende wie figürliche Stuckverzierungen auf, von denen insbesondere die Heiligenfiguren eindrucksvoll sind.

Im **Museo Cristiano** des zu Beginn des 16. Jahrhunderts wieder aufgebauten Doms Santa Maria Assunta sind Zeugnisse langobardischer Kunst ausgestellt, darunter der Altar des langobardischen Herzogs Ratchis. Seine einstmals leuchtend bunte Bemalung hat die Zeit nicht überdauert, aber ein Bildschirm zeigt seinen ursprünglichen Farbenreichtum. Auch das Taufbecken des Patriarchen Callixto aus dem 8. Jahrhundert verdient Beachtung.

Wahrzeichen der Stadt ist die **Ponte del Diavolo** (Teufelsbrücke), die über den Fluss Natisone führt. Der Teufel selbst soll die schöne, 50 Meter lange und im Stil der Frührenaissance erbaute Brücke in einer einzigen Nacht errichtet haben. Natürlich nicht umsonst: Als Gegenleistung verlangte er die Seele des ersten Stadtbewohners, der sie betreten würde. Die Bürger Cividales ließen sich auf den Handel ein, erfanden aber eine List: Sie schickten anderntags eine Ziege über die Brücke.

❸ Kulinarische Feste in Enemonzo
Es geht um Wurst und Käse

Im Herzen des Val Tagliamento liegt dieses reizvolle kleine Dorf (1330 Einwohner). Es befindet sich im Parco Intercomunale delle Colline Carniche, einer geschützten Landschaft an der Mündung des Flüsschens Degano in den Tagliamento. Mit ihren sanften Hügeln, Wiesen und Wäldern eignet sich die schöne Gegend zum Wandern oder für Ausflüge mit dem Mountainbike und im Winter zum Erkunden auf Langlauf-Loipen. Wie Enemonzo selbst besitzen auch die umliegenden Sprengel schöne alte Dorfkirchen.

Schon in der Steinzeit lebten hier Menschen, wie einschlägige Funde beweisen. Somit ist Enemonzo eine der ältesten Siedlungen Karniens, wie die Region in den Karnischen Alpen im Nordwesten Friauls heißt. Schon im 2. Jahrhundert v. Chr. unterwarfen die Römer die hier ansässigen Karnier, einen keltischen Stamm. Den Römern folgten erst die Ostgoten, dann die Langobarden. Später fiel Karnien an die Karolinger, dann an das zum Herzogtum Bayern gehörende Kärnten (Karantanien). Ab dem 11. Jahrhundert unterstand es dem Patriarchat von Aquileila. Wie anderswo in der Region folgten Venedig und die Habsburger als Machthaber, bevor Italien vereint wurde. Das Val Tagliamento, in dem Enemonzo liegt, ist eines der vier Haupttäler Karniens.

Heute wird Enemonzo auch wegen seiner Berg- und Ricotta-Käsespezialitäten geschätzt, denen alljährlich im September ein Fest mit vielen Ständen zum Probieren gewidmet ist. Den Frühling begrüßt man in der letzten Aprilwoche mit der **Festa del Salame di Carnia**. Auf dem Programm stehen dabei – natürlich – Verkostungen typischer regionaler Wurstwaren und die Prämierung der besten Salami, aber auch Darbietungen folkloristischer Musik. Andere Spezialitäten der Region Karnien wie diverse Käsesorten spielen ebenfalls eine Rolle.

❹ Grado
Kirchen, Fischer und eine Wallfahrt mit Booten

[i] AIAT Grado
Viale Dante Alighieri 66
34073 Grado
✆ 04 31 87 71 11
www.turismofvg.it
Mai–Aug. tägl. 9–13 und 14–19, März/April und Sept./Okt. Mo–Sa 9–13 und 14–18, So 9–13 Uhr

Die Lagune von Grado ist die nördlichste des Mittelmeers. Ein fünf Kilometer langer Damm verbindet das Inselchen Grado (8400 Einwohner) mit dem Festland. Hier gingen schon die Römer (und viel später, nämlich im 19. Jahrhundert, die Habsburger) baden, und bis heute ist Grado dank seines angenehmen Klimas und seiner Thermalanlagen ein beliebter Badeort. An seinem schönen Sandstrand weht die Blaue Flagge für gute Wasserqualität. Die drei Kilometer lange Spiaggia Principale, den Strand Costa Azzurra und den Strand Pineta verbindet eine Promenade. Wer hier nicht seinen Urlaub verbringt, kann Grado zum Ziel eines reizvollen Tagesausflugs machen. Zu den Sehenswürdigkeiten der Altstadt, die mit ihren Gassen, Plätzen und Campanile bereits ein wenig venezianischen Zauber vorwegnimmt, zählen vor allem frühchristliche Sakralbauten: die 579 fertiggestellte **Basilica Sant'Eufemia**, das benachbarte achteckige **Baptisterium** aus dem 6. Jahrhundert sowie die **Basilica Santa Maria della Grazie**, die älteste Kirche Grados, die im 5. Jahrhundert erbaut und im 6. Jahrhundert umgestaltet wurde.

Touristenwerbung (1906) aus der Zeit, als Grado noch zu Österreich gehörte

Die dreischiffige Basilica Sant'Eufemia ersetzte im 6. Jahrhundert einen kleineren, dem heiligen Petrus gewidmeten Vorgängerbau aus dem 5. Jahrhundert. Zu ihren Schätzen zählen ein vergoldetes Altarbild aus Silber aus der Goldschmiedewerkstatt des Venezianers Donato Mazzalorsa, eine reich geschmückte Kanzel aus dem 11. Jahrhundet, die von einer Kuppel in maurischem Stil überspannt wird, sowie fabelhafte

REGION 3
Friaul-Julisch Venetien

Basilica Sant'Eufemia
Campo Patriarca Elia
34073 Grado
✆ 04 31 80 146
Tägl. Mai–Sept. 8–19, Okt.–April 9–18 Uhr
Eintritt frei

Fußbodenmosaiken, die dem byzantinischen Stil nahe sind. Der Glockenturm stammt aus dem Mittelalter.

Am ersten Sonntag im Juli findet mit der Wallfahrt **Perdòn di Barbana** das wichtigste religiöse Fest Grados statt: Mit Blumen und Fahnen geschmückte Boote steuern die in der Lagune von Grado gelegene Insel Barbana an. Eines der Fischerboote bringt eine Statue der Muttergottes mit dem Kind aus der Basilica Sant'Eufemia in die Kirche von Barbana und nach einer im Freien gefeierten Messe wieder zurück. Die Prozession mit Fischerbooten hat ihren Ursprung im Jahr 1237, als die Bewohner Grados der Madonna für das Ende einer Pestepidemie Dank sagen wollten. 1925 wurde die Madonna angerufen, als 56 Fischerboote vor Grado in einem schweren Sturm kenterten. Alle Schiffbrüchigen wurden gerettet. Seither wird bei der Prozession für den Schutz der Fischer gebetet.

5 Die Lagune von Marano bei Lignano Sabbiadoro
Inselwelt mit einzigartiger Natur

Auf einer Halbinsel liegt das aus drei Ortsteilen bestehende Seebad **Lignano** (6600 Einwohner), das seit den 1930er Jahren Badegäste an die auf halber Strecke zwischen Triest und Venedig gelegene Lagune von Marano lockt. Berühmtester Besucher der frühen Tage war kein Geringerer als Ernest Hemingway, der Lignano liebevoll »mein kleines Florida« nannte und nach dem heute ein Park benannt ist. Mit acht Kilometern wunderschönem Sandstrand, der sich von der Mündung des Flusses Tagliamento bis zum Hafen Terra Mare erstreckt, und dichtem

Fischerboot in der Lagune von Grado

Pinienwald bilden Lignanos drei Ortsteile Sabbiadoro, Pineta und Riviera eine attraktive Urlaubslandschaft. Pineta und Riviera sind die beiden ruhigeren, auch gediegeneren Orte. Das in der Mitte der drei Stadtteile gelegene, grüne **Pineta** entstand erst in den 1950er Jahren. Hier bildet die von beiden Seiten begehbare Zeile von Geschäften und Lokalen, die sich zum Meer hin erstreckt, das reizvolle Zentrum. Der Kursaal und die Therme von Lignano trennen Pineta von **Riviera**, dem ruhigsten der drei Ortsteile. Hier befinden sich Campingplätze, der 18-Loch-Golfplatz und ein Hafen an der Mündung des Tagliamento. **Sabbiadoro** spricht mit lebhaftem Nachtleben, buchstäblich Hunderten von Restaurants und Bars sowie einem großen Unterhaltungsangebot vor allem jüngere Besucher an. Auch das historische Zentrum der Stadt befindet sich hier. Der Strand von Sabbiadoro ist in 19 Strandbäder unterteilt. Insgesamt liegen im Stadtgebiet sechs Themenparks, darunter der Wasserpark Aquasplash und Gulliverlandia.

Marano Lagunare mit seinem 1000 Jahre alten Turm Millenaria hat die Atmosphäre eines uralten Fischerdorfs bewahrt. Jahrhundertelang stand der Ort unter dem Schutz Venedigs; bis heute ist Marano der einzige Ort im Friaul, in dem venezianischer Dialekt gesprochen wird. Das Dorf ist Ausgangspunkt für Ausflüge in das 35 Hektar große Schutzgebiet **Riserva della Valle Canal Novo** und das nur per Boot erreichbare Schutzgebiet **Riserva delle Foci del Fiume Stella**, das das gesamte Delta des Flusses Stella und einen Teil der Lagune umfasst. Beide gehören zu den Riserve Naturali di Marano Lagunare. Wer sich für Vogelbeobachtung interessiert, ist hier richtig. Die Lagune ist ein Refugium für Reiher und zahlreiche kleinere Wasservögel. Im Besucherzentrum erläutert eine Ausstellung die Natur in den Schutzgebieten.

6 Wandern in den Tälern des Natisone
Der Zauber der Stille

Im Osten des Friauls verbinden die sieben Flusstäler des Natisone das kulturhistorisch bedeutsame Städtchen Cividale del Friuli mit dem Isonzo-Tal in Slowenien. Bis an die einsamen Hügelketten nahe der Grenze erstrecken sich die Flusstäler als eine wunderschöne, intakte, oftmals geradezu vergessen wirkende Landschaft, die gespickt ist mit hübschen, sehr kleinen Orten. Nur eines sieht man hier selten: Touristen. Zu lange lag die Gegend unmittelbar am Eisernen Vorhang, und viele Wanderer bevorzugen die bekannteren Gebiete der Alpen. Dabei sind in dieser grenznahen Ecke – in den Hügeln, die man von Cividale aus sieht, wird bereits Slowenisch gesprochen – neben prachtvoller Natur

Ein Purpurreiher beim Abheben und …

AIAT Lignano
Via Latisana 42
33054 Lignano Sabbiadoro
✆ 04 31 718 21
www.turismofvg.it

Riserva delle Foci del Fiume Stella und Riserva della Valle Canal Novo Besucherzentrum
Via delle Valli 2
33050 Marano Lagunare
✆ 04 31 675 51
www.riservenaturali.maranolagunare.com
Tägl. Mai–Sept. 9–18, Okt.–April 9–17 Uhr, Eintritt € 2,50/1,50 (6–18 J.), unter 6 J. frei

… ein farbenprächtiger Eisvogel im Naturschutzgebiet der Lagune von Marano

San Giovanni d'Antro
33046 Loc. Antro Pulfero
✆ 04 32 70 30 70
So 10–18 Uhr
Eintritt € 3/2

Cividale del Friuli am von Sedimenten getrübten Natisone

Tipp: Die dreisprachige, bei Tabacco Editrice erschienene Wanderkarte »Valli del Natisone, Cividale del Friuli« im Maßstab 1:25 000 ist auch in Deutschland erhältlich.

eine Menge interessanter Orte zu entdecken. Dazu gehört etwa die italienische Verteidigungslinie aus dem Ersten Weltkrieg: Die **Isonzo-Front**, Schauplatz einiger der schwersten Schlachten des Krieges, verlief durch dieses idyllische Hügelland.

Cividale del Friuli wird vom **Alpen-Adria-Fernwanderweg** gekreuzt, dessen Etappe 29 in knapp zehn Kilometern von Cividale durch idyllische Hügellandschaft nach Breg bei Golo Brdo führt. Alternativ kann man sich hinter San Floriano südwestlich nach **Prepotto** orientieren. In diesem 18 Kilometer südöstlich von Udine gelegenen, malerischen mittelalterlichen Städtchen erwartet Wanderer und Pilger die Wallfahrtskapelle **Castelmonte**. Hier verläuft der **Sentiero Italia**, den der italienische Alpenverein markiert hat. In Castelmonto wird eine Madonna aus der ersten Hälfte des 15. Jahrhunderts verehrt. Auch im 22 Kilometer nordöstlich von Udine gelegenen, bildschönen Städtchen **Pulfero**, wo man auch dem Fluss Natisone wiederbegegnet, hat der Glaube die wichtigste Attraktion gestiftet. In der mehr als vier Kilometer langen Grotte **San Giovanni d'Antro** suchten schon Steinzeitjäger Schutz. Nur ihr erster Abschnitt ist heute zugänglich. Er führt – zuletzt über 100 Stufen – zur Felskapelle San Giovanni Battista e d'Evangelista, deren Sakristei ein slowenischer Baumeister im 15. Jahrhundert gestaltete. Der Rest des Kirchleins ist in den Felsen geschlagen. Hinter dem im 18. Jahrhundert aus Holz gearbeiteten Altar öffnet sich die dunkle Grotte – ein eindrucksvoller Ort.

Ente Parco Naturale Dolomiti Friulane
Via Vittorio Emanuele 27
33080 Cimolais
✆ 04 27 873 33
www.parcodolomitifriulane.it
Sa/So 10–12 und 14–17 Uhr

❼ Naturpark Friauler Dolomiten
Einsam und unberührt

Zwischen den Flüssen Tagliamento und Piave erstreckt sich östlich des Piavetals über knapp 37 000 Hektar ein Paradies für Wanderer, Naturliebhaber und Bergsteiger. Die Friauler Dolomiten erheben sich als der südöstliche Teil der Dolomiten über der Hochebene des westlichen Friaul-Julisch Venetien. Ebenso wie die übrigen Dolomiten zählt die UNESCO sie zum Weltnaturerbe. Fauna und Flora sind in dieser buchstäblich menschenleeren Gegend noch intakt. Das 1996 als Naturpark

Parco Naturale Dolomiti Friulane ausgewiesene Gebiet reicht von der Provinz Pordenone bis zur Provinz Udine. Zu ihm gehören das **Val Cellina** mit Claut, Andreis, Cimolais und Erto e Casso, das **Val Tramontina** mit den Dörfern Frisanco und Tramonti di Sopra sowie der obere Bereich des **Val Tagliamente** mit Forni di Sopra und Forni di Sotto. Wahrzeichen des Parks ist der von den Nadeln der Monfalconi-Gruppe umgebene **Campanile di Val Montanaia** (2173 m), ein imposanter Felsturm, der über dem Val Cimoliana im Herzen des Schutzgebiets thront. 1902 wurde er erstmals bestiegen.

In vielen Tälern des Nationalparks gibt es kein Straßennetz und keine Spuren menschlicher Besiedlung. Hier finden Tiere ein Rückzugsgebiet, denen man anderswo kaum begegnet: Gämsen, Alpensteinböcke, Murmeltiere, Auerhühner, Siebenschläfer und Feuersalamander. Nicht selten sieht man Steinadler am Himmel kreisen. Latschenkiefern, Karawanken-Enzian und wilde Orchideen gehören zur Pflanzenwelt. So spielt der Mensch hier noch die zweite Geige. Das bedeutet auch, dass Bergsteiger fast ohne Aufstiegshilfen auskommen müssen. Erfahrene Alpinisten finden daher in den Gipfeln des Naturparks ein Terrain voller Herausforderungen. Leicht zu erreichen ist die Berghütte **Casera Casavento** in **Claut** (970 Einwohner), bei der fossile Dinosaurierspuren zu sehen sind – ein eindrucksvolles Erlebnis auch für Kinder. Im Winter lässt sich die märchenhaft stille Landschaft auf Langlaufskiern oder mit Schneeschuhen erkunden.

Im Park gibt es mehrere Besucherzentren (in Andreis, Cimolais, Erto, Forni di Sopra, Forni di Sotto, Poffabro und Tramonti di Sopra), die Karten und Informationen zu einzelnen Routen bereithalten. Die Hauptwanderwege sind gut beschildert. Für Unwägbarkeiten unterwegs gibt es eine Reihe Schutzhütten. Die Dörfer verfügen über Pensionen und Gasthöfe.

Nicht selten kreist der Steinadler über den Friauler Dolomiten

Spätsommer in den Friauler Dolomiten: Blick auf die Forcella Savalons (1976 m)

Grotta Gigante
Borgo Grotta Gigante 42/a
34010 Sgonico
✆ 040 32 73 12
www.grottagigante.it
Juli/Aug. tägl., April–Juni und Sept. tägl. außer Mo 10–18, Okt.–März tägl. außer Mo 10–16 Uhr, Führungen zu jeder vollen Stunde
Eintritt Höhle € 12/8/1 (6–16/3–5 J.), Museum frei

8 Grotta Gigante in Sgonico

In der größten Schauhöhle der Welt

Im Guinness-Buch der Rekorde ist sie seit 1995 als die »größte Schauhöhle der Welt« eingetragen: die Grotta Gigante bei Sgonico, etwa 15 Kilometer von Triest entfernt. Die Haupthalle der Höhle, die auch der »Große Dom« genannt wird, ist fast 100 Meter hoch – 98,5 Meter, um genau zu sein – und 76,3 Meter breit. Über 167 Meter gräbt sie sich in den Berg hinein. Anton Friedrich Lindner entdeckte die Höhle 1840 bei der Suche nach einem unterirdischen Lauf des Flusses Timivo. Seit 1908 ist sie für Besucher geöffnet.

Wer die Höhle besucht, sollte frei von klaustrophobischen Beklemmungen sein. Zwar ist sie gut beleuchtet – seit 1957 spenden elektrische Lampen Licht – und natürlich auch alles andere als klein. Trotzdem muss man erst mal 150 steile Stufen hinabsteigen, weg vom Tageslicht. Hat man es geschafft, ist der Anblick von Stalagtiten (Deckenzapfen) und Stalagmiten (Bodenzapfen) in der Großen Halle schlicht grandios. Größter Stalakmit ist mit einer Höhe von zwölf Metern und einem Durchmesser von vier Metern die Rüdigersäule. Weil die Wassertropfen hier aus großer Höhe auf die Stalakmiten fallen, bilden diese ungewöhnliche Formen aus. Die Trümmer eingestürzter Stalakmiten berichten von Erdbeben der Vergangenheit. Über den nach einem Erforscher der Höhle benannten Carlo-Finocchiaro-Weg steigt man die Höhlenwand hinauf, bis man einen künstlich angelegten Höhlenweg erreicht. Hat man ihn durchquert, erreicht man eine Terrasse, von der man 100 Meter tief in die Halle blickt. Einige weitere Stufen führen wieder zum Ausgang. Von hier aus sahen die Entdecker der Höhle den Großen Saal zum ersten Mal. An den Wänden der Höhle, in der noch immer geforscht wird, sind Schichten von Kalk ebenso zu erkennen wie versteinerte Muscheln. Das ganze Bergmassiv besteht aus dem Triestiner Karst (Carso), der einer ganzen Naturlandschaft seinen Namen gegeben hat. Die Karstlandschaft bzw. das Carso reicht von der Triester Bucht bis zu den Dinarischen Alpen. Carso ist heute auch als Bezeichnung eines DOC-Weinbaugebiets am Golf von Triest zu Ruhm gekommen, da die geologischen Beschaffenheiten ebenso wie das Klima förderlich auf den Weinbau wirken.

Golf Senza Confini Tarvisio
Via Priesnig 5
33018 Tarvisio
✆ 04 28 20 47
Restaurant ✆ 04 28 64 50 30
www.golfsenzaconfini.com
Green Fee 18 Löcher € 60, 9 Löcher € 35

9 Golfclub Tarvisio in Tarvisio

Abschlag im Dreiländereck

Mit 4500 Einwohnern ist Tarvisio das größte Städtchen in der Bergregion von Friaul-Julisch Venetien. Es zieht nicht nur Wintersportler, sondern auch Wanderer – in die von herrlichen Buchen-, Lärchen- und Fichtenwäldern umgebene Landschaft – und vor allem Golfspieler. Denn in Tarvisio kann man auf dem 750 Meter hoch gelegenen Priesnig-Plateau mit Blick auf die Gipfel der Julischen Alpen abschlagen – ein prachtvolles Panorama zwischen Monte Lussari und Mangart. 2012 wurde der Golfplatz neu gestaltet. Seither befindet sich hier auch technisch alles auf neuem Stand, die Golf-Carts sind mit GPS ausgestattet, die ersten neun Löcher im Hügelland zwischen den Wäldern wurden überholt, um auch geübten Spielern eine Herausforderung zu bieten. Die zweiten neun Löcher befinden sich in der Ebene unterhalb des 2013 neu eröffneten Clubhauses mit dem bereits bewährten »Ristorante Ilija«, in dem der Lage gemäß regionale Küche multinational interpretiert wird: Mit Küchenchef Ilija Pejic verarbeitet ein gebürtiger Kroate alpine und mediterrane Einflüsse zu kreativen Gerichten. Eine Karte gibt es nicht, denn Pejic nutzt Zutaten, die er tagesfrisch auf dem Markt bekommt. Fest steht nur, dass zum Essen gute friaulische Weine entkorkt werden.

Tarvisio befindet sich in direkter Grenzlage am italienisch-slowenisch-österreichischen Dreiländereck. Zu Beginn des 20. Jahrhunderts wurde in der Stadt und dem gesamten **Val Canale** überwiegend Deutsch und Slowenisch gesprochen. Schließlich gehörte Tarvisio bis 1918 als Teil Kärntens zu Österreich-Ungarn. Längst sind Italiener in Tarvisio gegenüber deutsch- und slowenischsprachigen Bürgern in der Überzahl. Trotzdem besitzt die Stadt vier Amtssprachen, neben Italienisch und Friaulisch auch Deutsch und Slowenisch, und ist so auch jenseits des Golfclubs interessant.

Insgesamt gibt es sieben gepflegte, anspruchsvolle18-Loch-Plätze in Friaul-Julisch Venetien, die meist in der Ebene liegen. Der Golfclub Lignano gilt vielen Golfern als die beste Anlage der Region. Weitere Clubs sind der Golfclub Grado, Golf & Country Club Castello di Spessa, Golfclub Castel D'Aviano sowie die Golfclubs Udine und Trieste.

⑩ Das Weingut Volpe Pasini in Togliano
Der Arzt, der Winzer wurde

Volpe Pasini
Via Cividale 16
33040 Togliano
✆ 04 32 71 51 51
www.volpepasini.it
DZ € 107, EZ € 88,
Suite € 202

Volpe Pasini ist eines der ältesten Weingüter im Nordosten Europas. Schon im 17. Jahrhundert wurden hier Rebstöcke angebaut. Die feudale Villa im Herz des Anwesens, die von einem prachtvollen, zwei Hektar großen Park gerahmt wird, hat ihren Ursprung sogar im Jahr 1596. Und noch zu Beginn des 20. Jahrhunderts waren hier Mitglieder der italienischen Königsfamilie zu Gast. Heute liegt Volpe Pasini mitten im DOC-Gebiet Colli Orientali und ist eines der führenden Weingüter der Region. Und wie wahrhaft königlich es sich in der wunderschön restaurierten Villa schläft, kann heute jeder erproben, der dort ein Zimmer mit Frühstück bucht. Sieben Räume im stattlichen Firmensitz sind zu stilvollen Gästezimmern umgebaut und öffnen den Blick auf die Weinberge von Togliano und Prepotto.

Die 52 Hektar Rebfläche des drei Kilometer von Togliano gelegenen Guts sind zu 60 Prozent mit weißen und zu 40 Prozent mit roten Rebsorten bepflanzt. 400 000 Flaschen werden jedes Jahr abgefüllt. Erstaunlicherweise steckt ein Kalabrier hinter den jüngeren Kapiteln der langen Erfolgsgeschichte von Volpe Pasini. Emilio Rotolo, eigentlich Arzt, kam 1983 aus seiner Heimat im tiefen Süden in den Nordosten Italiens, wo er außer einer neuen Heimat auch einen neuen Beruf finden sollte. Eigentlich wollte er sich in Triest »nur« zum Radiologen ausbilden lassen. Im Friaul kam er vom Wege ab – beim Wandern durch liebliche Hügel. Durch Zufall entdeckte er das schöne alte Weingut bei Cividale del Friuli. Es war Liebe auf den ersten Blick und wurde kostspielig wie manchmal in solchen Fällen. Nicht umsonst lautet ein Motto Rotolos: »Das Leben ist traurig ohne Herausforderungen.« So wurde er Winzer – in großem Stil. Rotolo kaufte das Gut und machte sich unverzüglich daran, es in eine neue Ära zu führen. Die Reben wurden ebenso erneuert wie die Technik. Arbeit und Investitionen haben sich ausgezahlt; die Weine der Linien Volpe Pasini und der Königsklasse Zuc di Volpe sind vielfach ausgezeichnet worden. Der Kalabrier hat im Friaul Wurzeln geschlagen: Heute arbeiten auch die Söhne Alessandro und Francesco im Familienbetrieb.

Weinernte in den Colli Orientali

REGION 3 Friaul-Julisch Venetien

⓫ Triest
Hafenstadt am nördlichsten Zipfel der Adria

Die mit 210000 Einwohnern größte Hafenstadt der Adria, die sich zwischen schroffes Vorgebirge und den Golf von Triest zwängt, bietet ein reizvolles Ziel für eine Auszeit von den Stränden des Nordens. Auch Kreuzfahrtschiffe steuern den Hafen gerne an. Dem irischen Schriftsteller James Joyce (1882–1941) gefiel es hier so gut, dass er gleich zehn Jahre blieb. Er unterrichtete in Triest ab 1905 Englisch und schrieb: Den Roman »Dubliners« beendete er hier 1907 (wurde aber erst 1914 veröffentlicht), mit der Arbeit an »Ulysses« begann er.

Das Rathaus Palazzo del Municipio von Triest an der Piazza dell'Unità d'Italia

Gegründet wurde Triest 500 v. Chr. von den Kelten; später wurde die Stadt ein wichtiges römisches Handelszentrum. Als Hafen spielte allerdings Aquileila die größere Rolle. Nach einem venezianischen Zwischenspiel im 14. Jahrhundert wurde Triest 1382 dem Habsburger Reich einverleibt, dem es als Zugang zur Adria diente. Die Herrschaft Österreichs sollte mit kurzen Unterbrechungen bis zum Ende des Ersten Weltkriegs währen. Obwohl die Habsburger sich durch eine örtliche Adelsfamilie vertreten ließen, hat ihr Geist die Atmosphäre der Stadt nachhaltig geprägt. Als Freihafen und Sitz der Orientalischen Handelskompanie kam der Stadt später Bedeutung zu. Ihre Lage am Scheitelpunkt zwischen West und Ost, die sich unter anderem in einer abwechslungsreichen gastronomischen Landschaft spiegelt, sowie die österreichisch geprägte Architektur verleihen Triest bis heute eine besondere Atmosphäre. Viele Geschäfte und noch mehr Kaffeehäuser (die erst unter venezianischem, dann zunehmend unter habsburgischem Einfluss entstanden) prägen das Bild einer lebhaften, eleganten Stadt.

Wunderschön liegt die **Piazza dell'Unità d'Italia** mit vielen Cafés als Herz der im 18. und 19. Jahrhundert angelegten Unterstadt am Meer und dem **Canal Grande**. Das **Caffè degli Specchi**, in dem schon Joyce seinen Kaffee trank, ist das berühmteste der Stadt. Derzeit machen exorbitante Mietpreise seine Existenz zur Zitterpartie. Flankiert wird die Piazza von diversen neoklassizistischen Prunkbauten; darunter das Rathaus **Palazzo del Municipio** aus dem 19. Jahrhundert, hinter dem sich das Straßengewirr der Altstadt erstreckt. Treppenstufen führen zur **Cattedrale San Giusto** auf dem gleichnamigen Hügel.

ℹ IAT Trieste
Via dell'Orologio 1
34121 Trieste
✆ 040 347 83 12
www.turismofvg.it
Mai–Sept. tägl. 9–19, Okt.–April Mo–Sa 9–18, So 9–13 Uhr

🏛 Museo Revoltella
Via Diaz 27
34123 Triest
✆ 040 675 43 50
www.museo revoltella.it
Tägl. außer Di 10–19 Uhr
Eintritt € 7/5

☕ Caffè degli Specchi
Piazza dell'Unità d'Italia 7
34121 Trieste
✆ 040 66 19 73
www.caffespecchi.it
Tägl. 8–23 Uhr

Der »Lanterna« genannte alte Leuchtturm am Hafenkai Fratelli Bandiera am alten Hafen von Triest

Zu den bedeutendsten Kunstmuseen Italiens gehört die im Palazzo Revoltella sowie zwei angrenzenden Palästen untergebrachte Sammlung moderner Kunst. Neben Arbeiten aus dem 19. und 20. Jahrhundert ist im **Museo Revoltella** auch das Originalinterieur des einstigen Bewohners Baron Pasquale Revoltella zu sehen, der seinen Palast und seine Kunstsammlung der Stadt vermachte.

12 Borgo Teresiano in Triest
Im Auftrag von Kaiserin Maria Theresia

Kaiserin Maria Theresia (1717–80) ließ das nach ihr benannte Viertel Borgo Teresiano höchstselbst um die Mitte des 18. Jahrhunderts anlegen, als die Stadtmauern zu eng geworden waren. Seit Triest 1719 zu einem Freihafen ernannt worden war, erlebte es einen wahren Boom. Menschen aus dem Umland, aber auch aus den umliegenden Ländern strömten auf der Suche nach Arbeit und Handelspartnern nach Triest. Zuvor hatten sich auf dem Gebiet des neuen Viertels Salzfelder ausgedehnt. Das Borgo Teresiano schließt sich östlich an den Hafen an, seine zentrale Achse bildet der **Canal Grande**. Er wurde zwischen 1754 und 1756 (natürlich) von einem Venezianer angelegt, von Matteo Pirona. Auf ihm sollten Handelsschiffe in die Stadt gelangen, um ihre Ladung am Bestimmungsort löschen zu können. Der ursprüngliche Kanal war länger als heute, 1934 wurde er verkürzt; auf dem zugeschütteten Stück entstand die Piazza Sant'Antonio Nuevo.

Das neue Viertel wurde auf dem Reißbrett geplant; die Straßen verliefen gerade und in rechten Winkeln zueinander, für die Bebauung gab es ausgetüftelte Richtlinien. Wohnhäuser durften zweigeschossig gebaut werden, für Geschäftshäuser waren hohe Lagerräume im Parterre,

Im Borgo Teresiano: der Palazzo Gopcevich

Wohnungen in der ersten Etage und ein Dachgeschoss für Personal vorgesehen. Es entstand eine homogene Bebauung, deren wohlhabende Eigentümer sich fähige Architekten leisten konnten. Einige verzierten nur ihre Fassaden, andere sicherten sich die besten Grundstücke am Kanal und ließen sich dort Paläste bauen, denen man ansehen sollte, dass Geld für ihre Besitzer keine Rolle spielte. So ist das Viertel mit dem von den schmuckvollen Palästen reicher Kaufleute gesäumten Kanal – der 1850 für einen serbischen Bankier erbaute **Palazzo Gopcevich**, seit 1924 Sitz des Theatermuseums (Museo Teatrale Carlo Schmidt), gehört hier zu den eindrucksvollsten Bauten – bis heute äußerst sehenswert.

Unmittelbar am Kanal liegt die Kirche **Sant'Antonio Nuovo**, die zwischen 1823 und 1849 in neoklassizistischem Stil erbaut wurde und heute das größte katholische Gotteshaus der Stadt ist. Ihr Inneres schmücken Gemälde venezianischer Maler des 19. Jahrhunderts. Gleich neben ihr liegt die serbisch-orthodoxe Kirche San Spiridione, die wenige Jahre nach Sant'Antonio Nuovo entstand. An der Piazza del Ponterossa quert die rote Brücke den Kanal. Die Piazza selbst ist Schauplatz eines Obst- und Gemüsemarktes.

Triest: Blick auf den Canal Grande mit der Kirche Sant'Antonio Nuovo im Hintergrund

⓭ Castello di Miramare in Triest
Sommerresidenz des Erzherzogs Maximilian

Das romantische Castello di Miramare westlich von Triest

In beneidenswerter Lage ruht acht Kilometer westlich von Triest das **Castello di Miramare** (siehe Regionenkarte Friaul-Julisch Venetien) auf einer Klippe bei Grignano in einem prachtvollen Park. Mit seinen weißen Türmen und Zinnen über dem blauen Meer bietet es schon von Weitem einen imposanten Anblick. Erbaut wurde das Schloss zwischen 1856 und 1860 nach Plänen des Österreichers Carl Junker als Residenz des Erzherzogs Ferdinand Maximilian von Habsburg (1832–67). Er lebte hier mit Prinzessin Charlotte von Belgien, mit der er seit 1857 verheiratet war. 1864 nahm der Erzherzog hier die mexikanische Kaiserkrone an, nachdem man ihn glauben gemacht hatte, Mexiko habe sich in einem Volksentscheid für den Habsburger auf dem Kaiserthron entschieden (tatsächlich hatte Mexiko bereits den Präsidenten Benito Juàrez, dessen Gegner den Volksentscheid manipuliert hatten). Als Maximilian bald darauf in Mexiko als Protagonist im Zwist zwischen Republikanern und europatreuen Monarchisten in ernsthafte Schwierigkeiten geriet, half ihm keiner seiner royalen Verwandten. Charlotte brach hastig nach Europa auf, um für Hilfe zu werben. Vergebens. 1867 wurde Maximilian zum Tod verurteilt, das Urteil am 19. Juni vollstreckt.

Schloss Miramare erzählt von einem glücklicheren Lebensabschnitt des jüngeren Bruders von Kaiser Franz Joseph. Die mehr als 20 Räume sind mit originalem Mobiliar erhalten und zeugen vom extravaganten Lebensstil der Habsburger. Im Parterre ist das Blau des Meeres in jedem Raum als Gestaltungselement einbezogen – Maximilian hatte sich ein Haus gewünscht, das die Übergänge von Innen und Außen, Kunst und Natur harmonisch auflösen sollte. Während die privaten Gemächer unten eher intim sind, wurden die Repräsentationsräume in der ersten Etage ohne Scheu vor royaler Prachtentfaltung gestaltet. Besonders sehenswert sind Maximilians wie ein Schiffsheck gestaltetes Arbeitszimmer und die umfangreiche Bibliothek unten sowie der 15 Meter lange Thronsaal in der ersten Etage. Wunderschön ist der 22 Hektar große Park mit einem englischen Landschafts- und einem italienischen Garten. Brunnen, Teiche und zahlreiche seltene Pflanzen machen ihn allein zu einem lohnenden Ziel.

Einer lokalen Legende zufolge ist das Castello di Miramare mit einem Fluch belegt: Jedem, der dort nächtigt, droht ein unzeitiger Tod im Ausland (auch Kaiserin Sisi nächtigte hier später häufig). Die Öffnungszeiten unterbinden jedoch jede Gefährdung der Besucher.

Castello di Miramare
Viale Miramare
34151 Trieste
✆ 040 277 04 70
www.castello-miramare.it
Tägl. Schloss 9–19 Uhr, Park April–Aug. 8–19, Sept. und März 8–18, Okt. und Feb. 8–17, Nov./Dez. 8–15, Jan. 8–16 Uhr
Eintritt Schloss € 4/2, Park frei

⓮ Kathedrale und Castello di San Giusto in Triest
Auf einem Hügel über der Stadt

Kastell und Kathedrale dominieren den Colle San Giusto, den ältesten Teil Triests. 200 Jahre dauerte es, das **Castello di San Giusto** in seiner heutigen Form fertigzustellen. Es entstand ab dem 15. Jahrhundert zum Schutz der Stadt auf dem Hügel, der im Mittelalter (wie schon zur Zeit der Römer) das Stadtzentrum bildete. Zuvor hatte die Republik Venedig

Gotische Rosette der Cattedrale di San Giusto in Triest

hier mit dem Bau von Befestigungsmauern begonnen, als sie Triest besetzte. Die venezianische Anlage wurde bald wieder zerstört; 1468 begann der Bau der heutigen Burg. Von diesem ältesten, 1630 vollendeten Teil sind noch die Vorhalle und die Kapelle San Giorgio erhalten.

Ihren Namen verdankt die Festung dem Heiligen Justus, dem Schutzpatron Triests. Schon in römischen Zeiten hatte der Hügel als Versammlungsort gedient. Allerdings kam man aus religiösen Gründen her, wie die Überreste einer frühchristlichen römischen Basilika aus dem 2. Jahrhundert belegen. Sie sind neben dem Kastell zu sehen. Im **Lapidarium Tergestino** im Castello wird anhand weiterer römischer Funde der Alltag im römischen Triest (Tergeste) dokumentiert. Auch wegen seiner strategisch günstigen Lage war der Hügel schon in ferner Vergangenheit bewohnt – und befestigt. Archäologen vermuten, dass es schon um das Jahr 2000 v. Chr. Befestigungen gab.

Der Habsburger Friedrich III., seit 1452 Kaiser des Heiligen Römischen Reichs, gab den Bau der Burg 1468 in Auftrag. Mit einer Befestigungsanlage wollte er Präsenz in Triest demonstrieren. Tatsächlich sollte bis zum Ende des 18. Jahrhunderts in der Festung der vom regierenden Habsburger Kaiser bestellte Statthalter, der Capitano, residieren. Später fungierte sie als Kaserne. Heute ist in der Burg außer dem Lapidarium Tergestino das **Museo del Castello di San Giusto** beheimatet, eine Ausstellung über die Geschichte des Kastells nebst einer Waffensammlung.

Die **Cattedrale di San Giusto**, ein bildschöner romanischer Bau und bis heute wichtigstes katholisches Gotteshaus der Stadt, wurde im 14. Jahrhundert als Nachfolgebau älterer Basiliken auf dem Grund errichtet, auf dem bereits ein vorchristlicher Tempel und eine römische Basilika standen. Die frühchristliche Basilika aus dem 5. Jahrhundert wurde im 9. und 12. Jahrhundert durch zwei nebeneinanderliegende Kirchen ersetzt, von denen eine der Jungfrau Maria, die andere dem Schutzheiligen der Stadt gewidmet war. Aus ihnen entstand im 14. Jahrhundert die Kathedrale. Das Schiff einer Kirche wurde beim Umbau abgerissen, so dass die Kathedrale fünfschiffig ist. Bis heute ist die Geschichte ihrer Vorgängerbauten in ihr sichtbar. So sind Teile des Mosaikfußbodens aus der ersten Basilika erhalten: eine nicht verklungene Stimme aus dem 5. Jahrhundert. Sehenswert sind außerdem die Fresken aus dem 13. Jahrhundert mit Szenen aus dem Leben der Heiligen.

Castello di San Giusto und Lapidarium Tergestino
Piazza della Cattedrale 3
34121 Trieste
✆ 040 30 93 62
www.castellodisangiustotrieste.it
Tägl. außer Mo 10–18 Uhr
Eintritt € 6/4

Cattedrale di San Giusto
Piazza della Cattedrale 2
34143 Triest
✆ 040 30 96 66
Mo–Sa 7.30–12 und 15.30–19.30, So 7.30–13 und 15.30–19.30 Uhr, Eintritt frei

⑮ Udine
Piazzen und Osterien

Zu Unrecht wird Udine von vielen Italienreisenden links liegen gelassen. Die Schönheit der historischen Bausubstanz der Hauptstadt des Friaul (100 500 Einwohner) wird von ihrer kunsthistorischen Bedeutung dank der Tätigkeit von Giambattista Tiepolo noch übertroffen.

Der gebürtige Venezianer Tiepolo (1696–1770) schuf in Udine einige seiner wichtigsten Werke. Im **Palazzo Patriarcale,** dem Sitz des Erzbischofs, sind jene großartigen Fresken zu sehen, denen der Künstler seinen Durchbruch verdankte. Der Palast ist heute Sitz der **Gallerie del Tiepolo** und des Diözesanmuseums. Tiepolo schuf außerdem mehrere Altarbilder für den **Dom**. Zwar wurde der Bau ab 1236 errichtet, das Interieur erhielt aber erst im 18. Jahrhundert sein heutiges Gesicht. Sehenswert sind hier auch die Deckenfresken von Andrea Urbani. In der gleich neben dem Dom gelegenen Kirche **Chiesa della Purità**, der

Gallerie del Tiepolo
Piazza Patriarcato 1
33100 Udine
✆ 04 32 29 80 56
www.musdioctiepolo.it
Tägl. außer Di 10–13 und 15–18 Uhr
Eintritt € 7/3 (6–18 J.), unter 6 J. frei

ältesten der Stadt, stammen ein Deckenfresko und ein Altarbild, das die Jungfrau Maria zeigt, von Tiepolo.

Das auf einem Hügel gelegene **Castello** wurde im 13. Jahrhundert zur Residenz des Patriarchen. Schon in prähistorischer Zeit hatte es hier eine Befestigungsanlage gegeben. Heute sind im Kastell die fünf **Städtischen Museen für Kunst und Geschichte** (Civici Musei e Gallerie di Storia e Arte di Udine) untergebracht. Besonders interessant ist die Gemäldegalerie mit Arbeiten von venezianischen und friaulischen Künstlern. Der berühmte Barockmaler Tiepolo ist mit einem Fresko und zwei Gemälden vertreten.

Das Herz der Stadt bildet der älteste Platz der Stadt, die **Piazza Libertà**. Hier weht ein Hauch von Venedig übers Festland. Die Piazza dominieren das im 15. Jahrhundert im Stil der venezianischen Gotik errichtete und nach seinem Architekten benannte Rathaus **Loggia del Lionello** in einem Gewand aus weißem und rosafarbenem Marmor und der 1527 fertiggestellte Uhrturm **Torre dell'Orologio**. Den Platz rahmen schöne Renaissancebauten; auch der imposante Brunnen stammt aus der Renaissance. Ein Prachtstück ist die **Loggia di San Giovanni**, die in den 1530ern entstand. Das schöne historische **Cafè Contarena** ist der richtige Platz für einen Espresso (oder zwei). Durch den von Andrea Palladio geschaffenen Bollani-Bogen erreicht man von hier das Kastell auf dem Hügel.

Ein weiterer schöner Platz ist die von Arkaden gesäumte **Piazza Giacomo Matteotti**, die Mitte des 13. Jahrhunderts angelegt wurde. Bewacht wird sie von der Kirche Chiesa di San Giacomo, die in der zweiten Hälfte des 13. Jahrhunderts errichtet wurde. Die Piazza erhielt ihren heutigen Namen im Gedenken an den 1924 von Faschisten ermordeten sozialistischen Politiker Matteotti.

Civici Musei e Gallerie di Storia e Arte di Udine
Salita Castello 1
33100 Udine
✆ 04 32 27 15 91
www.udinecultura.it
Tägl. außer Mo Mai–Sept. 10.30–19, Okt.–April bis 17 Uhr
Eintritt € 5/2,50 (14–18 J.), unter 14 J. frei; gilt für alle fünf Sammlungen im Castello

Hauptstadt des Friaul: Udine

REGION 4
Ligurien

Ligurien/Liguria

Zwischen der Palmenriviera und dem Golf der Poeten

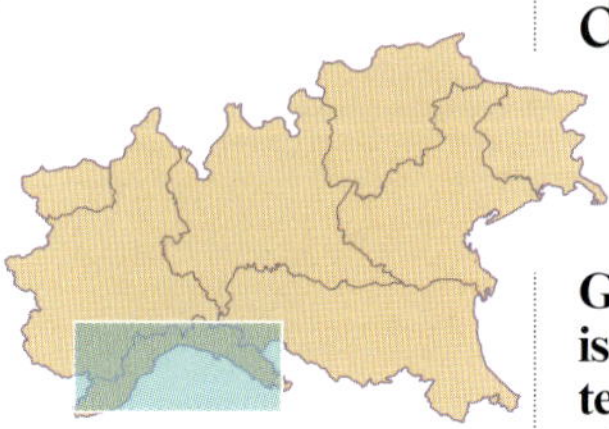

Neben Manarola zählen vier weitere Dörfer der Cinque Terre seit 1997 zum UNESCO-Weltkulturerbe ▷

Ganz anders als die breiten Adriastrände, aber nicht weniger reizvoll ist die Küste Liguriens im Nordwesten Italiens. Kleine, runde Buchten säumen die Küstenorte der Palmenriviera, Steilküsten trennen die malerischen Dörfer der Cinque Terre. 1 565 000 Menschen teilen sich eine Fläche von 5420 Quadratkilometern, die sich halbmondförmig zwischen Seealpen und Küste erstreckt. An seiner breitesten Stelle misst dieser Streifen nur 35 Kilometer. Gerahmt wird die drittkleinste Region Italiens von Frankreich im Westen, dem Piemont und den Bergketten von Alpen und Apennin im Norden, der Emilia-Romagna und der Toskana im Osten und dem Meer im Süden.

Pso. dei Giovi
472
M. Antola 1597
Casella
Torriglia
Rezzoáglio
S. Stefano d'Aveto
M. Pelpi 1480
Lombardei
Taro
Pso. d. Turchino
Mad. d. Guardia
35
226
2
Alta Via dei Monti Liguri
Pso. d. Scoffera 674
La Forcella 876
Parco Naturale Regionale dell'Aveto
17
Bedonia
M. Penna 1735
Borgo V. di Taro
Pegli
45
Doria
Gattorna
Pelosa
Voltri
7-11
GENOVA
225
Borzonasca
956
Pso. di Cento Croci 1055
1
Uscio
Cicagna
Borgonovo Lig.
Nervi
Pontremoli
Varese Lig.
Recco
A12
Camogli
4
20
Carasco
Reppia
S. Pietro Vara
Toskana
S. Margherita L.
Rapallo
22
Lavagna
18
Chiavari
Alta Via dei Monti Liguri
Area Marina Protetta Portofino
Portofino
E80
Sesta Godano
Sestri Levante
Pso. d. Bracco 613
Ligurien
Riviera di Levante
Borghetto di Vara
Moneglia
Ceperana
Parco Naz. delle Cinque Terre
15
Parco Naturale Regionale di Montemarcello-Magra
Levanto
Val Graveglia
Monterosso al Mare
Museo Civico Amedeo Lia
14
5
Vernazza
13
Riomaggiore
La Spezia
Golfo di Genova
19
Portovenere
Isola Palmaria
Isola Tino
Isola Tinetto
Golfo di La Spezia
Mare Ligure
N
0 5 10 15 20 km

REGION 4
Ligurien

Portofino-Impression

Genua, einst stolze Seefahrermetropole und heute Hauptstadt der Region, teilt die Küste in die westlich gelegene Riviera di Ponente und die Riviera di Levante, die sich östlich der Hafenstadt erstreckt. An sie schließt sich nach Südosten die Riviera von La Spezia an. Keine ist so groß und schillernd wie Genua, doch viele Städte Liguriens sind reich an Schönheit und Geschichte: von Ventimiglia, dem ersten italienischen Städtchen hinter der französischen Grenze, über die mondänen Badeorte Alassio und Sanremo bis zu den malerischen Küstenstädtchen Portofino, Portovenere und den Cinque Terre und schließlich dem alten Marinehafen La Spezia am Golf der Dichter (Golfo dei Poeti). Das Hinterland ist gebirgig und grün; auf die Olivenhaine der Küste folgen einige mit Kastanien und Eichen bewachsene Höhenzüge landeinwärts. Zehn Naturparks und zwei Meeresschutzgebiete beweisen, dass Naturschutz und Nachhaltigkeit heute wichtig sind.

Der Name »Liguria« stammt aus römischer Zeit. Damals war das Gebiet deutlich größer und reichte bis nach Mailand. Im Mittelalter war die Küste in Stadt- und Kleinstaaten aufgeteilt, von denen die Republik Genua die größte Strahlkraft besaß. Im 14. Jahrhundert hatte sie sich auch die umliegenden Gebiete einverleibt. Nach dem Sieg Napoleons 1797 gehörte Ligurien bis 1815 zu Frankreich. Danach wurde die Region Teil des Königreichs Sardinien-Piemont, das 1861 Teil des eben gegründeten Königreichs Italien wurde.

Während die Menschen im 19. und frühen 20. Jahrhundert in Ermangelung von Perspektiven in der Heimat massenhaft in die Neue Welt auswanderten, ist Ligurien heute – trotz der mit elf Prozent höchsten Arbeitslosenquote Norditaliens – vor allem dank seiner Häfen, aber auch durch Finanzwesen, Banken und Dienstleistungen wirtschaftlich stark, zumindest an der Küste. Dort spielen auch Tourismus, Obst- und Blumenanbau sowie die Olivenölproduktion eine wichtige Rolle. Im Hinterland schrumpfen allerdings noch immer die Dörfer.

Im alten Hafen von Genua liegt dieses Replikat einer spanischen Galeone vor Anker

◁ *Die bekannteste Spezialität Liguriens: Pesto alla Genovese*

Die traditionellen Speisen Liguriens
Eine bodenständige Bauernküche

Für die wohl bekannteste Spezialität der Region, das **Pesto alla Genovese**, braucht man nur einen Mörser und eine Handvoll einfacher Zutaten. Basilikum, natives Olivenöl, Pinienkerne und Knoblauch. Und weil man auch in Ligurien bei der Essenszubereitung nichts dem Zufall überlässt, spielt auch die Reihenfolge eine Rolle. Also: Zunächst die Blätter des Basilikums vom Stengel zupfen und in einen Holzmörser geben. Dann einen Esslöffel Pinienkerne zugeben, die man zuvor im Ofen oder in einer beschichteten Pfanne (ohne Öl) gut erwärmt hat, damit sie ihr Aroma besser entfalten. Frisch geriebenen Parmesan (oder Pecorino) und je nach Geschmack eine halbe oder ganze Zehe Knoblauch hinzugeben. Alles im Mörser zerreiben, dann mit Olivenöl aufgießen und mit einer Prise Salz abschmecken. Fertig ist das Pesto, das nun sowohl zu Pasta als auch zum Risotto eine wahre Geschmacksexplosion ergibt. Früher war Pecorino aus Sardinien (auf dem Seeweg) leichter zu bekommen; heute ist der Gebrauch von Parmesan aus der Emilia-Romagna weit verbreitet. Basilikum wächst überall in Ligurien, wild und in Gärten. Und auch Olivenöl gibt es in bester Qualität gleich aus der Nachbarschaft.

Olivenöl aus Ligurien gehört zu den besten Italiens. Die Taggiasca-Olive, eine relativ kleine Frucht, die für Ligurien typisch ist, wächst bis zu einer Höhe von 800 Metern. Benediktinermönche brachten sie im Hochmittelalter aus Kleinasien nach Ligurien und pflanzten die ersten Bäume. Aus der Taggiasca-Olive wird ein Öl gepresst, dessen Aroma zart und duftig ist. Aber auch Pignola-, Razzola- und Lavagnina-Oliven werden verwendet. Zentrum der Ölherstellung ist Imperia, doch im Hinterland gibt es zahlreiche Olivenmühlen, bei denen man direkt vom Hersteller kaufen kann.

Während an der Küste Fisch – wegen der oft schweren See werden vor der Steilküste der Riviera Levante traditionell vor allem **Sardinen** gefangen – eine Rolle spielt, wird im Hinterland eine bodenständige Bauernküche gepflegt. Wie beim Pesto arbeitete man auch hier mit dem, was da war. So sind in Borgia Schnecken in Tomatensoße eine Spezialität. Der **Focaccia**, einem im Ofen gebackenen Weizenteig, der mit reichlich Olivenöl beträufelt und mit Tomaten und Oliven verziert wird, merkt man ihrem Wohlgeschmack zum Trotz an, dass die Spezialitäten Liguriens aus wirtschaftlicher Knappheit entstanden. **Ceci**, kleine gelbe Kicher-

Frischer Fisch vom Genueser Fischmarkt

REGION 4
Ligurien

Die meisten ligurischen Weine werden ausschließlich vor Ort verkauft

erbsen, die auf dem Seeweg aus dem Orient hierherkamen, finden in Suppen und auch als Püree Verwendung. Köstlich ist die **Torta Pasqualina**, ein Blätterteig, der mit mehreren Schichten Gemüse (oft Spinat) und Ricotta gefüllt wird. An Fleisch sind Zicklein und Kaninchen besonders beliebt.

Allgemeines regionales Weinbrevier Liguriens

Sogar die fünf Dörfer der Cinque Terre, die an steilen Hängen buchstäblich emporwachsen, sind von Weinterrassen umgeben. Seit Jahrhunderten werden hier in unglaublich steilen Lagen Trauben angebaut. Einige Rebstöcke des DOC-Gebiets **Cinque Terre** liegen auf so schmalen Terrassen, dass die Winzer sich anseilen, um bei Pflege und Lese ihrer Rebstöcke nicht ins Meer zu stürzen. Solche Steillagen erfordern ein hohes Maß an Handarbeit, so dass die Weine – trockene Weiße, aber auch der halbsüße Dessertwein Sciacchetrà – auch preislich eher hoch liegen. Und so erklärt es sich auch, dass man sie außerhalb Liguriens kaum bekommt. Die Anbauflächen sind nicht groß genug, um Überschüsse für den Export zu erwirtschaften. 4837 Hektar Rebflächen besitzt Ligurien insgesamt. Zwei Drittel der rund 600 Weingärten sind weniger als einen Hektar groß.

Die wichtigsten Rebsorten für **Weißwein** sind Albarolo, Vermentino, Lumassina, Pigato und Bosco; **Rotweine** werden vor allem aus Rossese, Sangiovese, Polera Nera und Dolcetto gewonnen. Trotz der geringen Anbauflächen

Schwer zu bewirtschaften: Weinterrassen bei Corniglia

und der meist sehr kleinen Güter gibt es acht DOC-Gebiete.

Ganz im Westen liegt das DOC-Gebiet **Rossese di Dolceacqua**, das fast ausschließlich aus Steillagen besteht. Die **Riviera Ponente** ist das größte DOC-Anbaugebiet der Region, das sich fast bis nach Genua erstreckt. Hier werden überwiegend die reinsortigen Weißweine Vermentino und Pigato produziert, aber auch der Rosé »Rosa di Albenga«.

Das südöstlichste DOC-Gebiet ist das teilweise schon jenseits der Grenze zur Toskana gelegene **Colli di Luna**. Auch an der Küste des Golfs von La Spezia ist es den Menschen gelungen, mittels schmaler und pflegeintensiver Terrassen aus den steilen Bergen der Riviera di Levante ein Maximum an Anbaufläche zu gewinnen. In der Umgebung von La Spezia gedeihen Vermentino- und Trebbiano-Reben, aus denen Weißweine gekeltert werden, sowie Sangiovese-, Pollera-Nera-, Canaiolo-Nero- und Ciliegiolo-Nero-Trauben, aus denen Rotweine gewonnen wird. Hauptrebsorte des Roten ist Sangiovese, deren Anteil bei zwei Dritteln liegen muss. Der weiße Vermentino ist reinsortig.

Ein ausgewähltes Rezept aus Ligurien

Torta Pasqualina – Osterpastete mit Spinatfüllung

Für vier Personen
450 g tiefgekühlter Blätterteig
1 kg Blattspinat (alternativ Mangold)
2 bis 3 Schalotten
4 Esslöffel Olivenöl
8 Eier, davon 6 hart gekocht
500 g Ricotta
1 Bund frischer Majoran
80 g fein geriebener Pecorino
4 Esslöffel Olivenöl
Geriebene Muskatnuss
Salz und Pfeffer
Butter

Blätterteig auftauen lassen und auf einer bemehlten Arbeitsfläche etwa 40 mal 40 cm ausrollen, in eine eingefettete Springform geben (Durchmesser 26 cm), die Ecken überhängen lassen. Den Boden mit der Gabel einstechen, kühl stellen. Spinat putzen und abtropfen lassen. In einer Pfanne mit Olivenöl bei mittlerer Hitze die fein gewürfelten Schalotten dünsten, den Spinat dazugeben, dünsten, mit etwas geriebener Muskatnuss, Pfeffer und Salz kräftig würzen, aus der Pfanne nehmen, etwas abkühlen lassen und anschließend klein schneiden.

Majoran waschen, abschütteln, Blätter abzupfen und grob hacken. Zwei Eier mit zwei Teelöffeln Majoran, dem Ricotta und der Hälfte des geriebenen Pecorino mischen, den Spinat unterheben; nochmals abschmecken. Die Spinatmischung in die vorbereitete Springform geben, mit dem Esslöffel in die Spinatmasse Vertiefungen für die hart gekochten, gepellten sechs Eier drücken, den restlichen Pecorino darüber bröseln. Die Teigecken zur Mitte hin umschlagen und vorsichtig festdrücken, den Teig wiederum mehrmals mit der Gabel einstechen.

Bei 180 Grad ca. 60 Minuten im vorgeheizten Backofen auf der mittleren Schiene goldbraun backen. Während der Backzeit mehrmals mit geschmolzener Butter einpinseln. Torte aus dem Backofen herausholen, aus der Form lösen und als Tortenstücke geschnitten warm servieren.

»Torta Pasqualina«, eine ligurische Osterspezialität

IAT Alassio
Via Mazzini 68
17021 Alassio
✆ 01 82 64 70 27
www.alassio.eu
Mo–Fr 9.30–12.30,
Di und Do auch
15.30–16.30 Uhr

Pinacoteca Carlo Levi
Palazzo Morteo
Via Gramsci 58
17021 Alassio
✆ 01 82 64 80 78
Juni–Mitte Sept.
Do 17.30–19.30,
Fr 21–23, Sa/So
17–19.30 und 21–23,
Mitte Sept.–März
Fr–So 15–18 Uhr
Eintritt frei

1 Alassio
Sterne, Sand und Palmen

Alassio (11 000 Einwohner) ist ein Badeort wie aus dem Bilderbuch. Seine kleine Bucht säumt die von Palmen begrünte Promenade, auf der man am Abend flaniert oder vom Cafésessel aus die Flaneure beobachtet. Der kleine Fischerhafen ist idyllisch anzuschauen, der Strand zwar nicht breit, dafür aber feinsandig. Eindrucksvoll ist die hohe Zahl an Kirchen, Klöstern und Kapellen: Alassio besitzt rund 20 Sakralbauten.

Dass Alassio schon im 19. Jahrhundert illustres internationales Publikum anzog, beweist der **Muretto di Alassio** an der Ecke Corso Dante und Via Cavour. Auf dem mit unterschiedlich gestalteten Fliesen verkleideten »Mäuerchen« (Muretto) sind rund 500 Namen der Berühmten und Begabten zu lesen, die Alassio mit ihrem Besuch beehrten: Ernest Hemingway (der 1951 die erste Fliese montierte) und Louis Armstrong, Vittorio de Sica und Helmut Zacharias – um nur einige zu nennen.

Aber nicht nur die Stars zog es von jeher nach Alassio, es gab hier auch den ersten Michelin-Stern der italienischen Riviera. Nur wenige Meter vom Strand entfernt befand sich mit dem »Palma« eines der ältesten und besten Restaurants der Stadt. Doch nachdem Küchenchef Massimo Viglietto nach Rom abwanderte und die Türen schloss, ist die Zukunft des Hauses ungewiss.

Die **Pinacoteca Carlo Levi** für den Arzt, Schriftsteller und Maler Carlo Levi (1902–75) hingegen ist von dauerhafter Schönheit. Levi wurde mit der literarischen Reportage »Christus kam nur bis Eboli« weltberühmt. Sie schildert die erbärmlichen Lebensumstände, die in Matera und Lukanien (der heutigen Region Basilikata) noch in der ersten Hälfte des 20. Jahrhunderts herrschten. Das Buch, das sein Schaffen als Maler fortan in den Schatten stellen sollte, wurde in 37 Sprachen übersetzt und 1973 von Francesco Rosi verfilmt. Levi schrieb es, nachdem er Mitte der 1930er Jahre wegen antifaschistischer Umtriebe in den tiefen Süden Italiens verbannt wurde. Immer wieder machte Levi Alassio, seine Vegetation aus Olivenbäumen und Pinienwäldern, das Kap Mele und das Meer zum Motiv seiner 2000 Gemälde.

2 Alta Via dei Monti Liguri
Auf dem Ligurischen Höhenweg

Über 442 Kilometer erstreckt sich der Ligurische Höhenweg parallel zur Küste von Ventimiglia bis nach Ceparana an der Grenze zur Toskana. Seine 44 Etappen von variierender Länge (5–16 km) und Schwierigkeit sind durch rot-weiß-rote Zeichen mit den Buchstaben »AV« in der Mitte ausgewiesen. Die Abschnitte des Wegs eignen sich auch perfekt für Tagestouren. Wer länger wandert, wird mit vielen ungewohnten Blicken auf die Natur Liguriens belohnt. Die Landschaft ist so grandios wie abwechslungsreich. Der Weg führt durch Wälder, Olivenhaine und über Weinterrassen.

Diesem Zeichen folgt man beim Wandern auf dem Ligurischen Höhenweg

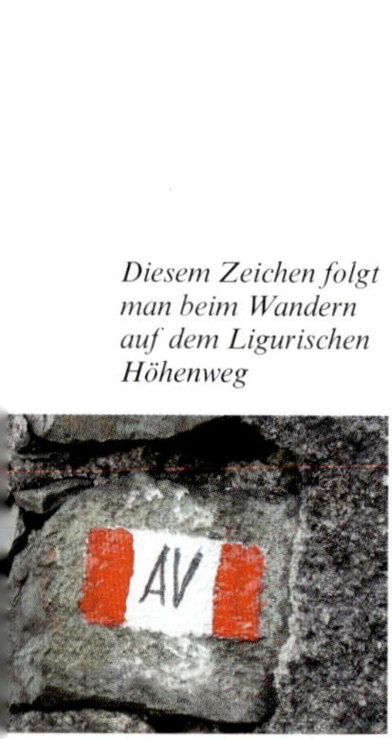

Mit dem **Monte Saccarello** (2200 m) an der französischen Grenze bei Ventimiglia geht es gleich auf den höchsten Gipfel Liguriens und somit auch auf den höchsten Punkt des Wegs. Auf 2164 Meter wartet Beistand in Form der zehn Meter hohen Christusstatue »Il Cristo Redentore«. Der Ausblick auf ein Meer, zwei Länder und die schönen mittelalterlichen Dörfer Realdo und Verdeggia lohnt außerdem die Mühe.

Der Weg quert mehrere Naturschutzgebiete. Die Etappen drei bis sieben führen durch den **Regionalen Park Ligurische Alpen**. Durch den 8700 Hektar großen und zehn Gemeinden umfassenden **Regionalen Park**

Beigua zwischen Savona und Genua verlaufen die Etappen 19 und 20. Stellenweise ist es für Wanderer von Vorteil, schwindelfrei zu sein: wenn gleich neben dem Pfad Geröll, viel Grün und der Abgrund liegen. Dann lohnt der Ausblick. Dunkelgrün glänzen Pinien und Weinreben, tiefblau glitzert dazwischen das Meer. Die Aussicht reicht hier, wo der Weg der Küste am nächsten kommt, vom Golf von Genua bis zum Aostatal; an klaren Tagen sieht man den Monte Rosa im Piemont und die toskanischen Inseln.

Auf den Etappen 31 bis 36 geht es durch den **Regionalpark Aveto** an der Grenze zur Emilia-Romagna. Mit Erreichen der Hochebene des Monte Aiona bietet sich ein völlig anderes Panorama: Die mit 1700 Metern höchste Ebene des Appenin ist karg und felsig. Die Etappe 43 berührt den **Regionalen Park Montemarcello-Magra**. Ein Netz von Querwegen verbindet ihn mit weiteren Schutzgebieten und der Küste. So erreicht man vom Passo della Scoffera (Etappe 28 und 29) über den Via del Mare den Park von Portofino; vom Monte Zatta (Etappe 35) über den Höhenweg der Cinque Terre den gleichnamigen Nationalpark. Es gibt sieben Servicecenter am Höhenweg.

Infos: www.altaviadeimontiliguri.it, Informationen zum Zustand der Wege unter © 346 663 60 01 (mobil).

3 Bordighera
Dattelpalmen und prächtige Villen

Claude Monets Ansicht von Bordighera (1884)

Bordighera (10 400 Einwohner) soll zur Stadt der Palmen geworden sein, weil Ampelius, ein zum Christentum konvertierter Römer aus Alexandria, zu Beginn des 5. Jahrhunderts mit einer Ladung Dattelkernen Schiffbruch erlitt. In Bordighera erreichte er Land und pflanzte die Kerne rund um die Spitze des Kaps. Die ligurische Siedlung, die sich hier befunden hatte, wurde früh wieder aufgegeben und erst 1470 ließen sich wieder Menschen auf dem malerischen **Capo d'Ampelio** nieder. In der Folge entstanden die Stadtmauer, die ebenso wie drei Stadttore teilweise erhalten ist, und die Kirche Santa Maria Maddalena, die im 19. Jahrhundert umgestaltet wurde. 1870 baute Charles Garnier, der Architekt der Pariser Oper, das **Rathaus** *(Municipio)*.

Später wurde Bodighera zu einer Stadt der Erholung und des Müßiggangs. Zur mittelalterlichen Altstadt rund um die Piazza del Popolo gesellte sich jenseits der Via Romana an der Küste die grüne Neustadt, die ab dem 19. Jahrhundert für die ersten Badegäste angelegt wurde. Die meisten von ihnen waren Engländer, die sich angeregt durch Giovanni Domenico Ruffinis Roman »Il Dottore Antonio« (1855) zur Reise an die Schauplätze Bordighera und Sanremo entschlossen. Bald kamen auch wohlhabende Urlauber aus anderen Ländern. Sie alle begeisterten sich für die üppige Vegetation – aus den Dattelkernen des Ampelius waren mehr als 10 000 Palmen geworden, die Zahl der Zitronen- und Olivenbäume war noch um ein Vielfaches höher –, die schöne Lage am Meer und das milde Klima. Damals war die Riviera beidseitig der Grenze ein Winterziel, und wenn das Wetter an ihren heimischen Herrensitzen wieder erträglich war, verließen sie die schöne Küste.

i IAT Bordighera
Via Vittorio Emanuele II
18012 Bordighera
© 01 84 26 23 22
www.bordighera.it
Tägl. 10–12 und 16–18 Uhr

Claude Monet war einer der frühen Wintergäste. Er reiste im Januar 1884 an die Riviera, blieb bis April und malte eine Ansicht Bordigheras von einem oberhalb gelegenen Hügel aus. Ein anderer namhafter Gast war der Botaniker, Naturforscher und Pfarrer **Clarence Bicknell**. Er gründete 1883 die Stadtbibliothek und malte in der Umgebung Felszeichnungen ab, die er selbst entdeckt hatte. Das **Museo Bicknell** bewahrt sie ebenso wie rund 50 000 Bücher. Jugendstilvillen, mediterrane Gärten und die zwei Kilometer lange Strandpromenade **Lungomare Argentina** – die längste in Ligurien, die 1947 von der argentinischen Präsidentengattin Eva Perón persönlich eröffnet wurde – machen Bordighera auch heute noch zu einem der schönsten Ferienorte der Blumenriviera.

❹ Camogli
Die Stadt der 1000 weißen Segel

Auf der westlichen Seite der Halbinsel von Portofino liegt Camogli (5400 Einwohner) am Golfo Paradiso. Im Spätmittelalter eine blühende Hafenstadt ist es heute mit den bonbonfarbenen Fassaden seiner Fischerhäuser und dem von der klassizistischen Fassade der **Basilica di Santa Maria Assunta** und der Burg **Castel Dragone** überwachten Hafen ein beliebtes Fotomotiv und kaum weniger schön als seine schicke Schwester Portofino – dafür aber deutlich ruhiger. Ihre leuchtenden Ocker-, Orange-, Gelb- und Rottöne erhielten die Häuser, damit Seefahrer aus Camogli ihr Zuhause schon von Weitem erkennen konnten – was sie an ruhigen Tagen erfreuen und ihnen bei schwerer See das Navigieren in den heimischen Hafen (und zur *Casa delle Mogli*, dem Haus der Ehefrauen) erleichtern sollte.

In jenen Tagen besaß Camogli, das sich in eine enge Bucht drängt, eine eindrucksvolle Flotte von Großseglern. Zur Blütezeit sollen es 1000 Schiffe gewesen sein – doppelt so viele wie Genua oder Hamburg besaßen. Ihnen verdankt es den Beinamen »Stadt der 1000 weißen Segel«. Ende des 19. Jahrhunderts war der Ort eine der großen Seefahrtmetropolen Europas. Unter 12 000 Einwohnern gab es 500 Kapitäne. Die Marineschule »Cristoforo Columbo« und ein Altenheim für Seeleute, die ebenfalls um diese Zeit entstanden, zeigen, wie eng Camogli mit der Seefahrt verbunden war. 1798 stellte Camogli einen großen Teil seiner Flotte Napoleon zur Verfügung. Ein Fehler: Die Flotte wurde vor Ägypten vom englischen Admiral Nelson geschlagen. 100 Jahre später zählte Camogli immerhin noch 400 Schiffe. Die nautische Geschichte der Stadt wird im neu gestalteten **Civico Museo Marino Gio Bono Ferrari** aufbereitet.

Heute gehören das Meeresschutzgebiet Portofino und der Parco Naturale Regionale di Portofino in Teilen zum Gebiet Camoglis. Der Naturpark lässt sich auf Wanderwegen erkunden. Mehr als 700 Pflanzenarten sind hier heimisch und zahlreiche Tierarten, darunter Wildziegen und Wildschweine.

❺ Cinque Terre
Fünf malerische Dörfer an der ligurischen Riviera

An der Küste zwischen Punta Mesco und Punta di Montenero enden die Ausläufer des Apennin jäh am Meer. Hier klammern sich auf einer Strecke von zwölf Kilometern die Dörfer der Cinque Terre an die Steilküste. Bildschön sind die fabelhaften Fünf mit ihren engen Gassen *(carruggi)*, den Treppen und den in ligurischer Farbenfreude leuchtenden Fassaden

IAT Camogli
Via XX. Settembre 33
16032 Camogli
✆ 01 85 77 10 66
info@prolococamogli.it

Civico Museo Marino Gio Bono Ferrari
Via Ferrari G.B. 41
16032 Camogli
✆ 01 85 72 90 49
www.museomarinaro.it, Mo, Do/Fr 9–12, Mi, Sa/So 9–12 und 15–18 Uhr

Consorzio Turistico Cinque Terre
Piazza Garibaldi 29
19016 Monterosso al Mare
✆ 01 87 81 78 38
www.cinqueterre.it
Mai–Okt. tägl. 10–12 und 15–18, Nov.–April Mo–Fr 10–12 und 15–17, Sa/So 10–12 Uhr

Bahn- und Schiffsverbindungen
www.fsitaliane.it
www.navigazionegolfodeipoeti.it

der übereinander getürmten Häuser. Das Gebiet, das rund 7000 Einwohner zählt, ist als Nationalpark ausgewiesen. Seit 1997 zählen die Cinque Terre mit Portovenere außerdem zum UNESCO-Welterbe. Nach dem Tourismus ist der Anbau von Weinreben, Oliven- und Zitrusbäumen die wichtigste Erwerbsquelle. Wegen der extrem angespannten Parksituation lässt sich das Gebiet am besten zu Fuß erkunden. Seit 1874 verbindet eine Eisenbahnstrecke, die sich durch zahlreiche Tunnel gräbt, alle fünf Orte miteinander. Außerdem verkehren regelmäßig Schiffe zwischen den Dörfern.

Nördlichster und größter Ort ist **Monterosso al Mare** (1700 Einwohner), dessen historische Altstadt ein Felsvorsprung von der neueren Bebauung und der Spiaggia Fegina, dem längsten Strand der Cinque Terre, trennt. Erste Belege für die Existenz des Orts finden sich im 11. Jahr-

Camogli am grauen Kiesstrand mit Blick auf die pompös ausgestattete Kirche Santa Maria Assunta

An den Felsen geklebt: Riomaggiore – einer der malerischen Orte der Cinque Terre

hundert, als hier schmale Weinterrassen bewirtschaftet wurden. Schön ist die Kirche San Giovanni Battista aus dem 13. Jahrhundert. Das nächste und womöglich schönste Dorf ist **Vernazza**. Bezaubernd sind die Piazza am Hafen und der kleine Strand. Am höchsten liegt **Corniglia**, das sich 100 Meter über dem Meer auf einen von Weinterrassen umgebenen Felsenvorsprung drängt. Sehenswert ist die Kirche San Pietro, die 1334 fertiggestellt wurde. Das idyllische **Manarola**, das von jeher viele Künstler anzog, und der südöstlichste Ort **Riomaggiore** sind durch die Via dell'Amore miteinander verbunden, einen in den Fels geschlagenen Spazierweg über dem Meer. An ihn schließt sich ein längerer Wanderweg von Manarola nach Monterosso an, ein weiterer führt nach Portovenere (Dauer etwa fünf Stunden). Die Route Monterosso–Riomaggiore ist gebührenpflichtig; die Cinque-Terre-Card umfasst neben anderen Vergünstigungen auch diese Gebühr.

Zwar sind besonders entlegene Weinterrassen des DOC-Gebiets heute mit Zahnradbahnen erreichbar. Doch das Netz gut ausgebauter Wege ist vor allem dem Weinbau zu verdanken – Winzer legten sie an, um in ihre Weingärten zu gelangen.

So sah Claude Monet die »Burg von Dolceacqua« 1884

6 Claude Monet in Dolceacqua
Ein Juwel der Leichtigkeit

Das idyllische Städtchen Dolceacqua (2000 Einwohner) wird von der Burg **Castello die Doria** überragt. Noch berühmter ist aber ein anderes Bauwerk: Die **Ponte Vecchio di Dolceacqua**, eine Mitte des 13. Jahrhunderts erbaute Brücke, die in einem einzigen 32 Meter weiten Bogen den Fluss Nervia überspannt und die beiden Ortsteile Terra und Borgo miteinander verbindet. Terra ist der mittelalterliche Teil, der den Bewohnern von Dolceacqua um 1350 zu eng wurde. Daraufhin entstand am anderen Ufer der Nervia der neuere Teil, Borgia. Claude Monet sah die Brücke und geriet in Verzückung: »Dolceacqua im Tal der Nervia ist superb; es gibt eine Brücke, die ein Juwel der Leichtigkeit ist ...«, so schwärmte der große Maler, der in jenen Monaten an der Riviera überwinterte, am 18. Februar des Jahres 1884. Er eilte an die Staffelei, um seine Sicht auf die Leinwand zu bringen. Sein Gemälde zeigt die Brücke mit den hohen Häusern Terras und der über dem Ort aufragenden Doria-Burg im Hintergrund. Sie gab dem Bild, das heute im Musée Marmottan in Paris hängt, den Namen: »Die Burg von Dolceacqua«.

Rund um Dolceacqua schimmert silbrig-grün das Laub von Olivenbäumen. Außer hervorragendem Olivenöl besitzt der kleine Ort eine große Geschichte. Schon zur Eisenzeit war die Gegend besiedelt. Aus der Zeit der Römer sind Reste von Befestigungen erhalten. 1151 wird Dolceacqua erstmals schriftlich erwähnt, als die Grafen von Ventimiglia die Fundamente der Burg legten, um das Tal zu sichern. Ende des 13. Jahrhunderts wurde der Rundturm erweitert. In dieser Zeit entstand das Viertel Terra, dessen Gassen so labyrinthartig verliefen, dass Eindringlinge größte Schwierigkeiten hatten, sich zu orientieren. Zur Zeit der Renaissance wurde aus der wehrhaften Burg eine schmucke Residenz mit Verteidigungsanlagen. Erst 1746 wurde sie im österreichischen Erbfolgekrieg schwer beschädigt. Die Markgrafen Doria, die seit 1652 die Geschicke der Stadt lenkten, zogen in einen Palast, den 140 Jahre später ein Erdbeben zerstörte. Heute ist die Burgruine Schauplatz von Konzerten und Ausstellungen. Die barocke Kirche **Sant'Antonio** aus dem 14. Jahrhundert ist mit schönen Marmoraltären und Stuckarbeiten geschmückt. Die Gruft der Markgrafen befindet sich in der Krypta der im 11. Jahrhundert erbauten, romanischen Kirche **San Giorgio** am Eingang des Dorfs.

i IAT Dolceacqua
Via Barberis Colomba 3
18035 Dolceacqua
✆ 01 84 20 66 66
www.dolceacqua.it
Juli–Sept. tägl. 10–12 und 16–19 Uhr, ansonsten nur Sa/So

Die Brücke in Dolceacqua überspannt die Nervia in einem einzigen Bogen

Statue des Christoph Kolumbus vor dem Genueser Hauptbahnhof

7 Genua/Genova
Hauptstadt, Hafen und Paläste

Liguriens Hauptstadt ist mit 800 000 Einwohnern – eineinhalb Millionen sind es im Großraum – die mit Abstand größte Stadt der Region. Das ist schon lange so. Bereits in vorrömischer Zeit trieben die Ligurier hier Handel. Später nahmen Genueser an Kreuzzügen teil, pflegten Handelsbeziehungen mit dem Orient und brachten exotische Waren heim. Ab dem ausgehenden Mittelalter erlebte die Stadt eine Blüte, von der die ganze Region profitierte. Der Handel mit anderen Hafenstädten in Europa sorgte trotz ständiger Auseinandersetzungen zwischen Adel und Volk einerseits und zwischen verschiedenen Adelsklans andererseits für soliden Wohlstand. Besitzungen jenseits des Meers – in Konstantinopel, Syrien, Korsika und Sardinien – machten Genua zur Großmacht. Christoph Kolumbus, der hier 1451 als Cristoforo Colombo geboren wurde, entdeckte 1492 versehentlich Amerika, als er im Auftrag der kastilischen Könige den Seeweg nach Indien suchte. Sein mutmaßliches Geburtshaus liegt an der **Piazza Dante Alighieri**. Unter Andrea Doria, der Genua von der Vormacht Frankreichs emanzipierte, wurde Genua 1528 zur selbstständigen Republik. Im 16. und 17. Jahrhundert erlebte der Stadtstaat noch einmal einen wirtschaftlichen Boom.

Nach dem Zweiten Weltkrieg bildete Genua mit Turin und Mailand das Industriedreieck Norditaliens. Nachdem Werften und Schwerindustrie wirtschaftlich strauchelten, wuchsen die sozialen Probleme vor allem in der an den ehemaligen Industriehafen anschließenden Altstadt. Mitte der 1980er Jahre begann ihre Erneuerung. Zur 500-Jahr-Feier der Entdeckung Amerikas und zur EXPO sanierte der Genueser Stararchitekt Renzo Piano das Hafengebiet. 2001 fand in Genua der G-8-Gipfel

statt, 2004 war Genua Europäische Kulturhauptstadt, zwei Jahre später erklärte die UNESCO Teile der Altstadt zum Weltkulturerbe. So floss eine Menge Geld in die Stadtkasse, was Genua zur Wiedergeburt verhalf. Heute ist Genua mit der ebenso malerischen wie authentischen Altstadt, den Palästen der Via Garibaldi und dem sanierten Hafengebiet wieder eine Perle des Mittelmeers.

Der an der **Piazza de Ferrari** gelegene **Palazzo Ducale**, einstmals Sitz des Dogen, wurde aufwendig restauriert und ist heute Kulturpalast. Auch die Kirche **Santa Maria Assunta**, die von beinahe jedem Teil der Stadt zu sehen ist, erstrahlt in neuem Glanz.

8 Das Aquarium in Genua
Meerwasserwelten

Keine halben Sachen, so dachte man sich, als Genua zum Kolumbus-Jahr und zur EXPO 1992 ein neues Aquarium bekommen sollte. Also stellte man gleich das zweitgrößte Meerestiermuseum der Welt ins alte Hafengelände. Vergänglichkeit liegt in der Natur aller Rekorde; heute ist das in Form eines Frachtschiffs erbaute **Acquario di Genova** immerhin noch das zweitgrößte Europas (nach dem im spanischen Valencia). Mit mehr als 70 Ökosystemen, 80 000 Tieren, die 400 Spezies angehören, vermittelt es Kenntnisse über unterschiedliche Lebensräume am und im Wasser und stellt das Meeresgetier auf unterhaltsame Weise vor. So soll Respekt vor der Umwelt im Allgemeinen und den Meeresbewohnern im Besonderen geweckt werden.

Folgt man dem Rundgang, ist man zweieinhalb Stunden unterwegs. Seekühe und Delfine, Pinguine und Seelöwen, Haie, Rochen, bunte Korallenfische und Quallen sind nur einige der Spezies, deren Lebensraum und Lebensweise anschaulich erklärt werden. An Land sind Krokodile und Kolibris zu bewundern. In offenen Becken können die Besucher Fische – zum Beispiel Rochen und Goldbrassen – berühren. Wer mehr Nervenkitzel sucht, kann das Aquarium bei Nacht besuchen. Es gibt nächtliche Exkursionen für Kinder und Erwachsene.

Gestaltet wurde der 9700 Quadratmeter große Bau vom Genueser Architekten Renzo Piano; das Interieur entwarf sein amerikanischer Kollege Peter Chermayeff. Das Projekt war ein wesentlicher Impuls zur Wiederbelebung des historischen Hafens, der in den 1980er Jahren, als die Stadt mit wirtschaftlichen Problemen kämpfte, ziemlich heruntergekommen war. Heute zählt der Bereich zu den Glanzpunkten Genuas.

Der bedeutendste Platz in Genua: die Piazza de Ferrari

Museo Casa di Cristoforo Colombo
Piazza Dante Alighieri
16121 Genova
✆ 01 02 51 67 14
www.associazione-portasoprana.it
Sa/So 10–18 Uhr
Eintritt € 5/3 (4–10 J.)

Acquario di Genova
Aera Porto Antico – Ponte Spinola
16128 Genua
✆ 01 02 34 51
www.acquariodigenova.it
Juli/Aug. tägl. 8.30–22.30, März–Juni und Sept./Okt. tägl. außer Mi 8–20, Fr/Sa bis 21 Uhr, Nov.–Feb. tägl. außer Mi 9.30–20, Fr/Sa bis 21 Uhr; letzter Einlass jeweils 2 Std. vor Schließung
Eintritt € 24/15 (4–12 J.)

Optische Lieblinge: Quallen im Aquarium Genua

Der Genueser Dom San Lorenzo

9 Kathedrale San Lorenzo in Genua
Die ungleichen Türme

Mit ihrer in schwarz-weißem Marmor gestreiften und mit einer Rosette über dem Hauptportal sowie zahlreichen Reliefs geschmückten Fassade und der grünen Kuppel ist die in der in der Nähe des Porto Antico gelegene Kathedrale San Lorenzo einer der schönsten Sakralbauten Genuas – nicht nur wegen der auffälligen Farben, sondern auch wegen der markanten Silhouette. Neben der Kuppel befindet sich nämlich ein weiterer Turm, den eine kleinere Kuppel und drei Türmchen krönen. San Lorenzo entstand zwischen dem 12. und 15. Jahrhundert. Die erste Kathedrale aus dem 6. Jahrhundert wurde auf römischen Mauern erbaut, wie archäologische Ausgrabungen gezeigt haben. Der Bau der romanischen Kathedrale wurde zu Beginn des 12. Jahrhunderts durch den wirtschaftlichen Aufschwung Genuas möglich. Leider hielt der Stolz des neu erblühenden Stadtzentrums nicht allzu lange: Bei einer Schlacht während der langen kriegerischen Auseinandersetzungen zwischen papsttreuen Welfen und den auf der Seite der Hohenstaufer stehenden Ghibellinen geriet sie Ende des 13. Jahrhunderts in Brand und nahm schweren Schaden. Die romanische Fassade blieb jedoch ebenso intakt wie die kostbaren sterblichen Überreste Johannes des Täufers (San Giovanni Battista), die Genueser Kaufleute im Jahr 1098 unter erheblichen Kosten und Mühen in ihre Heimat gebracht hatten.

Noch bis zum 17. Jahrhundert wurde immer wieder an der Kathedrale gebaut. Im 15. Jahrhundert entstanden diverse Altäre und Kapellen, darunter auch die im Stil der Renaissance gestaltete **Cappella di San Giovanni Battista** im linken Seitenschiff. Hier erhielten die Reliquien des Schutzheiligen Genuas nach fast 400 Jahren eine angemessene Ruhestätte. Hier wird er noch heute verehrt.

Eindrucksvoll sind auch die Fresken und Gemälde aus unterschiedlichen Epochen, die unter anderem Szenen aus dem Leben des Märtyrers und Heiligen Laurentius darstellen, dem die Kathedrale geweiht ist. Gold- und Silberschmiedearbeiten aus zehn Jahrhunderten sind im benachbarten **Museo del Tesoro di San Lorenzo** ausgestellt, das den Domschatz bewahrt.

Cattedrale di San Lorenzo
Piazza San Lorenzo
16123 Genua
✆ 01 02 47 18 31
Tägl. 8–12 und 15–19 Uhr, Eintritt frei

Museo del Tesoro di San Lorenzo
Im Dom San Lorenzo
16123 Genua
✆ 01 02 54 12 50
www.museidigenova.it, tägl. außer So 9–12 und 15–18 Uhr
Eintritt € 6 (mit Diözesanmuseum), sonst € 4,50, unter 6 J. frei

10 Die Palazzi dei Rolli in Genua
Fürstliche Häuser

Via Garibaldi, Via Balbi und Via Cairoli bilden die gleich oberhalb von Genuas Altstadt gelegenen **Strade Nuove**. Neu ist an diesen Straßen jedoch nur ihr Name; angelegt wurden sie im 16. und frühen 17. Jahrhundert, als Genua sich auf dem Höhepunkt seiner Macht befand. Die Stadt verkaufte auf zunächst 250 Metern der Via Garibaldi – damals die Strada Nuova – Bauland an fünf einflussreiche Klans, die seit 1528 an der Regierung beteiligt waren; eines der ersten Stadtentwicklungsprojekte in Europa. Die Via Balbi, in die die Familie Balbi sich gleich sieben Paläste setzen ließ, ist kaum minder imposant. Bald waren alle drei Prunkstraßen von den **Palazzi dei Rolli** genannten Renaissance- und Barockpalästen der reichen Genueser Adelsfamilien und Kaufleute gesäumt. Hintergrund war die namengebende *Rollo*, eine Liste, die festlegte, welche Adelsfamilie wann Staatsgäste in ihren Privatresidenzen aufzunehmen hatte. Diese Adelspflicht erforderte angemessene Räumlichkeiten. Es war auch die Originalität dieses diplomatischen Netzwerks, die die UNESCO 2006 dazu bewog, das Ensemble zum Weltkulturerbe zu erklären. Herausragend ist aber vor allem, wie die Architektur für die Gegebenheiten einer Parzelle und die Erfordernisse der Bewohner immer neue Lösungen findet. Die Via Garibaldi blieb als angestammtes Adelsviertel das Herz der Anlage.

Zu den Palästen zählt der spätere **Palazzo Bianco**, den Luca Grimaldi 1530–40 erbauen ließ und der seit mehr als 100 Jahren Sitz eines Kunstmuseums ist; Schwerpunkt der Sammlung sind Meisterwerke des 16. bis 18. Jahrhunderts. Nach einer Umgestaltung im frühen 18. Jahrhundert erhielt der Palast die weiße Farbe, die ihm den heutigen Namen gab. Auch der **Palazzo Doria Tursi** wurde ab 1565 von den Grimaldis erbaut. Von falscher Bescheidenheit hielten sie nichts und wählten drei nebeneinanderliegende Grundstücke als Bauland. Bis zum Jahr 2003 war er Genuas Rathaus. Der rote **Palazzo Rosso**, der seinen Namen ebenfalls der Farbe seiner Fassade verdankt, ist wie sein weißes Pendant Heimat von Kunstschätzen. Alle drei liegen nur einen Steinwurf voneinander entfernt an der Via Garibaldi.

Die Paläste haben drei bis vier Stockwerke mit einem großen, offenen Treppenhaus im Zentrum. Die recht wuchtigen Fassaden verbergen malerische Patios, Loggien öffnen Blicke in die Gärten. So wurde der relativ enge Raum mit maximaler Wirkung ausgenutzt – nicht umsonst engagierte man die führenden Architekten der Zeit.

Musei di Strada Nuova
Palazzo Bianco,
Palazzo Rosso,
Palazzo Doria Tursi
Via Garibaldi 11
16124 Genua
✆ 01 05 57 21 93
www.museidigenova.it
Di–Fr 9–19, Sa/So 10–19 Uhr
Eintritt € 9/7, bis 18 J. frei

11 Porto Antico di Genova
Großstadtoase der Neustadt

Genuas Hafen, der größte Italiens, reicht unmittelbar an die Altstadt heran. Als der Hafen erst immer größer wurde, dann aber einige Werften und Stahlwerke schlossen, wurde der ehemalige Industriehafen **Porto Antico** zum ungemütlichen Ort. Bald galten auch die Gassen der Altstadt als gefährliches Pflaster. Das Kolumbus-Jahr 1992 bot den Anlass, den Strukturwandel in Angriff zu nehmen und dem Hafen zu neuem Glanz

Die Glaskuppel von »La Biosfera« im Porto Antico, Teil des unter Stararchitekt Renzo Piano sanierten alten Hafenareals

Galata Museo del Mare
Aera Porto Antico – Ponte Spinola
16128 Genua
✆ 010 234 56 78
www.galatamuseodelmare.it
März–Okt. tägl. 10–19.30, Nov.–Feb. Di–Fr 10–18, Sa/So bis 19.30 Uhr
Eintritt € 12/7 (4–12 J.), auch Kombitickets mit anderen Einrichtungen

Museo Nazionale dell'Antartide
✆ 010 247 06 53
www.mna.it
Tägl. außer Mo 10–18 Uhr
Eintritt € 6/3 (4–12 J.)

zu verhelfen. Der Auftrag zu seiner Umgestaltung ging an den Genueser Stararchitekten Renzo Piano. Er hatte einen Masterplan eingereicht, der über einen Zeitraum von mehreren Jahren die Umwandlung brachliegender Hafenflächen in kulturelle Orte mit hohem Freizeitwert für Touristen und Genueser vorsah. So entstand eine Kulturlandschaft, die wissbegierige Menschen aller Altersstufen anspricht und zu der unter anderem das von Renzo Piano und Peter Chermayeff gestaltete **Acquario di Genova** und das Meeresmuseum **Galata Museo del Mare** gehören. Letzteres wurde 2004 eröffnet, als Genua europäische Kulturhauptstadt war. Spannend ist ein Besuch des U-Boots **Nazario Sauro**, das vor dem Museum vor Anker liegt, es ist das größte italienische Unterseeboot, das in seinem Element besichtigt werden kann.

Auch das nach einer antiken Kolonie benannte Museum befindet sich auf historischen Grund: Hier wurden einst die Galeeren gebaut, und hier sind – neben 6000 anderen Exponaten aus der Welt der Seefahrt – eine nachgebaute Galeere und ein Schiff aus dem 19. Jahrhundert zu besichtigen. Die 60 Tonnen schwere Glaskugel **Biosfera** neben dem Aquarium beheimatet in einem regenwaldähnlichen Biotop tropische Pflanzen, Vögel und Schmetterlinge. Das **Museo Nazionale dell'Antartide** beschäftigt sich mit der Antarktis und dem Südpolargebiet. Der ebenfalls von Renzo Piano gestaltete Aussichtsfahrstuhl **Bigo** ist eine 40 Meter hohe, futuristische Stahlkonstruktion. Weitere neue Elemente des Alten Hafens, die ihn auch für Alteingesessene attraktiv machen, sind die schöne Promenade am Hafenbecken und der moderne Kinokomplex, der ebenso wie ein Konferenzzentrum in den ehemaligen Lagerhallen für Baumwolle entstanden ist, den **Maggazzini del cotone**. Einen guten Überblick bietet eine Hafenrundfahrt.

12 Imperia
Idyll von Yachten und Gassen

IAT Imperia
Piazza Dante 4
18100 Imperia
✆ 01 83 27 49 82
www.visitrivieradeifiori.it
Mo–Fr 10–12 und 15–18 Uhr

Museo dell'Olivo
Via Garessio 13
18100 Imperia Oneglia
✆ 01 83 29 57 62
www.museodellolivo.com, Mo-Sa 9–12.30 und 15–18.30 Uhr
Eintritt € 5/2,50 (6–18 J.)

Museo Navale Internazionale
Piazza Duomo 11
18100 Imperia Porto Maurizio
✆ 01 83 65 15 41
Juli/Aug. Mi und Sa 21–23, sonst Mi und So 15–19 Uhr
Eintritt frei

Vom Wasser aus gesehen ist die Stadt ganz besonders schön: Imperia (42 000 Einwohner) besitzt einen schmucken Yachthafen – den größten der Küste – und die von Palmen gesäumte Promenade Lungomare Vespucci, hinter der sich am Hang die von Olivenhainen umgebene Stadt erhebt. Über allem prangt mit der 1781–1832 erbauten, neoklassizistischen **Basilica di San Maurizio** die größte Kirche Liguriens.

Die 50 Kilometer westlich von Ventimiglia gelegene Hafen- und Provinzhauptstadt ist das Zentrum des Olivenanbaus an der westlichen Riviera. Imperia besteht aus zwei Stadtteilen: **Porto Maurizio** mit der historischen Altstadt und dem eher industriell geprägten **Oneglia**. Getrennt werden sie durch die Mündung des Flusses Impero. Bis 1923 waren beide selbstständige Gemeinden.

Immer waren sie Spielbälle der großen Politik. Im 11. Jahrhundert unterstand Oneglia den Bischöfen von Albenga, Porto Maurizio war Teil einer Republik, bis es 1184 von Genua unterworfen wurde. Im Jahr 1200 kam es zum Krieg zwischen den Nachbarn. Wieder griff Genua ein und erklärte den Impero zum Grenzfluss. Knapp 100 Jahre später verkauften die Bischöfe von Albenga Oneglia für 11 000 Lire an die Herrscherfamilie Doria aus Genua. Was heute demütigend klingt, war damals kein ganz mieser Preis. Bis 1576 blieb Oneglia im Besitz der Dorias; dann kauften die Savoyer den Ort. Noch einige Male wurden die beiden Städte hin und her gereicht, bis sie 1861 im Königreich Italien aufgingen und nun dauerhaft auf einer Seite standen – wenn auch an gegenüberliegenden Ufern.

Heute ist Imperia besonders reizvoll, weil sich hier trotz des mediterranen Charmes (noch) nicht alles um den Tourismus dreht. Mit seinen schönen alten Palästen und den verschlungenen engen Gassen ist Porto

Maurizio besonders malerisch. Zu besichtigen gibt es einiges. Das **Museo Navale Internazionale** hat die Geschichte der ligurischen Seefahrt zum Thema. Interessant ist Oneglias **Olivenmuseum** (Museo dell'Olivo), nach dessen Besuch man alles über die kleine Frucht weiß, von der es etwa so viele Sorten gibt wie Rebsorten. Ebenfalls in Oneglia liegen Villa und Garten des legendären Schweizer Clowns und Akrobaten Grock (1880–1959). 1928, als er bereits ein Weltstar war, ließ er die prächtige Villa Bianca erbauen, die heute **Villa Grock** heißt. Hier lebte er mit kurzen Unterbrechungen bis zu seinem Tod. Im Wohnhaus ist kürzlich das **Museo del Clown** eröffnet worden.

13 Im Golf von La Spezia
Die Bucht der toten Dichter

»Ein einsames Haus nah am Ufer, umgeben von der sanften und edlen Szenerie der Bucht von Lerici ...«, so beschrieb der englische Romantiker Percy Bysshe Shelley (1792–1822) seine Villa Magni am Ufer des Golfs von La Spezia. Wer so wohnt, kommt auch ohne lange Sandstrände aus, die in Ligurien rar sind. Die 30 Kilometer Küste der wie ein Fjord ins Land reichenden Bucht von La Spezia hat andere Reize, die reiselustige Engländer schon im frühen 19. Jahrhundert zu entdecken begannen. Lyriker wie Shelley und Lord Byron gehörten dabei zu den Pionieren.

Einsam ist es hier natürlich längst nicht mehr – aus der abgelegenen Bucht der Dichter und Denker ist die gepflegte Ferienadresse von Städtern und Bankern geworden. Denn die exaltierte Romantiker-Runde lockte bald Urlauber auf ihre Spuren. Einige wollten sich in ihrem Schatten ausruhen, andere suchten dort Inspiration. Richard Wagner kam her, sah die Bucht und summte die Ouvertüre seiner Oper »Rheingold«. Der Londoner Romancier Charles Dickens reiste gleich mehrmals an diese Küste, sein jüngerer Kollege D.H. Lawrence verbrachte ein paar Monate im Dorf Tellaro südlich von Lerici. Auch er geriet ins Schwärmen: »Ich bin so begeistert über den Ort, den wir endlich entdeckt haben ... Eine winzig kleine, halb von den Felsen eingeschlossene Bucht ist da, in Olivenhaine eingehüllt, die flink zu Tal tänzeln.«

Der Golf von La Spezia (Golfo dei Poeti), im Vordergrund Lerici und im Hintergrund Porto Venere

Der Dichter Percy Bysshe Shelley hatte zweifellos eine schicksalhafte Beziehung zum nassen Element. Seine erste Frau Harriet, mit der er durchgebrannt war, als sie noch minderjährig war, ging ins Wasser, nachdem er sich mit Mary Godwin, die später als Autorin von »Frankenstein« Literaturgeschichte schreiben sollte, aus dem Staub gemacht hatte. Er selbst ertrank im Juli 1822, vier Wochen vor seinem 30. Geburtstag, bei einem Segelunfall im Golf von La Spezia. Einer unter Fremdenführern beliebten Legende zufolge hatte er mit seinem Freund George Gordon Lord Byron gewettet, dass beide den Golf in entgegengesetzter Richtung durchschwimmen sollten. Shelley soll unterwegs in schlechtes Wetter geraten sein, während Byron, der gelegentlich von seinem Domizil in Portovenere nach Lerici hinüberschwamm, es sich angeblich im letzten Moment anders überlegte. Diese Geschichte fügt sich gut in die bewegten Biografien beider Dichter ein. Da fällt der kleine Schönheitsfehler, dass sie nicht ganz den Tatsachen entspricht, kaum ins Gewicht – der Umstand der Wette ist bloße Legende.

⓮ Museo Civico Amedeo Lia in La Spezia
Von Tizian bis Tintoretto

Museo Civico Amedeo Lia
Via del Prione 234
19121 La Spezia
✆ 01 87 73 11 00
http://museolia.spezianet.it
Tägl. außer Mo 10–18 Uhr
Eintritt € 7/4,50 (14–18 J.), unter 14 J. frei

Nicht mehr als ein Fischerdorf war La Spezia, als Napoleon 1797 hier seine Beute begutachtete. »Es ist der schönste Hafen der Welt«, fing er begeistert an, um dann nüchtern nachzusetzen: »Seine Reede ist besser geschützt als die von Toulon, und er kann sowohl vom Lande als auch vom Meer her leicht verteidigt werden.« Bis der Korse die günstige strategische Lage des tief in der Bucht ruhenden Städtchens erkannte, war es ein unbedeutendes Städtchen von 3000 Einwohnern. Trotz massiver Eifersüchteleien aus Genua – dort erwogen die Stadtherren einstmals, den gesamten Golf des Nachbarn mit Sand zuzuschütten – entwickelte sich La Spezia im 19. Jahrhundert zur bedeutenden Hafenstadt, die früh politisch unabhängig von der Genueser Republik war. In den 1990er Jahren hat sich die Marine, die hier einen wichtigen Stützpunkt hatte, aus La Spezia (95 000 Einwohner) zurückgezogen. Dennoch vibriert das Zentrum vor Leben. Absätze klappern und Stimmen summen vor der Geräuschkulisse aus dröhnenden Vespa-Motoren und den Sommerhits, die aus Cafés tönen.

Seit der Industrielle Amedeo Lia der Stadt 1995 seine Kunstsammlung vermachte, entschließen sich auch mehr und mehr Reisende zum Zwischenstopp in La Spezia – der im ehemaligen Franziskanerkloster untergebrachten 1000 Kunstgegenstände und 200 Gemälde von Tizian (»Bildnis eines Edelmanns«) bis Tintoretto (»Die Kreuzabnahme«) wegen. Auch Canaletto, Giovanni Bellini und Paolo Veronese sind vertreten. Lia, ein gebürtiger Apulier, der La Spezia zu seiner Heimat gemacht hatte, sammelte bereits seit den Nachkriegsjahren Gemälde vor allem aus dem 13. bis 15. Jahrhundert. Bald kamen aber auch deutlich jüngere Werke hinzu. Schon das Gebäude ist sehenswert. Das ab 1616 erbaute Kloster wurde ab 1798 als Krankenhaus genutzt. Nach Jahren des Leerstands waren zuletzt Räume der Stadtverwaltung darin untergebracht. Als Lia der Stadt seine Kunstsammlung vermachte, fiel bei der Suche eines passenden Gebäudes die Wahl auf das ehemalige Kloster, das allerdings umfassend modernisiert werden musste. Heute sind die religiös geprägten Werke aus der Sammlung in der ehemaligen Klosterkirche untergebracht. Es folgen Miniaturen, Skulpturen, die Gemäldegalerie und eine Gruppe spektakulärer Stillleben aus dem 17. und 18. Jahrhundert. Sehenswert ist auch der kleine Klostergarten mit 30 verschiedenen Pflanzenarten, von denen einige auch auf den Gemälden zu sehen sind.

Rote Gorgonien: beeindruckende Unterwasserwelt in der Area Marina Protetta Cinque Terre

⑮ Tauchen und Genießen in Levanto

Tintenfisch, Meeraal und dann Pasta

Levanto (5500 Einwohner) gehört nicht zu den Cinque Terre, ist aber Teil des gleichnamigen Nationalparks. Die Lage des kleinen Badeorts ist nicht ganz so dramatisch wie die der fünf »Flecken Erde«, doch Levanto schmiegt sich dekorativ vor grünen, von Oliven bestandenen Hügeln und Pinienwäldern ans Ligurische Meer. Der Ort ist ein guter Ausgangspunkt für Wanderungen in die Cinque Terre (die mit der Eisenbahn gut zu erreichen sind) oder in weniger bekannte Ecken des Nationalparks. Zu Fuß benötigt man auf dem Wanderweg von Levanto nach Monterosso etwa drei Stunden. Auch per Boot sind die fünf Dörfer vom kleinen Hafen aus regelmäßig zu erreichen.

Weil Levanto im Vergleich zu den in die Steilküsten gebauten Dörfern über einen geradezu spektakulären, langen und dazu noch relativ breiten Strand verfügt, ist es auch für Badeurlauber ein perfektes Ziel. Wer sich mit Schwimmen und Sonnenbaden nicht begnügt, kann hier abtauchen. Die Unterwasserwelt des Ligurischen Meers besitzt eine eindrucksvolle Artenvielfalt: Tintenfische, Muränen, Meeraale, Zackenbarsche, Langusten, Meerbrassen und Mondfische kommen hier – unter anderem – vor. Wiesen von Neptungras und Hornkorallen bilden die Kulisse. Weil das Wasser an der Felsenküste sehr klar ist, ist die Sichtweite unter Wasser sehr gut. Hinzu kommen angenehme Temperaturen: Von Frühsommer bis Oktober beträgt die Wassertemperatur 20 Grad, und so eignet sich das Gebiet besonders, um auch Anfängern die Faszination des Tauchens nahezubringen.

Tauchen macht hungrig und Levanto bietet Hilfe. Frische, hausgemachte Pasta *(pasta fresca)* kann man in kleinen Geschäften in der Altstadt kaufen, und zwar all jene Sorten, die man schon immer mal selbst fertigen wollte: Ravioli und Gnocchi gibt es hier ebenso wie köstliche Lasagne und Zucchinitorte. Selbst Wandern lässt sich mit Genuss verbinden, aber ein wenig Anstrengung ist schon erforderlich. Am dritten Sonntag im Mai bittet Levanto zur **Mangialonga** – einer zehn Kilometer langen, organisierten kulinarischen Wanderung, die durch Weinproben in den über der Stadt liegenden Bergdörfern merklich aufgelockert wird.

IAT Levanto
Piazza Mazini 1
19015 Levanto
✆ 01 87 80 81 25
www.levanto.it
Mo–Sa 9–13 und 15–18, So 9–13 Uhr

Diving Center Puntamesco Scuola Sub
Lungomare Andrea Vespucci 21/22
19015 Levanto
✆ 01 87 80 70 55
www.divingcenter.net

REGION 4
Ligurien

IAT Noli
Corso Italia 8
17026 Noli
✆ 01 97 49 90 03
http://turismo.provincia.savona.it
Tägl. außer So 9–13 und 15–20 Uhr

16 Regata Storica in Noli
Die alte Republik legt sich in die Riemen

Heute sieht das 17 Kilometer südlich von Savona gelegene Städtchen Noli (2800 Einwohner) aus wie eine Filmkulisse. Die Mauern der Burgruine auf dem **Monte Ursino** schlängeln sich bis zur Stadtmauer. Hinter ihr erheben sich bis zu 40 Meter hohe Wohntürme aus dem Mittelalter. Vor 1000 Jahren war das kleine Noli eine Seemacht, vor 900 Jahren wurde es Republik. Die strategisch günstige Lage kam der Stadt zu Hilfe: Vom Land aus war sie nur durch ein enges Tal erreichbar und auf der Wasserseite konnten etwaige Feinde schon von Weitem gesehen werden. Dass Noli überdies an einem natürlichen Hafen lag, in dem das Wasser in Ufernähe schon tief und somit gut schiffbar war, ebnete den Bewohnern den Weg zur Seefahrt und zum Handel. Noli existierte bereits in der ausgehenden Antike. Im 8. Jahrhundert wurde es von den Langobarden überfallen und später immer wieder von Sarazenen-Angriffen getroffen. 1097 nahm es am ersten Kreuzzug teil, verschaffte sich als Seemacht Respekt und war 1193 die kleinste der fünf Seerepubliken in Italien. Fast 600 Jahre behielt Noli diesen Status, allerdings mit einem mächtigen Bündnispartner: Genua. Dann marschierte 1797 Napoleon in Italien ein und beendete Nolis Unabhängigkeit.

An der Riviera Levante: die blau-weiß leuchtenden Badekabinen im Strandbad von Noli

An die großen Zeiten der kleinen Stadt erinnern die gut erhaltene Befestigungsanlage, die 1000 Jahre alte Kirche **San Paragorio**, die einst Dom war und heute eine der schönsten romanischen Kirchen Liguriens ist, und die Geschlechtertürme. In ihnen verschanzten sich einflussreiche Familien in schweren Zeiten und hielten in guten Hof. Nur wer der befreundeten Republik Genua eine Kriegsgaleere zur Verfügung stellte, war zum Bau eines solchen wehrhaften Hochhauses berechtigt.

Einmal im Jahr wird der Seefahrer im Bürger wach: Bei der Regata Storica dei Rioni Nolesi, der historischen Regatta, die immer am zweiten Sonntag im September stattfindet. Das Datum markiert den Jahrestag der Gründung der Republik. Dann treffen sich die Bewohner der vier Stadtteile in historischer Gewandung – als Knappe, als Soldat oder als Konsul – in der blauen Bucht zur Ruderregatta. Für die Boote gelten strenge Vorgaben: 5,61 Meter lang und 1,72 Meter breit muss jedes sein. Das Ruder misst 3,40 Meter, in jedem Boot sitzen vier Ruderer und ein Steuermann.

Parco Naturale Regionale dell'Aveto
Via Marré 75 A
16041 Borzonasca
✆ 01 85 34 33 70
www.parks.it
Tägl. außer So 8.30–12.30 Uhr

Centro Visite di Rezzoaglio
Via Roma 47
16048 Rezzoaglio
✆ 01 85 87 01 71
www.parks.it
Fr–So 8.30–12.30 Uhr

17 Im Parco Naturale Regionale dell'Aveto
Kastanienwald und schroffe Berge

3000 Hektar des Ligurischen Hinterlands, mehrere Seen, die Gipfel des Ligurischen Apennin und fünf Städtchen – Barzonasca, Mezzanego, Ne, Rezzoaglio und Santo Stefano d'Aveto – bilden im Parco Naturale Regionale dell'Aveto ein abwechselungsreiches Natur- und Wanderparadies. Seine Zentrale mit einer Ausstellung ist in **Borzonasca**, das Besucherzentrum in **Rezzoaglio**, wo zudem das **Museo del Bosco** über die Wälder des Parks informiert; in beiden gibt es Kartenmaterial. Im Park sind fünf Rundwanderwege unterschiedlicher Schwierigkeitsgrade und Länge (eineinhalb bis acht Stunden) und fünf Themenrouten ausgeschildert. Zudem verläuft hier eine Etappe des Ligurischen Höhenwegs. Der **Monte Penna** (1735 m) hat dem Logo des Parks seine Silhouette geliehen. Von oben bietet er einen grandiosen Blick auf Meer und Alpen. Sein Nordhang ist steil und felsig, der Südhang, der schon in der Provinz Parma liegt, moderater und von Wald bedeckt.

Außer Kastanien-, Buchen- und Mischlaubwäldern gibt es Buchsbaum und Farne, aber auch Sumpfdotterblumen und das Apennin-Windröschen – um nur einige zu nennen. Zudem sind hier 39 endemische Pflanzen gezählt worden, die nur in diesem Gebiet vorkommen, darunter Alpen-Akelei und Teufelskralle. Auch die Tierwelt hat hier ein Refugium gefunden. Wanderer können Stein- und Schlangenadler beobachten, Habichte, Turmfalken und zahlreiche kleinere Vogelarten. Auch Rehe und sogar der Apenninwolf sind hier heimisch.

Als uralte Kulturlandschaft ist der Park reich an historischen Zeugnissen. Im Naturpark wurden Spuren menschlicher Besiedelung gefunden, die 7000 Jahre alt sind. Dagegen mutet die hübsche römische Bogenbrücke bei **Santo Stefano d'Aveto** fast neu an. An die Zeit, als das Gebiet aufgrund seines Mineralreichtums ein Zentrum der Bergbauindustrie war, erinnern noch die Gruben von **Val Graveglia**. Die Grube von **Gambatesa**, in der Mangan abgebaut wurde, kann besichtigt werden; außerdem gibt es in **Reppia** ein Mineralogisches Museum. Sehenswert ist die Abtei von Borzone in **Borzonasco**, die aus einer Kirche mit Glockenturm und den Überresten eines Klosters besteht. Obwohl in einen Marmorblock des Turms die Jahreszahl 1244 gemeißelt ist, haben Untersuchungen ergeben, dass die Anlage aus dem 8. Jahrhundert stammt. Vermutlich wurde der Turm später auf die byzantinische Kirche gesetzt.

17 Meter unter der Meeresoberfläche: »Il Cristo degli Abissi« (Christus der Abgründe) in der Bucht von San Fruttuoso innerhalb des Meeresschutzgebiets Portofino

18 Meeresschutzgebiet Portofino
Glamour und ein abgetauchter Christus

IAT Portofino
Via Roma 35
16034 Portofino
✆ 01 85 26 90 24
www.terrediportofino.eu
Mai–Mitte Sept.
Di–Sa 10–13 und 14–18 Uhr

An der Südspitze der gleichnamigen Halbinsel liegt das glamouröse Portofino. Nur 440 Menschen leben in dem winzigen Ort, in den sich in den 1950er Jahren Hollywood-Stars wie Richard Burton und Liz Taylor, Lili Palmer und Rex Harrison verliebten. Das war nicht schwierig: Mit den schmalen, bunten Häusern, die sich um den Naturhafen schmiegen, dem tiefblauen Meer vor grüner Küste und der hübschen Chiesa di San Giorgio ist dieses (autofreie) Fischerdorf von berückender Schönheit. Daran ändert auch die Tatsache nichts, dass es von Besuchern überrannt wird. Außer an seiner Schönheit und der Strahlkraft der großen Namen Hollywoods liegt das auch daran, dass Portofino in Musik, Literatur und Film eingegangen und so längst zum Mythos geworden ist. Der 1922 erschienene Roman »Verzauberter April« der englischen Schriftstellerin Elizabeth von Arnim (1866–1941) spielt nicht nur an und über der unwirklich schönen Bucht, er wurde auch hier geschrieben – im Castello Brown, das über dem Ort thront und heute Sitz des Heimatmuseums ist. Damals gehörte es dem Diplomaten Alfons Mumm von Schwarzenstein und seiner Frau Jeannie, die später, 1945, im Alleingang die Zerstörung Portofinos durch die Deutschen verhindern sollte. 1958 sprach das Lied »Love in Portofino« des Komponisten Fred Buscaglione aus, was die halbe Welt schon fühlte. Und 1961 drehten Rock Hudson und Gina Lollobrigida hier den Film »Come September« (Happyend im September).

Ein roter Skorpionfisch im Unterwasserschutzgebiet von Portofino

Glücklicherweise verändert sich dieser paradiesische Flecken nicht mehr, liegt er doch im seit 1999

geschützten Gebiet **Area Marina Protetta Portofino**, das die Halbinsel und ihre Gewässer umfasst. Zusammen mit Camogli und Santa Margherita Lingure teilt Portofino sich die Verantwortung für das Gebiet. Bewahrt wird neben einer reichen Meeresfauna ein außergewöhnlicher Korallenbestand, zu dem unter anderem die Rote Hornkoralle gehört. Der Abschnitt Cala dell'Oro ist als Vollständiges Reservat für Schiff und Mensch gesperrt; im Allgemeinen Reservat, das auf dem Gebiet der Gemeinde Camogli liegt, ist Gerätetauchen unter Führung zugelassener Basen sowie Baden erlaubt. Im Teilreservat an den Seiten der Halbinsel ist Baden und Tauchen unbeschränkt möglich, sofern es der Natur nicht schadet. Taucher können sich an den 18 Tauchplätzen auf ungewöhnliche Begegnungen freuen: Muränen, Oktopusse, Langusten, rote Korallen und Krustenanemonen sind zu sehen – und in 17 Metern Tiefe eine Christusfigur. Der bronzene **Cristo degli Abissi** wurde in den 1950er Jahren versenkt und soll Seeleute, Fischer und Taucher schützen.

19 Portovenere und die Inseln Palmaria, Tino und Tinetto

Der Hafen der Venus bei Nacht

i Pro Loco Portovenere
Piazza Bastreri 7
19025 Porto Venere
✆ 01 87 79 06 91
www.prolocoporto venere.it
Mai–Sept. tägl. 10–12 und 15–19, Okt.–April tägl. außer Mi 10–12 und 15–18 Uhr

Die Schönheit **Portoveneres** hält allen Touristenstürmen stand. Dunkelrosa, sonnengelb und ockerfarben schimmern die Spiegelbilder der schmalen Fassaden im Hafenbecken, dessen Wasser allerdings längst mehr Ausflugs- als Fischerboote kräuseln. Zu einer einzigen Mauer sind die Häuser verschmolzen, so dass Angreifer dereinst kaum eine Chance hatten, das wehrhafte Städtchen zu erobern. Jenseits der Kirche San Pietro, die in dramatischer Lage auf einem Felsen den Ort bewacht, erinnert vor der Arpaia-Grotte eine Gedenktafel an den prominenten Urlauber Lord Byron (1788–1824). Er soll nach dem Bade in dieser Grotte mit lauter Stimme Gedichte – und zwar seine eigenen, die ihm besonders gefielen – deklamiert haben.

Spät am Abend, wenn die letzten Reisebusse verschwunden, die leeren Weinflaschen in den Bars zusammengestellt und die Teller abgeräumt

Über pastellfarbenen Hausfassaden thront ein genuesisches Kastell: Portovenere

sind, kann man sich vorstellen, Portovenere gehörte bis heute nur ein paar Romantikern, halbwilden Katzen und den rechtmäßigen Bewohnern. Sie kann man noch immer hier und da beobachten, wie sie ihre Stammplätze in den Fischrestaurants am Hafen verteidigen. So unwirklich pastellig leuchten die bunten Häuser im blassen Laternenlicht, dass man kaum überrascht wäre, würde bald darauf die ganze Szenerie als Pappkulisse zur Nacht weggeschoben. Doch es ist alles echt, sogar der Schatten der gegenüberliegenden, sechseinhalb Quadratkilometer großen Insel **Palmaria**. Stunden zuvor war sie mit ihren Stränden (Kies und Sand) und der nur mit dem Boot erreichbaren **Grotta Azzurra** vor allem ein Ziel für Tagesausflügler. Wenn die Gäste mit dem Boot nach Portovenere zurückkehren, fallen die Inseln wieder in tiefen Schlaf – alte Befestigungen, Bunker und der Leuchtturm bleiben zurück.

In der Grotta dei Colombi wurden Überreste von Gräbern gefunden, die mehr als 5000 Jahre alt sein sollen. Zusammen mit den Inselchen **Tino** (knapp 13 Hektar) und **Tinetto** bildet Palmeria vor Portovenere ein Archipel, das Teil der seit 1997 von der UNESCO zum Welterbe gezählten »Kulturlandschaft Portovenere und Cinque Terre« ist. Tino ist heute militärisches Sperrgebiet und darf nur am 13. September, dem Fest des heiligen Venerius, mit Ausflugsbooten besucht werden. Venerius lebte im 7. Jahrhundert auf der Insel.

20 Rapallo
Seebad an der Riviera di Levante

Das etwas mehr als 30 Kilometer südöstlich von Genua gelegene Rapallo (29 000 Einwohner) ist das größte Seebad der Riviera Levante. Zwar wurde jenseits der Eisenbahnstrecke, die das historische Zentrum von der Neustadt trennt, eine Zeit lang zügellos gebaut. Doch die wie eine Festung in die halbmondförmige Bucht gefügte Altstadt zeigt sich mit verwinkelten Gassen und Bogengängen, in denen früher Boote untergestellt wurden, noch immer überaus malerisch. Dass viele Fensterläden nur auf die ligurisch-bunten Fassaden gemalt sind, hat einen praktischen Grund: Im 18. Jahrhundert erhob die Republik Genua eine Fenstersteuer. Mit den Attrappen ließ sie sich umgehen, und zumindest nach außen machten sie auch etwas her.

Rapallo erlebte eine große Stunde, als hier nach dem Ersten Weltkrieg zweimal Friedensverträge unterzeichnet wurden. Zunächst einigte sich Italien 1920 mit dem späteren Jugoslawien über die Grenzen beider Länder. Zwei Jahre später unterzeichneten die Außenminister des Deutschen Reichs und der Russischen Sowjetrepublik den Vertrag von Rapallo, bei dem beide Länder auf Reparationszahlungen verzichteten und vereinbarten, wieder diplomatische Beziehungen miteinander aufzunehmen, was die westlichen Mächte eher freudlos aufnahmen. Dennoch erwies sich Rapallo als ein Ort, an dem vieles möglich schien.

Das dramatisch auf einem Felsen am Hafen gelegene **Castello** aus dem 16. Jahrhundert ist Rapallos Wahrzeichen und nur durch einen schmalen Weg mit dem Festland verbunden. Erst diente es der Verteidigung, später als Gefängnis und heute als Veranstaltungsort. Das Rathaus an der **Piazza dei Nazioni** wurde 1498 erbaut. Nur wenige Schritte entfernt befindet sich das Herz der Altstadt, die von der Basilica di San Gervasio e Protasio überragte **Piazza Cavour**. Die schönsten Strände liegen zwei Kilometer westlich der Altstadt in **San Michele di Pagana** und den winzigen Buchten Trelo, Prelo und Pomano. Mit der Pfarrkirche aus dem 12. Jahrhundert, den Fischerhäusern und den Palmen davor ist San Michele die reine Idylle. Die Strandabschnitte sind klein wie fast überall an der Küste, doch Lage und Ausblick entschädigen dafür.

i IAT Rapallo
Lungomare Vittorio Veneto 7
16035 Rapallo
✆ 01 85 23 03 46
www.comune.rapallo.ge.it
www.turismo.provincio.genova.it
Tägl. außer Mo 9.30–13 und 14–17.30 Uhr

REGION 4
Ligurien

IAT Sanremo
Largo Nuvolini 1
18038 Sanremo
✆ 01 84 590 59
http://sanremoguide.it
Mo–Fr 9.30–13, Mo und Mi auch 15–17 Uhr

21 Sanremo
Gartenstadt und Seebad an der Blumenriviera

Sanremo war im 19. Jahrhundert wegen seiner geschützten Lage in der Bucht zwischen Kap Nero und Kap Verde und dem milden Klima ein beliebtes Winterquartier durchgefrorener Adeliger aus England und Russland. Auch wenn diese Zeiten lange vorbei sind, verströmt die 20 Kilometer von der Grenze entfernte Stadt (54 000 Einwohner) mit ihrem 1860 eröffneten **Grand Hotel**, dem 1905 erbauten Spielkasino, dem kaiserlichen Spazierweg **Corso Imperatrice** und den schmucken Villen – darunter die **Villa Sirio**, einst Wohnsitz des deutschen 99-Tage-Kaisers Friedrich III., und die **Villa Nobel** am Corso Cavalotti, wo Alfred Nobel in einem Labor im Keller Versuche machte – noch immer glamouröse Atmosphäre. Auch das Klima ist angenehm, Frost, Schnee und Nebel sind unbekannt. In Sanremo überwintert der Frühling, und mit ihm viele italienische Ruheständler.

Heute ist Sanremo Standort des größten Blumenmarkts in Südeuropa und seit 1951 als Schauplatz des Schlagerfestivals *Il Festival della Canzone Italiana* bekannt. In der neoklassizistischen **Villa Ormond** (Corso Cavalotti) ist das Internationale Institut für Menschenrechte ansässig; ihr Park ist öffentlich zugänglich. Aus dem Mittelalter stammen die dreischiffige, romanisch-gotische **Cattedrale di San Siro** (12. Jahrhundert) und die Altstadt **La Pigna**, deren hohen Mauern und überdachten Durchgängen man noch ansieht, dass sie notfalls Piratenangriffen standhalten mussten. In der zweiten Hälfte des 19. Jahrhunderts verwandelte sich Sanremo dann vom Fischerdorf in das Seebad von Kaisern und Königen. Bis zur Jahrhundertwende wurden zwei Dutzend Hotels gebaut. Viele Gäste bevorzugten ihre eigenen vier Wände, so dass 200 elegante Villen hinzukamen. Kaiserin Sisi gehörte ebenso zu den Kurgästen wie die Zarin Marija Alexandrowna, Gattin von Zar Alexander II., und zahlreiche russische Adelige, für die eine russisch-orthodoxe Kirche erbaut wurde.

Spielkasino von Sanremo

Ein exklusiver Ferienort an der Riviera di Levante: Santa Margherita Ligure

Auch in die Literatur fand Sanremo Eingang. Der italienische Schriftsteller Giovanni Domenico Ruffini ließ schon 1855 einen seiner Romane in Sanremo spielen und war somit nicht ganz unschuldig am Ruhm des Seebads, in dem Thriller-Autorin Patricia Highsmith später ihren talentierten Mister Ripley einen heimtückischen Mord begehen ließ. Italo Calvino (1923–85), einer der wichtigsten italienischen Schriftsteller des 20. Jahrhunderts, wurde zwar im kubanischen Havanna geboren, wuchs aber in Sanremo auf.

22 Santa Margherita Ligure

Weiße Yachten und elegante Villen

Santa Margherita Ligure (9600 Einwohner) liegt 35 Kilometer von Genua entfernt am Fuß des Monte Portofino. Von Rapallo führt die alte römische Straße **Via Aurelia** direkt in die Stadt. In der Hochsaison bedeutet das eine Anfahrt im Stau. Doch die Mühe lohnt sich, selbst wenn die Nerven leiden und die Klimaanlage vor dem Kollaps steht. Santa Margherita, einstmals ein verträumtes Fischerdorf, ist ein schicker Hafen und glamouröser Badeort. Das ist schon lange so, wie die eleganten Paläste beweisen, die sich einstmals vermögende Aristokraten bauen ließen. Später kamen Luxushotels dazu, Boutiquen und Restaurants sowie eine schöne, von Palmen gesäumte Promenade. Mit dem Strand, hinter dem die schmalen Fassaden der alten Fischerhäuser in der ganzen Farbpalette von Zitronengelb bis Orangerot leuchten, verströmt die Stadt allem Glanz zum Trotz noch immer den authentischen Charme eines alten Mittelmeerhafens. In der Kirche **Sant'Erasmo** ist dieses Erbe noch sichtbar: Dort erzählen Votivbilder von den Gefahren des Meers, die im Lauf der Zeit ungezählte Fischer und Seeleute das Leben kosteten.

Das Adelsgeschlecht der Durazzi ließ sich im 16. Jahrhundert die schmucke **Villa Durazzo Centurione** bauen. Die Familie suchte nicht Erholung, sie benötigte vor allem einen repräsentativen Wohnsitz. Ihr großartiger, in einem Park voller exotischer Pflanzen gelegener Renais-

i IAT Santa Margherita Ligure
Piazza Vittorio Veneto
16038 Santa Margherita Ligure
✆ 01 85 28 74 85
www.smlturismo.it
Mai–Okt. tägl. 9–13 und 15–19, tägl. außer So 10–13 Uhr

Giardini Botanici Hanbury
Corso Montecarlo 43, La Mortola
18039 Ventimiglia
✆ 01 84 22 95 07, www.giardinihanbury.com, März–Mitte Okt. tägl. 9.30 –18, Juni–Sept. bis 19, Mitte Okt.–Feb. bis 16 Uhr, Anfang Nov.–Feb. Mo geschl., Eintritt € 9/7,50 (6–14 J.), Juli–Mitte März € 7,50/6

sancepalast ist heute Spielort klassischer Konzerte und Symbol für die Eleganz von Santa Margherita Ligure.

Das Gemeindegebiet liegt teilweise im Regionalen Naturpark Portofino und ist zusammen mit Camogli und Portofino für das Meeresschutzgebiet Portofino verantwortlich. Auch deshalb ist das Umland nicht zubetoniert worden, sondern von Steineichenwäldchen und Olivenhainen bedeckt. Der Hafen bildet noch immer den Mittelpunkt der Stadt, sogar Kreuzfahrtschiffe suchen das Städtchen heim und sorgen in den umliegenden Tourismuszentren für verstopfte Altstädte. Der Sporthafen funkelt weiß vor privaten Yachten und Segelbooten. Wer keine eigene Yacht hat, kann im Hafen eines der Linienboote nehmen, die regelmäßig Portofino, Rapallo, Sestri Levante und Chiavari ansteuern.

23 Ventimiglia
Gelbe Mimosen und violette Bougainvilleen

Der vielleicht schönste Garten der östlichen Riviera liegt an einer Steilküste, nur ein kleines Stück außerhalb von Ventimiglia (24 000 Einwohner). Thomas Hanbury (1832–1907), ein wohlhabender englischer Teehändler, sah eines Tages vom Meer aus ein mittelalterliches Haus auf halber Höhe eines von Bäumen bestanden Bergs liegen. Es war Liebe

Artenvielfalt in den Giardini Botanici Hanbury

auf den ersten Blick und die Folgen waren so kostspielig wie häufig in solchen Fällen. Von seinen Handelsreisen nach Asien brachte er exotische Pflanzen mit, zusammen mit seinem Bruder Daniel, einem Pharmakologen, legte er ab 1867 in den **Hanbury Gardens** eine beispielhafte Artenvielfalt an. Als Thomas 1907 starb, setzten sein Sohn Cecil und dessen Frau Lady Dorothy das Werk fort. 1912 waren 5800 Pflanzenarten rund um die alte Villa versammelt. Erst der Ausbruch des Ersten Weltkriegs unterbrach die Neuschöpfung des botanischen Paradieses: Hanburys mussten zurück nach England, während des Kriegs waren Truppen auf dem Grundstück untergebracht. Als Dorothy schließlich zurückkehrte, fand sie Chaos und Minen vor. Nachdem auch der nächste Krieg schwere Schäden im Garten hinterließ, wurde das Anwesen 1960 an den italienischen Staat verkauft; heute gehört es der Universität Genua, die es mit Urlaubern und Gartenfreunden teilt.

Den Eingang der Villa schmückt ein Mosaik, das Marco Polo zeigt – ein Asienreisender wie Hanbury. Im Vorhof steht noch die Glocke aus einem buddhistischen Kloster, die zu Hanburys Zeiten die Arbeitsstunden auf dem Anwesen bestimmte. Eine Plakette an der Fassade erinnert an den Besuch von Königin Victoria. Ein Stück tiefer am Hang, nahe dem Meer, verläuft die alte Via Aurelia. Karl V. nahm diesen Weg, Napoleon auch. Hier steht die Hitze im Sommer und nur ein Hauch von Ewigkeit bewegt die Luft. Einzig die Gräber von Sir Thomas und seiner Schwiegertochter Dorothy erinnern daran, dass selbst an der milden Mittelmeerküste jede Blüteperiode bemessen ist.

Blick auf den mittelalterlichen Stadtkern von Ventimiglia mit der romanischen Kathedrale Santa Maria Assunta

Lombardei/Lombardia

Kulturstädte und Alpenseen

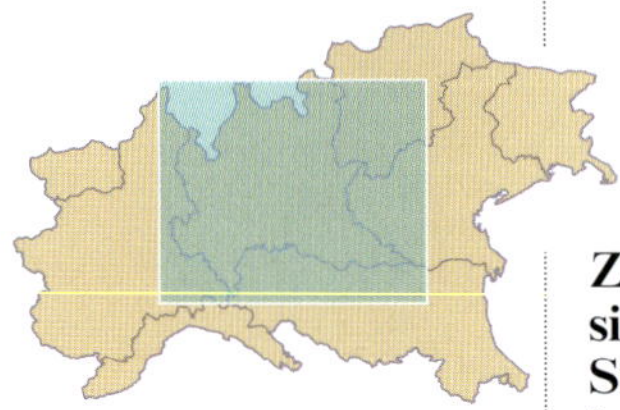

Zwischen Lago Maggiore, Gardasee und dem Fluss Po erstreckt sich die Lombardei, eine der wohlhabendsten Regionen Italiens. Sie grenzt im Norden an die Schweiz (Tessin und Graubünden), im Westen ans Piemont, im Süden an die Emilia-Romagna und im Osten an Trentino-Südtirol und Venetien. Ihre Landschaften reichen von der Gebirgsregion des Veltlin im Norden bis zur Weite der Po-Ebene im Süden. Mit Lago Maggiore, Lago di Como, Lago d'Iseo, Lago di Garda und Lago di Lugano liegen zudem einige der schönsten Alpenseen ganz oder teilweise im Gebiet der Lombardei.

Auf rund 23 800 Quadratkilometern leben hier fast zehn Millionen Menschen. Mailand ist mit 1,3 Millionen Einwohnern die zweitgrößte Stadt Italiens, Kapitale der Region und das wirtschaftliche Zentrum nicht nur der Lombardei, sondern ganz Norditaliens. Banken, Handel, Dienstleistungen, die Messe und die

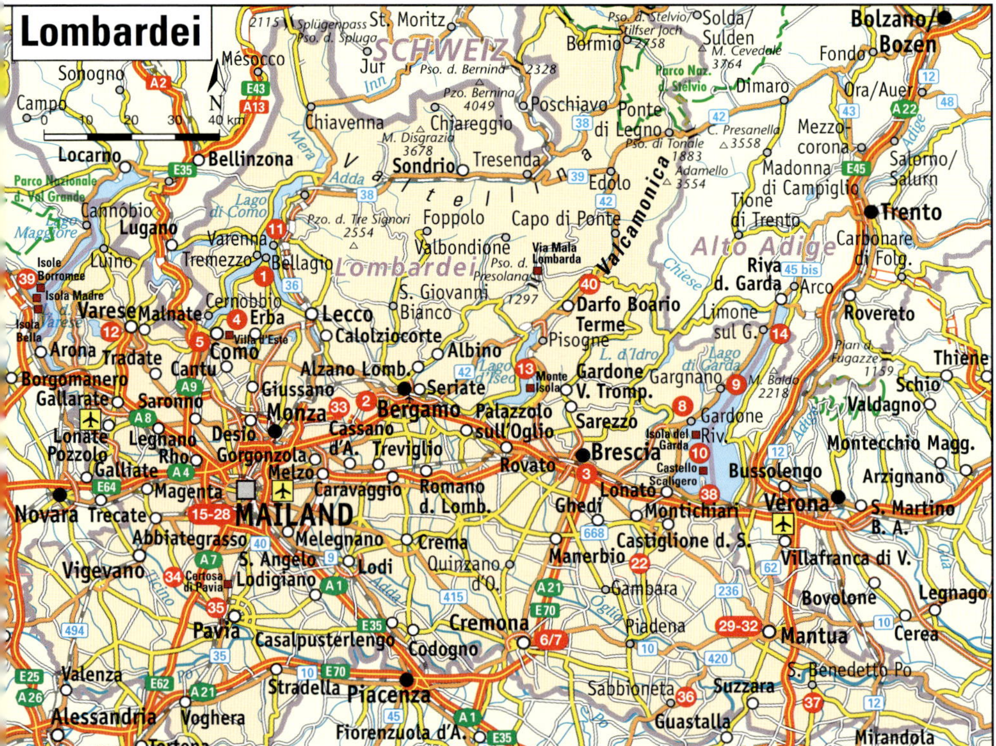

Mediterrane Pflanzenpracht auf der Isola Bella im Lago Maggiore

wichtigste Börse Italiens sorgen für den sprichwörtlichen Wohlstand dieser Metropole des Nordens. In der Po-Ebene spielt auch Landwirtschaft eine Rolle. Zweitgrößte Stadt der Lombardei, die auch wirtschaftlich hinter Mailand an zweiter Stelle rangiert, ist Brescia mit 188 500 Einwohnern.

Die Städte der Lombardei besitzen großartige Kunstschätze. Aufgrund ihrer zentralen Lage am Knotenpunkt diverser Handelswege und ihres Reichtums wurden sie immer wieder Zielscheibe von Kriegen und Überfällen, waren aber auch selbst gut gerüstet. Angesichts der daraus resultierenden bewegten Geschichte und der späteren Industrialisierung ist es umso bemerkenswerter, wie gut viele mittelalterliche Stadtbilder erhalten sind.

Schon zur Zeit der Römer blühte hier das Leben. Als das Römische Reich zerfiel, machten sich nacheinander die Westgoten, die Hunnen unter Führung Attilas und im Jahr 493 die Ostgoten die heutige Lombardei untertan. Ihnen folgten die Langobarden, die Pavia zu ihrer Hauptstadt machten und ab der zweiten Hälfte des 7. Jahrhunderts fast das ganze heutige Italien beherrschten. Aus ihrer Ära haben – neben dem Namen der Lombardei – bedeutende Bauten überdauert. Im Jahr 754 schlugen die Franken die Langobarden. 20 Jahre später war die Lombardei Zentrum des karolingischen Italiens unter Karl dem Großen. Ihre Städte blühten wirtschaftlich auf und strebten zunehmend nach Unabhängigkeit. Im Kräftemessen mit Kaiser Friedrich I. Barbarossa gründeten sie 1167 den Lombardischen Städtebund. Neun Jahre später besiegten die lombardischen Städte Barbarossa, der den Städtebund zähneknirschend anerkennen musste. Nachdem sich aber Mailand mit ihm verbündete, entstanden neue Parteien und ein Konflikt zwischen papstorientierten Guelfen und kaisernahen Ghibellinen. Vor allem Mailand war noch lange immer wieder Ziel unterschiedlicher Begehrlichkeiten. Im 18. Jahrhundert glich das Schicksal der Lombardei dem der übrigen Regionen Oberitaliens mit den Stationen Savoyen, dem Königreich Sardinien-Piemont, Napoleon und Habsburg.

Das linke Portal der Westfassade des Mailänder Doms

Deftige Leckereien: Involtini di Milano oder …

… Kalbshaxe Ossobuco mit Risotto alla Milanese

Allgemeine Regionalküche der Lombardei
Bodenständig und deftig

Zwar wird den Bewohnern der Lombardei gelegentlich nachgesagt, sie seien viel zu beschäftigt, um raffinierte Menüs zuzubereiten. Doch das ist nur die halbe Wahrheit. Karrieremenschen mögen sie sein, aber eben auch Norditaliener, zu Hause in einer Landschaft, die alle Produkte für die gehobene Kochkunst bietet. Als solche neigen sie dazu, aus dem Essen eine Weltanschauung zu machen. Auch in Mailand, Italiens Wirtschafts- und Geschäftszentrum. Ausgerechnet in seiner Kathedrale aus weißem Marmor soll das berühmte Risotto, Mailands Leibspeise, seinen Ursprung haben. Ein Maler, der im 16. Jahrhundert im Dom arbeitete, hatte sich der Legende zufolge in die Tochter seines Meisters verliebt. Bald trat das Paar vor den Altar, als Hochzeitsessen gab es Risotto – das der Künstler mit Safran, das er zum Malen verwendete, eingefärbt hatte. Seither ist Gelb in Mailand zwar nicht die Farbe der Liebe, aber immerhin die des berühmten **Risotto alla Milanese**. Unbestritten ist, dass in der Lombardei das Risotto als erster Gang eine größere Rolle spielt als die Pasta. Ebenfalls äußerst beliebt ist die Polenta, ein aus Maisgrieß hergestellter Brei, der durch unterschiedliche Soßen, die ihn begleiten können, etwas an Geschmack gewinnt.

In der Lombardei wird eher mit Butter als mit Olivenöl gekocht, weil Olivenbäume im Norden in erster Linie als Terrassendekoration vorkommen. Dafür wird mit der Butter ebenso wenig gegeizt wie mit Sahne und Käse. Sogar die Gemüsesuppe **Minestrone alla Milanese** wird außer mit viel frischem Gemüse auch mit Parmesan aus der benachbarten Emilia-Romagna veredelt. Kalb- und Rindfleisch – zum Beispiel gerollt und gefüllt als **Involtini** oder die Kalbshaxe **Ossobuco** – ist im reichen Norden ebenso beliebt wie Geflügel und die Süßwasserfische der Seen. Auch die bewegte Geschichte der Lombardei hat in der Regionalküche schmackhafte Spuren hinterlassen. Vom Safran im Risotto bis zu exotischen Zutaten in deftigen Eintöpfen zeigt sich der jahrhundertelange Kontakt mit anderen Völkern. Und an der **Costeletta alla Milanese**, dem dünnen, in geschlagenem Ei und frisch geriebenen Brotkrümeln panierten Kalbskotelett oder -schnitzel, lässt sich leicht das Wiener Schnitzel erkennen. Ob die Habsburger die Spezialität aus Italien mitbrachten oder die Mailänder es von ihnen übernahmen, ist historisch nicht eindeutig geklärt und eine Streitfrage, in die man sich besser nicht einmischt.

Allgemeines regionales Weinbrevier der Lombardei

Obwohl die Lage der Lombardei zwischen dem Südrand der Alpen und der weiten Po-Ebene für Weinbau nicht unbedingt prädestiniert ist, wurden hier schon in vorrömischer Zeit Reben gepflegt und ihre Trauben zu Wein verarbeitet. Die Römer waren ohnehin im Weinbau sehr rege; der in Mantua geborene Dichter und Schriftsteller Vergil berichtet vom Weinbau rund um die Seen Lago di Como, Lago di Garda und Lago d'Iseo. Ihre Gestade bilden aufgrund des milden Klimas und der mineralischen Böden auch heute noch wichtige Anbaugebiete. Allerdings müssen die teilweise in mühsamer Steillage gelegenen Rebstöcke ohne maschinelle Hilfe gepflegt werden. Rund 1,5 Millionen Hektoliter Wein werden jedes Jahr in der Lombardei produziert. Die Rebsorten Nebbiolo, Barbera, Cabernet Sauvignon, Merlot und Pinot Noir werden zu leichten **Rotweinen** gekeltert. An **weißen Rebsorten** dominieren Pinot Bianco, Trebbiano, Riesling und Chardonnay. Die vier mit DOCG-Siegel gekürten Gebiete sind Oltrèpo pavese (nur für den Schaumwein *metodo classico*), Valtellina (Sforzato di Valtellina und Valtellina Superiore) sowie

Franciacorte; auch das letztere Gebiet besitzt das Siegel nur für Schaumwein, wiewohl hier auch gute Stillweine produziert werden. Hinzu kommen 15 lombardische Weine mit DOC-Siegel.

Der aus Chardonnay-, Pinot-Bianco- und Pinot-Noir-Trauben hergestellte Schaumwein zählt zu den größten Trümpfen der lombardischen Weinindustrie. Vor allem im südlich des Iseosees gelegenen Anbaugebiet Franciacorta hat man sich auf den nach traditionellem Verfahren in Flaschengärung hergestellten **Spumante** spezialisiert. Neben dem Seengebiet zwischen Bergamo und Verona bilden das nahe der Grenze zur Schweiz gelegene Valtellina-Tal, das sich bis zum Comer See erstreckt, und das südlich vom Po gelegene Gebiet Oltrèpo-Pavese die Herzstücke der insgesamt 27000 Hektar Rebfläche, wobei das letztere mit 16000 Hektar den größten Anteil stellt und zugleich überwiegend sehr hochwertige Weine produziert.

Ein ausgewähltes Rezept aus der Lombardei

Minestrone alla Milanese – Mailänder Gemüsesuppe
Für vier Personen
2 gr. mehlig kochende Kartoffeln
150 g Erbsen
150 g getrocknete weiße Bohnen
1 Zwiebel
1 Stange Lauch
2 Möhren
2 Zucchini
100 g Staudensellerie
¼ Wirsing
4 reife Tomaten
250 g Hörnchennudeln
100 g durchwachsener Bauchspeck (Pancetta)
1,5 bis 2 Liter Gemüsefond
2 Esslöffel Butter
1 Esslöffel Olivenöl
1 Esslöffel Tomatenmark
3 Esslöffel frisch geriebener Parmesan
1 große Knoblauchzehe
1 Bund glatte Petersilie
1 Bund Basilikum
schwarzer Pfeffer und Salz

Die getrockneten Bohnen in Wasser einweichen und zwölf Stunden quellen lassen, das Wasser abgießen und die Bohnen im Suppentopf mit dem Gemüsefond etwa 45 Minuten kochen. In einer großen Pfanne den fein gewürfelten Bauchspeck in Butter und Olivenöl anbraten, fein gehackte Zwiebeln und Knoblauch dazugeben, danach in dünne Scheiben geschnittenen Sellerie und Lauch und etwa fünf Minuten bei mittlerer Hitze anbraten, anschließend das Tomatenmark hinzufügen und verrühren. Das Gemüse putzen, die geschälten Kartoffeln, Karotten und Zucchini würfeln, den Wirsing ohne Strunk in Streifen, die Tomaten entkernen und in kleine Stücke schneiden und alles zusammen mit den Erbsen in den Gemüsefond mit den Bohnen geben und bei schwacher Hitze etwa eine Stunde köcheln lassen.

Danach den Inhalt der Pfanne und die *al dente* gekochten Hörnchennudeln einrühren und die Minestrone mit Pfeffer und Salz abschmecken. Kurz vor dem Servieren die fein gehackte Petersilie und Basilikumblätter untermischen. Der Parmesan wird nach Belieben am Tisch über die Portion gestreut. Dazu schmeckt am besten angewärmtes italienisches Weißbrot.

Typisch für die Lombardei: prickelnder Spumante und Panettone

Veredelt mit frischem Parmesan: Minestrone alla Milanese

Skulpturenschmuck der Villa Melzi in Bellagio am Comer See

❶ Bellagio am Comer See
Sommersitz von Patriziern und Prominenten

Idyllisch liegt das kleine Bellagio (3100 Einwohner) über dem Comer See. Das Panorama aus dem tiefblauen, von schönen Villen und duftenden Gärten gesäumten See vor Alpengipfeln war schon immer unwiderstehlich. Auch die alten Römer begeisterten sich für die Schönheit Bellagios, war es hier oben doch viel angenehmer als in der stickigen Hitze des sommerlichen Roms. Plinius der Jüngere ließ sich hier eine repräsentative Villa errichten (an seinen Aufenthalt erinnert noch die nach ihm benannte Straße), Vergil verfasste preisende Verse. Später kam das Universalgenie Leonardo da Vinci, um Zeichnungen des unfassbar schönen Fleckens anzufertigen. Der Komponist Franz Liszt verbrachte hier einen verliebten Sommer mit der schönen Gräfin Marie d'Agoult. Die gemeinsame Tochter Cosima, die später Richard Wagner heiraten sollte, war die Folge der Liaison – ein Skandal, denn Marie war bereits verheiratet. Im 20. Jahrhundert zählten Charlie Chaplin, John F. Kennedy und Konrad Adenauer zu den prominenteren Gästen.

Zwei der schönsten alten Anwesen sind zu besichtigen. Die im 15. Jahrhundert als Heim einer Adelsfamilie erbaute **Villa Serbelloni** diente auch dem großen Leonardo da Vinci als Urlaubsquartier. Spätere Gäste des Hauses waren unter anderem Kaiser Maximilian I. und Englands Königin Victoria I. Die Villa ging durch die Hände verschiedener Familien und gelangte im 18. Jahrhundert in den Besitz der Serbellonis. Sie ließen das Haus unverändert, erweiterten aber den herrlichen Garten an, der heute im Rahmen von Führungen besichtigt werden kann. Mit 18 Kilometern Wegen und immer neuen Ausblicken auf den Comer See ist er absolut herrschaftlich. Das Haus ist Sitz der Rockefeller Stiftung und nicht zu besichtigen.

Der Mailänder Graf Francesco Melzi d'Eril (1753–1816), der während der napoleonischen Ära Vizepräsident der Republik war, ließ sich zu Beginn des 19. Jahrhundert am Seeufer die neoklassizistische **Villa Melzi** für seinen Ruhestand erbauen. Auch der mit römischen Statuen geschmückte und harmonisch in die Uferlandschaft gefügte Garten ist von der Ästhetik der Klassik geprägt. Ein japanischer Teich, exotische Bäume, eine im Stil eines antiken Tempels erbaute Kapelle und die Harmonie des Landschaftsgartens weisen den Grafen als geschmackssicheren Sohn seiner Zeit und Klasse aus. Er konnte sich indessen nur noch sechs Jahre an seiner Sommerresidenz erfreuen. Das Haus ist heute in Privatbesitz.

ℹ PromoBellagio
Piazza della Chiesa
22021 Bellagio
✆ 031 95 15 55
www.bellagiolakecomo.com
Mitte März–Mitte Nov. Mo 9.30–13, Di–So mindestens 10–11 und 14–15.30 Uhr

Giardino Villa Melzi
Lungolario Manzoni
22021 Bellagio
✆ 33 94 57 38 38 (mobil)
www.giardinidivillamelzi.it
April–Okt. tägl. 9.30–18.30 Uhr
Eintritt € 6,50

Der Lago di Como mit dem malerischen Bellagio

❷ Bergamo
Mit der Seilbahn ins Mittelalter

Blick auf die mittelalterliche Oberstadt von Bergamo

50 Kilometer nordöstlich von Mailand hängt die mittelalterliche Oberstadt von Bergamo (115 000 Einwohner) an einem der letzten Hügel (380 m) der Alpen vor der Po-Ebene. Eine fünf Kilometer lange und von 16 massiven Bollwerken unterbrochene Stadtmauer (16. Jahrhundert) grenzt **Bergamo Alta** auf dem Hügel von der Neustadt ab, die sich in der Ebene und im umliegenden Hügelland erstreckt. Das historische Zentrum steht vollständig unter Denkmalschutz und ist autofrei; eine Standseilbahn *(funicolare)* erleichtert die Überwindung des Höhenunterschieds.

Schon die Römer errichteten an dieser strategisch günstigen Lage eine Befestigung, nachdem sie die keltischen Siedler vertrieben hatten. Das heutige mittelalterliche Stadtbild geht auf die Zeit vom 12. bis 15. Jahrhundert zurück, eine Epoche, die von politischer Instabilität und wechselnden Herrschaftsverhältnissen gekennzeichnet war. 1428 fiel Bergamo – nach einigem Hin und Her zwischen Mailand und Venedig – an die Serenissima. Herz der Altstadt ist die **Piazza Vecchia**, die zu den schönsten Plätzen Italiens gehört. Hier bilden einige der wichtigsten historischen Gebäude ein überaus eindrucksvolles Ensemble. Dazu zählt der im 13. Jahrhundert erbaute **Palazzo della Ragione**, der im Mittelalter das Rathaus war und an dessen Fassade ein Löwe an die Verbindung mit Venedig erinnert. Flankiert wird er vom Stadtturm **Torre del Comune** aus dem 12. Jahrhundert. Jeden Abend läutet seine Glocke wie in jenen Tagen, als eine nächtliche Ausgangssperre die Bürger innerhalb der Stadtmauern hielt.

Die romanische **Basilica Santa Maria Maggiore** wurde zwischen 1173 und1210 erbaut und besitzt ein sehenswertes Chorgestühl aus dem 16. Jahrhundert. Direkt angebaut wurde die **Cappella Colleoni** im Stil der beginnenden Renaissance. Sie ist die Grabkapelle von Bartolomeo Colleoni (1400–75), einem örtlichen Feldherrn und Aristokraten, der ein bewegtes und kriegerisches Leben geführt hatte. Auch seine drei Jahre vor ihm gestorbene Tochter Medea liegt hier begraben. Kein Geringerer als der große Tiepolo malte die Kapelle aus. Im Hintergrund thront der im 17. Jahrhundert umgestaltete **Duomo Sant'Alessandro**, in dem Gemälde von Tiepolo und Bellini zu bewundern sind. Das über der Altstadt auf dem Hügel **San Vigilio** gelegene **Castello** bietet eine grandiose Aussicht über Bergamo und die Ebene. Dieser Hügel ist von Bergamo Alta mit einer zweiten Standseilbahn erreichbar.

ℹ IAT Bergamo Alta
Torre del Gombito
Via Gombito 13
24129 Bergamo
✆ 035 24 22 26
www.turismo.bergamo.it
Tägl. 9–17.30 Uhr

Im Stil der Frührenaissance: die Cappella Colleoni

🏛 **Museo di Santa Giulia**
Via Musei 81 B
25121 Brescia
✆ 03 02 97 78 33
www.bresciamusei.com
Tägl. außer Mo Mitte Juni–Sept. 10.30–19, sonst 9.30–17.30 Uhr
Eintritt € 10/5,50 (10–18 J., Studenten und Senioren)

3 Brescia
3000 Jahre Geschichte

Brescia (188 500 Einwohner) ist schön wie eine Opernbühne, überaus geschichtsträchtig und sowohl prosperierender Industriestandort als auch blühende Kulturstadt. Die unter den Langobarden erbaute **Klosteranlage San Salvatore-San Giulia** und die archäologische Stätte des **Capitolium** mit Theater, vorchristlichen Kultstätten und weiteren Überresten der römischen Stadt zählt die UNESCO zu den sieben Gebäudegruppen Italiens, die unter dem Titel »Die Langobarden in Italien – Orte der Macht 568 bis 774 n. Chr.« zum Welterbe erklärt wurden. Neben der Mischung unterschiedlicher Baustile an der Schwelle von der Antike zum frühen Mittelalter ist schon das bloße Alter dieser Bauten bemerkenswert. Sie erzählen vom Volk der Langobarden, das wie andere Germanenhorden vor und nach ihm aus dem Norden Europas in Italien einfiel, dort aber durchaus konstruktiv wirkte. Das während der Völkerwanderung von Invasionen der Goten und Hunnen arg gebeutelte Brescia konnte unter den neuen Machthabern Atem holen und an seine während der Römerzeit erlebte Blüte anknüpfen, als es eine der wichtigsten Städte Norditaliens war. Im Osten Brescias kann man noch heute die Überreste der römischen Stadt mit dem **Forum Romanum** nach telefonischer Voranmeldung im Museo di Santa Giulia besichtigen.

Im 8. Jahrhundert regierte der Langobarde Desiderius in Brescia. Er ließ 753 zusammen mit seiner Königin Ansa das Kloster San Salvatore-San Giulia erbauen. Eine ihrer Töchter wurde Äbtissin. Die Reliquien der heiligen Julia steigerten den Wert des Klosters, das heute Sitz des eindrucksvollen Stadtmuseums **Museo di Santa Giulia** mit 11 000 Exponaten von keltischen Helmen über römische Statuen bis zu langobardischen Zeugnissen und mittelalterlicher Kunst ist. Die Klosterkirche San Salvatore ist eines der schönsten Beispiele frühmittelalterlichen Kirchenbaus. Einige ihrer Kapitelle stammen aus der Antike und aus byzantinischer Zeit. Überreste des römischen Theaters wurden in die Klosteranlage einbezogen; später kamen romanische und Renaissance-Elemente hinzu, so dass der Komplex eine außergewöhnliche stilistische Vielfalt aufweist.

Auch in Mittelalter, Renaissance und Barock herrschte in Brescia eine rege Bautätigkeit. Der **Neue Dom** wurde ab 1604 direkt neben dem schönen, sehr viel kleineren romanischen **Duomo Vecchio** (11. Jahrhundert), auch Rotonda genannt, an der Stelle der alten Sommerkathedrale erbaut und 1825, schon nicht mehr ganz so neu, fertiggestellt. Der ebenfalls an der Piazza Duomo gelegene **Broletto** war das 1187–1230 erbaute alte Rathaus. Neuer Regierungssitz wurde die **Loggia** an der Piazza della Loggia, ein strahlender Bau der Frührenaissance. »Neu« ist in Brescia immer ein relativer Begriff. Die Piazza entstand in der ersten Hälfte des 15. Jahrhunderts, der Palast wurde ab 1492 erbaut und fast 80 Jahre später unter Mitwirkung von Andrea Palladio vollendet. Überragt wird Brescia vom 31 Meter hohen **Torre Pallata** (13. Jahrhundert).

Seit dem 1. nachchristlichen Jahrhundert überragt der Kapitolinische Tempel das Forum Romanum von Brescia

4 Villa d'Este in Cernobbio

Ein Hotel für Könige, ein Garten zum Träumen

George Clooney ist ein häufiger Gast in der Villa d'Este. Kein Wunder, seine eigene Villa Oleandra liegt nicht weit entfernt am Seeufer in Laglio. Zudem zählt die Villa d'Este zu den schönsten Hotels Italiens, wenn nicht der Welt – und Clooney ist bekanntlich ein Mann mit Geschmack.

Die ersten Gäste, die sich am Comer See schicke Häuser bauten, waren vor rund 2000 Jahren Führungskräfte des Römischen Reichs. Nie mehr verlor der bildschöne Alpensee seither seine Anziehungskraft. Die Villa d'Este wurde im 16. Jahrhundert vom Architekten Pellegrino Pellegrini als Sommerresidenz für Kardinal Tolomeo Gallio erbaut. Nach dessen Tod führte sein Neffe Tolomeo, Herzog von Alvito, die Arbeiten im klassischen Renaissancestil weiter. Im Jahr 1614 reiste der Sultan von Marokko hierher, um die Villa mit eigenen Augen zu sehen. 1784 kaufte Marquis Bartolomeo Calderara das Anwesen und erweiterte den Park entlang dem Seeufer. Nach seinem Tod heiratete seine Frau den Grafen Domenico Pino, der als General unter Napoleon gegen die Spanier siegte. Ihm zu Ehren ließ sie im Jahr 1808 eine kleine Festung auf dem Grundstück erbauen. 1815 verliebte sich Prinzessin Caroline von Braunschweig, Prinzessin von Wales und Königin von England in die Villa, kaufte sie und gab ihr den heutigen Namen Villa d'Este. Nach ihrem Tod ging der Besitz 1834 in die Hände von Baron Ippolito Ciani über, bevor Zarin Maria Fedorowna ihn 1868 mietete. Dann kauften einige Mailänder Geschäftsleute die Villa und eröffneten hier 1873 ein Luxushotel. Seine 152 Zimmer verteilen sich auf zwei Gebäude: das 1568 erbaute **Cardinal Building** und den 1856 von Baron Ciani erbauten und Caroline von Braunschweig gewidmeten **Queen's Pavilion**.

Die an einen Palast erinnernde Architektur des Hauses hat die Jahrhunderte ohne gravierende Veränderungen überstanden. Zeitgenössische Technologie ist so diskret in die luxuriösen Zimmer eingefügt, dass man Flachbildschirme, Internetzugang und perfekt abgestimmte Warmwasserversorgung nur daran bemerkt, dass sie nicht fehlen. Bildschön ist der 25 Meter lange und zehn Meter breite Pool, der – einmalig in Europa – dank einer speziellen Konstruktion auf der Wasseroberfläche des Sees zu schweben scheint. Spektakulär ist der in der Renaissance angelegte, elf Hektar große **Park**. Seine Prunkstücke sind eine 500 Jahre alte Platane und ein Mosaik aus dem 16. Jahrhundert im Nymphäum. Der Garten ist öffentlich zugänglich.

Villa d'Este
Antonella Chiesa
Via Regina 40
22012 Cernobbio
✆ 031 34 81
www.villadeste.com
Anfang März–Mitte Nov. geöffnet

5 Como

Elegante Seidenstadt

45 Kilometer nördlich von Mailand liegt Como (83 000 Einwohner) an der Südwestspitze des Comer Sees. Schon um 500 v. Chr. erlebte es eine erste Blüte. 196 v. Chr. eroberten die Römer *Comum*. Schon bald darauf entstanden die ersten Villen am Seeufer. Der römische Militär und Verwaltungsbeamte Plinius der Ältere, Verfasser der 37-bändigen naturkundlichen Schrift »Naturalis Historia«, wurde um das Jahr 23 im heutigen Como geboren. Er starb wie 5000 andere Menschen am 25. August 79 beim Ausbruch des Vesuvs in Neapel, der als erloschen gegolten hatte. Auch sein Neffe Plinius der Jüngere kam in Como zur Welt, und zwar im Jahr 61 oder 62. Er machte ebenfalls Karriere und wirkte als Anwalt und Senator. Seinen Ruhm verdankt er indessen seinen Briefen und seiner Schilderung des Vulkanausbruchs. Como wurde stark von Germanenangriffen heimgesucht; erst zur Zeit der Langobar-

i Turismo Como
Piazzale San Gottardo
22100 Como
✆ 031 449 95 39
www.comotourism.it
Di–Fr 10–13 und 14.30–17.30 Uhr

Cattedrale di Como
Via Maestri Comacini 4
22100 Como
✆ 031 26 52 44
www.cattedraledicomo.it
Mo–Sa 10.30–17, So 13–16.30 Uhr
Eintritt frei

Como: Blick auf die Kathedrale Santa Maria Maggiore bei Nacht

Duftentfaltung und Farbenpracht: Das Mikroklima des Comer Sees lässt die Vegetation üppig blühen und sprießen

den kehrte wieder Ruhe ein. Dauern sollte sie nicht; Como wurde im Lauf der Geschichte immer wieder überfallen. Im 16. Jahrhundert fiel es an Spanien, später an Österreich und das napoleonische Königreich Italien. Die Seidenraupenzucht, aus der sich eine regelrechte Seidenindustrie entwickelte, sorgte aber ebenso wie die Lage am Zugang der Alpenpässe stets für eine florierende Wirtschaft.

Die von der Stadtmauer aus dem 12. Jahrhundert eingefasste Altstadt besitzt mehrere kunsthistorisch bedeutende Kirchen: die romanische Kirche **Sant'Abbondio** aus dem 11. Jahrhundert, die im späten 12. Jahrhundert auf einem karolingischen Vorgängerbau errichtete Kirche **San Fedele** mit ihrem außergewöhnlichen kleeblattförmigen Drei-Konchen-Chor (anstelle des sonst üblichen kreuzförmigen Grundrisses) und den ab dem Ende des 14. Jahrhunderts erbauten **Dom**. Seine Kuppel erhielt er erst 1740. Die beiden Seiten des Hauptportals zieren Statuen der beiden großen römischen Söhne Comos, Plinius des Älteren und des Jüngeren, gefertigt von den Brüdern Rodari. Dass die Schriftsteller und Gelehrten noch Heidenkinder waren, hat man ihnen offenbar nachgesehen; vermutlich soll ihre Abbildung die Abkehr vom wissenschaftsfernen Mittelalter symbolisieren. Die Via Plinio führt vom Dom zur wunderschön am See gelegenen **Piazza Cavour**.

Zwar wird es in Como selten heiß. Wenn Sie doch einen drückend warmen Sommertag erwischen, bietet eine Fahrt mit der Standseilbahn *(funicolare)* zum malerischen Bergdorf **Brunate** Kühlung und prächtige Aussicht.

6 Cremona

Der Ton macht die Musik

Die am linken Ufer des Po gelegene Provinzhauptstadt Cremona (72 000 Einwohner) ist durch die Geigenbauerdynastien, die hier im 17. und 18. Jahrhundert wirkten, zu Weltruhm gelangt. Dabei gibt es die Stadt schon viel länger. Die Römer gründeten im 3. Jahrhundert v. Chr. eine Kolonie, wo sich zuvor bereits eine gallische Siedlung befunden hatte. An die großen Geigenbauer – deren Kunst noch heute hier gepflegt wird – erinnern im Rathaus **Palazzo del Comune** (13. Jahrhundert) an der **Piazza del Comune** vier Geigen der berühmtesten Geigenbauer. Zugleich beweist diese prachtvolle Piazza, dass man in Cremona nicht nur Geigen zu bauen verstand. Gegenüber vom Rathaus liegen der **Glockenturm** (Torrazzo) – mit 112 Metern der höchste gemauerte Turm aus dem Mittelalter in Italien –, die **Cattedrale Santa Maria Assunta** und das achteckige **Baptisterium** (Battistero) und bilden ein prachtvolles Ensemble aus dem 12. bis 15. Jahrhundert, abgerundet von der im 13. Jahrhundert erbauten Arkadenhalle **Loggia dei Militi**.

Die im Kern romanische Kathedrale weist Elemente aus Gotik, Renaissance und Barock auf und besitzt eine reich geschmückte Fassade aus Marmor, die das romanische Portal umgibt. 1107 wurde mit dem Bau der Kirche begonnen, doch genau 10 Jahre später zerstörte ein Erdbeben das neue Gotteshaus. Zwölf Jahre vergingen, bis man sich neuerlich an das monumentale Unterfangen machte. 1190 war die Kirche dann so weit fertiggestellt, dass sie geweiht wurde. Im 13. und 14. Jahrhundert kamen das Querschiff und der Campanile, der Torrazzo, hinzu. Chor und Mittelschiff zieren Fresken aus dem 16. Jahrhundert. Achten Sie auf das große Christusfresko von Boccaccio Boccaccino aus Ferrara in der mittleren Apsis. Der 1467 geborene Renaissancemaler war seit 1510 in Cremona tätig und beteiligte sich rege an der Innendekoration des Doms.

i IAT Cremona
Piazza del Comune 5
26100 Cremona
✆ 03 72 40 63 91
www.turismocremona.it
Tägl. 9.30–13 und 14–17 Uhr, Juli/Aug. So nur vormittags

Ein prachtvolles Architekturensemble: die Cattedrale Santa Maria Assunta und das achteckige Baptisterium in Cremona

Die berühmte »Lady Blunt Stradivari« wurde 1721 von Antonio Stradivari in Cremona hergestellt

7 Geigenbauerdynastien in Cremona
Amati, Stradivari, Guarneri

Gleich drei Geigenbauerdynastien haben den Namen der Stadt Cremona zum Synonym für hochwertige Streichinstrumente gemacht: die Familien Amati, Stradivari und Guarneri.

Andrea Amati (1525–77) und seine Nachkommen aus vier Generationen begründeten die Tradition des Geigenbaus in Cremona. Er brachte das Handwerk voran, indem er wertvollere Hölzer verarbeitete, als das bislang üblich war, und er gab seinen Instrumenten eine andere, eher heutigen Geigen entsprechende Form. Zwei seiner Söhne wurden ebenfalls renommierte Geigenbauer. Andrea Amatis Enkel Niccolò war sehr wahrscheinlich der Lehrer von Antonio Stradivari (um 1648–1737) und von Andrea Guarneri, dessen Bratschen besonderen Ruf genossen. Niccolò brachte seine Kunst auch seinem eigenen Sohn Girolamo Amati bei.

Besonders hell strahlte über die Jahrhunderte der Name Stradivaris, dessen Geigen heute die teuersten der Welt sind. Auch er gab seine Kunst an seine Söhne Francesco und Omobono weiter, deren Instrumente aber nicht denselben Ruhm erlangten wie die von Vater Antonio. Dessen Geigen hängen heute in Museen, sie werden aber auch noch von virtuosen Musikern, darunter mehrere Violinisten der Wiener Symphoniker, gespielt. Anne Sophie Mutter besitzt eine 1703, André Rieu eine 1667 gefertigte Stradivari-Geige.

Auch Guarneris Familie blieb dem Instrumentenbau verbunden. Andrea Guarneris Sohn wurde ebenfalls Geigenbauer, der Enkel brachte es als »Guarneri del Gesù« zu Ruhm – der »Teufelsgeiger« Niccolò Paganini spielte eine seiner Geigen – und gilt inzwischen als bedeutendster Spross seiner Familie. Seine Geigen wechseln heute für Millionenbeträge den Besitzer.

Das **Museo del Violino** (Geigenbaumuseum) versammelt neben einer erstaunlichen Vielfalt und -zahl an Streichinstrumenten alles Wissenswerte über die Herkunft, Fertigung und Beschaffenheit der Geige und ihrer Verwandten. Eine nachgebaute Geigenbauerwerkstatt, ein Film über die Anfertigung, ein Raum mit Zeichnungen, Arbeitsgerät und Gegenstände aus der Werkstatt Antonio Stradivaris und weitere Exponate machen dieses Museum zu einem spannenden Ziel auch für Kinder ab dem leicht vorgerückten Grundschulalter.

Museo del Violino
Palazzo dell'Arte
26100 Cremona
© 03 72 80 18 01
www.museodel violino.org
Tägl. außer Mo 10–18 Uhr
Eintritt € 10/7, bis 6 J. frei

8 Gardone Riviera
André Hellers verwunschener Garten

Einer der Glanzpunkte des schönen, an der *Riviera dei Limoni*, der Zitronenriviera, am westlichen Ufer des Gardasees gelegenen Gardone Riviera (2700 Einwohner) ist der ab 1910 vom Arzt und Wissenschaftler Arthur Hruska am Fuß des Berges Lavinio angelegte **Giardino Botanico**. Der Garten verbindet die beiden Teile Gargnanos: das am Seeufer mit der von Orangenbäumen und Oleandern gesäumten Promenade gelegene **Gardone Sotta** und das am Hang gelegene **Gardone Sopra**. 1988 kaufte der österreichische Aktionskünstler André Heller den 10 000 Quadratmeter großen Botanischen Garten, um ein »Zentrum des ökologischen Gewissens« zu schaffen, und richtete sich in der zum Anwesen gehörenden Villa ein Domizil ein. Zugleich setzte Heller Hruskas Arbeit als Architekt des Gartens fort. Mehr als 2000 Pflanzenarten aus allen Erdteilen gedeihen im milden Mikroklima des von Bergen geschützten Refugiums und bilden ein duftendes und blühendes Pflanzenuniversum. Von Seerosen bedeckte Teiche, Bäche und Wasserfälle strukturieren seine

Der Geigenbau hat bis heute Tradition in Cremona

Welten. Skulpturen und Installationen berühmter Künstler wie Keith Haring, Mimmo Paladino und Roy Liechtenstein machen den Garten zu einem begehbaren Gesamtkunstwerk.

Schon vor 100 Jahren fühlten Deutsche sich im idyllischen Gardone Riviera wohl. Ausgelöst hatte den frühen Boom ein Arzt aus Norddeutschland, der das Klima in dem neuen Kurort am Ufer des mit einer Fläche von 370 Quadratkilometern größten Sees Italiens als gesundheitsförderlich empfahl. Seit der Österreicher Ludwig Wimmer das erste Grand Hotel am See erbaut hatte, blühte hier ein recht elitärer Tourismus. Schließlich reisten so viele Kurgäste aus Norddeutschland und sogar aus dem fernen Skandinavien an, dass es geboten schien, zur spirituellen Unterstützung des Kurerfolgs einen Geistlichen zu entsenden. Denn dieser paradiesische Flecken besaß alles außer protestantischen Pfarrern. Zunächst musste die deutsche Fachkraft im Speisesaal des Hotels »Villa Aurora« Gottesdienste halten, bis 1897 die einen Steinwurf vom Grand Hotel gelegene deutsche evangelische Kirche fertiggestellt war. Bis heute besteht hier eine kleine, aber lebendige Gemeinde. Auch Prominenz fand schon früh den Weg nach Gardone, vom Schriftsteller Stefan Zweig bis zum legendären Politiker Winston Churchill.

Im Bambuswald des botanischen Gartens von André Heller in Gardone Riviera

9 Gargnano
Das Ufer, an dem die Träume blühen

Am Morgen ist der See verschwunden. Jenseits des Gartens türmen sich Wolken. Später vertreibt die Sonne den Dunst und wärmt die Hügel über Gargnano (3000 Einwohner). Der See wird sichtbar, glatt wie eine silberne Scheibe. Oben ruhen die Gäste in ihren Liegestühlen, den Blick auf das Panorama geheftet. Fast scheint es, als wäre die Beobachtung des Sees eigentlicher Zweck ihres Aufenthalts. Dabei sollen sie in dem Resort in den Bergen ihre Gesundheit pflegen: durch ein Wellnessprogramm, das der Arzt des Hauses für sie ausarbeitet, durch Kräutertees, Yoga, Meditation und Bewegung auf dem zwei Kilometer langen Spazierweg durch fünf Gärten. Sie entsprechen den fünf Phasen, in die die traditionelle chinesische Medizin den Lauf des Lebens teilt. Hinter alldem steckt Dottore Maurizio Corradin, der Akupunktur und chinesische Heilkunde studiert und das Wellnesskonzept des **Lefay Resort & Spa**

Giardino Botanico Heller
Via Roma 1
25083 Gardone Riviera
✆ 336 41 08 77 (mobil)
www.hellergarden.com
März–Okt. tägl. 9–19 Uhr
Eintritt € 10/5 (6–11 J.)

Osteria Antico Brolo
Via Carere 10
25083 Gardone Riviera
✆ 03 65 21 421
www.ristoranteanticobrolo.it
Jan., erste Hälfte Feb. und Mo geschl.
Gehobene Kochkunst in rustikalem Ambiente.

An Gargnanos Uferpromende gedeihen selbst im Winter die Orangen (Gardasee)

IAT Gargnano
Piazzale Boldine 2
25084 Gargnano
✆ 03 65 79 12 43
www.gargnanosulgarda.com

Lefay Resort & Spa
Via Feltrinelli 118
25084 Gargnano
✆ 03 65 24 18 00
www.lefayresorts.com

Grand Hotel a Villa Feltrinelli
Via Rimembranza 38–40
25084 Gargnano
✆ 03 65 79 80 00
www.villafeltrinelli.it

entwickelt hat. Das 2008 eröffnete Fünf-Sterne-Haus ist ein Zauberberg, der eine Vielzahl von Wellnessanwendungen und -einrichtungen mit Luxus und hervorragender Küche verbindet.

In Gargnano blühen viele Träume. Drei seiner Ortsteile liegen unmittelbar am Seeufer: der Hauptort Gargnano, Bogliaco und Villa, das einen hübschen kleinen Hafen besitzt. Gleich neben dem **Grand Hotel** in Gargnano liegt ein von Eichen und Zypressen beschatteter Strand. Als Villa Feltrinelli war das heutige Hotel ursprünglich Sitz des gleichnamigen Papierfabrikanten und in den letzten beiden Kriegsjahren Domizil von Benito Mussolini. Heute bieten die 21 Suiten der schönen, aprikosenfarbenen Villa höchsten Luxus und ziehen Prominente von Julia Roberts bis Richard Gere an.

Die Schriftstellerin Anna Katharina Fröhlich lebt in den Hügeln über Gargnano ihren eigenen Traum. Ihrer Liebe zum Gardasee setzte sie in ihrem Debütroman »Wilde Orangen« ein Denkmal. Sie verbrachte prägende Kindheitsjahre am See und lebt seit ihrem 15. Lebensjahr dauerhaft hier. 1970 fuhr ihr Vater, der deutsche Schriftsteller Hans-Jürgen Fröhlich (1932–86), mit ihrer Mutter in die Villa Massimo nach Rom. Auf dem Weg machten die beiden Halt am Gardasee. Sie verliebten sich auf der Stelle in die Riviera dei Limone, kauften eine alte Scheune mit Stall in den Hügeln und verwandelten sie in ein Refugium fern des Küstentrubels, in dem Anna Katharina Fröhlich heute lebt und schreibt.

10 Isola del Garda
Blumenparadies im Gardasee

Zwischen Salò und der Bucht von San Felice del Benaco liegt die Isola del Garda im westlichen Teil des Gardasees, sie ist die größte seiner fünf Inseln. Bei einer Fläche von sieben Hektar und gerade mal zehn Einwohnern ist Größe hier indessen ein relativer Begriff. Das Inselchen gehört der Familie der Grafen von Cavazza, deren Vorfahren im ausgehenden 19. Jahrhundert die Villa in neogotisch-venezianischem Stil mit bescheidenen 63 Zimmern erwarben. Umgeben von Zitronenbäumen, Magnolien, Akazien, chinesischen Rosen, leuchtenden Bougainvilleen, Oliven- und Granatapfelbäumen ist das Anwesen von besonderer Schönheit. Obwohl die Familie das Haus noch bewohnt, kann man das Anwesen mit seinen Gärten und dem Park voller Pinien und Zypressen im Rahmen von Führungen besichtigen. In der Villa finden außerdem häufig Ausstellungen statt.

Die Vergangenheit der Insel, die im Lauf der Geschichte immer wieder den – meist an den Besitzer angelehnten – Namen wechselte, reicht weit zurück. 130 gallisch-römische Grabsteine, die hier gefunden wurden,

Palazzo im venezianischen Stil auf der Isola del Garda

Die Baum- und Blumenpromenade in Menaggio am Westufer des Comer Sees

zeugen von ihrer Besiedelung zur Zeit der Römer. Nach dem Niedergang des Römischen Reichs wurde sie zur Jagd genutzt, bis sie im Jahr 879 durch eine Schenkung in den Besitz des Veroneser Klosters San Zeno gelangte. 1221 besuchte Franz von Assisi die Insel, die sich fortan zu einem bedeutenden geistlichen Zentrum entwickelte. Die Mönche machten sich auch dadurch verdient, dass sie die ersten Zitronenbäume herbrachten. 1798 wurde das Kloster durch Napoleon aufgelöst. Ab 1890 entwarf nach diversen Besitzerwechseln der Architekt Luigi Rovelli die Pläne zum Bau des heutigen Palasts. Der Prinz Scipione Borghese heiratete die Erbin der Insel, Tochter einer russischen Erzherzogin. 1927 erbte deren Tochter Livia, eine verheiratete Gräfin Cavazza, das Anwesen.

Die in üppigen Gärten ruhende Villa bietet vor der Kulisse der Alpen einen traumhaften Anblick. Boote zur Insel fahren ab Barbarano, Gardone, Salò, Manerba, Maderno und Portese (Fahrtzeit 15–20 Minuten) sowie von Garda und Bardolino (ca. 30 Minuten Fahrtzeit). Die Boote verkehren von Mitte April bis Mitte Oktober (genaue Zeiten sind unter www.isoladelgarda.com sowie bei den örtlichen Tourismusbüros zu erfahren).

⓫ Lago di Como
Prunkvolle Villen in mediterranem Mikroklima

Schönheit der Landschaft und Wohlstand der Menschen haben sich am Comer See, dem drittgrößten See Italiens, zu einem Panorama aus malerischen Dörfern und eleganten Villen verbündet, von denen viele ihren Ursprung im 15., 16. und 17. Jahrhundert haben. Die Zucht von Seidenraupen und die Seidenindustrie in Como sorgten ebenso wie die prosperierenden Banken in Mailand für solide Vermögensverhältnisse in der Region; die Arbeitslast machte zudem den Bau von Ferienhäusern erforderlich. So ergab sich am Comer See eine von Geld und Geschmack geprägte Bautätigkeit. Dank des mediterranen Mikroklimas gedeihen hier auch subtropische Pflanzen, die rund um die Villen traumhafte Gärten entstehen ließen. Die **Villa d'Este** in **Cernobbio** ist dafür ebenso ein Beispiel wie die ab 1690 ebenfalls am Westufer erbaute **Villa Carlotta** in

IAT Varenna
Piazza San Giorgio 6
23829 Varenna
✆ 03 41 83 03 67
http://varennaturismo.com

Villa Monastero
Via Giovanni Polvani 4
23829 Varenna
✆ 03 41 29 54 50
www.villamonastero.eu
Garten März–Okt. tägl. 9.30–19 Uhr
Museum Aug. tägl., März–Juli und Sept./Okt. Fr–So 9.30–19 Uhr, Eintritt € 8/4 (Museum und Garten), € 5/2 (Garten), bis 13 J. frei

Der besondere ▷ Charme des Comer Sees: die Villen und ihre Gärten entlang dem Ufer

Tremezzo. Im frühen 19. Jahrhundert beauftragte Graf Francesco Melzi d'Eril, seines Zeichens Vizepräsident der italienischen Republik unter Napoleon, in **Bellagio** am südlichen Seeufer den Bau der **Villa Melzi.**

Eines der schönsten Dörfer am östlichen Seeufer ist der kleine Fischerhafen **Varenna** (790 Einwohner), der sich auf einer Landzunge am Fuß des Sasso di San Defendente drängt. Neben der 1313 erbauten Kirche **Chiesa di San Giorgio**, der Burg Vezio und der Seepromenade gehört die **Villa Monastero** zu den Attraktionen Varennas. Heute beherbergt sie ein Museum. So hatte es der letzte Privatbesitzer, Marco de Marchi, verfügt. 1609–45 wurde das Zisterzienserkloster, das bereits seit dem Mittelalter bestand, zur privaten Residenz umgestaltet. Obwohl es im Lauf der Zeit noch mehrmals umgebaut wurde, hat das Haus seine Struktur aus dem 17. Jahrhundert bewahrt. Um die Wende zum 20. Jahrhundert kam die Villa in den Besitz des Leipziger Geschäftsmanns Walter Kees, der das Haus restaurierte und den Garten erweiterte. 1919 wurde er wie andere ausländische Grundbesitzer enteignet. 1925 erwarb die Mailänder Familie de Marchi das Anwesen und schenkte es 1939 dem italienischen Staat. 14 Zimmer sind mit Originalmobiliar aus unterschiedlichen Epochen ausgestattet und können besichtigt werden. Der auf Terrassenstufen angelegte Botanische Garten besitzt neben prachtvollen Zitronenbäumen und Oleandern zahlreiche seltene Pflanzen, darunter Palmenarten aus Mexiko und Chile sowie seltene Rosenarten. Tempel, Statuen und plätschernde Brunnen verleihen dem Garten eine märchenhafte Atmosphäre.

⓬ Lago di Varese
Wasserhühner und Pfahlbausiedlungen

Eine der ersten Pfahlbausiedlungen des Alpenraums befand sich auf dem dreieckig geformten, 9200 Quadratmeter kleinen Inselchen **Isolino Virginia** im Lago di Varese. Die UNESCO zählt die Siedlung zum Welterbe »Prähistorische Pfahlbauten«, zu dem insgesamt 111 Fundstätten in den Alpenländern gehören. Insgesamt sind sogar mehr als 900 Pfahlbaustätten bekannt, was die Region als seit Jahrtausenden relativ dicht besiedelt ausweist. Die Fundstätte auf Virginia gilt nicht nur wegen ihres Alters als besonders schützenswert, sondern auch, weil sie – wie zahlreiche andere Pfahlbausiedlungen an See- und Flussufern sowie auf Seen in den sechs Alpenländern – die Lebensweise der Menschen in den frühen Agrargesellschaften Europas illustriert. Von dem Status und dem mit ihm verbundenen Schutz des Gebiets profitieren auch Fauna und Flora. Das dicht bewachsene Inselchen ist ein Rückzugsgebiet für zahlreiche (Wasser-)Vögel. Wasserhühner, Wildenten, Zwergrohrdommeln und Taucher leben hier.

1863 wurden Spuren vorgeschichtlicher Besiedlung entdeckt – Pfeilspitzen und Schneidewerkzeuge aus Kieselstein – und in den darauffolgenden Jahren die Überreste ausgegraben. Von 1950 bis 1980 wurde die prähistorische Siedlung neuerlich erforscht. Die Familie Ponti, der die Insel zuletzt gehörte, überließ sie 1962 dem italienischen Staat.

Die Insel ist mit der Fähre ab Biandronno erreichbar. Auf der Insel befinden sich der **Archäologische Park** mit einem Lehrpfad, ein ganzjährig geöffnetes Restaurant und das **Museo Civico Preistorico Isolino Virginia**. Es ist Teil des **Museo Civico Archeologico di Villa Mirabello** in Varese und dokumentiert Leben und Alltag der sesshaften Menschen, die hier von der neolithischen bis zur Bronzezeit in Stelzenhäusern lebten, etwa von 4800 bis 1000 v. Chr. In der **Villa Mirabello** sind zahlreiche Funde weiterer Pfahlbausiedlungen aus neolithischer und Bronzezeit in der Provinz Farese ausgestellt.

Museo Civico Preistorico Isolino Virginia
Via Marconi
21024 Biandronno
✆ 03 32 25 54 85
www.cspa-va.it
April–Sept. Sa/So 14–18 Uhr, Okt. nur So; nach telefonischer Anmeldung Besichtigung ganzjährig möglich
Eintritt € 2/1

Museo Civico Archeologico di Villa Mirabello
Piazza della Motta 4
21100 Varese
✆ 03 32 25 54 85
www.cspa-va.it
Tägl. außer Mo Juni–Okt. 10–12.30 und 14–18, Nov.–Mai 9.30–12.30 und 14–17.30 Uhr
Eintritt 2/1

⑬ Lago d'Iseo
Europas größte bewohnte See-Insel

🛈 **IAT Monte Isola**
Loc. Carzano 144
38050 Carzano
✆ 03 09 82 50 88
www.infomonteisola.com

20 Kilometer nordwestlich von Brescia befindet sich der mit einer Fläche von 65 Quadratkilometern viertgrößte See des Landes am Fuß der Alpen. Im Süden schließt das Weinbaugebiet Franciacorta ans Seeufer an, ein Gebiet mit geschützter Herkunftsbezeichnung in der Provinz Brescia und Ursprungsort ausgezeichneter Schaumweine, aber auch ebenso guter Rot- und Weißweine.

Obwohl seine Windverhältnisse den Lago d'Iseo zu einem beliebten Segelrevier machen und einige der an seinen Ufern gelegenen Orte ansehnliche Badestrände besitzen, steht der See noch immer im Schatten seiner beiden glamourösen Mitbewerber um die Gunst der Touristen, Gardasee und Comer See.

Mit der **Monte Isola** liegt in dem überaus malerischen Gewässer – neben zwei kleineren Inseln, der Isola di San Paolo und der Isola di Loreto – die größte besiedelte Insel (1800 Einwohner) Italiens in einem Binnensee. Die fast autofreie – nur Insulaner dürfen in Ausnahmefällen Autos nutzen, beispielsweise wenn sie als Ärzte Dienst tun – und von Kastanienwäldern bedeckte Insel hat noch den Charakter eines Geheimtipps. Ihr Name verdankt sich ihrer Figur: Der höchste Punkt des Inselbergs, der wie ein Zuckerhut aus dem See ragt, liegt 400 Meter über der Wasseroberfläche. Seine Spitze krönt die Wallfahrtskirche **Santuario della Madonna della Ceriola**. Schön ist auch die im 15. Jahrhundert im Stil der Renaissance erbaute Kirche **Chiesa Santa Maria** im Ort **Valvendra**. Der größte Ort der Insel ist **Siviano**. Eines der bekanntesten Feste in Norditalien ist die nur alle fünf Jahre im September stattfindende **Festa di Santa Croce**, bei der **Carzano** mit mehr als 200 000 kunstvoll gefertigten Papierblüten geschmückt wird. Mit dem Fest wird der Heilung eines Knabens während einer Pest-Epidemie im Mittelalter gedacht. Seinerzeit blieb nur ein einziges Dorf von der Seuche verschont: Carzano. Als eine Zigeunerin mit ihrem kranken Sohn herkam und er hier genas, schenkte

Urlaubsdomizil zwischen Gardasee und Comer See: der Lago d'Iseo

die Mutter dem Dorf zum Dank ein Meer von Blumen. Die nächsten Termine sind 2015 und 2020 (www.monteisola.eu).

Monte Isola ist 24 Stunden am Tag per Fährendienst mit dem Festland verbunden. Ab Sulzano (Festland) geht es regelmäßig (mehrmals pro Stunde) nach **Peschiera Maraglio**, ab Sale Marasina am Nordufer des Sees ebenfalls mehrmals stündlich nach Carzano.

Wegen seiner landschaftlich schönen Lage gehört Limone sul Garda zu den beliebtesten Urlaubszielen am Gardasee

14 Limone sul Garda
Duftende Zitronen, uralte Oliven

Am westlichen Ufer des Gardasees drängt sich Limone sul Garda (1200 Einwohner) zwischen Felswand und Wasser. Seinen wohlklingenden Namen verdankt das einstige Fischerdorf weniger den Zitronenbäumen, die in seinen Gärten gedeihen, als dem lateinischen Begriff *limen* (Grenze), der auf die früher hier verlaufende Grenze der Republik Venedig verweist. Heute ist Limone sul Garda ein schöner Ferienort mit idyllischem alten (Porto Vecchio) und neuen Hafen (Porto Nuovo). Im Sommer wird er allerdings überrannt. 10 000 Tagesgäste suchen dann das Dorf mit dem so irreführend wie verführerisch zitronig klingenden Namen heim. Dass das Idyll dennoch einigermaßen intakt geblieben ist, liegt auch daran, dass die historische Altstadt autofrei ist. Am Rand von Limone gibt es mehrere Parkplätze.

Sehenswert ist das Zitronengewächshaus **La Limonaia del Castel**, das aus dem 18. Jahrhundert stammt. Damals bildete das Städtchen das nördlichste Zitronenanbaugebiet der Welt. Eine Krankheit der Pflanzen, Konkurrenz aus südlicheren Gegenden nach der Einigung Italiens 1861 und schließlich der Erste Weltkrieg sorgten für den Niedergang der Zitronenindustrie. Den Rest gab ihr der eisige Winter des Jahres 1928. Heute ist das historische Treibhaus wieder mit 50 Zitronen-, Mandarinen- und Orangenbäumen bepflanzt. Sehenswert ist außerdem die 1691 geweihte

i Consorzio Turistico Limone sul Garda
Via IV Novembre 25
25010 Limone sul Garda
✆ 03 65 95 40 08
www.visitlimonesulgarda.com

La Limonaia del Castel
Via Orti
25010 Limone sul Garda
✆ 03 65 95 40 08
Mai–Okt. tägl. 10–18 Uhr, ansonsten nach telefonischer Anmeldung
Eintritt € 2/1

Pfarrkirche **San Benedetto**, die auf den Überresten einer römischen Basilika erbaut wurde. Sie besitzt vier Marmoraltäre und diverse Gemälde aus dem 15. Jahrhundert von Andrea Celesti.

Zu den frühen Urlaubern gehörte Johann Wolfgang von Goethe, der sich am 13. September 1786 von Torbole kommend auf dem Weg nach Malcesine an Limone vorüberrudern ließ und über den idyllischen Flecken mit seinen Zitronengärten in Begeisterung geriet: »Wir passierten Limone, dessen Gärten, in Terrassen geformt und mit Zitronengewächsen bepflanzt, einen reichen und schönen Anblick haben. Der Garten besteht aus Reihen von viereckigen weißen Pfeilern, die in einem gewissen Abstand stehen und sich als Treppe auf den Berg hinaufdrängen. Über jene Pfeiler sind starke Balken gelegt, um die Pflanzen im Winter abzudecken …«

Heute gibt es außer Zitronen- auch Olivenhaine. Dass Limones Bewohner nur halb so oft Herzinfarkte erleiden wie ihre Landsleute, ist allerdings nicht nur ihrer mediterranen Diät zu verdanken. Wissenschaftler fanden heraus, dass viele von ihnen dank eines mutierten Moleküls in einem Protein im Blut blitzblanke Arterien haben.

Fischaugen-Panorama vom Dach des Mailänder Doms aufgenommen

i IAT Milano
Piazza Castello 1
20100 Milano
✆ 02 77 40 43 43
www.turismo.milano.it
Mo–Fr 9–18, Sa 9–13.30 und 14–18, So bis 17 Uhr

◁ Blütenzauber in den Gassen von Limone sul Garda

15 Mailand/Milano
Mode, Möbel, Design

Die Metropole Mailand (1,3 Mio. Einwohner) hat viele Gesichter, sie mischt Sinnlichkeit mit Sachlichkeit. Mailand ist Mode-Metropole, Messestadt und Finanz- und Handelsplatz sowie kreatives Zentrum von Designern und Medienschaffenden. Hier gibt es Banken, aber noch mehr Boutiquen, glitzerndes Nachtleben, aber auch Kunstschätze. Mailand war immer eine reiche Stadt, die viel für Kunst übrig hatte – auch viel Geld. Verdient wird es in der Automobilindustrie (Alfa Romeo und der Reifenhersteller Pirelli sind hier ansässig), mit Mode und Bekleidung, mit Maschinenbau und im Finanzwesen.

Zeit für den Genuss nimmt man sich trotzdem. Mailand verfügt über erstklassige Feinkosthändler und Restaurants. Ideale Voraussetzungen also zum Schlemmen, Shoppen und Schauen. In Mailand ist Italien schnell, visionär, voller Energie. Eine Stadt, die den Puls beschleunigt. Hier erlaubt sich die Architektur Luftsprünge. Manche Gebäude erinnern eher an New York als an Italien. Aber Mailand ist immer elegant

Michelangelo Buonarrotis unvollendete »Pietà Rondanini« (1552–64) im Museo d'Arte Antica im Castello Sforzesco (Milano)

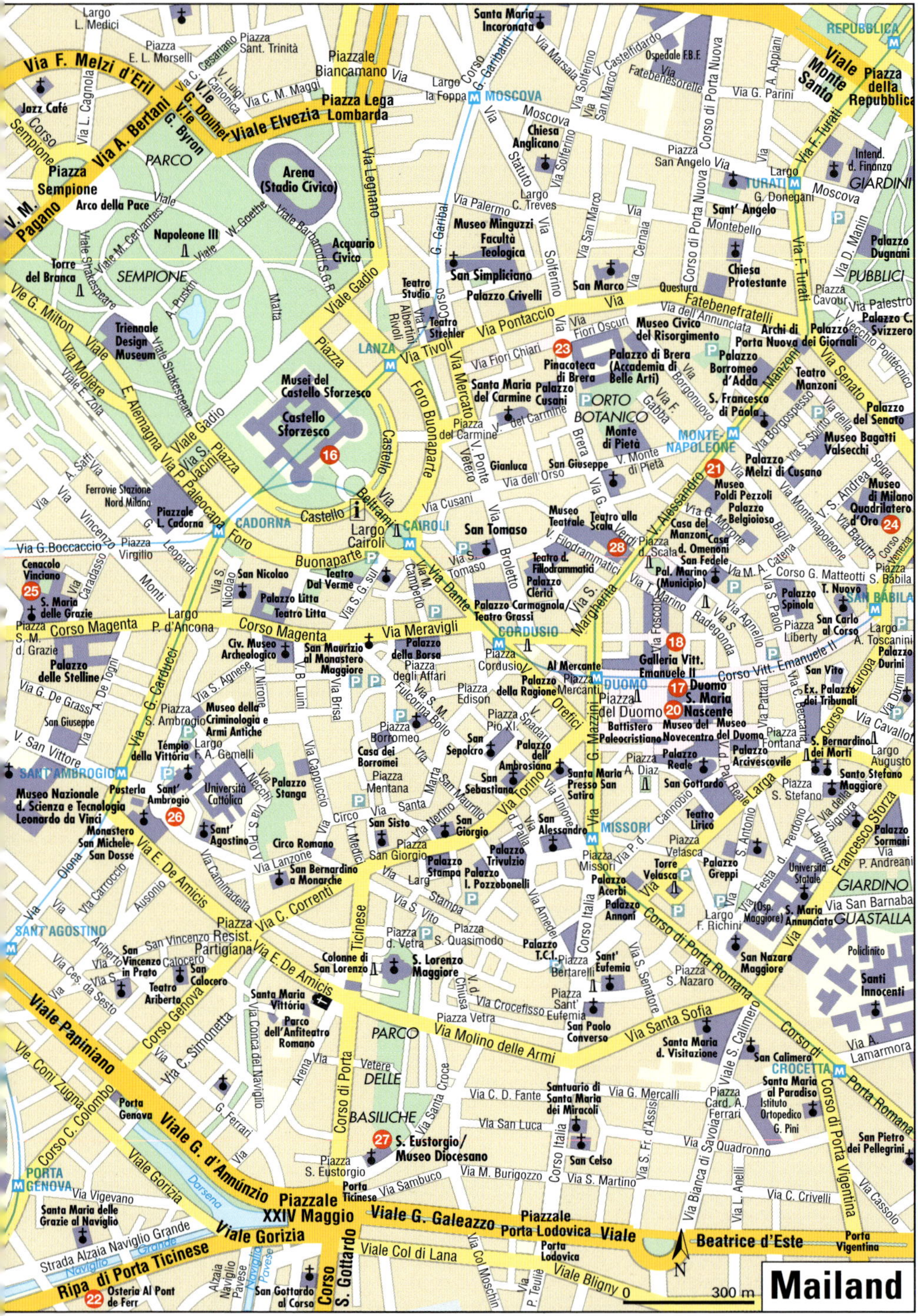

Mailand
Via F. Melzi d'Eril
Viale Elvezia
Piazza Lega Lombarda
Piazzale Biancamano
Largo L. Medici
Piazza E. L. Morselli
Piazza Sant. Trinità
Jazz Café
Corso Sempione
Piazza Sempione
Via A. Bertani
V. M. Pagano
Arco della Pace
PARCO
SEMPIONE
Arena (Stadio Civico)
Napoleone III
Torre del Branca
Acquario Civico
Viale Gadio
Via Legnano
Triennale Design Museum
Musei del Castello Sforzesco
Castello Sforzesco
16
Ferrovie Stazione Nord Milano
Piazzale L. Cadorna
CADORNA
LANZA
Via Tivoli
Foro Buonaparte
Largo Cairoli
CAIROLI
Via G. Boccaccio
Piazza Virgilio
Cenacolo Vinciano
25
S. Maria delle Grazie
Piazza S. M. d. Grazie
Corso Magenta
Largo P. d'Ancona
Palazzo delle Stelline
San Nicolao
Palazzo Litta
Teatro Litta
Teatro Dal Verme
Civ. Museo Archeologico
San Maurizio al Monastero Maggiore
Via Meravigli
Palazzo della Borsa
Piazza degli Affari
Piazza Cordusio
CORDUSIO
Santa Maria Incoronata
Largo la Foppa
MOSCOVA
Chiesa Anglicano
Largo C. Treves
Museo Minguzzi
Facultà Teologica
San Simpliciano
Palazzo Crivelli
Teatro Studio
Teatro Strehler
Via Pontaccio
San Marco
Questura
Via Fatebenefratelli
Pinacoteca di Brera
23
Palazzo di Brera (Accademia di Belle Arti)
Santa Maria del Carmine
Palazzo Cusani
ORTO BOTANICO
Monte di Pietà
Gianluca
San Giuseppe
San Tomaso
Museo Teatrale
Teatro alla Scala
28
Piazza d. Scala
Teatro d. Filodrammatici
Palazzo Clerici
Palazzo Carmagnola/Teatro Grassi
Ospedale F.B.F.
REPUBBLICA
Viale Monte Santo
Piazza della Repubblica
Piazza San Angelo
TURATI
Largo G. Donegani
Sant' Angelo
Chiesa Protestante
Intend. d. Finanza
GIARDINI
PUBBLICI
Palazzo Dugnani
Piazza Cavour
Palazzo C. Svizzero
Museo Civico del Risorgimento
Archi di Porta Nuova
Palazzo dei Giornali
Palazzo Borromeo d'Adda
Teatro Manzoni
S. Francesco di Paola
Palazzo del Senato
Museo Bagatti Valsecchi
MONTE-NAPOLEONE
21
Palazzo Melzi di Cusano
Museo Poldi Pezzoli
Palazzo Belgioioso
Casa del Manzoni
Casa d. Omenoni
San Fedele
Pal. Marino (Municipio)
Museo di Milano
Quadrilatero d'Oro
24
Corso G. Matteotti
Piazza S. Babila
T. Nuovo
SAN BABILA
Palazzo Spinola
San Carlo al Corso
Piazza Liberty
Largo A. Toscanini
Palazzo Durini
18
Galleria Vitt. Emanuele II
Corso Vitt. Emanuele II
Al Mercante
Piazza Mercanti
Palazzo della Ragione
DUOMO
Piazza del Duomo
17
Duomo
20
S. Maria Nascente
Battistero Paleocristiano
Museo del Novecento
Museo del Duomo
Piazza Fontana
Palazzo Arcivescovile
Palazzo Reale
Piazza A. Diaz
San Gottardo
San Vito
Ex. Palazzo dei Tribunali
S. Bernardino d. Morti
Largo Augusto
Santo Stefano Maggiore
Piazza S. Stefano
Piazza Edison
Piazza Pio XI.
Piazza Borromeo
Casa dei Borromei
Piazza Mentana
San Sepolcro
Palazzo dell' Ambrosiana
San Sebastiano
Santa Maria Presso San Satiro
San Sisto
San Giorgio
Piazza San Giorgio
San Alessandro
MISSORI
Piazza Missori
Torre Velasca
Piazza Velasca
Palazzo Greppi
Teatro Lirico
Palazzo Trivulzio
Palazzo Stampa
Palazzo I. Pozzobonelli
Palazzo Acerbi
Palazzo Annoni
Università Statale
Palazzo Sormani
Piazza Andreani
GIARDINO
GUASTALLA
Via San Barnaba
S. Maria Annunciata (Osp. Maggiore)
Largo F. Richini
San Nazaro Maggiore
Piazza S. Nazaro
Policlinico
Santi Innocenti
Corso di Porta Romana
Piazza S. Ambrogio
Museo della Criminologia e Armi Antiche
Tempio della Vittoria
Largo F. A. Gemelli
SANT'AMBROGIO
Museo Nazionale d. Scienza e Tecnologia Leonardo da Vinci
Posterla
Sant' Ambrogio
26
Università Cattolica
Palazzo Stanga
Monastero San Michele-San Dosse
Sant' Agostino
Circo Romano
San Bernardino a Monache
Via Lanzone
Piazza Resist. Partigiana
San Vincenzo in Prato
San Calocero
Teatro Ariberto
SANT'AGOSTINO
Santa Maria Vittória
Parco dell'Anfiteatro Romano
Colonne di San Lorenzo
S. Lorenzo Maggiore
Piazza d. Vetra
S. Quasimodo
Palazzo T.C.I.
Piazza Bertarelli
Sant' Eufemia
Piazza Sant' Eufemia
San Paolo Converso
Via Santa Sofia
Santa Maria d. Visitazione
San Calimero
CROCETTA
Santa Maria al Paradiso
Istituto Ortopedico G. Pini
Piazza Card. A. Ferrari
Piazza Vetra
PARCO DELLE BASILICHE
Via Molino delle Armi
Santuario di Santa Maria dei Miracoli
San Celso
27
S. Eustorgio/Museo Diocesano
Piazza S. Eustorgio
Porta Ticinese
Corso di Porta Ticinese
Corso di Porta Vigentina
San Pietro dei Pellegrini
Viale Papiniano
Porta Genova
PORTA GENOVA
Santa Maria delle Grazie al Naviglio
Darsena
Piazzale XXIV Maggio
Viale G. D'Annunzio
Viale Gorizia
Viale G. Galeazzo
Piazzale Porta Lodovica
Porta Lodovica
Viale Beatrice d'Este
Porta Vigentina
Viale Col di Lana
Viale Bligny
Strada Alzaia Naviglio Grande
Ripa di Porta Ticinese
22
Osteria Al Pont de Ferr
San Gottardo al Corso
Corso S. Gottardo
0
300 m
N

und blank poliert wie ein Juwel. Zwar ist der Blick nach vorn den Mailändern zweite Natur, doch zugleich sind sie geerdet durch eine 2000 Jahre umspannende Geschichte, von der viele steinerne Zeugnisse überdauert haben. Dass die Stadt in der Po-Ebene immer schon große Architekten und Baumeister inspirierte, beweist diese historische Bausubstanz: Der **Mailänder Dom** ist ein spektakuläres Beispiel spätmittelalterlicher italienischer Baukunst, die Universität von Mailand residiert in einem Renaissancebau aus dem 15. Jahrhundert, das ebenfalls im Stil der Renaissance erbaute **Kloster Santa Maria delle Grazie** zählt die UNESCO zum Weltkulturerbe. Das **Castello Sforzesco** ist nicht nur architektonisch bemerkenswert, es beherbergt als größter Museumskomplex Mailands auch gleich neun Museen und Galerien. Die **Pinacoteca di Brera** im gleichnamigen Palazzo bietet einen breiten Überblick über die Kunst der Lombardei und zählt zu den herausragenden Sammlungen der Welt.

Viele Tage könnte man in den Museen der heimlichen Hauptstadt verbringen, doch auch die Einkaufsmöglichkeiten erfordern das Engagement des Besuchers. Das »Goldene Dreieck« der Designer liegt an der **Via Montenapoleone** und ihren Seitenstraßen. Erschwinglicher sind die Geschäfte in Via Dante und Via Torino. Feinkostläden und Weinhandlungen finden sich vor allem in Via Spadari und Via Speronari.

16 Mailands Castello Sforzesco
Das mächtige Kastell des Francesco Sforza

Festung, herzogliche Residenz, Militärbarracke und schließlich Museum – das sind die Stationen des Castello Sforzesco, eines der eindrucksvollsten Bauwerke Mailands. Francesco I. Sforza errichtete es ab 1450 auf den Ruinen des Vorgängerbaus, der Porta Giovia von 1360, einer Burg der Familie Visconti. 1447 wurde sie fast vollständig zerstört. Die Visconti hatten nach einer wechselvollen, von Kriegen, Gatten- und Brudermord gespickten Familiengeschichte keinen männlichen Erben; Filippo Maria Visconti (1392–1447) war der letzte Mailänder Herzog seiner Sippe. Seine uneheliche Tochter Bianca hatte sechs Jahre vor dem Tod ihres Vaters Francesco I. Sforza geheiratet. So wurde der nun nach einem kurzen Intermezzo, während dessen die Einwohner Mailands die Republik ausriefen, die Burg stürmten und einzureißen versuchten (wobei sie schweren Schaden nahm und viele ihrer Steine zur Befestigung der alten Stadtmauer fortgeschleppt wurden), neuer Herzog von Mailand. Bald machte Francesco sich an den Wiederaufbau der Burg, die sein Vorgänger Filippo als befestigte Residenz genutzt hatte. Sie geriet ebenfalls wehrhaft, massiv und von Zinnen gekrönt, was sich im weiteren Lauf der Geschichte immer wieder als nützlich erweisen sollte. Francescos Nachfolger Galeazzo Maria Sforza verwandelte die Burg in eine luxuriöse Residenz. Ständig wurde das Castello angegriffen, aber zugleich auch erweitert und ergänzt. Schon zur Zeit Ludovico Sforzas (alias il Moro) wurden **Leonardo da Vinci** und **Donato Bramante** mit Verschönerungen beauftragt. Zusammen entwarfen und bauten sie eine kleine Brücke, die **Ponticella**, die den Graben überspannt. In der **Sala del Tesoro** und der Sala delle Asse sind zudem Fresken von Bramante erhalten.

Seit 1896 beheimatet das Castello eine der größten Kunstsammlungen der Stadt.

Seit 1450 war Francesco Sforza Hausherr des Castello Sforzesco (Gemälde von Bonifazio Bembo, um 1460, Pinacoteca di Brera)

Castello Sforzesco
Piazza Castello
20121 Mailand
✆ 02 88 46 37 00
www.milanocastello.it, tägl. Mai–Okt. 7–19, Nov.–April 7–18 Uhr
Eintritt frei (ohne Museen)

Musei di Castello
Piazza Castello
20121 Mailand
✆ 02 88 46 37 00
www.milanocastello.it, tägl. außer Mo 9–17.30 Uhr
Eintritt € 3 für alle Museen; 3 Tage gültig € 7, unter 25 J. frei sowie Fr 14–17.30, Di–Do und Sa/So ab 16.30 Uhr

Das wuchtige Castello Sforzesco in Mailand

Das **Museo d'Arte Antica** besitzt neben anderen Schätzen das letzte große Werk Michelangelos, die Pietà Rondanini. Heute sind hier weitere Städtische Museen untergebracht: die **Pinacoteca**, die **Raccolta di Mobili**, eine Sammlung antiker Möbel vom 15. bis 19. Jahrhundert, das **Museo delle Arti Decorative** mit einer umfangreichen Keramiksammlung, das **Museo Egizio** (Ägyptisches) und das Archäologische Museum **Museo della Preistoria** sowie diverse andere Sammlungen, Bibliotheken und Archive.

Eine der vielen imposanten Skulpturen der Domfassade

17 Duomo Santa Maria Nascente in Mailand
Zum Himmel ragende Zuckertürme

Mehr als 600 Jahre Geschichte verbirgt die in weißem Marmor erstrahlende und durch Pfeiler, 2000 Statuen und allerhand Zierwerk an eine überdimensionale Zuckergusstorte erinnernde Fassade von Mailands wichtigstem Gotteshaus. Zudem ist der Dom eine der bedeutendsten Kirchen ganz Italiens und die mit einer Fläche von 11 700 Quadratmetern drittgrößte der Welt nach dem Petersdom im Vatikan und der Kathedrale von Sevilla. Er ist 157 Meter lang und mit einer Breite von 109 Metern nicht schmal geraten. Auf einem 108 Meter hohen Turm erstrahlt die goldene Statue der Madonnina.

Schon immer war dies spiritueller Grund. Am Ort des heutigen Doms befanden sich zuvor ein heidnischer Tempel und später eine frühchristliche Kirche sowie eine römische Basilika. 1386 war Baubeginn des Doms, Bauherr war der erste Mailänder Herzog Gian Galeazzo Visconti. Allerdings sollte sich das Projekt als annähernd unendlich erweisen; erst im ausgehenden 19. Jahrhundert wurde der Dom vollendet. Zunächst wurden aus den drei Schiffen, die ursprünglich geplant waren, fünf; später wuchs er auch weiter in den Himmel als eigentlich vorgesehen. Leonardo da Vinci und Donato Bramante wurden zur Baustelle gerufen, als es Ende des 15. Jahrhunderts Probleme beim Bau eines Turms gab. Schließlich entwarf ihn ein anderer großer Baumeister, Giovanni Antonio Amadeo. Auch der Bau der Fassade schleppte sich dahin, fertiggestellt wurde sie erst 1813, nachdem Napoleon auf dem italienischen Königsthron Platz genommen und sich im Dom hatte krönen lassen und den Auftrag erteilte. Mussolinis Idee, dem Dom den höchsten Campanile der Welt an die Seite zu stellen, wurde von der Geschichte vom Tisch gefegt.

Der **Tesoro** (Domschatz) beherbergt kostbare Kunstschätze und Gegenstände von großem historischen und symbolischen Wert wie die Silberkapsel, die der heilige Ambrosius, der Schutzheilige Mailands, vom Papst erhielt. Besonders sehenswert sind unter anderem die prachtvoll gestalteten Kirchenfenster, das Chorgestühl aus dem 16. Jahrhundert und die älteste Taufkapelle aus dem 4. Jahrhundert, die noch aus einer Vorgängerkirche stammt und in der Bischof Ambrosius 387 den heiligen Augustinus taufte. Vom begehbaren Dach des Doms, den **Terrazzi**, öffnet sich ein grandioser Ausblick auf die kunstvollen Arbeiten der Steinmetze an der Fassade und den Türmen sowie auf die Stadt.

18 Galleria Vittorio Emanuele II in Mailand
Triumphale Shoppingmall

Unmittelbar neben der Scala liegt mit der Galleria Vittorio Emanuele II der womöglich schönste Konsumtempel der Stadt, dessen geschmackvolles Design beweist, dass Einkaufen auch eine ästhetische Erfahrung sein kann. Allerdings: Wer seine Konsumlust nicht streng zügelt, findet sich hier schnell im Besitz zahlreicher glänzender Tüten und Taschen, die fast so schön sind wie die Traumteile darin, dazu den Arm kaum beschweren – wohl aber das heimische Konto. Denn die großen Verführer sind hier alle vertreten: Prada, Gucci, Armani, Massimo Dutti, Borsalini, Louis Vuitton. Dabei kann man die Galleria auch einzig aufgrund ihrer eindrucksvollen Architektur besuchen. Architekt Giuseppe Mangoni, dem die Aufgabe zukam, einen Ort zum Flanieren und zur Präsentation des hochentwickelten Mailänder Lebensstils zu entwerfen, leistete ganze Arbeit und sparte nicht mit Fresken, Stuck und Marmor.

Duomo di Milano
Piazza del Duomo 16
20122 Mailand
✆ 02 72 02 33 75
www.duomomilano.it
Tägl. Dom 7–19, Dach 9–19 Uhr; Battistero di San Giovanni alle Fonti tägl. außer Mo 10–18, Battistero di Santo Stefano tägl. 9–19 Uhr
Eintritt Dom frei, Dachterrasse mit Aufzug € 12/6 (6–12 J.), Treppe € 7/3,50, Battistero di San Giovanni alle Fonti € 6, Battistero di Santo Stefano Eintritt frei

Hauptfassade des Mailänder Doms, Duomo Santa Maria Nascente

Eingang zur Galleria Vittorio Emanuele II an der Piazza del Duomo (Mailand)

Nicht umsonst ist dieses Einkaufszentrum – eigentlich ein zu profaner Begriff für das bildschöne Gebäude aus dem 19. Jahrhundert – nach einem König benannt. Vittorio Emanuele II eröffnete es sogar persönlich am 15. September 1867. Seitdem haben immer mal wieder gekrönte Häupter hier vorbeigeschaut, allerdings weniger zu Repräsentationszwecken als zum Shoppen.

Die Galerie besteht aus zwei sich kreuzenden, jeweils 32 Meter hohen Gängen. Wo sie sich treffen, befindet sich der *ottogono*, ein achteckiger Platz, über dem sich in 47 Metern Höhe des Glaskuppeldach befindet. Im Boden sind Mosaiken der Stadtwappen von Mailand, Turin, Florenz und Rom eingelassen. Tipp: Es heißt, wer seinen Absatz auf dem Turiner Wappen wetzt, werde nach Mailand zurückkehren. Das Hauptportal öffnet sich in Form eines Triumphbogens zur Piazza del Duomo, der das spirituelle und das merkantile Zentrum Mailands miteinander verbindet. Wer gleich nach dem Aufstehen shoppen möchte, kann in der **Seven Stars Galleria** über der Prada-Boutique Quartier nehmen. Sie hat sich mit ihrem Namen gleich selbst sieben Sterne verliehen. Die sind zwar rein imaginär – fünf Sterne »plus« stellen auch in Mailand das Maximum des Erreichbaren dar –, sind aber höchst werbewirksam, passen zu den sieben nach Stars der nahen »Scala« benannten Suiten und definieren zudem den Anspruch des 2007 eröffneten Hauses.

Die Bar »Camparini« ist der perfekte Ort zum Sehen, Gesehenwerden und Cocktailschlürfen.

Galleria Vittorio Emanuele II
Piazza del Duomo
20121 Mailand
✆ 02 77 40 43 43
Tägl. Galerie 0–24 Uhr, Geschäfte 10–19 Uhr

Seven Stars Galleria
Via Silvia Pellico 8
20121 Mailand
✆ 02 89 05 82 97
www.sevenstarsgalleria.com

19 Luchino Visconti in Mailand
Regisseur und Aristokrat

Als Schauspieler, Autor und Regisseur epochaler Filme wie »Der Leopard« (Il Gattopardo, 1963), »Die Verdammten« (La caduta degli dei, 1969) – dieser brachte ihm 1970 eine Oscar-Nominierung für das beste Drehbuch ein –, »Tod in Vendig« (Morte a Venezia, 1971) und »Ludwig II.« (Ludwig, 1972) war Luchino Visconti (1906–76) einer der wichtigsten Protagonisten des europäischen Kinos des 20. Jahrhunderts.

Als Sprössling einer einflussreichen Adelsfamilie – die Viscontis hatten im Mittelalter 200 Jahre lang die Herrscher Mailands gestellt – wuchs er privilegiert in Mailand auf. Sein Vater war Don Giuseppe Visconti, Herzog von Grazzano, auch die Mutter Carla Erba kam aus reichem Haus. 1936 begann Luchino Visconti seine Laufbahn relativ spät, aber auf hohem Niveau: Er ging nach Paris, wo er Assistent des französischen Schauspielers, Regisseurs und Drehbuchautors Jean Renoir wurde. Zurück in Italien knüpfte er Kontakte zu Federico Fellini und Roberto Rosselini. Mit seinem Regiedebüt »Besessenheit« *(*Obsessione, 1942), an dessen Drehbuch er mitgewirkt hatte, begründete er den Neorealismus. Mit dieser Strömung wollte der Film den Lügen des Faschismus die Wahrheit über das Leid der Menschen in Diktatur und Armut entgegensetzen. Das wurde im faschistischen Italien zögerlich aufgenommen und »Besessenheit« galt bald als Symbol des Widerstands.

Nach dem Krieg positionierte Visconti sich weiterhin politisch links. Der Widerstreit zwischen einer älteren Werteordnung, nach der der junge Adelige Visconti erzogen worden war, und den Problemen der

Gegenwart beschäftigte ihn auch als Künstler. Da kam das Projekt der Verfilmung von Guiseppi di Lampedusas Roman »Der Leopard« wie gerufen. Er destillierte Teile des Romans zu einem sizilianischen Gesellschaftspanorama, das liebevolle Ausstattung mit schonungsloser Realität verbindet. Visconti inszenierte weiterhin Theateraufführungen, oft in Zusammenarbeit mit Vittorio Gassman, und brachte Opern auf die Bühne – mehrfach mit Maria Callas, mit der er unter anderem »La Traviata« in Szene setzte.

Wie in der Kunst hielt Visconti auch im Privatleben nichts von Verstellung. Mit seiner Homosexualität ging er offen um und zeigte sich stets mit seinen Partnern. Ab 1964 lebte er mit dem Schauspieler Helmut Berger zusammen. 1972 erlitt Visconti während der Dreharbeiten zum Film »Ludwig II.« mit Berger in der Titelrolle einen Schlaganfall. Er konnte noch zwei weitere Filme realisieren, bevor er am 17. März 1976 in Rom starb.

20 Museo del Novecento in Mailand
Eine der größten Sammlungen der Moderne

Pünktlich zu Beginn des 20. Jahrhunderts, im Jahr 1903, formierte sich die Keimzelle des **Museo del Novecento** (Museum des 20. Jahrhunderts) im Sala della Balla im **Castello Sforzesco**. Gespeist wurde es durch die Sammlungen, die Mailänder Kunstliebhaber und -sammler den städtischen Museen hinterlassen hatten. 1921 zog die Sammlung um in den am Dom gelegenen **Palazzo Reale**, den kleinen Königspalast, den die Königsfamilie im Jahr zuvor der Stadt überlassen hatte. Die Unruhe blieb, Mailands Sammlung zeitgenössischer Kunst flatterte durch die Stadt wie ein aufgescheuchter Vogel, war zu Teilen im Pavillon für zeitgenössische Kunst, dann wieder im zweiten Stock des Palazzo Reale zu Gast. Das war kein Zustand, und so bekam sie im Jahr 2010 endlich einen dauerhaften Standort im **Palazzo dell'Arengario** an der Piazza del Duomo. Star-Architekt Italo Rota gestaltete den Ende der 1930er Jahre im Stil des Faschismus neben dem Palazzo Reale errichteten Bau komplett neu und schuf eine moderne Ausstellungsfläche von 8500 Qua-

Museo del Novecento
Via Marconi 1
20100 Mailand
✆ 02 88 44 40 61
http://museodelnovecento.org
Mo 14.30–19.30, Di–So 9.30–19.30, Do und So bis 22.30 Uhr
Eintritt € 5/3, unter 25 J. sowie Fr ab 15.30 Uhr und jeweils eine Stunde vor Schließung frei

Das Museo del Novecento ist im Palazzo dell'Arengario untergebracht

Museo Poldi Pezzoli
Via A. Manzoni 12
20121 Mailand
✆ 02 79 48 89
www.museopoldipezzoli.it
Tägl. außer Di 10–18 Uhr, Eintritt € 9/6 (11–18 J.), unter 11 J. frei

dratmetern – genug Platz für rund 400 Meisterwerke aus dem zehnmal so großen Archiv. Hinzu kamen eine gläserne Eingangshalle, die die monumentale Struktur des Baus aufbricht, und eine spiralförmige, von zwei Skulpturen flankierte Rampe. Sie verbindet die U-Bahn-Station »Duomo« mit dem Museum. Ein gläserner Gang führt vom Palazzo dell'Arengario zum benachbarten Palazzo Reale, in dessen zweitem Stock nun vor allem interaktive Kunst einen Platz gefunden hat. Des Weiteren sind Klassiker des 20. Jahrhunderts, Kubismus, Metaphysik, Futurismus und die Arte Povera vertreten. Der Weg durchs Museum beginnt mit Werken von Picasso, Paul Klee, Georges Braque, Matisse und Kandinsky. Nach diesem furiosen Start geht es chronologisch weiter. Es folgen die großen italienischen Maler von Giacomo Balla, Amadeo Modigliano und Umberto Boccioni über Giorgio Morandi und Giorgio di Chirico bis zu Mario Sironi, Alberto Burri und Piero Manzoni – um nur einige zu nennen. Dem Bildhauer Lucio Fontana ist die ganze obere Etage gewidmet.

21 Museo Poldi Pezzoli in Mailand
»La Bella« unter Mailands Museen

Das Museum Poldi Pezzoli entstand aus der mit Sachverstand und Geld zusammengetragenen, schon etwas älteren Sammlung des Mailänder Kunstliebhabers Gian Giacomo Poldi Pezzoli (1822–79). Zwei Jahre nach seinem Tod eröffnete das Museum. Seinen besonderen Reiz erhält es dadurch, dass die Sammlung des Aristokraten bis heute in seinem eigenen Haus bewahrt wird und im Dialog mit ihrer Umgebung steht. Zugleich erfährt der Besucher viel über die Persönlichkeit des Mannes, der hier lebte und sich mit der Kunst umgab, die er liebte: Meisterwerke der Renaissance – darunter Arbeiten von Sandro Botticelli, Giovanni Bellini, Michelangelo und Piero della Francesca – aber auch Kunstobjekte wie Porzellan und kostbares Muranoglas, dazu Möbel, Uhren, Bildteppiche und Schmuck. 4000 Stücke umfasste die Sammlung, die Poldi Pezzoli mit seinem Palast als Museum stiftete.

Eines von vielen hochrangigen Gemälden im Museo Poldi Pezzoli: Andrea Mantegnas »Mutter und Kind« (um 1490)

1818 erbte sein Vater Giuseppe Poldi Pezzoli ein großes Vermögen; Teil des Erbes war dieser Palast, einer der schönsten der Stadt mit einem prachtvollen, von Statuen und Brunnen geschmückten Garten. Ein Jahr nachdem er sein Erbe angetreten hatte, heiratete Poldi Pezzoli Senior die kunstsinnige junge Aristokratin Rosa Trivulzio, deren Familie eine der erlesensten Kunstsammlungen Mailands besaß. Vor diesem Hintergrund verwundert es nicht, dass auch der 1822 geborene zweite Sohn Gian Giacomo Kunstverstand entwickelte. Mit 24 Jahren trat er das Erbe des Vaters an, der bereits 13 Jahre zuvor gestorben war. Nach einem politischen Abenteuer – er sympathisierte mit der Widerstandsbewegung gegen Österreich – flüchtete er sich in lange Auslandsreisen, die er zum Studium der europäischen Kunst nutzte. Ab 1850 sammelte er Gemälde der Renaissance aus der Lombardei, der Toskana und Venezien und pflegte regen Umgang mit Kunstkritikern und Sammlern. Zur gleichen Zeit ließ er den Palast umgestalten: Treppenhaus und Schlafzimmer im Barockstil, den Schwarzen Raum im Stil der frühen Renaissance, ein Zimmer zum Studium Dantes inspiriert vom 14. Jahrhundert.

Der persönliche Aspekt und der ausgezeichnete Geschmack Poldi Pezzolis machen dieses Museum zu einem Juwel in der an sehenswerten Museen so reichen Mailänder Kulturlandschaft.

22 Osteria Al Pont de Ferr in Mailand
Raue Schale, große Kochkunst

Der Begriff »Osteria« bezeichnet gemeinhin ein schlicht-rustikales (Wein-)Lokal, dessen Küche in ihrer Einfachheit ausgezeichnet sein kann. Diese Idee hat man in der neben einer Eisenbrücke (Pont de Ferr) am Großen Kanal Naviglio Grande gelegenen Osteria Al Pont de Ferr konsequent weiterentwickelt. Unverputzte Wände, kleine, etwas wackelige Tische mit Papiersets darauf, eine Bar, über der sich Weinflaschen türmen – so präsentiert sie sich optisch. Über ihrer hervorragenden Küche aber strahlt ein Michelin-Stern. Fern von einer von autoritären Kellnern und steifer Atmosphäre geprägten Fine-Dining-Kultur alter Schule speist der Gast hier in entspannter, unprätentiöser Umgebung auf höchstem Niveau. Dieser Gegensatz passt perfekt ins Umfeld am malerischen alten Kanal, das zugleich eines der ewig jungen Viertel Mailands ist.

Hinter dem Konzept steht Maida Mercuri, Sommelière und Besitzerin des Hauses, die vor einem Vierteljahrhundert mit der behutsamen Verwandlung des über 100 Jahre alten Traditionsbetriebs in ein modernes Restaurant in rustikalem Kleid begann. Als Küchenchef steht ihr Matias Perdomo zur Seite. Der 1980 in Uruguay geborene Koch zeichnet für die zeitgenössische, innovative, im Kern italienisch-mediterrane Küche der Osteria verantwortlich. Auch hier gilt wie beim Interieur: Verzicht auf Schnickschnack, Konzentration aufs Wesentliche. Das ist die Qualität der Produkte und die Komposition der Gerichte, bei der Perdomo gerne spannungsvolle Gegensätze und Überraschungsmomente erzeugt. So können sich beim frühsommerlichen Dessert weißer Spargel, Kokosnuss und Mango zueinandergesellen. Die Fixpunkte von Perdomos Küche sind stets Originalität der Idee und Präzision der Ausführung.

Jedes Detail ist sorgfältig geplant, von den zu Beginn eines Mahls gereichten Körben mit sechs verschiedenen, allesamt im Haus gebackenen Brotsorten bis zu den mit alten Zeitungsseiten und Restaurantkritiken bedruckten Sets. Ein Herzstück des Hauses ist der Weinkeller mit 500 handverlesenen Weinen und Champagnern.

Al Pont de Ferr
Ripa di Porta Ticinese 55
20143 Mailand
✆ 02 89 40 62 77
www.pontdeferr.it
Tägl. 12.30–14.30 und 20–23 Uhr
Degustationsmenü ab € 60

23 Pinacoteca di Brera in Mailand
Im Mekka der schönen Künste

Standesgemäß residiert die wichtigste Sammlung für mittelalterliche und moderne Kunst der Stadt im barocken Palazzo di Brera.

Wieder einmal war es die kunstsinnige Maria Theresia, Erzherzogin und Regentin von Österreich sowie Königin von Ungarn und Böhmen, die sich um die Förderung der Künste verdient machte: 1776 gründete sie die Akademie der Schönen Künste in der Hauptstadt der zu Österreich gehörenden Lombardei. Der Akademie wurden erste Sammlungen künstlerischer Arbeiten zur Seite gestellt: der Grundstock der Pinacoteca. Auch die Frage des Standorts von Akademie und Kunstsammlung beantwortete Maria Theresia: Ein im Jahr 1686 erbautes Ordenshaus der Jesuiten sollte es sein. 1773 wurde die Ordensgemeinschaft der im 18. Jahrhundert immer wieder in Bedrängnis geratenen und verfolgten

In der Pinacoteca di Brera: Caravaggios »Das Abendmahl in Emmaus« (1606)

Pinacoteca di Brera
Via Brera 28
20121 Mailand
✆ 02 72 26 32 64
www.brera.beniculturali.it
Tägl. außer Mo 8.30–19.15 Uhr
Eintritt € 6, unter 18 J. frei

Jesuiten durch den Papst verboten, so dass die Immobilie kurzfristig verfügbar war. Auch das Hauptschiff der Klosterkirche Santa Maria di Brera wurde zur Ausstellungsfläche. Später hinterließen verschiedene Mailänder Industrielle und Kunstliebhaber ihre Sammlungen der Pinakothek, so dass dieses Museum heute mit seinen 2000 Meisterwerken aus dem 14. bis 20. Jahrhundert zu den wichtigsten Sammlungen Italiens zählt. Ausgestellt sind sie in 38 Sälen, von denen selten alle geöffnet sind.

Im Mittelpunkt des Museums steht italienische Kunst, insbesondere aus der Lombardei und aus Venetien, aber auch die großen Meister aus Flandern und Holland sind vertreten. Zu den Höhepunkten zählen unter anderem Werke von Giovanni Bellini, Raffael (»Vermählung der Maria«), Caravaggio, Tintoretto, Tizian; Peter Paul Rubens (»Das letzte Abendmahl«), van Dyck, Rembrandt und Brueghel der Ältere. Im Zentrum des sehr schönen Innenhofs (Cortile del Palazzo di Brera) befindet sich – umrahmt von den Statuen und Büsten verschiedener Geistesgrößen – eine Statue Napoleons, ausgeführt von Antonio Canovas. Über eine Treppe erreicht man vom Patio aus die Pinacoteca.

Im Palazzo di Brera ist neben der Pinacoteca bis heute unter anderem die Akademie der Schönen Künste ansässig.

24 Quadrilatero d'Oro in Mailand
Im Goldenen Viereck der Shopaholics

Shopping ist in Italiens Modemetropole ein Imperativ. Mailand ist die Wahlheimat von Designern und Models, Standort zweier jeweils von großem Medienrummel begleiteten Modewochen im Jahr sowie Ausgangspunkt immer neuer Trends. Die neueste Mode findet hier einfach schneller als anderswo den Weg vom Laufsteg in die Geschäfte. Zugegeben: Preiswerter als anderswo ist der Einkauf in den Flagship-Stores der Designer nicht. Aber im Bereich örtlicher Kernkompetenzen (Schuhe, Taschen, Sonnenbrillen) sowie gegen Ende der Saison sind bisweilen relativ günstige Schnäppchen zu machen. Weil die Mode hier besonders schnelllebig ist, wandert vieles auch schnell ins Sonderangebot – auch das ist, ebenso wie die zahlreichen Secondhandläden, eine Möglichkeit, einigermaßen preiswert in den Besitz von Errungenschaften der dynamischen Mailänder Modeszene zu kommen. Ebenso wie der Schlussverkauf im Januar und Juli.

Mailand ist ein wahres Paradies für einen Shopping-Trip

Epizentrum aller merkantilen Verlockungen ist das Goldene Viereck nördlich des Doms. In der **Via Montenapoleone** sind die großen Designer und Marken nebeneinander aufgereiht: Louis Vuitton, Bottega Venezia, Gucci, Prada, Armani Junior, Gianni Versace, Valentino, Dior (Lageplan auf www.viamontepulciano.org). Diese Straße bildet mit der **Via Sant'Andrea** (Trussardi, Armani, Chanel, Hermès, Kenzo), der **Via della Spigia** (Fendi, Byblos, Dolce & Gabanna etc.), dem **Corso Venezia** und einigen Seitenstraßen das Goldene Bermuda-Viereck, in dem schon manche eiserne Reserve für immer verschwunden ist. Allerdings hat auch das Schaufensterbummeln hier seinen Reiz. Nicht nur bei den Kollektionen,

Die Dominikanerkirche Santa Maria delle Grazie von Donato Bramante

auch bei der Gestaltung der Schaufenster wird nichts dem Zufall überlassen. Unter den gut betuchten Einkaufenden hier sind außerdem immer mal wieder Prominente aus der Unterhaltungsbranche zu sehen. Top-Couture ist im ebenfalls hochpreisigen Edel-Kaufhaus **10 Corso Como** (www.10corsocomo.com) an der gleichnamigen Straße versammelt: Damen- und Herren-Designermode, Schuhe, Taschen, Schmuck, sogar Bücher und Dekoratives fürs Heim; zudem kann man sich, wenn noch Geld übrig ist, im schicken Café stärken.

Wer realistischer einkaufen möchte, ist in der **Via Torino** richtig, wo die bezahlbaren Labels vertreten sind, die man auch von deutschen Einkaufsstraßen kennt. Rund um den **Corso Vittorio Emanuele II** sind außerdem zahlreiche Designer-Outlets versammelt, wo preisreduzierte Stücke aus den letzten Kollektionen zu finden sind.

25 Santa Maria delle Grazie und Leonardo da Vincis »Abendmahl« in Mailand

Eines der berühmtesten Wandgemälde der Welt

Ein Aufenthalt in Mailand ohne den Besuch der **Basilica Santa Maria delle Grazie** und des Refektoriums ist etwa so wie ein Frühling ohne Mai. Nicht nur ist die Harmonie des Bauwerks überaus eindrucksvoll, der Klosterkomplex besitzt mit dem »Abendmahl« (L'Ultima Cena) von Leonardo da Vinci, dem **Cenacolo Vinciano**, auch eines der berühmtesten Gemälde der Welt. Es zeigt Jesus, der gerade den bevorstehenden Verrat eines der Anwesenden angekündigt hat, als ruhenden Pol zwischen den im aufgeregten Gespräch und in der Bewegung dargestellten Jüngern. Das Fresko besitzt wegen der szenischen Darstellung, seiner Perspektive und der Vielzahl unterschiedlicher Gefühlsregungen besondere Dynamik.

Die Kirche wurde ab 1463 zusammen mit dem gleichnamigen Dominikanerkloster erbaut. Auftraggeber war Francesco I. Sforza, Herzog von Mailand; ausführender Architekt war Guiniforte Solari, einer der großen Baumeister seiner Zeit. 1469 war das Kloster fertiggestellt, der Kirchenbau aber dauerte an. Die Arbeit fand nicht die Zustimmung des

Basilica Santa Maria delle Grazie
Piazza di Santa Maria delle Grazie
20123 Mailand
www.grazieop.it
Mo–Fr 7–12 und 15–19.15, Sa/So 7.30–12.30 und 15.30–20.45 Uhr

Cenacolo Vinciano (»Abendmahl«)
Piazza di Santa Maria delle Grazie 2
20123 Mailand
Tickets: ✆ 02 92 80 03 60
www.cenacolovinciano.net
Tägl. außer Mo 8.15–18.45 Uhr
Eintritt € 6,50, unter 18 J. frei (jeweils zzgl. € 1,50 Buchungsgebühr)
Den Besuch des »Abendmahl« sollte man mindestens 14 Tage vorher buchen.

Im Refektorium der Basilika Santa Maria delle Grazie: Leonardo da Vincis weltberühmtes »Abendmahl« (1498)

neuen Herzogs Ludovico Sforza, der den Bau als Grabkirche für die herzogliche Familie nutzen wollte. Er ließ Apsis und Kreuzgang im Jahr 1490 wieder einreißen und beauftragte Donato Bramante (1444–1514) mit dem Neubau. Ab 1492 entstand die Kirche in ihrem heutigen Erscheinungsbild, das große Klarheit und Harmonie ausstrahlt. Das trifft auch auf das Innere zu. In den Hauptraum fällt hellstes Licht. Der Gleichklang der Formen schafft eine Atmosphäre erhabener Ruhe. Die Gestaltung der Seitenkapellen ist späteren Ursprungs. Insbesondere die vom Renaissancemaler Gaudenzio Ferrari ausgemalte vierte Kapelle im nördlichen Seitenschiff ist von großer Schönheit. 1980 erklärte die UNESCO die Kirche zum Weltkulturerbe.

Herzog Ludovico Sforza gab kurz darauf das »Abendmahl« in Auftrag. Vier Jahre lang arbeitete Leonardo daran, von 1494 bis 1498. Die Mühe hat sich gelohnt: Das großformatige Werk, das das Refektorium an seiner Nordwand fortzusetzen scheint, zieht bis heute Besucher aus der ganzen Welt in seinen Bann. Einziger Wermutstropfen ist, dass Leonardo es in Seccotechnik anfertigte: Er trug die Farben nicht wie sonst üblich auf den noch feuchten Putz auf, sondern auf bereits trockenes Mauerwerk. Leider mit dem Ergebnis, dass sich das Gemälde als besonders anfällig für Feuchtigkeit erwies. Im Verlauf von mehr als 500 Jahren hat es beträchtliche Schäden erlitten, und heute sieht man eine erheblich restaurierte Version. Als das Refektorium 1943 von einem Bombenangriff getroffen und fast vollständig zerstört wurde, blieb die Nordwand wie durch ein Wunder verschont – die Südwand stürzte komplett ein.

26 Sant'Ambrogio in Mailand
Lombardische Romanik über dem Grab des Stadtpatrons

Die dem Schutzpatron Mailands geweihte Kirche Sant'Ambrogio, die auch das Grab des Heiligen bewahrt, zählt zu den ältesten Sakralbauten der Stadt. Ihren Ursprung hat sie noch in römischer Zeit, als zu Beginn des 4. Jahrhunderts an dieser Stelle erste Kapellen für die frühchristlichen Märtyrer Gervasius und Protasius entstanden. Zwischen 379 und 386 wurde in unmittelbarer Nachbarschaft der Kapellen eine dreischiffige Basilika erbaut. Initiator des Projekts war Ambrosius. Er stammte aus gehobenen römischen Verhältnissen in Trier, kam nach Mailand und wurde dort im Jahr 374 zum Bischof geweiht. Ambrosius widerstand kaiserlicher Autorität ebenso wie den Versuchungen des Teufels und genießt bis heute die Wertschätzung seiner Gemeinde.

Von dieser ersten Kirche hat nur wenig überdauert: einige Mauern und das Grabmal des Ambrosius. Im 8. und 9. Jahrhundert wurde sie erweitert und erhielt im 9. Jahrhundert den ersten (rechten) Glockenturm Campanile dei Monaci; im 12. Jahrhundert wurde der zweite Glockenturm Campanile dei Canonici erbaut. Zu dieser Zeit stürzte ein Teil des Mittelschiffs ein. Bramante ergänzte im 16. Jahrhundert den **Kreuzgang** und den **Portica della Canonica**. Im 17. und 18. Jahrhundert wurde weitergebaut, bis kurz nach Abschluss aller Arbeiten, im 19. Jahrhundert, schon wieder die erste Restaurierung anstand. Dabei wurde auch versucht, die ursprüngliche schlichte Formensprache der Romanik wiederzufinden, die unter den Baumaßnahmen unterschiedlicher Epochen und Ideale sichtlich gelitten hatte. Heute ist der nach der Restaurierung ruhig und geschlossen wirkende Backsteinbau ein herausragendes Beispiel der lombardischen Romanik.

Das Innere der Kirche ist mit Kunstschätzen gefüllt. Berühmt ist der mit Reliefs geschmückte **Paliotto** von Volvinius. Auf den silbernen Seiten des Altars sind Szenen aus den Evangelien abgebildet. Auf der goldenen Front sieht man Jesus mit den Aposteln. Die Rückseite des Altars zeigt eine Szene aus dem Leben des heiligen Ambrosius. Die Altarverkleidung entstand in der ersten Hälfte des 9. Jahrhunderts.

Das Chorgestühl aus Holz wurde im 15. Jahrhundert angefertigt. Die Apsis der frühchristlichen Grabkapelle **San Vittore in Ciel d'Oro** ist mit schönen Mosaiken aus der Zeit des Baus der Kapelle ausgekleidet.

Basilica di Sant'Ambrogio
Piazza Sant' Ambrogio 15
20123 Mailand
✆ 02 86 45 08 95
www.basilicasantambrogio.it
Mo–Sa 10–12 und 14.30–18, So 15–17 Uhr, Eintritt frei

Das wichtigste Werk der lombardischen Romanik: die frühchristliche Basilika Sant'Ambrogio in Mailand

Basilica di Sant'Eustorgio/ Museo di Sant'Eugenio
Piazza Sant' Eustorgio 1
20122 Mailand
✆ 02 58 10 15 83
www.santeustorgio.it
Kirche Mo–Sa 7.45–17, So 9.30–11 und 12.30–17 Uhr; Museum tägl. 10–18 Uhr
Eintritt Museum € 6/1 (bis 14 J.), Kirche frei

27 Sant'Eustorgio in Mailand
Zwischenstopp für die Reliquien der Heiligen Drei Könige

Unweit der Porta liegt mit der Kirche, die einen Teil der Reliquien der Heiligen Drei Könige beherbergt, eine ästhetisch wie spirituell bedeutende Kirche. Ihren Namen verdankt sie Eustorgius, dem neunten Bischof von Mailand. Sein Ruhm gründet sich unter anderem darauf, dass es ihm gelang, die Gebeine von Caspar, Melchior und Balthasar nach Mailand zu bringen. Sie waren das Geschenk eines Sohns von Kaiser Konstantin an den Bischofsstuhl von Mailand, und Eustorgius soll sie eigenhändig in Konstantinopel abgeholt und in einem Sarg in seiner Kirche aufbewahrt haben. Anscheinend sprach er nicht viel darüber, bis er um das Jahr 350 starb, denn es setzte kein unmittelbarer Pilger-Tourismus ein. Friedrich Barbarossa aber wusste dennoch von den Gebeinen der drei Weisen. Als er Mailand im 12. Jahrhundert belagerte, schaffte man die Reliquien vorsorglich in eine andere Kirche. Barbarossa brachte sie trotzdem heim an den Rhein und präsentierte sie 1164 stolz in Köln. Eilig machte man sich daran, ihnen einen Dom zu bauen. Dort fanden sie ihre tatsächlich letzte Ruhestätte – bis auf jenen Teil, der im Jahr 1903 in Anerkennung der unrühmlichen Umstände ihres Erwerbs an die Kirche Sant'Eustorgio zurückgegeben wurde.

Dort hatten im 13. Jahrhundert Dominikanermönche die wieder aufgebaute Kirche übernommen. Bis zum 16. Jahrhundert entstand eine Klosteranlage, deren Kapitelsaal mit Gemälden aus dem 16. und 17. Jahrhundert besonders sehenswert ist. Im Kloster befindet sich heute das **Museo di Sant'Eugenio**, das die Geschichte der Kirche, des Klosters und der Gebeine der Heiligen Drei Könige zum Thema hat.

Im Inneren der Kirche bilden Fresken und ein Triptychon die Odyssee der Reliquien ab. Die 1462–68 erbaute **Cappella Portinari**, ein Renaissanceprachtbau, ist die Grabkapelle des Dominikanerpriesters Pietro da Verona, der am 6. April 1252 ermordet und später heiliggesprochen wurde. Fresken erzählen Episoden aus seinem Leben. Ein im 14. Jahrhundert von Giovanni di Balduccio angefertigter, reich mit Figuren und Ornamenten geschmückter Marmorsarg bewahrt die Gewänder Pietros. In einem Seitenraum befindet sich der Schädel des Heiligen.

Teatro alla Scala
Via Filodrammatici 2
20121 Milano
✆ 02 86 07 75 (Kartenvorverkauf)
www.teatroallascala.org
Kartenverkauf für Oper, Konzert und Ballett außer per Telefon über die Website, an der Verkaufsstelle Galleria del Sagrato (Piazza del Duomo, tägl. 12–18 Uhr) oder ab 2,5 Stunden vor Spielbeginn an der Abendkasse des Theaters. Opernkarte € 13–210, bei Premieren höher.

Museo Teatro alla Scala
Piazza Scala
20121 Milano
✆ 02 88 79 24 73
www.teatroallascala.org, tägl. 9–12.30 und 13.30–17.30 Uhr
Eintritt € 6

28 Teatro alla Scala in Mailand
Die Bühne der Größten

Eines der berühmtesten Opernhäuser der Welt ist die Mailänder Scala, die mit vollem Namen Teatro alla Scala heißt. Erbaut wurde sie auf Initiative von Österreichs Kaiserin Maria Theresia – die Lombardei gehörte zu Österreich –, nachdem das Teatro Regio Ducale am 26. Februar 1776 durch ein Feuer zerstört worden war. Die Musikliebhaber, die im alten Theater Logen besessen hatten, legten zusammen, um das Bauland zu kaufen (das Anrecht auf eine Loge im Neubau war durch die Investition garantiert). Dort, wo die Kirche Santa Maria alla Scala stand, wurde nun die neue Scala erbaut. Den Auftrag erhielt der Architekt Giuseppe Piermarini, der in knapp zwei Jahren den neoklassizistischen Bau hochzog, der noch heute Opernfans aus der ganzen Welt entzückt. Am 3. August 1778 war Premiere, auf dem Spielplan stand Antonio Salieris Oper »L'Europa riconoscita«. Fortan war die Scala immer wieder ein Ort glanzvoller Premieren und Inszenierungen. Im frühen 19. Jahrhundert war sie Schauplatz des Aufstiegs des Opernkomponisten **Gioachino Antonio Rossini** (1792–1868); auch Kollege **Vincenzo Bellini** (1801–35)

brachte hier seine Werke auf die Bühne. Ab 1839 gehörte die Scala **Giuseppe Verdi** (1813–1901), der hier – nach einem ersten Flop mit »Un giorno di Regno« – 1843 mit »Nabucco« einen seiner größten Triumphe feierte. Nach dem Krieg wurde die Scala 1946 mit einem Konzert unter Leitung des Dirigenten Arturo Toscanini (1867–1957) wiedereröffnet. Für die große Sopranistin Maria Callas (1923–77) wurde die Scala zur Kulisse ihrer größten Erfolge, und auch Dirigent Herbert von Karajan (1908–89) sowie der unsterbliche Tänzer Rudolf Nurejew und seine um 19 Jahre ältere Primaballerina Margot Fonteyn traten hier auf.

In sattem Rot und Gold erstrahlt die weltberühmte Scala in voller Pracht

Bei allem Glanz dieser stolzen Opernbühne gab es immer wieder Rückschläge. Während des Zweiten Weltkriegs nahm die Scala schweren Schaden, wurde aber schnell wieder aufgebaut – so schnell, dass es zu diversen Baufehlern kam. Eine gründliche Sanierung war langfristig nicht zu vermeiden. Zwischen 2002 und 2004 wurde die Bühnentechnik des Traditionshauses auf den neuesten Stand gebracht. Zum Teatro gehört ein Museum mit Instrumenten und Ausstellungen zur Geschichte des italienischen Theaters, des Hauses und seiner Protagonisten.

29 Mantua/Mantova
Ein Stadtstaat aus der Renaissance

Von drei Seen umgeben liegt die Provinzhauptstadt Mantua (47000 Einwohner) malerisch in mittelalterlichen Festungsmauern. In ihnen verbergen sich einige Meisterwerke der Renaissance.

Mantua war schon in vorrömischer Zeit bewohnt. 70 v. Chr. wurde Vergil, Autor des Epos Aeneis, im nahen Dorf Andes geboren. Das existiert längst nicht mehr; es wird vermutet, dass es an der Stelle des heutigen Vororts Pietole lag. 1328 putschte sich die Familie Gonzaga gegen die regierenden Bonacolsi an die Macht. Fast 400 Jahre lang sollten sie die Herrschaft über die Stadt und ihr Umland behalten. Es war ein rasanter Aufstieg eines Clans eigentlich schlichter Herkunft. 1530 wurden

Büste des Andrea Mantegna in der Basilica di Sant'Andrea (Mantua)

Eingebettet in eine romantische Seenlandschaft: die Gonzaga-Stadt Mantua

ℹ IAT Mantova
Piazza Mantegna 6
46100 Mantova
✆ 03 76 43 24 33
www.turismo.mantova.it
Mo–Fr 9–13.30 und 14.30–17, Sa/So 10–17 Uhr

🏛 Museo di Palazzo Ducale
Piazza Sordello 40
46100 Mantova
✆ 03 76 22 48 32
www.mantovaducale.beniculturali.it
Tägl. außer Mo 8.15–19.15 Uhr
Eintritt € 6,50, unter 18 J. frei

aus den Gonzaga die Herzöge von Mantua, die zahlreiche Künstler an ihren Hof holten. Im 17. Jahrhundert fiel die Stadt an eine Nebenlinie, der Niedergang begann. Als der letzte Herzog Ferdinando Carlo 1707 nach Plünderungen durch die Landsknechte und einer Pest-Epidemie ins Exil floh, war vom einstigen Glanz fast nichts geblieben.

Die UNESCO zählt Mantua (mit Sabbioneta) als Musterbeispiel einer Stadterneuerung in der Renaissance zum Weltkulturerbe. Ihr Herz bilden der Herzogspalast (Palazzo Ducale) an der Piazza Sordello, die ruhigere Piazza delle Erbe mit der **Basilica Sant'Andrea**, sowie der fünfschiffige romanische **Duomo Santi Pietro e Paolo**, der ab dem 9. Jahrhundert erbaut wurde. Aus dieser frühen Phase stammt auch der romanische Glockenturm. Im Inneren wurde die Kathedrale im 16. Jahrhundert umgestaltet, die Fassade stammt aus dem 18. Jahrhundert. Die ebenfalls sehenswerte, bald 1000 Jahre alte romanische Kirche **Rotonda di San Lorenzo** entstand auf einem Rundbau aus der Antike.

Der **Palazzo Ducale** war die Residenz der Gonzaga, eine wehrhafte, in ihrer Größe kaum überschaubare Wasserburg, die mit Kunstschätzen gefüllt wurde. Seinen Ursprung hat der Palazzo im 14. Jahrhundert, als die Bonacolsi den Palazzo del Capitano und den Magna Domus bauten. Die Gonzaga erweiterten den Palast kontinuierlich, so dass schließlich rund 500 Gemächer auf 35 000 Quadratmetern angemessenen Wohn- und Repräsentationsraum für die Herrscherfamilie boten. Mit dem Erlöschen der Dynastie verfiel auch ihr Palast; erst im 20. Jahrhundert wurde er restauriert und ist heute ein Museum. Die Gesellschaftsräume sind reich mit Fresken unter anderem von Giulio Romano (1499–1546) dekoriert, der für den Palast auch den Hof der Cavallerizza, einen von Galerien eingefassten Patio, baute. Die bedeutendsten Fresken der Frührenaissance schuf der Hofmaler Andrea Mantegna (1431–1506) in der Camera degli Sposi, dem Hochzeitszimmer. So detailgetreu und plastisch malte er seine Auftraggeber, dass man den Eindruck haben kann, Fotos aus dem 15. Jahrhundert anzuschauen. Die illusionistischen Malereien an der Decke sind die ältesten in diesem Stil. Ein weiteres Meisterwerk der Renaissance ist ein Fresko von Pisanello, das eine Schlacht zu Pferd zeigt.

Nach den Erdbeben im Mai 2012, die auch den Campanile von **Santa Barbara**, der Hofkirche des Herrscherclans, sowie den Geschlechterturm an der Piazza Mantegna schwer beschädigten, ist nur die Corte Vecchia (bestehend aus Palazzo del Capitano und Magna Domus) zugänglich – Corte Nuova und das Hochzeitszimmer sind auf nicht absehbare Zeit wegen Restaurierung geschlossen.

Tipp: Mit der »Mantova Musei Card 5« kann man Palazzo Ducale, Palazzo del Tè, das Stadtmuseum Museo della Città im Palazzo San Sebastiano, das Teatro Bibiena und das Museo Diocesano zum Preis von € 15 besuchen.

30 Basilica di Sant'Andrea in Mantua
Albertis Kirche für das Heilige Blut

Basilica di Sant'Andrea
Piazza Andrea Mantegna
46100 Mantova
✆ 03 76 32 85 04
www.santandreainmantova.it
Tägl. 8–12 und 15–19 Uhr, Eintritt frei

Weithin sichtbar wölbt sich die Kuppel der Basilika Sant'Andrea über den Dächern Mantuas. Die Kirche, deren Stufen heute der zentrale Treffpunkt der Stadt sind, markiert in der Kunstgeschichte den Durchbruch der Renaissance. 1472 wurde mit ihrem Bau begonnen. Die Pläne zu der Kirche, in der die Heilig-Blut-Reliquie angemessen aufbewahrt werden sollte, stammten von dem Gelehrten, Schriftsteller und Architekten Leon Battista Alberti (1404–72), der der Nachwelt mit diesem Bau sein Meisterwerk hinterlassen hat. Wie gut er war, beweist nicht zuletzt die Tatsache, dass Sant'Andrea im reifen Alter von 500 Jahren dank des massiven Tonnengewölbes die Erdbeben vom Mai 2012 überstand – wenn auch nicht ganz ohne Schäden. Ausführender Architekt wurde nach Albertis Tod im Jahr der Grundsteinlegung Luca Fancelli.

Auffällig ist die aus weißem Marmor gefertigte Fassade im Stil eines antiken Tempels. Für die Kirche hatte Alberti ein von (mit reichem Renaissanceschmuck ausstaffierten) Seitenkapellen flankiertes Langhaus vorgesehen. Sehr viel später, im 18. Jahrhundert, erhielt die Kirche ihre 80 Meter hohe Kuppel, die von Filippo Juvarra entworfen wurde. Herzog Federico II., der den Bau in Auftrag gegeben hatte, engagierte die größten Künstler seiner Zeit. So besitzt die Kirche neben Fresken aus dem 16. Jahrhundert kostbare Gemälde etwa von Andrea Mantegna. Er war 1456 als Hofmaler in Mantua tätig und schuf mit den Fresken im Hochzeitszimmer des Herzogspalasts sein Hauptwerk. Mantegna, der wesentlich am Aufstieg Mantuas zum Renaissancejuwel beteiligt war, erhielt in dieser Kirche seine letzte Ruhestätte; seine Söhne, die ebenfalls als Maler wirkten, gestalteten seine Grabkapelle. Auch sein wohl berühmtester Schüler war an der künstlerischen Gestaltung des Kircheninneren beteiligt: Antonio Allegri, besser bekannt als Correggio. Giulio Romano und seine Schüler sowie Giorgio Anselmi trugen ebenfalls zur Gestaltung bei.

Von besonderer religiöser Bedeutung ist die Heilig-Blut-Reliquie: ein Gefäß, das Blut von Jesus enthalten soll, das in Golgota vom Boden aufgenommen wurde. Die Heilig-Blut-Reliquie wird in einer Schatulle in der Ende des 16. Jahrhunderts von Anton Maria Viani konzipierten Krypta bewahrt. Jedes Jahr an Karfreitag wird sie in einer Prozession durch die Stadt getragen.

Das letzte Werk des Universalgenies Leon Battista Alberti: die Basilica di Sant'Andrea (1472–92) in Mantua

REGION 5
Lombardei

Museo di Palazzo Te
Viale Te 13
46100 Mantova
✆ 03 76 32 32 66
www.palazzote.it
Mo 13–18, Di–So 9–18 Uhr
Eintritt € 10/3,50 (12–18 J.)

31 Palazzo del Te in Mantua
Innenausstattung, entfesselt

Giulio Romano, Maler, Baumeister und ein Schüler Raffaels, entwarf mit dem Palazzo del Te sein Meisterwerk. Das äußerlich mit strengen Linien, Säulen und Pfeilern an eine antike römische Villa erinnernde Lustschloss der Gonzaga wurde zwischen 1525 und 1535 außerhalb der Stadtmauern nahe den Ställen der Familie erbaut. Auch ein Garten gehört zum Palast. Auftraggeber war Federico II. Gonzaga, seines Zeichens Markgraf von Mantua.

Während der Bau des um einen Patio angelegten Hauses keine zwei Jahre brauchte, sollte die Innenausstattung erst nach zehn Jahren künstlerischer Arbeit vollendet sein. Jedes Zimmer ist geradezu schwelgerisch mit Stuckarbeiten, Schnitzwerk und Fresken von Benedetto Pagni und Rinaldo Mantovano verziert. Wie es sich für ein Sommerhaus gehört, erzählen die Fresken von den Freuden des Daseins, für die der Palast erbaut worden war, und sind, weil sie auch das Fantastische nicht auslassen, sehr unterhaltsam anzuschauen. In der *Sala dei Giganti*, dem Raum der Riesen, geistern ebensolche und andere groteske Wesen über die Wände, in der *Sala dei Cavalli* Pferde, in der *Sala di Psiche* sitzen Nymphen und Gottheiten beim Bankett. Es war eine angemessene Kulisse auch für politische Treffen in zwangloser Atmosphäre. Kaiser Karl V. ernannte bei seinem Besuch im Jahr 1530 seinen Gastgeber Federico II. zum Herzog. Höher sollte der Stern der Gonzaga nicht mehr steigen. Auch ihr Sommerpalast bestand nur 100 Jahre. Als 1630 Landsknechte des Kaisers in Mantua einfielen, nahmen sie auch den Palazzo del Te auseinander. Wunderbarerweise überstanden die Fresken den Vandalismus.

Wie ein Paukenschlag: »Der Sturz der Titanen« (1532–34) von Giulio Romano in der Sala dei Giganti im Palazzo del Te (Peripherie von Mantua)

Im ersten Stock ist heute das **Museo Civico di Palazzo Te** untergebracht, darunter eine Sammlung mesopotamischer Kunst, eine Sammlung von Münzen und Medaillen aus der Epoche der Gonzaga, eine Sammlung von Skulpturen und Objekten aus Ägypten, die Giuseppe Acerbi, einstmals Konsul in Ägypten, heim nach Mantua brachte. Ebenfalls zu sehen ist eine Sammlung von Zeichnungen der italienischen Künstler Federico Zandomeneghi und Armando Spadini.

Auch die Fresken nahmen bei den Erdbeben im Mai 2012 Schaden und sind nicht vollständig restauriert. Insbesondere der Zyklus von Amor und Psyche in der *Sala di Psiche*, der ohnehin schon Risse aufwies, hat bei den Erdstößen stark gelitten. Die *Camera dei Giganti* überstand das Beben relativ unbeschadet.

32 Palazzo Ducale in Mantua und Giuseppe Verdis »Rigoletto«
»La Donna è mobile …«

Am 11. März 1851 nahm Mantua, eigentlich vor allem wegen seiner prachtvollen Renaissancebauten bekannt, überraschend auch seinen Platz in der Musikgeschichte ein. Der große Giuseppe brachte nämlich in jenem Jahr seine Oper »Rigoletto« – bis heute auch wegen der

Arie »La Donna è mobile« unsterblich – auf die Bühne. Natürlich nicht auf irgendeine, sondern die des venezianischen Opernhauses »La Fenice«. Bevor er allerdings dort seinen Triumph feiern konnte, musste Verdi sich mit der kaiserlichen und königlichen Zensur herumschlagen. So lagen die Dinge nun mal. Und damit fingen die Probleme an. Denn Victor Hugos Schauspiel »Le roi s'amuse« (Der König amüsiert sich) um den Hofnarren Triboulet, auf dem die Oper beruhte, erschien der Leitung des Opernhauses ebenso wie der habsburgischen Zensur als reichlich heikel. Im Stück wird Triboulets Tochter entführt, weil der König von seinem Recht der ersten Nacht Gebrauch machen will. Als er sein Vorhaben in die Tat umsetzt, will der Hofnarr Triboulet (der bei Verdi Rigoletto heißen wird) ihn umbringen, ermordet aber versehentlich seine Tochter. Keine leichte Kost also. Und obwohl Hugo das Stück in der Vergangenheit des absolutistischen Frankreich ansiedelte, hatte es auch bei der Premiere in Frankreich im Jahr 1832 einen Riesenskandal gegeben; der königstreue Teil des Publikums amüsierte sich definitiv nicht.

Statue des Hofnarrs Rigoletto im Garten der Casa di Rigoletto (Mantua)

20 Jahre später fiel das Urteil der Zensur in Venedig nicht anders aus. Verdi und sein Librettist Francesco Maria Piave machten sich neuerlich ans Werk. Aus Frankreich wurde das Mantua der Renaissance, aus dem König der Herzog Ceprano. Auch hieß die Oper nun nicht mehr »La Maledizione« (Der Fluch), sondern nach dem unglücklichen Narren »Rigoletto«. Der Zensor nickte, Verdi feierte einen rauschenden Erfolg und Mantua hatte seinen Platz in der Opernwelt gefunden. Das Haus des Hofnarren, das in der Regieanweisung des ersten Akts beschrieben ist, glaubten die Bürger Mantuas im Pfarrhaus des Doms zu erkennen, das gleich gegenüber vom Herzogpalast steht. 1978 wurde in seinem Garten eine von Aldo Falchi angefertigte Statue des unglücklichen Narren aufgestellt.

Piazza Sordello in Mantua mit der Cattedrale di San Pietro links und dem mächtigen Palazzo Ducale rechts

👁 **Autodromo Nazionale di Monza**
Via Vedano 5
20900 Monza
✆ 03 92 48 21
www.monzanet.it
Mo–Fr März–Sept. 8–13 und 14.30–18.30, Okt.–Feb. 8–13 und 14–18 Uhr
Eintritt € 5

33 Autodromo Nazionale di Monza
Reifenwechsel in zwei Sekunden

Seit 1922 ist die 5793 Meter lange Rennstrecke Autodromo Nazionale di Monza im Park von Monza ein zuverlässiger Herzschlagbeschleuniger – sowohl bei Auto- als auch bei Motorradrennen. Im Jahr 1950 wurde ihr Name zum Synonym für einen der wichtigen Termine im internationalen Autorennsport. In jenem Jahr wurde die Formel-1-Weltmeisterschaft ins Leben gerufen und seither fahren die schnellsten Autos (und Fahrer) der Welt hier alljährlich im September um den Großen Preis von Italien. Die einzige Unterbrechung der Tradition machten 1980 Umbauarbeiten erforderlich, der Grand Prix wurde in Imola in der Emilia-Romagna ausgetragen. Die Rennstrecke in Monza ist besonders schnell, weil sie über einen hohen Anteil gerader Strecken verfügt, auf denen die Fahrer Vollgas geben können. Die erste misst 1194,4 Meter, die zweite 958,8 Meter. Den derzeitigen Geschwindigkeitsrekord stellte der Fahrer Juan Pablo Montoya bei seinem Sieg im Jahr 2005 auf. Die extremen Geschwindigkeiten sorgten allerdings auch immer wieder für tödliche Unfälle. Schon im Jahr der Eröffnung des Autodromo starb der deutsche Rennfahrer Gregor Kuhn. Auch für die Zuschauer wurde es oft gefährlich. 1928 starben bei einem Unfall mehr als 20 Zuschauer und der beteiligte Rennfahrer. Der zweite deutsche Fahrer, der auf der Strecke sein Leben verlor, war 1961 der Ferrari-Pilot Wolfgang Graf Berghe von Trips. Ein Punkt fehlte dem zweimaligen Grand-Prix-Sieger noch zum Gewinn der Weltmeisterschaft. In der zweiten Runde kollidierte er mit einem anderen Wagen und kam von der Strecke ab. Sein Auto riss 15 Zuschauer in den Tod. Dass er posthum Vize-Weltmeister wurde, wird die Eltern des 33-Jährigen nicht getröstet haben. Es blieben nicht die letzten Todesfälle auf dieser Rennstrecke, die zugleich regelmäßig Schauplatz großer Triumphe auch deutscher Rennfahrer ist. Michael Schumacher siegte 1996, 1998, 2000, 2003 und 2006 beim Großen Preis von Italien und ist damit hier Rekordsieger. Heinz-Harald Frenzen entschied 1999 das Rennen für sich. 2008, 2011 und 2013 fuhr Sebastian Vettel als erster durchs Ziel.

Monza ist heute vorwiegend durch seine Formel-1-Rennstrecke bekannt

Eines der bedeutendsten Baudenkmäler der Lombardei: die Certosa di Pavia südlich von Mailand

34 Kartause von Pavia
Familiengrablege der Sforzas

Acht Kilometer von Pavia entfernt liegt mit der Certosa di Pavia das einstmals größte Kartäuserkloster Italiens inmitten weiten Sumpflands. Seine Geschichte spiegelt auch den mittelalterlichen Machtwechsel in Mailand. Der 1351 in Pavia geborene Gian Galeazzo Visconti, erster Herzog von Mailand, ließ im Jahr 1396 im Park seines Schlosses das Kloster errichten, das zugleich der herzoglichen Familie als Grablege dienen sollte. Die Kartäuser waren sicher geeignet, die Grabkirche zu betreuen, verbrachten sie doch viel Zeit mit dem Gebet für das Seelenheil anderer. Der Herzog hatte während seiner Herrschaft ebenso wie schon auf dem Weg dorthin eine Menge Sünden begangen – darunter der Auftrag zur Ermordung seines Onkels – und konnte die Unterstützung gebrauchen.

Für den Bau musste zunächst der Kanal Naviglio Pavese (der in Mailand vom Naviglio Grande abzweigt) angelegt werden, um das Baumaterial hierher transportieren zu können. Die Bauarbeiten zogen sich hin – so lange, dass Gian Galeazzo bei ihrer Vollendung längst sein Grab in der Klosterkirche **Madonna delle Grazie** bezogen hatte. Auch nutzte jetzt die Dynastie der Sforzas, die im 14. Jahrhundert die Macht über Mailand von den Visconti übernommen hatte, das Kloster als Grablege. Um die Mitte des 15. Jahrhunderts wurde das Langhaus der Kirche vollendet, ziemlich genau 150 Jahre nach Baubeginn. Wirtschaftsgebäude und Klosterzellen sind um drei Patios angelegt, die Kirche bildet das Herzstück.

Ihre prunkvoll mit unzähligen Skulpturen von Amadeo und den Brüdern Antonio und Cristofero Mantegazza geschmückte Renaissancefassade aus Marmor verbirgt eine spätgotische, aber nicht weniger aufwendige Gestaltung des Kircheninneren mit Stuckarbeiten, Fresken und einem schönen Chorgestühl. In der Kirche befinden sich auch diverse Gräber; unter anderem lebensgroße liegende Statuen von Ludovico II., wegen seines dunkeln Teints mit dem Beinamen »il Moro« versehen und zu Lebzeiten ein großer Mäzen, sowie seine Frau Beatrice d'Este (1475–97). Die Statuen sind überaus eindrucksvoll gearbeitet; insbesondere der Faltenwurf von Ludovicos Gewand wirkt, als handele es sich tatsächlich um Stoff. Seine Frau Beatrice starb bei der Geburt ihres dritten Kindes. Sie war trotz ihrer Jugend sechs Jahre lang mit Ludovico

IAT Pavia
Via del Comune 18
27100 Pavia
✆ 03 82 07 99 43
www.paviaturismo.it
Mo–Fr 9–13 und 14–17, Sa/So 10–13 und 14–18 Uhr

Museo della Certosa di Pavia
Palazzo Ducale
Viale Monumento 4
27012 Certosa di Pavia
✆ 03 82 53 96 38
www.museo.certosadipavia.beniculturali.it
Mai–Sept. tägl. außer Mo 9–11.30 und 14.30–18, sonst bis 17 Uhr, Eintritt frei

verheiratet und ebenfalls eine Förderin der Künste und der Architektur, nämlich des Baumeisters Donato Bramante und des Universalgenies Leonardo da Vinci.

Seit 1968 ist das Kloster in Händen von Zisterziensermönchen. Außer der Kirche können die beiden bildschönen Kreuzgänge und einige Mönchszellen besichtigt werden.

35 Pavia
Hauptstadt des Langobardenreichs

Die am unteren Lauf des Ticino gelegene Provinzhauptstadt Pavia (68 000 Einwohner) ist reich an Geschichte und Kultur, Heimat einer der ältesten Universitäten Europas und war über Jahrhunderte ein bedeutendes Zentrum politischer Macht.

Zur Zeit der Römer hieß sie *Ticinum*. Nach dem Niedergang Roms zählte die Stadt zu den bevorzugten Residenzen von Theoderich dem Großen. Ihre Zugkraft dauerte an: Auch die Ostgoten, die Ende des 5. Jahrhunderts eingefallen waren, machten sie zu ihrer Hauptstadt, bevor die Langobarden nach dreijähriger Belagerung im Jahr 571 die Herrschaft übernahmen. Ihnen folgte später Karl der Große, so dass Pavia im Mittelalter zum Heiligen Römischen Reich gehörte. 1359 folgten die Visconti, zwei Jahre später eröffnete die Universität.

Apsis von San Michele Maggiore in Pavia

Basilica San Michele Maggiore
Piazza San Michele
27100 Pavia
✆ 03 822 60 63
www.sanmichelepavia.it, tägl. 8–12 und 15–19, So bis 20 Uhr, Eintritt frei

Musei Civici di Pavia
Castello Visconteo
27100 Pavia
✆ 03 82 39 97 70
www.museicivici.pavia.it, tägl. außer Mo Juli/Aug. und Dez./Jan. 9–13.30, sonst 10–17.50 Uhr
Eintritt € 6/4

In der Kirche **San Michele Maggiore** krönten die Langobarden ihre Könige. 774 ließ sich Karl der Große hier die Krone aufsetzen. Im Jahr 1004 wurde die Kirche durch ein Feuer zerstört. Der heutige Bau wurde rechtzeitig zur Krönung von Friedrich Barbarossa im Jahr 1155 fertig. Einige Bodenmosaiken der ersten Kirche blieben erhalten. Sehenswert sind auch die Fresken aus dem 13. Jahrhundert. Äußerlich besticht die Kirche durch die drei romanischen, mit Reliefs geschmückten Portale. Auch die Zwerggalerie, eine unmittelbar unter dem Dach verlaufende Galerie kleiner Säulen, verweist auf die Romanik. Die Klosterkirche **San Pietro in Ciel d'Oro** geht ebenfalls auf das Langobardenreich zurück. Der Vorgängerbau stammt aus dem 5., die heutige Kirche aus dem 12. Jahrhundert.

Im Inneren befinden sich das Marmorgrabmahl des heiligen Augustinus mit einem reich geschmückten, von Gian Galeazzo Visconti, dem Herzog von Mailand, gestifteten Altar. Im Seitenschiff hat der Langobardenkönig Liutprand seine letzte Ruhe gefunden – der Mann, der die Gebeine des Heiligen nach Pavia brachte. Im Vergleich zu diesen Kirchen wirkt der ab 1488 erbaute **Dom** fast jung. Erst 1898 erhielt er die achteckige, 97 Meter hohe Kuppel, die Baumeister Giovanni Antonio Amadeo ihm zugedacht hatte. Als der mittelalterliche Campanile 1989 einstürzte, kamen vier Menschen ums Leben.

Die ab 1360 von Galeazzo II. in Auftrag gegebene und fünf Jahre später fertiggestellte Wasserburg **Castello Visconteo** ist heute Sitz der **Musei Civici di Pavia**, der städtischen Museen.

Fassadendetail von San Michele Maggiore (Pavia)

36 Sabbioneta
Die ideale Stadt

Zwischen Mantua und Parma liegt das alte Residenzstädtchen Sabbioneta (4300 Einwohner), das zusammen mit Mantua von der UNESCO zum Weltkulturerbe gezählt wird. Sein historisches Zentrum wird von einer Stadtmauer mit Bastionen und zwei Stadttoren (Porta Vittoria und Porta Imperiale) umschlossen und ist hervorragend restauriert. Diese Befestigung ist Vespasiano Gonzaga (1531–91) zu verdanken, der einer Nebenlinie der Herrscherfamilie Mantuas entstammte und 1575 zum Herzog erhoben wurde. Bevor er die Geschicke Sabbionetas in seine Hände nahm – geerbt hatte er bereits als Kind, doch war ein Vormund mit der Verwaltung betraut –, betreute er in Spanien, wo er unter Philipp II. Vizekönig von Navarra und später von Valencia war, sowie in Nordafrika den Bau von Festungen. Das erwies sich auch in der Heimat als nützlich, wo er seine Residenz, eigentlich nur ein Dorf, als Idealstadt der Renaissance zu erbauen und befestigen suchte.

1562 war das Projekt so weit fortgeschritten, dass er Menschen aus der Umgebung dazu zwang, in die neue Stadt zu ziehen. Durch den Tod dreier Ehefrauen und seines einzigen Sohns war Gonzaga seiner glänzenden Karriere und seinen hervorragenden Verbindungen zum Trotz womöglich ein wenig wunderlich geworden. Ruhelos trieb er sein Projekt voran und schuf zugleich ein nahezu einmaliges Ensemble: eine Renaissancestadt, die als solche geplant und konzipiert war und deren Bauten alle innerhalb einer kurzen Zeitspanne in der zweiten Hälfte des 16. Jahrhunderts und in naher Nachbarschaft entstanden.

Gonzaga baute außer seiner Residenz, dem **Palazzo Ducale**, und der fast 100 Meter langen **Galleria degli Antichi** für seine Sammlung alter Kunst zwischen 1588 und 1590 das **Teatro Olimpico**, das älteste frei stehende Theater in Europa, das die Zeit überdauert hat. Im **Palazzo Giardino** brachte er unter anderem seine Marmorstatuen unter. Auch Sakralbauten gehörten zur idealen Stadt. Eine 1580 von Gonzaga errichtete Kirche wurde 100 Jahre später in ein Karmeliterkloster umgewandelt. Er schuf das Kloster Convento dei Servi di Maria und **Santa Maria Assunta**, die aber im 18. Jahrhundert tiefgreifend verändert wurde. Die heute noch bestehende **Synagoge** aus dem 18. Jahrhundert entstand auf einem Vorgängerbau aus dem 16. Jahrhundert. Seine letzte Ruhe fand er in der Chiesa dell'Incoronata.

Vespasiano Gonzaga Colonna (1531–91)

i IAT Sabbioneta
Piazza d'Armi 1
46018 Sabbioneta
✆ 03 75 520 39
www.iatsabbioneta.org
April–Okt. tägl. 9.30–13 und 14.30–18, Nov.–März nur bis 17 bzw. 17.30 Uhr
Hier gibt es eine Sammeleintrittskarte für Palazzo Ducale, Galleria degli Antichi, Teatro Olimpico, Palazzo Giardino und Synagoge für € 12/5 (Schüler)

Galleria degli Antichi in Sabbioneta

Einst auf einer Insel im Po gelegen: das Benediktinerkloster San Benedetto in Polirone

37 San Benedetto in Polirone in San Benedetto Po
Mathilde von Tuszien und die Benediktiner

Graf Tedaldo di Canossa begründete im Jahr 1007 das 20 Kilometer südöstlich von Mantua auf einer Insel im Fluss Po gelegene Benediktinerkloster San Benedetto in Polirone. Trotz seiner Bestimmung, ein Ort des Gebets, der Arbeit und der stillen Lektüre zu sein, wurde es in kürzester Zeit zu einem der reichsten Klöster ganz Italiens. Das Vermögen des adeligen Klosterstifters, der die Benediktiner mit Geld und Land beschenkte, und großzügige Spenden seiner nicht minder reichen Nachkommen machten es möglich. Zunächst schenkte Tedaldos Sohn Bonifatius dem väterlichen Kloster eine Riesensumme, dann tat es ihm Bonifatius' Tochter Mathilde von Tuszien – auch bekannt als Mathilde von Canossa – gleich. So sehr lag ihr das Kloster am Herzen, dass sie verfügte, hier bestattet zu werden, was nach ihrem Tod im Jahr 1115 auch geschah. Im Jahr 1632 wurden ihre sterblichen Überreste allerdings in den Petersdom verlegt; wo einst ihr Grab war, erinnert heute ein Bild Mathildes zu Pferd an ihre enge Bindung an das Benediktinerkloster. Bald bildete sich im Schatten des Klosters am Flussufer die kleine Gemeinde **San Benedetto Po**, die heute 7600 Einwohner hat.

Das Kloster wechselte später in die Hände des Zisterzienserordens und wurde teilweise erneuert. Correggio schmückte das Refektorium, das ebenso wie der Kreuzgang aus dem 15. Jahrhundert stammt, um 1513 mit einem Fresko. Im 15. Jahrhundert wurde auch die Kirche **Santa Maria** in spätgotischem Stil umgestaltet. So konnte es nicht bleiben. Beim nächsten Umbau der Klosterkirche von 1540 bis 1544 übernahm der große Baumeister (und Maler) Giulio Romano die Regie. Fußbodenmosaiken aus dem 12. Jahrhundert sowie Schnitzarbeiten und Heiligenstatuen aus dem Vorgängerbau blieben jedoch erhalten.

1797 wurde das Kloster unter Napoleon aufgelöst. Drei Kreuzgänge, das Refektorium, in dem heute gelegentlich Ausstellungen stattfinden, das Krankenhaus, der ebenfalls aus dem 16. Jahrhundert stammende Kapitelsaal und die Kirche haben überdauert. Heute liegt San Benedetto nicht mehr auf einer Insel, der Flussarm ist trockengelegt. Alljährlich im Mai findet im Kloster die Blumen- und Gartenausstellung »San Benedetto in Fiore« statt.

IAT San Benedetto Po
Piazza Matilde di Canossa 7
46027 San Benedetto Po
✆ 03 76 62 30 36
www.turismosanbenedettopo.it
Geöffnet wie Abbazia

Abbazia di San Benedetto in Polirone
Piazza Folengo Teofilo 37
46027 San Benedetto
✆ 03 76 62 30 36
Tägl. außer Mo März–Okt. 9–12 und 15–18, Nov.–Feb. 9–12 und 14.30–17.30 Uhr, Eintritt € 5/4, Kirche € 2

38 Rocca Scaligero in Sirmione
Trutzburg am Gardasee

Schon die alten Römer verbrachten im am Südufer des Gardsees gelegenen Sirmione (7500 Einwohner) gerne ihren Urlaub. Auch der Dichter Catull (85–54 v. Chr.) zählte zu diesen frühen Badegästen. Der Name der letzten in ihren Grundmauern noch erhaltenen römischen Villa erinnert an diesen prominenten Gast: die **Grotte di Catullo**, die in Wahrheit allerdings erst nach dem Tod des römischen Poeten erbaut wurde. Auch war sie keine Grotte, sondern ein Gebäude, und zwar eine Art Thermalbad. Denn in der Nähe des berückend auf einer schmalen und weit in den See ragenden Halbinsel mit drei Hügeln gelegenen Orts entspringt eine mineralienreiche Thermalquelle. Die Römer bauten auch die Festung, aus der später das **Castello Scaligero** entstand, auf einem der drei Hügel.

Sirmione war indessen schon lange vor den Zeiten besiedelt, als römische Beamte hier im schwefelhaltigen Wasser planschten. Bereits um 1700 v. Chr. gab es an diesem Küstenabschnitt – wohl auch bedingt durch den Schutz, den die Halbinsel bot – eine Pfahlbausiedlung. Den Römern folgten im 6. Jahrhundert die Langobarden nach, deren Bauten aber in und um Sirmione nicht überdauert haben. Dafür wurde im Mittelalter von den Resten der römischen Befestigung neuer Gebrauch gemacht.

Im 13. Jahrhundert drang der Clan der della Scala bis an den Gardasee vor. Diese Scaliger regierten von 1260 an für rund 120 Jahre Verona und zählten auch Sirmione zu ihrem Herrschaftsgebiet. Mastino I. della Scala gab 1277 den Auftrag zum Bau der mit Zinnen bewehrten Trutzburg auf den Mauern der römischen Befestigung. Sie ist an vier Seiten von Wasser umgeben und durch eine Mauer mit drei Wachtürmen sowie Brücken und Treppen zusätzlich gesichert. Später wurde sie durch ein ummauertes Hafenbecken ergänzt, dessen Schutz die örtlichen Fischer noch über Jahrhunderte nutzten. 1405 brachten die Venezier die Burg an sich, die in ihrer strategischen Bedeutung erst im 16. Jahrhundert von Peschiera del Garda abgelöst wurde.

Eine Brücke führt über den Wassergraben zum Eingang der Burg. Im ersten Hof liegt der 47 Meter hohe Mastino-Turm, der älteste Teil der Burg. Im zweiten Hof ist noch die Zugbrücke zu sehen, die über einen tiefen Wassergraben führt. Bis heute dominiert die Trutzburg, die zu den schönsten des Gardasees zählt, das Bild Sirmiones. An sie schließt unmittelbar die hübsche Altstadt an.

IAT Sirmione
Viale Marconi 8
25019 Sirmione
✆ 030 374 87 21
www.sirmionebs.it

Rocca Scaligero
Viale Guglielmo Marconi 2
25019 Sirmione
✆ 030 91 64 68
Di–Sa März–Mitte Okt. 8.30–19, Mitte Okt.–Feb. bis 17 Uhr
Eintritt € 4/2

Grotte di Catullo
Piazzale Orti Manara
25019 Sirmione
✆ 030 91 61 57
März–Okt. Di–Fr 8.30–19, Sa bis 17 Uhr, Eintritt frei

Die mächtige Scaligerburg in Sirmione

39 Borromäische Inseln bei Stresa
»Perlen« des Lago Maggiore

i IAT Stresa
Via Cavour 14
28838 Stresa
✆ 03 23 31 308
www.stresaturismo.it
Mo–Fr 10–13 und 14–18, Sa/So 10–13 Uhr

Die vier Borromäischen Inseln (Isole Borromee) des Lago Maggiore liegen in der Bucht von Verbania, die sich zwischen Verbania im Norden und Stresa im Süden erstreckt. Ihren Namen verdankt die Inselgruppe der Familie, die einst im Besitz der vier Perlen des Lago Maggiore war, den Borromeos.

Die größte Insel ist die **Isola Madre** mit knapp acht Hektar, auf der sich Gartenanlagen und ein unbewohnter Palast befinden. 1501 kam sie in den Besitz der Borromeos unter der Bedingung, dass im Kirchlein auf der Insel weiter die Messe gefeiert würde. Ein Jahr später wurde die Kapelle abgerissen und ein von Olivenbäumen, Azaleen, Magnolien, Glyzinien und Zitronenbäumen umgebenes Sommerhaus gebaut. Nächstkleinere Insel ist die **Isola Bella** (35 Einwohner), die nach Isabella Borromeo benannt ist. Im 17. Jahrhundert legte ihr Mann Vitaliano Borromeo auf der Insel, die eigentlich nur ein Felsen war, üppige Barockgärten und den **Palazzo Borromeo** an. Die barocken Gärten fallen in zehn Terrassen zum See ab, der Palast ist mit kostbaren Teppichen, Gemälden und Möbeln ausgestattet.

Die **Isola dei Pescatori** ist mit ihren 50 Einwohnern bis heute ein malerisches Fischerdorf, das allerdings im Sommer fast überrannt wird. Eine schöne kleine Kirche und die Grundschule zeugen davon, dass es hier auch noch einen normalen Alltag gibt. Das winzige **Scoglio della Malghera** hingegen ist mit einer Fläche von 600 Quadratmetern sehr übersichtlich und unbesiedelt. Alle vier Inseln gehören zur Gemeinde Streda. Die drei größten werden von Ausflugsbooten ab Lido Stresa angesteuert. Es werden Ausflüge zu den einzelnen Inseln, zu zwei oder drei Inseln angeboten. Im Linienverkehr sind die Inseln außerdem mehrmals täglich zu erreichen (Gestione Navigazione Laghi, Abfahrtszeiten unter www.navigazionelaghi.it).

Das Inselchen Isolino di San Giovanni ist mit einer Fläche von 0,4 Hektar sehr klein und befindet sich in Privatbesitz; eine Besichtigung ist nicht möglich.

Sonnenuntergang über den Borromäischen Inseln des Lago Maggiore

Ein Bilderlexikon aus der Steinzeit: die Petroglyphen im Valcamonica

40 Valcamonica

»Rosa Camuna«: Eine Geschichte der Menschheit in 140 000 Bildern

Das zwischem dem Lago d'Iseo und dem Tonalepass gelegene, 70 Kilometer lange Valcamonica ist seit Jahrtausenden besiedelt. Davon zeugen mehr als 140 000 in rund 2400 Felsen geritze Symbole und Figuren, die die UNESCO 1979 als erstes Gebiet in Italien zum Weltkulturerbe erklärte. Nirgends sonst auf der Welt wurde eine solche Vielzahl von prähistorischen Petroglyphen gefunden. Ihre zentralen Themen sind Jagd, Krieg, Landwirtschaft und Magie.

Die Felszeichnungen wurden vor allem rund um den größten Ort im Valcamonica, **Darfo Boario Terme** (15 600 Einwohner) am Zusammenfluss von Dezzo und Oglio, gefunden. Von seiner Bedeutung im Hochmittelalter zeugen die Reste des Castello di Montecchio. Weitere Fundorte prähistorischer Bilder sind **Nadro**, **Cimbergo, Paspardo** sowie **Capo di Ponte**. Zusammen umfassen sie einen 25 Kilometer langen Abschnitt des Valcamonica. In jedem der Dörfer befinden sich Nationalparks mit den Felszeichnungen.

Diese Bilder, deren jüngste im 1. Jahrhundert v. Chr. von den hier ansässigen Camunni in die Felsen geritzt wurden, sind deshalb so faszinierend, weil sie vom Alltag längst versunkener Welten berichten und so die Entwicklungsgeschichte der Menschheit illustrieren. Die ältesten Gravuren entstanden um 10 000 v. Chr. Auch sie zeigen den Alltag der Menschen, nämlich vor allem Jagdszenen. Offenbar war der Elch das beliebteste Jagdtier; er ist am häufigsten abgebildet. Ab dem 6. Jahrtausend beschäftigte man sich zunehmend mit spirituellen Handlungen. So werden die Darstellungen von Menschen mit erhobenen Armen interpretiert. Später wurden auch Haus- (Hunde) und Nutztiere (Rinder) abgebildet. In der Kupfersteinzeit kamen Zeichnungen von Werkzeugen, Äxten und Dolchen hinzu. Die frühesten Bilder von Karren berichten von einer der wichtigsten Erfindungen der Menschheit. In der Bronzezeit kamen Bilder von Pferden hinzu, aber auch Waffen spielten eine große Rolle. Pflüge und Sensen zeugen ebenso wie Hütten von einer ziemlich fortgeschrittenen Agrargesellschaft. In der Eisenzeit wurden unter dem Einfluss der Etrusker Inschriften anstelle von Bildern in die Felsen geritzt. Es folgten Gravuren, die vom Kontakt mit Kelten und Römern zeugen. Ganz kurz vor der Zeitenwende wurden die Darstellungen sehr realistisch: Menschen, Hütten, Waffen und Werkzeuge sowie eine Vielzahl von Tieren zeigen ein komplexer gewordenes Leben. Ab hier geht die Anzahl der neuen Zeichnungen rapide zurück. Nur die »Rosa Camuna«, eines der Motive der Felszeichnungen, hat die Zeit als Symbol der Region Lombardei überdauert.

Unter www.vallecamonicaunesco.it findet man eine Liste aller Parks mit Wegbeschreibungen.

IAT Darfo Boario Terme
Piazza Einaudi 2
25041 Darfo Boario Terme
✆ 03 03 74 87 51
www.invallecamonica.it

Parco Comunale delle Incisioni Rupestri di Capo di Ponte
Località Naquane
25044 Capo di Ponte
✆ 03 64 42 140
www.parcoincisioni.capodiponte.beniculturali.it
Tägl. außer Mo März–Okt. 8.30–19.30, Nov.–Feb. 8.30–16.30 Uhr
Eintritt € 4/2

Piemont/Piemonte

Vielfalt am Fuß der Berge

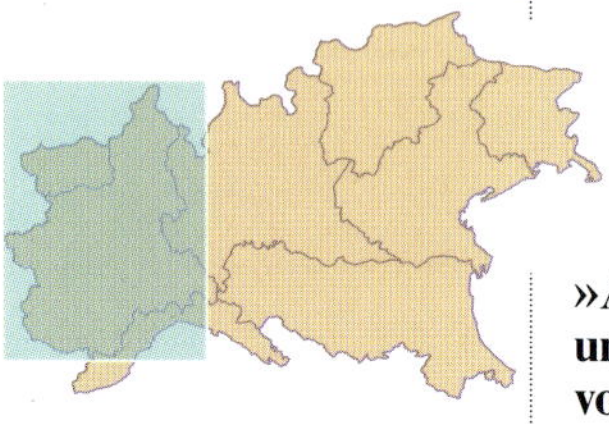

»Am Fuß der Berge«, so lässt sich der Name des Piemont herleiten, und tatsächlich erstreckt sich die Region im Nordwesten Italiens vom Alpenrand bis in die Po-Ebene. Hier gibt es keine Voralpenkette wie in Frankreich, die Viertausender steigen unmittelbar aus dem Hügelland auf. Im Süden grenzt das Piemont an Ligurien, im Osten an die Lombardei und im Südosten an die Emilia-Romagna,

Herbstliche Weinlandschaft in den Langhe

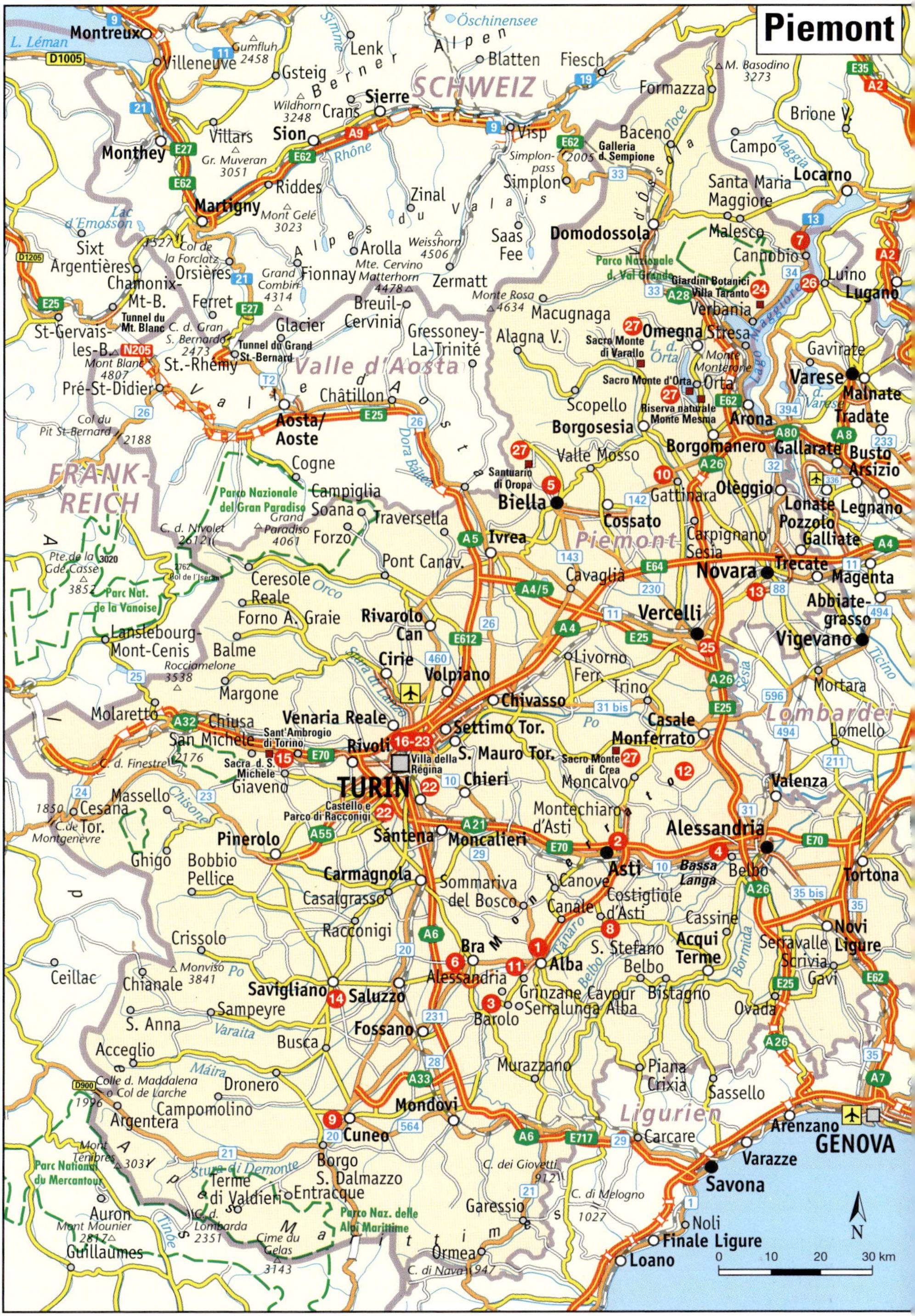
Piemont
SCHWEIZ
FRANK-REICH
Valle d'Aosta
Piemont
Lombardei
Ligurien
Montreux
L. Léman
D1005
Villeneuve
Gumfluh 2458
Lenk
Gsteig
Wildhorn 3248
Berner Alpen
Öschinensee
Blatten
Fiesch
Crans
Sierre
Sion
Rhône
Visp
Monthey
Villars
Gr. Muveran 3051
Riddes
Martigny
Mont Gelé 3023
Lac d'Emosson
Sixt
Argentières
Chamonix-Mt-B.
Col de la Forclatz 1527
Orsières
Ferret
Grand Combin 4314
Fionnay
Arolla
Alpes du Valais
Zinal
Weisshorn 4506
Mte. Cervino Matterhorn 4478
Zermatt
Saas Fee
Simplon-pass 2005
Simplon
Formazza
M. Basodino 3273
Baceno
Galleria d. Sempione
Toce
Domodossola
Brione V.
Campo
Maggia
Locarno
Santa Maria Maggiore
Malesco
Cannobio
Parco Nazionale d. Val Grande
Giardini Botanici Villa Taranto
Verbania
Luino
Lugano
Stresa
Lago Maggiore
Monte Rosa 4634
Macugnaga
Omegna
Sacro Monte di Varallo
L. d. Orta
Monte Mottarone
Orta
Sacro Monte d'Orta
Biserva naturale Monte Mesma
Arona
Gavirate
Varese
Malnate
L. d. Varese
Tradate
Busto Arsizio
Gallarate
Borgomanero
Legnano
Lonate Pozzolo
Oleggio
Galliate
Trecate
Magenta
Novara
Abbiate-grasso
Vigevano
Ticino
Mortara
Lomello
Tunnel du Mt. Blanc
St-Gervais-les-B.
N205
Mont Blanc 4807
C. d. Gran S. Bernardo 2473
Tunnel du Grand St-Bernard
St.-Rhémy
Glacier
Breuil-Cervinia
Gressoney-La-Trinité
Alagna V.
Pré-St-Didier
Col du Pit St-Bernard 2188
Châtillon
Aosta/Aoste
Dora Baltea
Cogne
Parco Nazionale del Gran Paradiso
Campiglia Soana
Grand Paradiso 4061
Traversella
Forzo
C. d. Nivolet 2612
Scopello
Borgosesia
Valle Mosso
Santuario di Oropa
Biella
Gattinara
Cossato
Carpignano Sesia
Ivrea
Pont Canav.
Cavaglià
Pte. de la Gde. Casse 3852
3020
Col de l'Iseran 2762
Parc Nat. de la Vanoise
Ceresole Reale
Orco
Forno A. Graie
Rivarolo Can
Vercelli
Lanslebourg-Mont-Cenis
Balme
Rocciamelone 3538
Cirie
Volpiano
Livorno Ferr.
Trino
Sesia
Margone
Stura di Lanzo
Chivasso
Molaretto
Chiusa
Venaria Reale
Settimo Tor.
Po
Casale Monferrato
San Michele
Sant'Ambrogio di Torino
Rivoli
C. d. Finestre 2176
Sacra d. S. Michele
Giaveno
Villa della Regina
S. Mauro Tor.
Sacro Monte di Crea
Moncalvo
Valenza
TURIN
Chieri
Massello
Chisone
Cesana Tor.
C. de Montgenèvre 1850
Castello e Parco di Racconigi
Montechiaro d'Asti
Alessandria
Pinerolo
Santena
Moncalieri
Asti
Bassa Langa
Belbo
Tortona
Ghigo
Bobbio Pellice
Carmagnola
Sommariva del Bosco
Canove
Canale
Costigliole d'Asti
Tanaro
Casalgrasso
Racconigi
Cassine
Novi Ligure
Crissolo
Bra
Alba
S. Stefano Belbo
Acqui Terme
Bormida
Serravalle Scrivia
Gavi
Ceillac
Monviso 3841
Chianale
Savigliano
Saluzzo
Alessandria
Grinzane Cavour
Serralunga Alba
Bistagno
Barolo
Ovada
S. Anna
Sampeyre
Varaita
Fossano
Busca
Acceglio
Máira
Murazzano
Piana Crixia
Sassello
Colle d. Maddalena o Col de Larche 1996
Dronero
Campomolino
Argentera
Mondovì
Cuneo
Carcare
Arenzano
GENOVA
Varazze
Savona
Mont Ténibres 3031
Parc National du Mercantour
Stura di Demonte
Borgo S. Dalmazzo
Terme di Valdieri
Entracque
C. dei Giovetti 912
C. di Melogno 1027
Garessio
Auron
Mont Mounier 2817
C. d. Lombarda 2351
Parco Naz. delle Alpi Marittime
Cime du Gelas 3143
Ormea
C. di Nava 947
Guillaumes
Tinée
Alpi Marittime
Noli
Finale Ligure
Loano
N
0 10 20 30 km

REGION 6 Piemont

im Westen an Frankreich, im Norden an die Schweiz und das Aostatal. Bis es 1948 seinen Sonderstatus als autonome Region erhielt, war das Aostatal ein Teil des Piemont. Mit 25 399 Quadratkilometern ist das Piemont die größte Region Italiens und der Monte Rosa mit 4634 Metern ihr höchster Berg. 4,3 Millionen Menschen teilen sich diese Fläche; die meisten von ihnen leben in den Städten der Po-Ebene. Hier blüht – ebenso wie in den Langhe, dem Hügelland im Südosten des Piemont und Heimat seiner großen Rotweine – der Wohlstand der wirtschaftlich starken Region.

Der Herbst ist im Piemont die Zeit der Steinpilze

Nach dem Zerfall des Römischen Reichs zogen wechselnde Germanenstämme durchs heutige Piemont, bis sich im Mittelalter das Haus Savoyen etablierte. Nach Auseinandersetzungen zwischen Spanien und dem Haus Habsburg um das Piemont marschierte 1798 Napoleon Bonaparte ein. So verloren die Savoyer, die seit dem 18. Jahrhundert auch Könige von Sardinien waren, das Piemont an Frankreich. Erst nach dem Wiener Kongress wurde es 1815 mit Sardinien-Piemont wiedervereinigt. 1861 wurde der Savoyer Vittorio Emanuele II König von Italien. Nominell behielt das Haus Savoyen bis 1946 das Sagen.

Heute sorgen neben dem Wein der Reisanbau – das Piemont ist das größte Reisanbaugebiet in Europa – und der Anbau von Obst, Gemüse, Haselnüssen sowie die Herstellung von Delikatessen für Wohlstand. Zu den großen Industrieunternehmen gehören Fiat und Lancia in Turin, aber auch der Süßwarenspezialist Ferrero, der in Alba seinen Sitz hat. Die mit der Piemonteser Haselnuss veredelte Schokoladencreme aus Alba ist in jedem Kinderzimmer Europas ein fester Begriff. Und auch der Tourismus spielt eine wichtige Rolle.

Bildet das Piemont mit weißen Trüffeln, Steinpilzen, den edlen Weinen Barolo und Barbaresco sowie würzigem Castelmagno-Käse die Essenz italienischer Genussfreude, so ist seine Hauptstadt Turin das Sahnehäubchen darauf. Denn hier werden nicht nur Autos hergestellt, sondern auch die beste Schokolade Italiens. Neben leiblichen Genüssen hat das Piemont auch Geist und Kunst hervorgebracht. Der Semiotiker und Bestseller-Autor Umberto Eco wurde in Alessandro geboren, der Schriftsteller Primo Levi stammt aus Turin und der Sänger Paolo Conte aus Asti.

Eine Gaumenfreude aus dem Südpiemont: »Bunet«, ein Amaretto-Schokoladenpudding

REGION 6
Piemont

Die piemontesische Küche und die Slow-Food-Bewegung
Duftende Knollen, langsame Küche

Zu Ruhm hat es das Piemont nicht nur dank Fiat gebracht. Als Heimat weißer Trüffel, des schweren Barolo, köstlichen Käsespezialitäten und erlesener Schokoladen wird die Region in der ganzen Welt geschätzt. Kein Wunder ist es, dass im Piemont die Slow-Food-Bewegung ins Leben gerufen wurde, deren Kernthese – Regionalität und Saisonalität der Zutaten, Verzicht auf Vorgefertigtes – die Küchen aller Kontinente beeinflusst hat. 1986 gründete der aus Bra stammende Carlo Petrini mit seinen »Freunden des Barolo« die Bewegung für den langsamen Genuss, die drei Jahre später die Bezeichnung »Slow Food« erhielt. Das Piemont ist durch die Güte seiner Produkte für diese Lehre geradezu prädestiniert. Weltberühmt sind die weißen Trüffel aus Alba. Hinter jedem Schaufenster der Feinkostgeschäfte Albas liegen sie in Körben aus, im Restaurant werden sie auf dem Servierwagen herangefahren, bevor der Oberkellner mit feierlichem Ernst zur Raspel greift und Carpaccio, Risotto oder Pasta nach Landessitte veredelt: mit ein paar Spänen der weißen Trüffel, um die sich in Alba gute Geschäfte, bedeutende Volksfeste und kulinarische Passionen ranken.

Weil es nach wie vor nicht gelingt, Trüffel zu züchten, klettern besonders die Preise für die selteneren, die weißen Trüffel aus Alba, in astronomische Höhen: Im Schnitt liegt der Kilopreis bei 4000 Euro – zehn Mal so hoch wie der für schwarze Trüffel.

Während Trüffel früher vornehmlich mittels des Geruchssinns von Schweinen gesucht wurden, halten die »Trifolaos«, die Trüffelsucher, heute Hunde. Das Schwein ist nämlich, ähnlich dem Menschen, ein rücksichtsloser Genießer, und neigt dazu, die an den Wurzeln von Eichen, Pappeln oder Nussbäumen gefundenen Trüffel selbst zu verschlingen. Der Hund übt sich in Disziplin, scharrt an der Fundstelle und lässt sich wegführen, derweil sein Besitzer mit einer Harke nach den unterirdischen Schätzen gräbt – vorsichtig, damit niemand anders die Fundstelle als solche identifiziert. 1000 Kilogramm weiße Trüffel

Ein »Trifolao«, Trüffelsucher, mit seinem Fund: weißer Trüffel aus Alba

Käsespezialitäten im Piemont: Robiola, Castelmagno und Co. auf der Käse-Messe »Cheese« in Bra

Bereits seit dem 13. Jahrhundert im Piemont kultiviert: die Barbera-Rebe

In kleinen Barrique-Fässern lagert und reift der Barolo mindestens zwei Jahre (rechts oben)

werden so im Jahr gefunden. Als Trüffelhund wird kein Tier geboren, es ist eine Frage der Erziehung vornehmlich von klugen Mischlingen. Die Welpen werden mit einer geschmacksarmen Diät aus Milch und Weißbrot aufgezogen, die nur durch gelegentliche Trüffelgaben unterbrochen wird. Ergebnis ist eine milde Abhängigkeit von den Knollengewächsen, die die Nase fürs Leben auf den Trüffelduft eicht.

Hochsaison in Sachen Trüffel ist die Zeit von Oktober bis Januar. Dann gehen Hund und Herr spätnachmittags hinaus in die von Dunst weichgezeichnete Hügellandschaft der Langhe und folgen der Nase des Tieres. Im Oktober eilen Spitzenköche und Händler aus ganz Europa nach Alba, wo seit 1929 die berühmteste Trüffelmesse der Welt stattfindet.

Allgemeines regionales Weinbrevier des Piemont

Mit 43 durch DOC- und sieben durch DOCG-Siegel zur Bezeichnung kontrollierter Herkunft geadelten Weinen ist das Piemont unbedingt ein Ziel für Reisende mit geräumigem Kofferraum. Mit einer Produktion von fünf Millionen Hektolitern im Jahr ist die Region heute auch quantitativ stark. In den Weinbergen der südlich von Alba – das der Welt den ebenfalls vielgeliebten Dolcetto d'Alba geschenkt hat – in den Langhe gelegenen Dörfern Barolo und Barbaresco reifen die gleichnamigen Spitzenweine Italiens, die das Qualitätssiegel DOCG tragen. Wurden Nebbiolo-Trauben im 18. Jahrhundert noch zu lieblichen Weinen verarbeitet, sind

die beiden Großen des Piemont, **Barolo** und **Barbaresco**, heute trockene Rote.

Dem in Turin geborenen Staatsmann und ersten Ministerpräsidenten des neuen Italien Camillo Benso von Cavour (1810–61) kam bei der Entwicklung des piemontesischen Spitzenweins eine wichtige Rolle zu. Er lud einen Önologen aus dem französischen Reims, der Welt-Hauptstadt der Champagner-Liebhaber, in seine Heimat ein, um den Experten das Potenzial der piemontesischen Weinberge analysieren und Verbesserungsmöglichkeiten bei der Produktion aufzeigen zu lassen. Die Ergebnisse überzeugten und der Barolo wurde schnell zum Lieblingswein der Savoyer. So begeistert war die Herrscherfamilie, dass Emanuele Alberto, Sohn von Vittorio Emanuele II, selbst in den Weinbau einstieg. Seither gilt der Barolo nicht nur als König der Weine, sondern auch als Wein der Könige. Durch die Qualitätseinstufung der einzelnen Lagen haben sich Güte und Marktwert des Barolo rasant entwickelt. Er wird ebenso wie der Barbaresco sortenrein aus Nebbiolo-Trauben gekeltert. Der Barbaresco stammt aus Hügeln in niedrigerer Lage, was ihm einen weicheren Geschmack verleiht als dem wuchtigen Barolo. Während der Barolo mindestens drei Jahre lang im Fass ausgebaut werden muss, ist für den Barbaresco eine Mindestlagerzeit von zwei Jahren vorgeschrieben.

Die am meisten verbreitete Rebsorte des Piemont ist die Barbera, die bereits im 13. Jahrhundert erwähnt wurde. Auch sie wird im Piemont – anders als in anderen Regionen Italiens – zu sortenreinen Weinen gekeltert. Große Namen sind der Barbera d'Asti, Barbera d'Alba und Barbera del Monferrato, deren geschützte Herkunft vom DOC-Siegel bestätigt wird. Mit dem **Asti Spumante** wird in Asti überdies der wohl bekannteste Schaumwein Italiens – sortenrein aus Muskatellertrauben – hergestellt, den ein DOCG-Siegel ziert.

Ein ausgewähltes Rezept aus dem Piemont

Risotto al Tartufo – Trüffelrisotto
Für vier Personen
250 g Risottoreis (Mittelkornreis Arborio oder Carnaroli)
2 bis 3 Schalotten
1 Knoblauchzehe
2 Esslöffel Olivenöl
50 g Butter
Gemüsefond
Trüffelöl
Pfeffer und Salz
80 g frische weiße Trüffel

Risotto mit geraspelten weißen Albatrüffeln

Die feingehackten Schalotten und die Knoblauchzehe in Olivenöl und Butter dünsten, den Reis dazugeben und erhitzen, bis er leicht glasig wird. Dann peu à peu den zuvor aufgekochten Gemüsefond untermischen. Der Fond muss immer wieder vom Reis aufgesaugt werden, erst dann erneut Gemüsefond hinzufügen. Aufpassen, dass der Reis nicht anbrennt. Den Vorgang solange wiederholen, bis alles sämig und der Reis »al dente« (bissfest) ist. Das Trüffelöl über das Risotto träufeln, mit Pfeffer und Salz abschmecken. Alternativ kann man würzigen piemontesischen Castelmagno-Käse unter das Risotto mischen. Damit das köstliche Trüffelaroma nicht verfliegt, werden die fein geraspelten Trüffel erst unmittelbar vor dem Servieren auf das Risotto gegeben.

Ohne Nebel keine Nebbiolo-Trauben: Herbstnebel in den Weinhängen der Langa Astigiana bei ◁ Alba

REGION 6
Piemont

Turismo Alba, Bra, Langhe e Roero
Piazza Risorgimenti 2
12051 Alba
✆ 01 73 358 33
www.langheroero.it

❶ Herbstfeste in Alba
Vom Turnier der 100 Türme zur Trüffelmesse

Alba, die Hauptstadt der Langhe, ist trotz überschaubarer Größe (31 000 Einwohner) einer der bedeutendsten Orte des Piemont – insbesondere dank der berühmten weißen Trüffel *Tuber magnatum Pico*. Am ersten Sonntag im Oktober feiern die Bewohner Albas ihr »Turnier der hundert Türme« (Giostra delle Cento Torri) in Anlehnung an die Zeiten, als die Stadt noch an die 100 Geschlechtertürme reicher Familien hatte. Dazu gehört ein Umzug, an dem mehr als 1000 Menschen in mittelalterlichen Kostümen teilnehmen – ein großartiges Spektakel vor dem gut erhaltenen mittelalterlichen Stadtbild. Er führt durch die **Via Vittorio Emanuele**, das Herz Albas mit seinen schönen Barockbauten, der Kirche Santa Maria Maddalena und dem Kloster der Dominikanerinnen. Dem von Fahnenschwenkern begleiteten Umzug folgt am Nachmittag der Palio degli Asini, das Eselsrennen, das Astis auf Pferden ausgetragenen Palio persifliert. Schon am Morgen werden auf der zentralen **Piazza Risorgimenti**, eingerahmt vom **Duomo San Lorenzo** und zwei Geschlechtertürmen, die Esel versammelt. Dass einige der Tiere nicht zugeritten sind und alles daran setzen, ihre Reiter möglichst schnell loszuwerden, sorgt für allgemeine Heiterkeit. Seinen Ursprung hat der Brauch im Jahr 1275, als die Bewohner Astis ihr Pferderennen vor den Stadtmauern Albas austrugen, um die von ihnen belagerte Stadt zu demütigen. Sehr viel später entschied man sich in Alba, die alte Schmach ins Lächerliche zu ziehen, und rief das Eselsrennen ins Leben.

Trüffel sind reichlich im Angebot auf der Internationalen Trüffelmesse in Alba

Höhepunkt der herbstlichen Feierlichkeiten in Alba ist die **Internationale Trüffelmesse** (Fiera Nazionale del Tartufo Bianco d'Alba), die an den Wochenenden von Mitte Oktober bis Mitte November stattfindet. Sie wird begleitet von historischen Spektakeln und Straßenmärkten. Wer ein ganz besonderes kulinarisches Souvenir erwerben möchte, hat hier Gelegenheit, garantiert echte weiße Trüffel direkt vom Trüffelsucher zu kaufen. Bei der gleichzeitig stattfindenden Ausstellung **AlbaQualità** werden auch andere Delikatessen und die Spitzenweine der Region zur Verkostung (und zum Kauf) angeboten.

❷ Asti
Schaumwein, Türme und »Canzones«

Seit dem 16. Jahrhundert ist Asti Schauplatz des Palio d'Asti

Die zwischen Weinbergen gelegene Hauptstadt (74 000 Einwohner) der Provinz Asti, Heimat des Cantautore und Jazzmusikers Paolo Conte sowie des vielgeliebten Asti Spumante, ist berühmt für ihre Esskultur und einen hohen Lebensstandard, besitzt jedoch auch Kunstschätze und eine gut erhaltene historische Altstadt, der mittelalterliche Türme und

Alljährlich in farbenprächtigen mittelalterlichen Gewändern: Der Palio d'Asti findet im September statt

barocke Adelspaläste jede Menge Flair verleihen. Asti wurde im Jahr 122 v. Chr. als römische Kolonie gegründet. Als Bischofssitz stieg sie im 5. Jahrhundert zur wichtigsten Stadt der Region auf. 1095 erhielt Asti die Rechte einer freien Stadt. Aus der Blütezeit im Mittelalter haben viele bauliche Zeugnisse überdauert. Neben der Kathedrale gehört der **Torre Rossa** dazu, mit 44 Metern der höchste mittelalterliche Turm im Piemont, dessen Sockel aufs 1. Jahrhundert zurückgeht. 199 Stufen führen hinauf und öffnen einen großartigen Blick auf die Altstadt und die umliegenden Hügel. Auch die zwischen dem 13. und 15. Jahrhundert erbaute Kollegiatskirche **San Secondo**, deren romanischer Turm und ein Teil der Krypta noch vom Vorgängerbau stammen, und das am Corso Alfieri gelegene **Battistero di San Pietro in Consavia**, eine wunderschöne romanische Kirche, stammen aus dem Mittelalter. In San Pietro waren seit dem 12. Jahrhundert die Ritter des Heiligen San Giovanni ansässig. 300 Jahre später wurde der Komplex durch eine große Aula mit Kreuzgewölbe und üppigen Verzierungen ergänzt. Heute ist er entweiht und Schauplatz von Ausstellungen. Im 17. Jahrhundert geriet Asti in den Einflussbereich der Savoyer, bis im frühen 19. Jahrhundert die Franzosen das Gebiet vereinnahmten.

Das bedeutendste historische Bauwerk ist die prachtvolle gotische **Kathedrale**, die ab dem späten 12. Jahrhundert auf einem Vorgängerbau errichtet (von dem lediglich ein Bodenmosaik geblieben ist) und zu Beginn des 14. Jahrhundert fertiggestellt wurde – nach dem Glockenturm in romanischem Stil, der 1266 vollendet war. Die Kathedrale steckt voller Schätze; besonders sehenswert sind das Taufbecken aus dem 13. Jahrhundert und die Werke des Renaissancekünstlers Gandolfini d'Asti aus dem frühen 16. Jahrhundert in den Seitenkapellen. Am dritten Sonntag im September ist Asti Schauplatz des **Palio d'Asti**, der auf ungesattelten Pferden geritten wird – ein buntes Spektakel mit Fahnenschwingern, Markttreiben und einem Umzug durch die Altstadt, an dem 1200 Menschen in mittelalterlicher Kostümierung teilnehmen.

i IAT Asti
Piazza Alfieri 34
14100 Asti
✆ 01 41 53 03 57
www.astiturismo.eu
Mo–Sa 9–13 und 14.30–18.30, So 9–13 Uhr

◉ Torre Rossa
Corso Alfieri
14100 Asti
✆ 01 41 39 94 89
April–Okt. Sa/So 10–13 und 16–19 Uhr

🏛🍷 **Castello Comunale Falletti di Barolo/Wine Museum WiMu**
12060 Barolo
✆ 01 73 38 66 97
www.wimubarolo.it
Tägl. 10.30–18 Uhr, Jan–März geschl.
Eintritt € 8/3

3 Barolo
Kleiner Ort, großer Wein

Ein kleiner Sprengel (713 Einwohner), ein großer Name: Barolo ist Synonym für den größten unter den wuchtigen Rotweinen, die das Piemont der Welt geschenkt hat. Der rund 50 Kilometer von der Provinz-Kapitale Cuneo entfernte Ort besitzt neben den berühmten Weinbergen, auf denen seit den Tagen der Römer Nebbiolo-Trauben angebaut werden, auch das mächtige **Castello di Barolo**: eine Burg mit mittelalterlichen Wurzeln, in der die berühmte **Enoteca Regionale di Barolo** und das wohl innovativste Weinmuseum Italiens beheimatet sind, das **Wine Museum WiMu**. Seine multimediale Ausstellung beleuchtet auf vier Etagen und 2000 Quadratmetern alle Aspekte des Weinbaus – Rebsorten, Klima, Böden, Jahreszeiten – und seiner Geschichte. Außerdem wird die Rolle des Weins in Literatur, Kino und Musik untersucht. Die Tour durch die Geschichte des Weins beginnt in der dritten Etage und endet im Weinkeller, wo die Besucher ins Schnuppern und Schmecken eingeführt werden. In der anliegenden Enoteca stehen 180 Weine aus der Region zur Verkostung und zum Kauf bereit.

Die Existenz einer wehrhaften Befestigung auf einem das Talloria-Tal überblickenden Hügel wird hier schon im 10. Jahrhundert vermerkt. Um die Wende zum 14. Jahrhundert brachte die Bankiersfamilie Falletti die Burg in ihren Besitz und baute sie zu einer Residenz um. Die Fallettis waren keine Adelssippe, hatten es aber zu beträchtlichem Wohlstand gebracht und sollten die Geschicke Barolos über mehrere Jahrhunderte bestimmen. Im frühen 17. Jahrhundert kam dann endlich auch der passende Adelstitel dazu und die Fallettis wurden die Marchese di Barolo – der erste Marquis Gerolamo Falletti wurde 1731 sogar Vizekönig Sardiniens. Im 19. Jahrhundert diente das Castello zunächst als Landsitz der Familie, die mittlerweile in Turin residierte, bevor es zu einer Schule für die Kinder der Umgebung umfunktioniert (und leider auch stark umgestaltet) wurde. Nach einer Phase des Leerstands kaufte die Gemeinde das Castello und 1982 zog die Enoteca Regionale ins Schloss, aus der später auch das Weinmuseum hervorging.

Kleiner Sprengel mit einem großen Namen: Barolo

4 Weinanbau in der Bassa Langa
Wein der Könige, König der Weine

Die Langhe erstrecken sich von der oberen Po-Region bei Turin bis zu den Ligurischen Alpen. Die Langa Astigiana liegt im Süden der Provinz Asti und ist Heimat der Trüffelmetropole Alba. Die Bassa Langa, die Niedrige Langa, liegt nordwestlich von Belbo. Ihre milderen Hügel lassen anders als die Alta Langa mit ihrem harscheren Klima Weinbau zu. Hier sind die Hügel von Reben bedeckt, die einige der berühmtesten Weine Italiens hervorbringen: Barolo, Barbera und Barbaresco. Barolo und Barbaresco entstammen der Nebbiolo-Traube, deren Anbaugebiete strikt begrenzt sind. Neben Nebbiolo wachsen in der Region auch Barbera und Dolcetta.

Weinernte in der Bassa Langa

Das Barolo-Gebiet umfasst 1200 Hektar Weinberge, das Herkunftsgebiet des Barbaresco (Barbaresco, Neive und Treiso) ist sogar noch kleiner. Beide berühmte Rote eint die Tatsache, dass sie Zeit brauchen. Jung sind sie sperrig; Barolo muss mindestens zwei Jahre im Fass reifen, bevor er abgefüllt wird. Dann sollte man die Flasche ein weiteres Jahr liegen lassen – mindestens. Bei Barbaresca sieht es ähnlich aus, wenn auch die Faustregel gilt, dass er ein Jahr früher trinkreif ist. Traditionell reifen beide im Eichenfass; mittlerweile setzen viele Winzer – darunter das weltberühmte Gut Gaja – aber auf französische Barrique-Fässer.

Das Warten lohnt sich, denn die Weine entfalten erst langsam ihr komplexes Aroma, das ihnen eine steile Weltkarriere beschert hat. Dass sie sich nicht schnell und leicht erschließen, dürfte aber der Grund sein, warum ihr Stern erst spät, nämlich in den 1980er Jahren aufging. Noch am Ende der Dekade lag die Jahresproduktion im Piemont bei gerade mal 100 000 Flaschen. Das änderte sich, als Robert Parker einige Barolos mit Lob und Bestnoten überschüttete. Schlagartig wurden die großen Roten weltbekannt, die Produktion erhöhte sich auf eine Million Flaschen im Jahr. Weil das Weinbaugebiet übersichtlich ist, die Produktion wegen der langen Lagerzeiten aufwendig und die Weine erstklassig sind, haben sie auch stolze Preise. Für einen sehr guten Barolo zahlt man ab 30 Euro. Nach oben ist dabei noch jede Menge Spiel.

5 Biella
Heilig der Berg, Wolle im Tal

Am Fuß der Alpen liegt Biella (43 700 Einwohner), seit mehr als 200 Jahren das Zentrum der italienischen Wollindustrie und als Heimat des – oberhalb der Stadt auf 1200 Metern gelegenen – **Santuario di Oropa** ein bekannter Wallfahrtsort. 2003 erklärte die UNESCO Oropa als einen der **Sacri Monti**, einer Gruppe von neun Heiligen Bergen im Piemont und in der Lombardei, zum Weltkulturerbe. Die Sacri Monti sind Pilgerstätten, die ab dem ausgehenden 16. Jahrhundert auf Bergen und an Seen angelegt wurden – jeweils in Landschaften von solcher Schönheit, dass ihr bloßer Anblick als Gottesbeweis gelten mochte. Der Sacro Monte di Oropa wurde ab 1617 angelegt und ergänzte die bereits bestehende Wallfahrtskapelle, eine der ältesten in der ganzen Region. In ihr wird seit dem 13. Jahrhundert die Schwarze Madonna verehrt, die der heilige Bonifazius, im 4. Jahrhundert Bischof von Vercelli, in Jerusalem aus Trümmern geborgen und hergebracht haben soll. Heute ist Oropa ein Komplex von beeindruckender Größe, zu dem unter anderem die **Basilica Antica** und die **Basilica Superiore**, eine

Santuario di Oropa
Via Santuario di Oropa 480
13900 Biella Oropa
✆ 015 25 55 12 00
www.santuariodioropa.it

Bibliothek, ein **Botanischer Garten** mit 500 Pflanzenarten sowie eine gut ausgestattete Unterkunft für Pilger gehören. 19 Kapellen erinnern daran, dass die Heiligen Berge als Ersatz für die Pilgerfahrt ins Heilige Land konzipiert wurden. Hier konnte man den Lebensstationen Christi im eigenen Land folgen.

Die Statue der Schwarzen Jungfrau wird in der von Fresken aus dem 14. Jahrhundert geschmückten Alten Basilika bewahrt. Mit gepflegten Rasenflächen, der Lage in unberührter Natur und der Atmosphäre erhabener Ruhe geht von Oropa noch immer ein besonderer Zauber aus, und der Besuch lohnt sich auch, wenn man keine religiösen Gefühle hegt. Es gibt ein Netz von Wanderwegen, eine Seilbahn führt zum See Lucrone und eine weitere verbindet den See mit dem Berg Camino.

Auch Biellas Zentrum lohnt einen Besuch. Die Unterstadt präsentiert sich lebhaft und betriebsam – ein starker Kontrast zur Ruhe des Heiligen Berges. Prachtvoll ist die von Arkadengängen und mittelalterlichen Bauten gerahmte **Piazza Cisterna**. Die **Kathedrale** datiert aus dem frühen 15. Jahrhundert. Wesentlich älter ist das **Baptisterium**, das zwischen dem 7. und 11. Jahrhundert erbaut wurde und eines der schönsten romanischen Bauwerke im Piemont ist.

6 Bra
Die Wiege des Genusses

IAT Bra
Palazzo Mathis
Piazza Caduti della Liberta' 20
12042 Bra
✆ 01 72 43 01 85
www.turismoinbra.it
Mo–Fr 8.30–12.30 und 15–18, Sa/So 9–12 Uhr

Osteria del Boccondivino
Via Mendicità 14
12042 Bra
✆ 01 72 42 56 74
www.boccondivino slow.it
Di–Sa 12.30–14 und 19.30–22 Uhr, April/Mai auch So mittags

Als Geburtsort der Slow-Food-Bewegung und Heimat des gleichnamigen Käses mit geschützter Herkunftsbezeichnung ist Bra (29 200 Einwohner), ein hübscher Ort mit schönen Barockbauten im Zentrum, international zu Ruhm gekommen. Carlo Petrini, 1949 in Bra geboren, und der ebenfalls in Bra heimische »Freie und wohlverdiente Verein der Freunde des Barolo« gründeten die Bewegung »Slow Food« als Kampfansage an Fast Food und industriell hergestelltes Essen. Hintergrund: 1986 sorgte die Eröffnung einer McDonald's-Filiale neben der Spanischen Treppe in Rom nicht nur in Italien teils für Befremden, teils für Empörung. Der uniforme Burger-Bräter im Herzen des ewigen Rom – das tat nicht nur optisch weh, es war auch ein Affront gegen die hochentwickelte italienische Kochkunst, ach was, gegen die gesamte italienische Kultur. Der Publizist Petrini, der zunächst aus Protest ein Spaghetti-Essen am Fuß der Spanischen Treppe organisierte, und der Verein der Freunde des Barolo nahmen dies zum Anlass, auf dem nahen Weingut **Fontanafredda** in Serralunga d'Alba die Organisation »Arcigola« ins Leben zu rufen, aus der 1989 »Slow Food« wurde. Genuss, Qualität, Regionalität und der Kontext von Ernährung, Tradition und örtlichen Gegebenheiten werden bei Slow Food einer industriellen Massenproduktion des überall Gleichen entgegengesetzt. Slow Food veranstaltet unter anderem in ungeraden Jahren im September die Käse-Messe **Cheese** in Bra und (ebenfalls alle zwei Jahre) den »Salone al Gusto« in Turin. Der Verein gründete 2004 mit der **Università di Szienze Gastronomiche** in Pollenzo-Bra die erste gastronomische Universität der Welt. Noch immer hat Slow Food, heute in 150 Ländern tätig, seinen Hauptsitz in Bra. Keimzelle des praktizierten Slow Food ist die **Osteria del Boccondivino**, in deren schönem Patio gelegentlich auch Carlo Petrini speist.

Der gleichnamige Käse aus Bra wurde bereits im 14. Jahrhundert hergestellt. Heute werden Bra der Sorten »tenero« (aus Vollmilch) und »duro« (aus teilentrahmter Milch und mit längerer Reifezeit) in diversen Orten der Provinzen Cuneo und Turin nach alter handwerklicher Tradition produziert; außerdem gibt es den ebenfalls mit DOP-Siegel dekorierten Bra d'Alpeggio, der aus den höher gelegenen Orten der Provinz Cuneo stammt.

Die Uferpromenade zählt zu den schönsten am Lago Maggiore: Cannobio

7 Cannobio
Romantische Gassen, Treppen, Torbögen

Am Westufer des Lago Maggiore grüßt das mittelalterliche Cannobio (5000 Einwohner) als erstes Stückchen Italien hinter der Schweizer Grenze. Wunderschön ist die Uferpromenade, von der die in Aprikose, Rosa und Ocker leuchtenden Fassaden der aus dem 18. und 19. Jahrhundert datierenden Häuser und die zwischen 1575 und 1614 erbaute Wallfahrtskirche **Santissima Pietà** auf den blauen See blicken. Sie erstreckt sich von der Piazza Vittorio Emanuele III am malerischen alten Hafen bis zum Lido, dem Strand.

Der Ort, der schon in prärömischen Tagen bewohnt war, erlebte im Mittelalter eine Blüte, als er zeitweise Hauptstadt des umliegenden Gebiets und später freie Stadt war. Ab dem Jahr 1342 übernahm die Familie Visconti das Ruder, bis Cannobio 99 Jahre später unter Lehnsherrschaft Vitaliano Borromeos fiel.

Das historische Zentrum mit dem liebevoll restaurierten **Palazzo della Ragione** – heute von der Stadt genutzt, aber auch Schauplatz von Ausstellungen und kulturellen Veranstaltungen – aus dem späten 13. und dem Glockenturm aus dem 14. Jahrhundert könnte romantischer kaum sein. Sehenswert sind auch der den See überblickende **Palazzo Omacini** aus dem 16. Jahrhundert und der Palazzo Pironi, der zwischen dem 15. und 17. Jahrhundert entstand. Treppen verbinden die höher gelegene, parallel zum Ufer verlaufende Via del Castello (der eine nicht erhaltene Befestigungsanlage den Namen gab) mit der Promenade. Die schmalen Gassen und engen Treppen sind nicht nur der Lage zwischen Berg und See geschuldet, sondern entstanden absichtsvoll: Feinden sollte durch sie der Zugang zum Städtchen erschwert werden.

Bildschön ist auch der Lido von Cannobio, der zu den schönsten Stränden des Lago Maggiore zählt. Nicht nur Sonnenanbeter werden hier glücklich, sondern auch Segler und Surfer. Entsprechend gut besucht ist der kleine Ort vor allem am Wochenende. Etwas außerhalb liegt die 25 Meter tiefe Schlucht **Sant'Anna**, die der Fluss Cannobino ins Felsengestein gespült hat. Außer der befahrbaren Brücke führt noch eine schmale Fußgängerbrücke über die Schlucht, über die die kleine Kirche Sant'Anna wacht. In ihrem Inneren stellen Gemälde die Lebensgeschichte der heiligen Anna dar.

i IAT Cannobio
Via A. Giovanola 25
28822 Cannobio
✆ 03 23 712 12
www.procannobio.it
Mo–Sa 9–12 und 16–19, So 9–12 Uhr

REGION 6
Piemont

☒ **Italian Culinary Institute for Foreigners**
Castello di Costiglione d'Asti
Piazza Vittorio Emanuele II 10
14055 Costiglione d'Asti
✆ 01 41 96 21 71
www.icif.com
Preise je nach Kursdauer und -schwerpunkt

❽ In der Kochschule in Costigliole d'Asti
Genießen wie Gott im Piemont

Meister Sergio räuspert sich. »Allora.« Ernst blickt er ins Auditorium. »La Pasta«, verkündet er dann und fügt nach einem Moment mit einem Seufzer hinzu: »La Pasta«. Man ahnt, er fragt sich, wie den Barbaren aus dem Norden diese höchste aller Künste zu vermitteln sei – und ob es überhaupt möglich ist. Dabei hat er sie tags zuvor bereits in wesentliche Grundlagen eingeweiht: die Eigenarten des Olivenöls und die Art seiner Verwendung. Jeder Kurs, ob für gestandene Chefs aus Tokio oder für Hobbyköche aus Trier, beginnt mit dieser Einführung und einer begleitenden Verkostung diverser Öle.

Das Italienische Kulinarische Institut für Ausländer, das seit 1997 in einem Schloss über Costigliole d'Asti (6000 Einwohner), einer der größten Weinbaustädte Italiens, residiert, ist eine der raren Kochschulen für Profis, die auch Amateure in ihren heiligen Hallen zulässt. Meist stehen Chefs aus Japan, Korea, Australien oder den USA an den 24 Kochstellen im Unterrichtssaal für die praktische Unterweisung. Sie erhalten hier in Kursen unterschiedlicher Dauer, denen ein Praktikum in einem der zahlreichen Spitzenrestaurants des Piemont folgt, den nötigen Schliff, um in ihrer Heimat in italienischen Küchen bestehen zu können. Mehr als 400 Winzer gehören zu den Sponsoren der Schule, außerdem Lebensmittelhersteller, die Region Piemont sowie die EU. Denn es handelt sich um eine wichtige Mission: Die Errungenschaften der verfeinerten italienischen Lebensart den durch ihre Herkunft weniger Bevorzugten zu vermitteln. Damit das klappt, wird jedem Kurs ein Dolmetscher an die Hand gegeben – die Köche haben andere Sorgen, als sich mit Fremdsprachenerwerb zu plagen. So können sich auch Urlauber hier ungehindert von Sprachbarrieren in den unterschiedlichsten Sparten der italienischen Küche üben. Königsdisziplin sind natürlich die regionalen Spezialitäten – Risotto und handgemachte Pasta von Tortellini bis Gnocchi. Aber auch Frühlingsmenüs, vegetarische Gerichte, appetitliches Fingerfood, Kuchen und Desserts stehen auf dem Lehrplan.

Eingebettet in die sanften Hügel der Langa Astigiana: das Castello di Costiglione d'Asti

9 Cuneo
Mittelalterliche Laubengänge, barocke Arkaden

Zum Genuss wuchtiger piemontesischer Weine gehört auch würziger Käse, und hierfür ist Cuneo, das sich selbst als die grüne Hauptstadt des Piemont bezeichnet, die richtige Adresse. In ihrer überschaubaren Altstadt bündelt die Provinzkapitale alle Vorzüge Norditaliens, von eleganten Geschäften über erlesene Restaurants bis hin zu Eisdielen, aus deren Theken Berge von Schokoladeneis quellen. Die am Fuß der Seealpen gelegene Stadt ist mit fast 60 000 Einwohnern knapp doppelt so groß wie Alba, doch auch ihr Zentrum prägen Feinkostgeschäfte und Flaneure. Sechs Kilometer Arkadengänge erlauben Einkaufsbummel auch bei widrigen Witterungsbedingungen – Cuneo gilt als die kälteste Stadt Italiens, und schon der Herbstnebel, der den Weinen der Langhe so zuträglich ist, kann recht klamm sein. Nicht zufällig heißen die beiden Brunnen vor dem Rathaus im Volksmund »Nebbiolo« und »Barolo« nach der berühmten Traube und dem König der Weine: Weil nämlich die Soldaten, die dort früher Wache schoben, sich wünschten, aus ihnen flösse Wein statt Wasser.

Maronen aus Cuneo sind weit über die Grenzen der Provinzhauptstadt bekannt

Im Zweiten Weltkrieg war das von versteckten Tälern umgebene Cuneo eine Bastion der *resistenza*. Schon die Gründung der Stadt im 12. Jahrhundert geschah im Geist der Auflehnung: Von den Lehnsherren und insbesondere – so will es die Überlieferung – von ihrem Recht der ersten Nacht wollte man sich lossagen. Die Unabhängigkeit währte allerdings keine 100 Jahre, dann gerieten die Freiheitsliebenden unter den Einfluss der Familie Anjou und schließlich unter den der Savoyer. Doch die Tage der Unruhen und Kriegswirren sind vorbei, seit am 27. April 1945 die Glocken des Stadtturms läuteten, als die deutschen Besatzer – zwei Tage später als im übrigen Italien – aus Cuneo abzogen. Seither konzentriert man sich hier wieder auf die wesentlichen Dinge des Lebens. Dazu gehören in Cuneo 98 traditionelle Vorspeisen, der Anbau von Haselnüssen und Maronen und eine Leidenschaft für den intensiven Duft weißer Trüffel.

Wer sich für weitere Aspekte der Vergangenheit Cuneos interessiert, sollte das im schönen ehemaligen Franziskanerkloster untergebrachte **Stadtmuseum** (Museo Civico e Complesso Monumentale di San Francisco) besuchen. Neben dem Kreuzgang aus dem 17. Jahrhundert sind auch die archäologische, künstlerische und völkerkundliche Sammlung sehenswert.

Museo Civico e Complesso Monumentale di San Francisco
Via Santa Maria 10
12100 Cuneo
©01 71 63 41 75
Mai–Sept. Di, Do/Fr, So 16–19, Sa 10.30–13 und 16–19, Okt.–April Di, Do/Fr, So 15–18, Sa 10.30–13 und 15–18 Uhr, Eintritt € 3/2

10 Gattinara
Wein für den Großkanzler Kaiser Karls V.

In Gattinara (8600 Einwohner), der Heimat des gleichnamigen DOCG-Rotweins, dreht sich – natürlich – alles um Wein. Und das schon lange. Vor dem Panorama des Monte Rosa gedeihen hier Nebbiolo-Trauben, die auch im südlichen Piemont als Grundstoff des Barolo zu Ruhm gekommen sind. Kardinal Mercurino Arborio, der sich als Großkanzler Kaiser Karls V. einen Platz in der Geschichte sicherte, soll bereits vor 500 Jahren die eine oder andere Flasche in seiner Heimatstadt dekantiert haben.

Enoteca Regionale di Gattinara
Villa Paolotti C.so Valsesia 112
13045 Gattinara
© 01 63 83 40 70
www.enotecaregionaledigattinara.it

Trutzige Hochburg der Kulinaristik: das Castello in Grinzane Cavour

Sogar den Torbogen des Portals der **Chiesa di San Pietro** (am Corso Valsesia), wo der Kardinal seine letzte Ruhestätte fand, umschlingt ein Relief aus steinernen Weintrauben. Ein paar Häuser weiter befindet sich die **Enoteca Regionale di Gattinara**, eine der zehn regionalen Weinsammlungen des Piemont. Weil das Betrachten der Exponate allein nicht viel Sinn hat, sind die Weine Gattinaras und der Nebbiolo-Gebiete des nördlichen Piemont dort nicht nur ausgestellt, sondern können auch verkostet werden. Besser noch als im Keller schmecken Gattinara und Ghemme aber im Freien, im Garten einer Trattoria oder auf einer Wiese im Hügelland um Novara. In der Ebene flirrt die Luft über den Reisfeldern, im Rücken liegen die Schatten der Alpen, im Glas schimmert rot der Wein.

Historisch und kulturell ist **Varallo Sesia** der Hauptort des Sesia-Tals und zudem Ausgangsort für den Besuch des **Sacro Monte di Varallo**, den man je nach Zweck der Reise auf Knien oder mit der Seilbahn erreicht. Er ist der älteste der Heiligen Berge Norditaliens und wird von der UNESCO zum Weltkulturerbe gezählt. 50 Kapellen illustrieren hier die Passion und den Tod Christi.

11 Grinzane Cavour

Sitz des Ritterordens für Trüffel und Wein aus Alba

Nicht nur weil hier alljährlich ein bedeutender Literaturpreis verliehen wird ist das fünf Kilometer von Alba zwischen Weinbergen gelegene Städtchen (2000 Einwohner) in ganz Italien bekannt. Ursprünglich trug es nur den Namen Grinzane, den Zusatz Cavour erhielt es zu Ehren des einstigen Bürgermeisters und, wichtiger noch, des Architekten der Einigung Italiens: Camillo Benso Graf von Cavour (1810–61). Das **Castello Grinzane Cavour** war von 1832 bis 1849 das Heim des Grafen Benso. Heute ist es Sitz der **Enoteca Regionale Piemontese Cavour** und des **Museums der Langhe**, zu dem eine Ausstellung über Trüffel und eine Sammlung persönlicher Gegenstände des Grafen Benso gehören, darunter seine Trikolore.

In Grinzane Cavour findet in jedem November eine Versteigerung weißer Trüffel statt, deren Erlös wohltätigen Zwecken zukommt – was den ohnehin stolzen Preis der wertvollsten Trüffel *Tartufo Bianco di Alba* zusätzlich in die Höhe treibt. Und damit sind die Trüffel noch längst nicht von der Tagesordnung verschwunden: Grinzane Cavour ist auch der Sitz des **Ritterordens für Trüffel und Wein aus Alba**, der regelmäßig im Castello Grinzane Cavour tagt. Der Maskensaal (Sala delle Maschere) des Schlosses, der im 11. Jahrhundert angelegt wurde, ist außerdem Schauplatz der Treffen der Nationalen Organisation zur Käseverkostung. Der Ritterorden wurde seinem archaischen Namen zum Trotz erst 1967 gegründet.

Hehre Ziele haben die über 200 *Cavallieri*, die in Italien und im Ausland leben, dennoch: Sie wollen die örtlichen Traditionen, Sitten und Gebräuche wahren. Und das vor allem in Hinblick auf Wein und Speisen: Die einzigartigen Produkte Albas wollen sie schützen und (noch) bekannter machen. So haben die Ritter zur Gründung der Enoteca beigetragen, in der Besucher aus der ganzen Welt die Spitzenerzeugnisse des Piemont verkosten können, und stellen jedes Jahr eine »Auswahl großer Weine aus dem Raum Alba« zusammen. Im **Ristorante al Castello** bewirkt der mit einem Michelin-Stern ausgezeichnete Küchenchef Alessandro Boglione kulinarische Wunder. Hier tagen die Ritter, um önogastronomische Themen zu diskutieren, traditionelle Spezialitäten zu sich zu nehmen und die besten Weine der Umgebung auszuwählen.

Castello und Enoteca Regionale Piemontese Cavour
Via Castello 5
12060 Grinzane Cavour
✆ 01 73 26 21 59
www.castellogrinzane.com
Tägl. außer Di April–Okt. 9.30–19, Nov./Dez. und Feb.–Mai 9.30–18, Sept. bis Mitte Nov. tägl. 9.30–18 Uhr, Jan. geschl.
Eintritt € 5/4

⓬ Im Hügelland von Monferrato
Wein, wohin das Auge schaut

Touristisch noch weniger erschlossen als die Langhe ist das Hügelland von Monferrato im Südosten des Piemont. Weil es sich bei »Monferrato« um einen kulturhistorischen Begriff handelt, der auf die gleichnamige alte Markgrafschaft zurückgeht, sind seine Grenzen nicht klar definiert. Historisch wird das Gebiet im Norden vom Fluss Po begrenzt, im Süden vom ligurischen Appenin und im Osten vom Fluss Scrivia. Im Westen

Blick in das Kirchenschiff des romanischen Doms von Casale Monferrato

schließt es sich an die Langhe an. Im Vergleich zu den Langhe wirkt diese Landschaft milder und lieblicher. Ihre Städtchen sind uralt, ihre Wurzeln reichen ins frühe Mittelalter oder bis in die Römerzeit. Die größten sind das wegen seiner schwefelhaltigen heißen Thermalquellen schon von den Römern geschätzte **Acqui Terme** (20 000 Einwohner), **Novi Ligure** (28 800 Einwohner), das im Norden des Monferrato gelegene **Casale Monferrato** (34 600 Einwohner) mit romanischer Kathedrale, einer Synagoge aus dem späten 16. Jahrhundert und schönen Renaissancepalästen, **Asti** sowie **Alessandria**, die mit 91 000 Einwohnern drittgrößte Stadt des Piemont.

Auf die Hügel des Monferrato sind kleine Kirchen getupft, wehrhafte Burgen und schöne Schlösser fügen sich so harmonisch in die Umgebung, dass man sich mancherorts fühlt, als hätte man ein dreidimensionales Gemälde betreten. Allgegenwärtig sind heute die Weinberge. Wie die Langhe war auch das Monferrato früher eine arme Landschaft. Erst die Entwicklung der Weine und die Vermarktung anderer landwirtschaftlicher Produkte, darunter Haselnüsse, und natürlich die berühmten Trüffel brachten den Bewohnern Wohlstand.

Auch die weitere Unterteilung des Monferrato ist nicht verbindlich definiert. Vereinfacht gesagt erstreckt sich **Alto Monferrato** südlich von Asti bis zum Flusstal des Bormida. Das **Basso Monferrato** liegt nördlich von Asti und reicht bis ins Tal des Po. Herz des Alto Monferrato ist **Ovada** (11 500 Einwohner), das ein schönes historisches Zentrum besitzt und von Kastanienwäldern und Weinbergen umgeben ist. Hier wird der Dolcetto di Ovada hergestellt. Auch rund um Acqui sieht man manchen Berg vor lauter Reben nicht. Die Weine Brachetto und Moscato haben hier ihren Ursprung. Um Casale Monferrato im Norden der alten Markgrafschaft gedeihen Barbera-Reben, aus denen Barbera d'Asti entsteht.

⓭ Novara
Gorgonzola und Gaudenzio

Novara gilt mit seinen Käsefabriken, in denen der würzige Weichkäse hergestellt wird, als die Hauptstadt des Gorgonzola. Das gleichnamige Dorf bei Mailand reklamiert dafür die Erfindung dieser Käsesorte für sich – schon im 10. Jahrhundert soll das gewesen sein, sagt Signor Leonardi, Inhaber einer Käserei in Novara. Ein Bauer habe dort einen Eimer Milch versehentlich stehen lassen; als sie sauer wurde, soll er in experimentierfreudigem Geist versuchsweise frische Milch hinzugefügt haben. Der Überlieferung zufolge war das die Geburtsstunde des blau geäderten Weichkäses.

Heute schmückt echten Gorgonzola ein Siegel zur Bezeichnung geschützter Herkunft. Das bekommt nur Weichkäse, der aus Vollmilch der Provinzen Novara, Vercelli, Verbana, Milano, Cuneo, Como, Crimono und Brescia hergestellt wird. Käse aus Magermilch – das ist gar nicht auszudenken. Für die Herstellung gibt es strenge Vorgaben: 100 Liter Milch ergeben ein Käserad von 13 Kilogramm. Die milde Variante muss 60, die würzige 90 Tage reifen. Signor Leonardi nickt. Schließlich lieferte schon sein Großvater der 2002 verstorbenen Queen Mum Gorgonzola in ihr Feriendomizil am Lago Maggiore.

Novara konkurrierte im Mittelalter mit Vercelli. Novara gelangte als freie Stadtrepublik zu Ruhm, Vercelli als Sitz einer der ersten Universitäten Italiens – die aber bald wieder ihre Tore schloss –, militärisches Bollwerk gegen das feindliche Mailand und Hochburg für Silberverarbeitung. Mit einer Attraktion wie Vercellis Kirche Sant'Andrea, einer der schönsten Norditaliens, konnte das mit gut 100 000 Einwohnern heute doppelt so große Novara nicht aufwarten. Im 19. Jahrhundert wurde aber auf die im 16. Jahrhundert erbaute **Basilica San Gaudenzio** eine

ⓘ **IAT Novara**
Corso Garibaldi
28100 Novara
✆ 03 21 33 16 20
www.turismo novara.it
Mo und Mi/Do 8–13 und 14–17, Di 8–13, Fr 8–18, Sa/So 10–15 Uhr

Basilica di San Gaudenzio
Via Gaudenzio Ferrari 20
28100 Novara
✆ 03 21 62 98 94
Tägl. 7.30–12 und 15–19 Uhr
Eintritt frei

121 Meter hohe Kuppel mit der Statue des heiligen Gaudenzo gesetzt, die noch immer die Silhouette der Stadt dominiert – so groß ist sie, weil die Bewohner Vercellis sie stets vor Augen haben sollten. Gestaltet wurde der Kuppelturm von Alessandro Antonelli (1798–1888). Die Kapellen der Basilika glänzen mit prachtvollen Barockkunstwerken. Der **Dom** wurde Mitte des 19. Jahrhunderts in neoklassizistischem Stil ebenfalls unter Regie von Antonelli komplett neu gebaut. Erhalten sind der Mosaikboden des Vorgängerbaus im Presbyterium und das achteckige Baptisterium aus dem 5. Jahrhundert, das im 11. Jahrhundert neu gestaltet wurde.

14 Saluzzo
Glanz des Mittelalters

Seiner Lage 30 Kilometer nördlich von Cuneo vor der knapp 4000 Meter hohen Felspyramide des Monviso zum Trotz strahlt das mittelalterliche Städtchen Saluzzo (16 800 Einwohner) südlichen Charme aus. Der Anbau von Pfirsichen, Äpfeln und sogar Kiwis wird hier betrieben, die Sonne scheint warm. Im am Fuß eines Hangs gelegenen Saluzzo ist das Klima spürbar milder als in Cuneo, im Kreuzgang der ab 1330 in der Oberstadt errichteten gotischen Kirche **San Giovanni** wächst der einzige Olivenbaum weit und breit. Die Unterstadt dominiert die zwischen 1491 und 1501 errichtete, dreischiffige **Kathedrale** – eines der letzten der großen Kirchenbauprojekte im Piemont (die Kathedrale von Turin entstand fast zeitgleich).

Das ab dem frühen 12. Jahrhundert von den Markgrafen von Saluzzo gebaute Stadtzentrum ist vollständig erhalten und verbindet architektonische Geschlossenheit mit verträumter Atmosphäre, was ihm den Beinamen »Siena von Piemont« eingebracht hat. Ihr eigentlich spätgotisches Stadthaus wurde im frühen 16. Jahrhundert im Stil der Renaissance erweitert. Saluzzo ist auch die älteste bekannte Erwähnung des aus reiner Kuhmilch produzierten Blauschimmelkäses Castelmagno zu verdanken: 1270 nämlich verfügte der Markgraf von Saluzzo, dass Bauern ihre Pachtzahlungen statt in bar auch in Form von Käselieferungen leisten könnten.

Saluzzos Markgrafen verfügten aber nicht nur über Geschmack und Geschick beim Städtebau, wie die Türme, Gassen und Paläste beweisen, sondern waren auch eine wehrhafte Sippe: Fast 400 Jahre lang widerstanden sie den Herrschaftsansprüchen der Fürsten von Savoyen. Zugleich verbündeten sie sich mit der französischen Dauphiné, und diesem Einfluss entsprechend erinnert Saluzzo ein wenig an die mittelalterlichen Städte jenseits der Grenze. Dass man heute auf holprigstem Pflaster durch einen Ort stolpert, in dem einzig ein paar geparkte Autos darauf hindeuten, dass die Einwohner keine Degen mehr tragen, ist ironischerweise den an Saluzzo so interessierten Savoyern zu verdanken: Als es 1601 mit dem Frieden von Lyon endlich an Karl Emanuel I. von Savoyen fiel, fand der es strategisch unbedeutend und ließ es links liegen, ohne einen Stein umzustoßen. So präsentiert Saluzzo sich heute wie eine Filmkulisse: wunderschön und ziemlich romantisch.

i IAT Saluzzo
Piazza Risorgimento
12037 Saluzzo
✆ 01 75 467 10
www.saluzzoturistica.it
Tägl. außer Mo April–Sept. 10–13 und 15–18.30, Okt.–März 10–12.30 und 15–18 Uhr

Die Kathedrale Maria Vergine Assunta in der Unterstadt von Saluzzo

REGION 6
Piemont

Sacra di San Michele
Via alla Sacra 14
10057
Sant'Ambrogio di Torino
✆ 011 93 91 30
www.sacradisanmichele.com
Juni–Sept. Mo–Sa 9.30–12.30 und 14.30–18, So 9.30–12 und 14.40–18.30, Mitte Okt.–Mitte März Di–Sa 9.30–12.30 und 14.30–17 Uhr, So 9.30–12 und 14–17 Uhr, Mitte März–Mai und erste Oktoberhälfte Mo geschl.
Eintritt € 5/4 (6–14 J.), unter 6 J. frei

⓯ Sacra di San Michele in Sant'Ambrogio di Torino
Für den Engelsfürsten

Weithin sichtbar thront die Sacra di San Michele – einst Sitz eines Benediktinerordens, nach 200 Jahren des Verfalls seit 1836 unter Verwaltung des Rosminianerordens – auf dem 35 Kilometer westlich von Turin bei Sant'Ambrogio di Torino gelegenen Monte Pichiriano. Als dem Erzengel Michael gewidmetes Heiligtum folgte es dem im 5. Jahrhundert im Gargano in Apulien errichteten Monte Sant'Angelo, dem ersten in Italien, das den im Orient entstandenen Kult um den heiligen Michael übernahm. Im 5. und 6. Jahrhundert verbreitete er sich auch im Norden Italiens. Wie beim französischen Mont Saint-Michel und dem in Cornwall ebenfalls auf einem vom Meer umspülten Berg gelegenen St. Michael's Mount wurde für die Verehrung des Anführers himmlischer Heerscharen ein exponierter, schon optisch Ehrfurcht gebietender Ort gewählt. Zudem befindet sich der Standort genau auf der Hälfte eines 2000 Kilometer langen Pilgerwegs vom Mont Saint-Michel zum apulischen Monte Sant'Angelo.

1994 wurde die Abtei, die im Jahr 983 von Graf Hugo von Montboissier gegründet wurde, zum symbolischen Monument des Piemont erklärt. Im 12. Jahrhundert schufen die Benediktiner die romanisch-gotische Basilika, deren Eingang mit der 41 Meter hohen Fassade und der schönen Bogengalerie über der mittleren Apsis besonders eindrucksvoll ist. Das ursprüngliche Dach mit einem Kreuzgewölbe stürzte ein, das nachfolgende aus dem 17. Jahrhundert erwies sich für die Statik des Baus als zu schwer. Ihr heutiges dreifaches Kreuzgewölbe erhielt die Kirche zu Beginn des 20. Jahrhunderts. Im Alten Chor befinden sich zehn steinerne Sarkophage der Savoyer sowie ein wertvolles Triptychon von Defendende Ferrari, das die Madonna mit Kind zeigt, begleitet vom heiligen Michael und dem Auftraggeber des Altars. Unter dem Boden der Basilika liegen drei Kapellen aus dem späten 10. Jahrhundert, die auf das ursprüngliche Heiligtum zurückgehen.

Sehenswert ist auch das sogenannte Mönchsgrab, die Überreste einer achteckigen Kapelle aus dem 10. Jahrhundert. Heute wird vermutet, dass es sich nicht um eine Grabkapelle, sondern um eine Nachbildung des Heiligen Grabs in Jerusalem handelt. 1621, als Papst Gregor V. das Kloster der Benediktiner aufhob, war das Kirchlein noch intakt; bald darauf begann sein Verfall.

Figürliches Kapitell der Sacra di San Michele im Susatal

⓰ Turin
Nicht nur Fiat und Fußball

Ufficio Del Turismo
Via Garibaldi 45/a
(Piazza Castello)
10121 Turin
✆ 011 53 51 81
www.turismotorino.org, tägl. außer So 13.30–19 Uhr

Nicht malerisch und romantisch, sondern geradlinig und symmetrisch präsentiert sich Turin (870 000 Einwohner), die viertgrößte Stadt Italiens, die als Sitz des Automobilkonzerns Fiat und der Fußballvereine Juventus Turin und FC Turin sowie als Austragungsort der XX. Olympischen Winterspiele 2006 in der ganzen Welt bekannt ist. Die große **Piazza Castello** ist ihr quadratisches Herz, die Straßen ringsum verlaufen in rechten Winkeln zueinander, wie sie bereits im 1. Jahrhundert v. Chr. von den Römern angelegt wurden. Seit ihrer Gründung war die Stadt bedeutend. Schon zur Zeit der Römer war sie mit 5000 Einwohnern für damalige Verhältnisse eine Großstadt. Dem Niedergang des Römischen Reichs folgten Einfälle diverser Germanenstämme. Dann übernahmen erst die Bischöfe und ab dem 13. Jahrhundert die Herzöge von Savoyen das Zepter. Schon 1404 erhielt Turin eine Universität, 1563 wurde die

Piazza San Carlo in Turin

Stadt die Hauptstadt von Savoyen, 1720 die Kapitale des Königreichs Sardinien-Piemont.

Nach der Einigung Italiens 1861 wurde Turin Hauptstadt – allerdings nur für vier Jahre, dann übernahm Florenz. Auch die Krönung des Savoyers Vittorio Emanuele II fand am 17. März des Jahres in Turin statt. Nach dem Verlust der Hauptstadtwürde entwickelte Turin sich bald zur Kunst- und Wirtschaftsmetropole. 1899 nahm Fiat die Autoproduktion auf, Lancia folgte 1906; im Jahr 1902 war Turin Gastgeber der Internationalen Ausstellung für moderne dekorative Kunst.

Heute ist Turin eine elegante Großstadt, die statt südlicher Leichtigkeit die Geschäftigkeit des reichen Nordens ausstrahlt. Was nicht bedeutet, dass man hier nicht zu leben verstünde – nicht umsonst ist Turin auch eine Hochburg der Kaffeehauskultur. Mit dem ehemaligen Fiat-Werk **Lingotto**, der als Wahrzeichen der Stadt und Sitz des Nationalen Filmmuseums berühmten **Mole Antonelliana** und nicht zuletzt der Kathedrale **Duomo San Giovanni Battista**, die nichts Geringeres bewahrt als das Leichentuch Jesu, gibt es auch für Besucher in Turin eine Menge zu sehen. Doch das ist längst nicht alles. Auch das weltweit zweitgrößte Museum (nach Kairo) für ägyptische Kunst ist hier beheimatet, das **Museo Egizio**, dessen fabelhafte Sammlung im 1679 errichteten Palazzo dell'Accademia Platz findet. Im barocken Palazzo Madama an

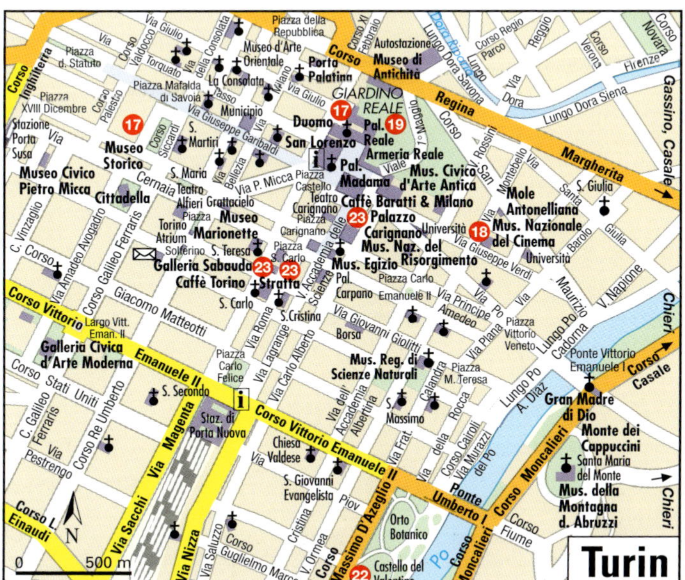

Legendär: der Fiat Cinquecento

der Piazza Castello residieren das **Museo Civico d'Arte Antica** (Stadtmuseum für antike Kunst) und die **Galleria Sabauda**, die Privatsammlung der Savoyer. Prunkstück ist der **Palazzo Reale**, der Palast der Herzöge und Könige von Savoyen, an der Nordseite des Platzes. Noch neu ist das Museum für orientalische Kunst, das **Museo d'Arte Orientale** (MAO).

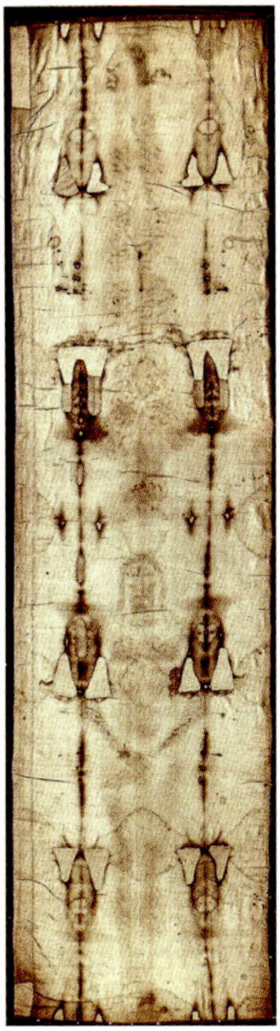

Ein geheimnisumwittertes Zeugnis christlichen Glaubens: das Turiner Grabtuch aus dem 14. Jahrhundert (modernes Abbild)

17 Das Grabtuch von Turin
Das berühmteste Stück Stoff der Welt

In der **Cappella della Sacra Sindone** des **Duomo San Giovanni Battista** ruht in einer Schatulle das Leinentuch, in dem Jesus Christus nach der Kreuzigung bestattet worden sein soll. Auf dem 4,36 Meter langen und 1,1 Meter breiten Tuch sind Vorder- und Rückenansicht eines Mannes zu sehen. Sein Körper zeigt Verletzungsspuren durch eine Kreuzigung und die Dornenkrone.

Der erste zuverlässige Beleg des Grabtuchs datiert aus der Mitte des 14. Jahrhunderts, als es in einer Kirche in der Champagne ausgestellt wurde. Ebenfalls im 14. Jahrhundert wurde die Echtheit des Tuchs öffentlich angezweifelt: Der Bischof von Troyes beschwerte sich beim Gegenpapst Gregor über die Zurschaustellung eines Grabtuchs, von dem bei den Evangelisten keine Rede ist und das bis dato als Bild, nicht als authentisches Grabtuch bezeichnet worden sei. So stufte die katholische Kirche es auch nicht als Reliquie, sondern als Ikone ein. Auf Umwegen gelangte es in den Besitz der Savoyer, und ab dem ausgehenden 15. Jahrhundert wurde es immer wieder als echt bezeichnet. Seit 1578 wird es im Turiner Dom bewahrt.

Auch die Wissenschaft konnte die Herkunft des Tuchs bislang nicht eindeutig entschlüsseln. Wohl aber sein Alter: Als relativ sicher gilt, dass das Laken aus dem 14. Jahrhundert stammt. Doch schon bei der Frage, ob es sich bei den Abdrücken der Blutflecken um Blutspuren oder um Farbpigmente handelt, gibt es kein einhelliges Urteil. Auch bei der Einstufung des Tuchs als im Mittelalter entstandenes Bild herrscht keine Klarheit über die Technik, die die große Transparenz der Körperabbildungen erzeugt haben könnte. Und schließlich sind die Spuren der Kreuzigung am abgebildeten Körper so dargestellt, wie sie nach Auffassung einiger Wissenschaftler im Mittelalter noch nicht bekannt waren. Immer wieder tauchen auch Berichte über weitere Inschriften im Tuch auf, die wiederum für einen Ursprung des Tuchs im 1. Jahrhundert sprächen – wären sie denn zuverlässig belegt und entschlüsselt.

Während des Zweiten Weltkriegs wurde das Grabtuch in Süditalien versteckt und erst im Oktober 1946 nach Turin zurückgebracht. Als im April 1997 in der Kathedrale Feuer ausbrach, gelang es einem Feuerwehrmann, das Tuch zu retten. Das Grabtuch wird meist unter Verschluss gehalten und nur gelegentlich ausgestellt. Die nächsten Ausstellungen sind für 2015 und dann erst wieder für das Jahr 2025 geplant.

Museo Nazionale del Cinema
Via Montebello 20
10124 Turin
✆ 011 813 85 60
www.museocinema.it
Museum Di–Fr und So 9–20, Sa 9–23 Uhr; Zugang zum Aufzug zur Aussichtsplattform jeweils ab 10 Uhr
Eintritt € 9/2,50 (6–18 J.), unter 6 J. frei; Kinder bis 18 J. in Begleitung der Eltern frei

18 Museo Nazionale del Cinema
Im Cineasten-Himmel

Eigentlich sollte die **Mole Antonelliana** eine Synagoge werden. Die Pläne stammten von Alessandro Antonelli, der selbst in Turin studiert hatte, hier später auch lehrte und im Rahmen der Umgestaltung Novaras dort unter anderem den spektakulären Kuppelturm der Basilika entworfen und die Kathedrale umgestaltet hatte. 1853 begann der Bau, wobei nicht nur die Kosten, sondern auch der Bau selbst in ungeahnte Höhen schoss. Schließlich nahm die jüdische Gemeinde von dem Projekt Abstand und kündigte dem Star-Architekten. Die Stadt musste einspringen und richtete 1895 ein Museum in dem gigantischen, wenige Jahre zuvor vollendeten Ziegelbau ein. Bei ihrer Fertigstellung war die Mole mit ihrem 167,5 Meter hohen Turm das höchste Gebäude der Welt; um elf Meter überragte es den Kölner Dom. Noch immer ist sie das höchste in Mauerwerk ausgeführte Bauwerk in Europa. Heute ziert sie nicht nur die italienische 2-Cent-Münze, sie ist auch Sitz des **Museo Nazionale del Cinema**, des wichtigsten Filmmuseums Italiens. Man muss kein ausgesprochener Filmfan sein, um schon die Fahrt im gläsernen Aufzug in die Kuppel spektakulär zu finden. Der Blick von der in 85 Metern Höhe angelegten Aussichtsplattform über die Stadt und die Berge in der Ferne ist sogar absolut filmreif.

Die Mole Antonelliana ist Sitz des Museo Nazionale del Cinema (Turin)

Konzipiert wurde das Museum 1941 als Ausstellung über die Filmindustrie Turins. Heute wird hier die gesamte Geschichte des Films multimedial und interaktiv dargestellt – von Kameras und Artefakten aus präcineastischen Tagen über die Geburtsstunde des bewegten Bildes bis zu Sets, Requisiten, Ausstattung und Technik des modernen Kinos. Auch eine Sammlung von Filmplakaten, ein Ton-Archiv, eine Bibliothek und Mediathek gehören zum Museum. Der Kinokomplex **Cinema Massimo**, wenige Schritte vom Museum entfernt, ist technisch auf dem neuesten Stand und außerdem Schauplatz des Torino Film Festivals, des Festival Sottodiciotto sowie des CinemAmbiente.

19 Palazzo Reale in Turin
Ein Heim für Könige

Über drei Jahrhunderte war Turin das Zentrum der Macht der Savoyer. Dass diese weder Geldsorgen noch falsche Bescheidenheit plagten, ist bis heute an der Vielzahl ihrer prachtvollen Residenzen und Burgen zu erkennen. Der Königspalast an der Nordseite der Piazza Castello ist das wichtigste Symbol für die Bedeutung der Herrscherfamilie, die ab 1861 die italienischen Könige stellte. Er entstand im 17. Jahrhundert; 1997 erklärte die UNESCO ihn zum Weltkulturerbe. Äußerlich präsentiert sich der Bau streng und geradlinig, sein Interieur aber ist von verschwenderischer Pracht.

In den königlichen Gemächern zeugen kostbare Wandteppiche, Gold und üppiger Stuck sowie das vergoldete Alkovenzimmer mit fernöstlichen Vasen und Porzellan vom Prunk des höfischen Lebens und vom Reichtum seiner Protagonisten. Ebenfalls erhalten sind die königliche **Waffensammlung** (Armeria Reale), die von Filippo Juvarra gestaltete **Scherentreppe** (Scala delle Forbici) sowie die Kapelle des Heiligen Tuches. Den Fürsten von Savoyen (später Könige von Sardinien-Piemont, dann von Italien) gehörte das mutmaßliche Leinentuch Christi seit dem

Palazzo Reale
Piazzetta Reale 1
10122 Turin
✆ 011 436 14 55
www.ilpalazzorealeditorino.it
Tägl. außer Mo 8.30–19.30 Uhr
Eintritt € 12/6 (mit Museo Archeologico, Waffenkammer und Galleria Sabauda)

Jahr 1453. Erst mit dem Ende ihrer Linie – dem Tod von Umberto II. von Savoyen – fiel das Tuch 1983 an den Papst mit der Auflage, es in Turin zu belassen. Die Kapelle verbindet den Palast mit dem Turiner Dom.

20 Pinacoteca Giovanni e Marella Agnelli
Matisse auf der Rennstrecke

Pinacoteca Giovanni e Marella Agnelli
Lingotto
Via Nizza 230/103
10126 Turin
✆ 01 10 06 27 13
http://pinacoteca-agnelli.it
Tägl. außer Mo 10–19 Uhr
Eintritt € 8/3,50 (6–16 J.), unter 6 J. frei

Im Lingotto, dem Stadtteil, den die ehemalige Produktionsstätte von Fiat dominiert, haben Fiat-Chef Giovanni Agnelli (1921–2003) und seine Frau, die neapolitanische Prinzessin Marella Caracciolo di Castagneto, in ihrer Pinacoteca Teile ihrer privaten Kunstsammlung – gut zwei Dutzend herausragende Werke – aus dem 18. bis 20. Jahrhundert der Öffentlichkeit zugänglich gemacht. Der Ort ist außergewöhnlich: Die Pinacoteca befindet sich auf der legendären ehemaligen Fiat-Teststrecke, die ein ein Kilometer langes Oval beschreibt. Auch optisch ist der auf vier Trägern scheinbar über der Rennstrecke schwebende Kubus überaus eindrucksvoll.

Das großartige Beispiel gelungener Industriearchitektur wurde nach siebenjähriger Bauzeit 1923 eröffnet. 1982 wurde das Werk stillgelegt. Der 1937 in Genua geborene Architekt Renzo Piano verwandelte es in den 1980er Jahren in ein Messe- und Kongresszentrum nebst Konzerthalle, Shoppingmall und Kinokomplex. Den Kubus für die Pinacoteca setzte er ebenfalls aufs Dach. So wurde aus der einstmals größten Autofabrik der Welt ein Ort der Kultur. In der 2002 eröffneten Pinacoteca sind unter anderem Gemälde von Henri Matisse, Canaletto (dem Onkel von Bernardo Bellotto, der sich später ebenfalls den Künstlernamen Canaletto zulegte), Bellotto, Tiepolo, Manet, Renoir, Modigliani, Picasso, dem Turiner Künstler Giacomo Balla und dem in Cortona geborenen Gino Severini zu sehen. Regelmäßig ist die Pinacoteca Schauplatz sehenswerter Wechselausstellungen zu Malerei und Fotografie.

21 Primo Levi in Turin
Schriftsteller und Überlebender

Berichten, um mit dem Erlebten fertigzuwerden – diesem Bedürfnis folgend gelang es Primo Levi, die Erfahrung des Holocaust in Literatur zu transzendieren und das eigentlich Unfassbare für andere fassbar zu machen. Zugleich beweist seine Biografie, dass der Überlebenskampf der Opfer mit der Befreiung aus dem Konzentrationslager neu begann. Die Gefahr für Leib und Leben wurde abgelöst von den Qualen der Erinnerung.

Der am 31. Juli 1919 in Turin als Kind liberaler jüdischer Eltern geborene Primo Levi wuchs in seiner Geburtsstadt auf. Sein Studium der Chemie konnte er 1941 beenden, obwohl die Faschisten Juden da bereits von Hochschulen ausschlossen. Levi schloss sich den Partisanen an, wurde im Dezember 1943 gefasst und nach einigen Wochen im KZ bei Modena nach Auschwitz verschleppt. Er überlebte Zwangsarbeit und Krankheit und wurde am 27. Januar 1945 von der Roten Armee befreit. Nach monatelanger Odyssee durch Osteuropa kehrte er im Oktober 1945 in seine Heimatstadt zurück. Seine Erlebnisse in Auschwitz verarbeitete Levi zu einem bewegenden literarischen Zeugnis: »Ist das ein Mensch?« (Se questo è un uomo) hieß der 1947 erschienene Band, dem 1963 »Die Atempause« (La Tregua) über seine Heimkehr auf Umwegen durch ein zerstörtes Europa folgen sollte.

Trotz des Erfolgs beider Bücher und zahlreicher weiterer Veröffentlichungen von Erzählungen und Romanen arbeitete er in seinem erlernten Beruf als Chemiker. 1975 veröffentlichte er den ebenfalls autobiografischen Roman »Das periodische System« (Il sistema periodico), 1986 »Die Untergegangenen und die Geretteten« (I sommersi e i salvati). In diesem letzten Buch greift er noch einmal sein großes Thema auf: die Zufälligkeit von Tod und Überleben aufseiten der Opfer sowie Schuld und Verdrängung der Täter. Am 11. April 1987 starb Levi bei einem Treppensturz in seinem Haus. Obwohl er keinen Abschiedsbrief hinterließ – wenn man von seiner Biografie und seinen Büchern absieht –, geht man davon aus, dass er sich das Leben nahm.

Wappen der Herzöge von Savoyen im Spätmittelalter

22 Die Residenzen des Hauses Savoyen in und um Turin
Herrschaftlich

Von 1861 bis 1946 stellte das Haus Savoyen die italienischen Könige, zuvor waren die Savoyer bereits seit dem Hochmittelalter die Herrscher Savoyens und des Piemont. Die lange Zeit an der Macht blieb städtebaulich und architektonisch nicht ohne Folgen: Wie eine Kette liegen die herzoglichen und königlichen Residenzen um Turin. 21 Kastelle und Residenzen der Savoyer im Piemont sind erhalten, wehrhafte Burgen und verspielte Lust- und Jagdschlösser. Die Burgen Rivoli und Moncalieri waren ursprünglich als Verteidigungsanlagen erbaut und wurden später zu Residenzen umgestaltet. Herzoginnen, Königinnen und Prinzessinnen liebten besonders die 1714 nach Königin Marie Anne d'Orléans, Gattin von Victor Amadeus II., benannte **Villa della Regina** in Turin mit ihren prachtvollen Gärten.

Aber auch das **Castello del Valentino**, das unter Maria Christina von Frankreich, der von 1637–63 für ihre Söhne regierenden Schwester des französischen Königs Ludwig XIII., seine Blüte erlebte und im 16. Jahrhundert außerhalb der Stadt lag, war beliebt. Heute ist hier die Fakultät für Architektur beheimatet; ein Teil der Gärten wurde später zum Botanischen Garten der Universität, in dem man noch heute flanieren kann. Im Sommerschloss **Castello e Parco di Racco-**

Am Ufer des Po: das Castello del Valentino der Herzöge von Savoyen

nigi verbrachten die Savoyer angenehme Ferienwochen. Die Mitte des 17. Jahrhunderts von Amadeo di Castellamonte für Karl Emanuel II. entworfene **Reggia di Venaria** – ein noch heute prunkvolles Schloss mit wunderschönen Gärten und einer hervorragenden Ausstellung zur Geschichte der Savoyer – und die **Palazzina di Cazzia di Stupinigi** waren herrschaftliche Barockschlösser, für Jagd und sonstige königliche Vergnügungen konzipiert. Hof-Architekt Filippo Juvarra, der auch für die Prunktreppe im Königlichen Schloss in Turin verantwortlich zeichnete und die Villa Regina modernisierte, entwarf das stolze Jagdschloss Palazzina di Cazzia di Stupinigi für Victor Amadeus II. als herrschaftliche Residenz. Sie sollte sich hinter keinem zeitgenössischen Königsschloss in Europa verstecken müssen. Schließlich war Victor Amadeus II. mit einer Nichte des baulustigen französischen Sonnenkönigs verheiratet. Sein Sohn Karl Emanuel III. erweiterte die Dimensionen des Hauses, in dem sich zu Beginn des 18. Jahrhunderts auch Napoleon wohlfühlte. Seit 1919 werden im Schloss Einrichtungsgegenstände und Mobiliar der Savoyer ausgestellt.

Informationen über alle Residenzen der Savoyer: www.residenzereali.it.

23 Turins Schokoladenseite
Wie der Kuss eines Engels

Berge von cremig aufgetürmtem Schokoladen- und Nougateis liegen in den Theken der Eisdielen. In den Cafés wird heiße Schokolade serviert, so dickflüssig, dass sie sich löffeln lässt. Und die zahlreichen Konfiserien der Stadt sind erfüllt vom Duft der *gianduiotti*, kleiner, in Goldpapier gehüllter Nougatstücke, die wie der Kuss eines Engels auf der Zunge liegen und sich von dort unverzüglich auf die Hüften senken.

Im seit 1836 bestehenden Traditionsunternehmen **Stratta**, einem kleinen Geschäft an der Piazza San Carlo, dem wohl schönsten Platz Turins, ließen schon die Fürsten von Savoyen und später Graf Cavour einholen. Cavour nutzte die Süßigkeiten von Stratta, um die Botschafter der europäischen Nationen milde zu stimmen für seine Idee eines geeinten italienischen Königreichs. 29 Kilogramm glacierter Maronen, 18 Kilogramm Sorbet, 37 Kilogramm karamelisierter Früchte sowie Torte, Konfitüre und Baisers ließ er sich den guten Zweck kosten. Es zahlte sich aus: 1861 wurde das Königreich Italien proklamiert, Turin war für vier Jahre italienische Hauptstadt. Cavour hatte aber wohl auch jenseits des politischen Kalküls einen süßen Zahn, denn das unter Aristokraten und Intellektuellen beliebte Café **Fiorio** an der Via Po fand in ihm ebenfalls einen dankbaren Stammgast.

In Turin sind Süßigkeiten nie einfach nur papierumhüllte Kalorienbomben, sondern Luxusartikel, bei deren Herstellung nichts dem Zufall überlassen wird. Sorgfalt und Kreativität sind genauso wichtig wie die besten Zutaten. Im **Caffè Torino** an der Piazza San Carlo kann man, wie es in einer technisch orientierten Stadt angemessen ist, Schlüssel, Scheren, Sägen und Schraubenzieher aus feinster Schokolade kaufen. Das **Caffè Baratti & Milano** an der Piazza Castello ist seit 1875 eine der Top-Adressen für süße Sünden und zudem Treffpunkt der mondänen

Stratta
Piazza San Carlo 191
10123 Turin
✆ 011 54 79 20
www.stratta1836.it
Tägl. geöffnet

Caffè Torino
Piazza San Carlo 204
10123 Turin
✆ 011 54 51 18
www.caffe-torino.it
Tägl. geöffnet

Caffè Baratti & Milano
Piazza Castello 29
10123 Turin
✆ 011 440 71 38
www.barattiemilano.it
Tägl. außer Mo

Schokolade hat Tradition in Turin

Welt. Der einstige Hoflieferant hat sich auf Bonbons spezialisiert, in allen Farben und Größen, mit und ohne Zucker, in Geschmacksrichtungen von Ananas über Cola bis Pfefferminz.

Fest steht: Die beste Ware ist stets hand- und hausgemacht und hat entsprechende Preise. Jedes Jahr im März steht die Schokolade beim Fest **La grande Festa del Cioccolato** zehn Tage lang im Zentrum der allgemeinen Aufmerksamkeit. Rund um die Piazza Vittorio Veneto wird die Schokolade in allen Erscheinungsformen gewürdigt – dazu gehören natürlich vor allem intensive Verkostungen.

Blütenträume am Lago Maggiore: Giardini Botanici Villa Taranto in Verbania

24 Giardini Botanici Villa Taranto in Verbania
Botanische Visionen eines Schotten

Ausgerechnet einem Schotten, nämlich Kapitän Neil MacEacharn (1884–1964), ist einer der schönsten Gärten Oberitaliens zu verdanken. Der Sohn vermögender Eltern war schon als Kind ein begeisterter Italienreisender. Ende der 1920er Jahre beschloss er, seinen Traum von einem englischen Garten in Italien zu verwirklichen, und machte sich auf die Suche nach einem passenden Grundstück. Er fand es auf dem Gebiet der heutigen Stadt Verbania. 1931 kaufte er von der Marquise de Sant'Elia die Villa »La Crocetta«. Am Lago Maggiore wollte er einen perfekten englischen Garten anlegen, der ihm seine schottische Heimat vergegenwärtigen sollte. Und tatsächlich mag die spektakuläre Lage des Gartens auf der Landzunge Punta della Castagnola vor dem Panorama der Berge an eine lieblichere, mediterrane Version schottischer Lochs und Berge erinnern. Auf seine Herkunft war MacEacharn stolz: Seine Villa am See benannte er nach einem illustren Vorfahren, dem in den Adelsstand erhobenen Marshall McDonald, dem Herzog von Taranto. Es brauchte den größten Teil der 1930er Jahre, um die heute weltbekannten Botanischen Gärten anzulegen. MacEacharn scheute bei seinem Herzensprojekt weder Kosten noch Mühe. Er ließ gewaltige Mengen Erde ausheben, um ein kleines Tal (Valletta) anzulegen, und

✿ **Giardini Botanici Villa Taranto**
Via Vittorio Veneto 111
28922 Verbania
✆ 03 23 55 66 67
www.villataranto.it
April–Sept. tägl. 8.30–18.30, Okt./Nov. 9–16 Uhr
Eintritt € 10/5,50

errichtete eine Bewässerungsanlage, die jeden Winkel des Grundstücks mit Wasser aus dem See versorgte. Er legte einen Winter- und einen Schilfgarten an; die Terrassengärten sind mit Wasserfällen, Seerosen- und Lotusblumenteichen eine Augenweide.

Als die Anlage vollendet war, schenkte er sie dem italienischen Staat – auch, weil er wegen des Zweiten Weltkriegs das Land verlassen musste. Er stellte allerdings die Bedingung, dass sein Freund und Rechtsanwalt Antonio Cappelletto Villa und Gärten verwalten solle. Nach Kriegsende kehrte MacEacharn sofort zurück. Seine letzte Ruhestätte fand er 1964 in einem Mausoleum im Park, wo auch die Familie Cappellettos bestattet ist. Seit 1952 sind die Gärten der Öffentlichkeit zugänglich. Sie vereinen heute auf 20 Hektar mehr als 20 000 Pflanzen, darunter seltene Bäume und eine aus Südamerika stammende Seerosenart, deren Blätter einen Durchmesser von zwei Metern erreichen. Azaleen und Rhododendren tauchen den Garten im Frühsommer in alle Schattierungen von Rot bis Weiß. Im Herbst blüht der Dahliengarten mit mehr als 300 Arten.

Die Villa ist Verwaltungssitz der Provinz und kann nicht besichtigt werden. 2012 nahm der Garten bei einem Orkan teilweise schweren Schaden; die Wiederbepflanzung dauert an.

25 Vercelli
Bitterer Reis

Ufficio Turismo e Montagna Vercelli
Via San Cristoforo 3
13100 Vercelli
✆ 01 61 50 15 71
www.provincia.vercelli.it

»Eine merkwürdige Gegend; das Meer ist kariert, die Fische singen«, soll einst ein Gastarbeiter aus dem Süden nach Hause geschrieben haben. Am Wein lag's nicht: Wenn die Felder im Frühling mit dem gestauten Wasser aus den Gebirgsströmen Sesia und Ticino geflutet werden, bilden ihre schmalen Ränder ein ordentliches Muster aus Vierecken. Und der Gesang der Frösche gehört wieder hierher, seit die Verwendung von Pestiziden beim Reisanbau reduziert wurde. Reiher stolzieren umher.

Wenn die Sonne untergeht, leuchten Felder und Kanäle golden auf, die Städte erscheinen wie Inseln am Horizont. Die Po-Ebene, im Winter unspektakulär bis zur Ödnis, ist nun so erhebend wie ein Risotto mit Trüffel. Noch heute sind 90 Prozent der Fläche der Provinz Vercelli und 60 Prozent der Fläche Novaras von Reisfeldern bedeckt.

Seit Jahrhunderten wird in der Po-Ebene Reis angebaut. Um das 15. Jahrhundert wusste man, dass ein Sack Saatgut 15 Säcke Reis ergab – in den Notzeiten nach den Pestjahren eine verlockende Rechnung, zumal billige Arbeitskräfte reichlich verfügbar waren. Mehr als 100 Reissorten gibt es heute, von denen ein Dutzend den Markt dominiert. In der Provinz- und Reishauptstadt Vercelli wird er an der Reisbörse im **Palazzo della Casa dell'Agricoltore** gehandelt. Vercelli ist außerdem reich an Kirchen; eine der schönsten Norditaliens ist die romanische **Basilica di Sant'Andrea**, die 1224 fertiggestellt wurde.

Ein junger Seidenreiher im Reisfeld

Seit den 1950er Jahren wird der Reis erst in der Küche zur Handarbeit; bis dahin säumen Maschinen seinen Weg. Der Film »Bitterer Reis« (1949) von Giuseppe de Santis gibt einen Eindruck davon, wie mühselig der Reisanbau noch in den 1940er Jahren war. Die *Mondine*, Saisonarbeiterinnen aus dem Veneto, der Emilia-Romagna und dem Süden Italiens, wurden mit Sonderzügen in die Provinzen Vercelli und Novara gebracht und in den Reisgütern buchstäblich kaserniert. Männer waren für so eine Arbeit nicht zu gewinnen, zumindest nicht zu diesen Konditionen. Die Frauen standen den ganzen Tag im Wasser, während der Ernte meist mit gebeugtem Rücken und immer umschwärmt von Mücken – und das auch in jenen Zeiten, als Italien noch Malariagebiet war. Mit einem Korb im Arm wanderten sie durch die Felder und warfen mit jedem Schritt eine Handvoll Saatgut ins Wasser, bei der Nachsaat setzten sie von Hand zusätzliche Stecklinge. Auch das Unkrautjäten gehörte zu ihren Aufgaben, die die *Mondine* von Sonnenaufgang bis zur Dämmerung beschäftigten.

Reisanbau in der Ebene rund um Vercelli

Eine Fahrt mit der Seilbahn auf den Monte Mottarone garantiert fast immer eine fantastische Aussicht auf den Lago Maggiore und die Borromäischen Inseln

26 Am Lago Maggiore
Südliches Flair vor alpiner Kulisse

Tiefblaues Wasser, palmengesäumte Ufer, in der Ferne die Gipfel der Berge: Der Lago Maggiore, der sich über 66 Kilometer von der südlichen Alpenkette bis in die Po-Ebene erstreckt, verbindet Nord und Süd auf schönste Weise. Auch die Temperaturen stimmen: Wenn auf den Gipfeln noch Schnee liegt, ist das Leben am Seeufer bei sommerlicher Wärme bestens auszuhalten. Vier Fünftel des bis zu zehn Kilometer breiten und bis zu 372 Meter tiefen Sees liegen in Italien, über den Rest freut sich die Schweiz. Das Piemont teilt sich sein Ufer mit der Lombardei und dem Schweizer Tessin. Die piemontesische westliche Seite ist touristisch hervorragend erschlossen.

Schon im 19. Jahrhundert strebten Künstler, Literaten und wohlhabende Reisende an die lieblichen Gestade des Sees. Heute sind vor allem die Ferienorte **Baveno** (4900 Einwohner) und **Stresa** (4700 Einwohner) mit seinen schönen Belle-Époque-Villen beliebt. Drei der fünf **Borromäischen Inseln** sind dem Ort vorgelagert: die Isola Bella, die bewohnte Fischerinsel **Isola die Pescatori** und das winzige, unbewohnte Inselchen **Scoglio della Malghera**. Auf der **Isola Bella** ist der Sommerpalast der Adelsfamilie Borromeo erhalten, die die Gegend seit dem 12. Jahrhundert beherrschte und der Inselgruppe ihren Namen gab. Das ebenfalls am Ufer gelegene **Verbania** (30 300 Einwohner) ist Hauptstadt und Verwaltungssitz der neu gebildeten Provinz Verbano-Cusio-Ossola, aber auch dank seines berühmten botanischen Gartens einer der Besuchermagnete am See.

Vor Verbania liegen die beiden anderen Borromäischen Inseln: die in Privatbesitz befindliche **Isolino di San Giovanni** und die **Isola Madre** mit einem – unbewohnten – Palast und einem englischen Garten. Die beiden Inseln Isole di Brissago liegen im Schweizer Teil des Lago Maggiore. **Arona** (14 200 Einwohner) besitzt eine schöne Promenade und – wie auch Cannobio – ein sehr gepflegtes historisches Zentrum. Auf der Via Cavour mit ihren hübschen Geschäften lässt sich angenehm flanieren. Die Ende des 16. Jahrhunderts fertiggestellte Kirche Santa Maria di Loreto ist sehenswert. Oberhalb des Sees führt ein Pilgerweg zum **Sacro Monte di Ghiffa**, einem der Heiligen Berge des Piemont.

i Distretto Turistico dei Laghi, Monti e Valli d'Ossola
Via dell'Industria 25
28924 Verbania
Fondotoce
✆ 03 23 30 416
www.distrettolaghi.it
Mo–Fr 9–17 Uhr

27 Die Heiligen Berge des Piemont und der Lombardei
Neun Sacri Monti und eine Schwarze Madonna

Die Sacri Monti sind auf Bergen oder Hügeln gelegene Wallfahrtsstätten und somit schon topografisch näher bei Gott als solche in der Ebene. Sie wurden im 16. und 17. Jahrhundert angelegt und sollten auch als Bastionen gegen die Reformation wirken. Viele bestehen aus Gruppen von Kapellen, die in Stationen die Passion Christi nachvollziehen. Der Besuch eines Heiligen Bergs konnte ab dem ausgehenden Mittelalter die Pilgerfahrt nach Jerusalem ersetzen, die für die wenigsten Menschen realisierbar war. So wurde der älteste und wichtigste der piemontesischen Heiligen Berge, der im 16. Jahrhundert angelegte **Sacro Monte di Varallo**, zunächst »Nuova Gerusalemme« (Neues Jerusalem) genannt.

Der Mailänder Mönch Bernardino Caimi hatte nach seiner Rückkehr aus dem Heiligen Land beschlossen, die heiligen Orte Palästinas im Valsesia nachzubauen. Also wurden die so weit entfernten Schauplätze der christlichen Überlieferung hier nachgebildet. Der Heilige Berg besteht aus einer Basilika, 45 mit Fresken ausgemalten Kapellen und 800 Statuen. Der Maler und Bildhauer Gaudenzio Ferrari (1471–1546) schuf plastische Figuren und erstaunlich realistische Gemälde, die den Leidensweg Jesu nacherzählen. Seine Verflechtung von Malerei und Skulptur wurde ein Vorbild für die Gestaltung der übrigen Sacri Monti. Der **Sacro Monte di Oropa** bei Biella und der **Sacro Monte di Crea** haben das Leben der Jungfrau Maria zum Thema. Der **Sacro Monte di Orta** ist als einziger einem Heiligen gewidmet: Franz von Assisi, dessen Leben in 20 Stationen dargestellt wird.

Das Piemont besitzt sieben dieser Heiligen Berge, die die UNESCO mit ihren beiden Gegenstücken in der Lombardei im Jahr 2003 zum Weltkulturerbe erklärte. Die Kulturbehörde der UNO hob dabei neben dem spirituellen Wert der Heiligen Berge die ausnahmslos prachtvolle Landschaft hervor, in die die Kapellen harmonisch eingefügt sind. Glaube und Landschaftsarchitektur sind hier zu Gesamtkunstwerken verschmolzen. Park- und Gartenanlagen bilden dabei einen nahezu unmerklichen Übergang zwischen sakralen Gebäuden und der aus Bergen, Hängen und Seen bestehenden Natur.

Das Piemont besitzt die Sacri Monti Belmonte, Crea, Domodossola, Ghiffa, Oropa, Orta und Varallo, die Lombardei die den Rosenkranzmysterien gewidmeten Sacri Monti von Ossuccio und Varese. In allen Anlagen haben Künstler versucht, das Erlebnis der Pilgerfahrt mit Gemälden, Fresken und Statuen visuell so echt wie möglich zu gestalten.

Info: www.sacrimonti.net

Das Santuario di Oropa, einer der Sacri Monti im Piemont und in der Lombardei

REGION 7
San Marino

San Marino

Die älteste Republik der Welt

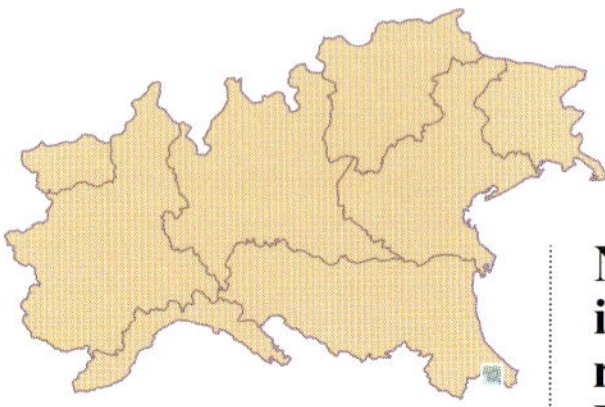

Nicht nur für Briefmarkensammler lohnt sich ein Ausflug in die im Jahr 301 begründete, 60 Quadratkilometer große Miniaturrepublik (32 400 Einwohner), die von Italien umgeben ist – im Nordosten grenzt sie an die Region Emilia-Romagna, im Südwesten an Marken. San Marino ist nicht nur der kleinste, sondern auch der älteste souveräne Staat der Welt. Der Euro ist Zahlungsmittel, die Amtssprache Italienisch.

San Marino liegt etwa 15 Kilometer landeinwärts im Hinterland der Badeorte Rimini, Riccione und Cattolica am Monte Titano. An seinen Hang schmiegt sich die schöne kleine Hauptstadt Città di San Marino, die mit 4200 Einwohnern drittgrößte Stadt nach Serravalle (10 500 Einwohner) und Borgo Maggiore (6600 Einwohner). Der Monte Titano mit seiner Festung La Guaita und die Altstadt von San Marino gehören seit 2008 zum UNESCO-Weltkulturerbe.

Als Gründungsdatum San Marinos gilt der 3. September 301. Ab dem 10. Jahrhundert wurden die drei Burgen gebaut, die den Monte Titano beherrschen. Das 13. Jahrhundert prägten zum einen Konflikte innerhalb der Bevölkerung – zwischen Guelfen und Ghibellinen –, die den Staat zwischen Kirche und Kaiser zu zerreiben drohten und schließlich dazu führten, dass die Guelfen verbannt wurden. Zum anderen versuchte die unter der Herrschaft der Familie Malatesta stehende guelfische Republik Rimini San Marino unter ihren Einfluss zu bringen. In den folgenden Jahrhunderten konnte das kleine Reich seine Eigenständigkeit wahren, auch wenn es sowohl mit Italien als auch mit Bonaparte Schutzverträge abschließen musste.

Wie ein Adlerhorst an die Felsen geschmiegt: die Burg auf dem Monte Titano in San Marino

1295 wurde die erste Gesetzessammlung schriftlich niedergelegt, die in den folgenden Jahrhunderten weiter ausgearbeitet wurde, bis am Ende des 16. Jahrhunderts sogar die Müllentsorgung gesetzlich geregelt war – mehrere Jahrhunderte, bevor benachbarte europäische Staaten das von sich behaupten konnten. 1599 entstand auch die Verfassung. Sie sieht vor, dass 60 Abgeordnete, die alle fünf Jahre gewählt werden, den *Consiglio Grande e Generale* bilden. Der wiederum wählt den Staatsrat mit zehn Mitgliedern. Aus diesem Rat werden jeweils zum 1. April und 1. Oktober zwei Staatsoberhäupter, die *Capitani Regenti*, gewählt.

Das Interesse der Besucher an San Marinos Briefmarken hat im digitalen Zeitalter nachgelassen. Dafür erregen heute die im Kleinstaat geprägten Cent-Münzen die Begehrlichkeiten von Sammlern und Touristen. Als eines der beliebtesten Tagesziele dieses Abschnitts der Adriaküste lebt San Marino gut vom Tourismus. Der Staat ist schuldenfrei, Arbeitslosigkeit so gut wie unbekannt – ebenso wie Kriminalität (was nicht heißen soll, dass man nicht auf Taschendiebe von auswärts trifft). Für alle Fälle stehen trotzdem 2270 Polizisten bereit, die ein eher ruhiges Berufsleben genießen. San Marinos Einwohner erfreuen sich an einem kostenfreien Bildungs- und Gesundheitswesen und zahlen niedrige Steuern. Das Leben ist gut in diesem kleinen Land, das auch Besuchern vor allem mit der historischen Altstadt eine Menge bietet.

Mittelalterliche Rüstung im Museo delle Arme Antiche

Begehrte Sammlerobjekte: die Cent-Münzen des Kleinstaats San Marino

Ehrengarde vor dem Palazzo Pubblico (San Marino)

❶ Monte Titano und die Festung La Guaita in San Marino

Zufluchtsort des heiligen Marinus

Ufficio de Stato per il Turismo
Via Piana 103
47890 San Marino
✆ +378 05 49 88 29 98
www.visitsanmarino.com

Festungsanlage La Guaita
Via Salita alla Rocca
47890 San Marino
✆ 05 49 99 13 69
www.museidistato.sm
Tägl. Mitte Juni–Mitte Sept. 8–20, sonst 9–17 Uhr
Eintritt € 4/3 (6–12 J.), Sammelticket für alle staatlichen Museen € 10 (10 Tage gültig)

La Cesta mit Museo delle Arme Antiche
Via Salita alla Cesta
47890 San Marino
✆ 05 49 99 12 95
Website, Öffnungszeiten und Eintritt wie La Guaita

Nach der Überlieferung wurde San Marino zu Beginn des 4. Jahrhunderts als Resultat der Christenverfolgung durch Kaiser Diokletian begründet. Der von der östlichen Adria stammende Christ Marinus soll sich auf den Monte Titano geflüchtet haben, wohin ihm bald andere Glaubensbrüder folgten, so dass eine kleine Gemeinde entstand. Als sich die Lage entspannte, soll eine wohlhabende Römerin, ebenfalls zum Christentum bekehrt, Marinus den 756 Meter hohen Berg zum Geschenk gemacht haben. Heute thront auf ihm die aus drei Türmen bestehende Festungsanlage **La Guaita**. Herrlich ist es, auf der langen Festungsmauer von Turm zu Turm zu spazieren. Von jedem öffnet sich ein weiter Blick, mal auf die Küste von Rimini bis Cattolica, mal auf das Hinterland und die Berge des Appenin. Bei dieser Lage war es Feinden nahezu unmöglich, sich unbemerkt zu nähern. Für den Fall, dass es doch gelang, waren die Türme außer durch die Gänge auf der Mauer auch durch Kerker miteinander verbunden.

San Marino hat zahlreiche sehenswerte Museen, allerdings können sich viele Besucher nicht von der Aussicht der Festungsmauern losreißen. Versuchen sollte man es aber unbedingt. Der erste Turm, **La Guaita**, stammt aus dem 11. Jahrhundert. In der **Cesta**, dem zweiten Turm (13. Jahrhundert), sind im **Museo delle Arme Antiche** Waffen aus unterschiedlichen Phasen des Mittelalters ausgestellt. Der dritte Turm, **Montale**, der während der Bedrohung durch die Malatesta entstand, ist nicht zu besichtigen.

Die Spuren des Schutzpatrons der Republik führen außer zur Basilica del Santo zu zwei weiteren Kirchen. Die Kapelle **Sacello del Santo** befindet sich in Baldasserona in Borgo Maggiore auf der Grotte, in die Marinus sich zunächst geflüchtet haben soll. Man sagt, er und der heilige Leo hätten in zwei steinernen Nischen geschlafen, auf denen später die kleine Kirche **Chiesetta San Pietro** (Mo–Sa 8–18, So 9–19 Uhr) am Piazzale Domus Plebis errichtet wurde.

Im Zweiten Weltkrieg machte San Marino seinem Schutzpatron noch einmal Ehre. Der offiziell neutral gebliebene Staat (der zwar faschistisch regiert wurde, in dem der Widerstand aber ab 1942 zunahm) nahm nach dem Sturz Mussolinis mehr als 100 000 Flüchtlinge auf und bewährte sich so neuerlich als Zufluchtsort. Das brachte ihm – trotz Neutralität und der Markierung des Staatsgebiets durch große weiße Kreuze – am 26. Juni 1944 den ersten und einzigen Bombenangriff der Alliierten ein, bei dem 60 Menschen starben.

Palazzo Pubblico – das eigenwillige Rathaus von San Marino ▷

2 San Marinos historische Altstadt
Besuch am Abgrund

Die **Città di San Marino** sollte man nur mit bequemen Schuhen besuchen: Ihre Lage auf am Hang angelegten Terrassen schützt zwar vor kaltem Nordwind, bringt aber starke Steigungen mit sich. Im Sommer sind die Gassen oft brechend voll. Insbesondere an bedeckten oder regnerischen Tagen, wenn die Sonnenanbeter die Adriastrände verlassen, um den kleinsten Staat der Welt zu besuchen, wird es eng. Zufahrt zu den am höchsten gelegenen Parkplätzen, die alle kostenpflichtig sind (pro Stunde 1,50 Euro, drei bis fünf Stunden 4,50 Euro), erhalten nur jene, die rechtzeitig ankommen. Wer später weiter unten parken muss, kann entweder den Shuttlebus nutzen oder sich den Aufstieg durch die Anfahrt per Seilbahn ab Borgo Maggiore erleichtern.

In die Altstadt gelangt man durch zwei Stadttore, die **Porta del Loco** und die **Porta di San Francesco**, hinter der die gleichnamige Kirche liegt. Im Kreuzgang der äußerlich schlichten **Chiesa San Francesco** (14. Jahrhundert) sind das **Museum für sakrale Kunst** und eine **Gemäldegalerie** mit Werken vom 15. bis 20. Jahrhundert untergebracht. Die Città di San Marino ist das touristische und administrative Zentrum des Kleinstaats. Hier befindet sich der 1894 vollendete Regierungspalast **Palazzo Pubblico** an der **Piazza Libertà**, dem Herz der Republik. Auf der Platzmitte erhebt sich das Standbild der Freiheit, das für das Selbstverständnis des Staats und seiner Bürger von zentraler Bedeutung ist. Der Palazzo Pubblico erinnert mit seinen neogotischen Zinnen und dem Turm ein wenig an eine Spielzeugburg. Zwischen Mai und September findet hier jede Stunde die Wachablösung der Guardia di Rocca statt (tägl. 8.30–18.30 Uhr, jeweils zur halben Stunde).

Die Kirchenbindung des vom heiligen Marinus begründeten Staats blieb über die Jahrhunderte stark und zeigt sich noch heute in einer erstaunlichen Anzahl von Kirchen. Besonders sehenswert ist die Anfang des 14. Jahrhunderts erbaute **Basilica del Santo** (tägl. 9–12 und 15–19 Uhr) am Piazzale Domus Plebis. Hier werden die Reliquien des heiligen Marinus aufbewahrt.

Das Staatsmuseum **Museo di Stato** im Palazzo Pergami Belluzzi an der Piazzetta del Titano vereint eine archäologische und eine kunsthistorische Sammlung.

Eine Seilbahn verbindet San Marino mit dem nahe gelegenen Ort Borgo Maggiore

Seilbahn
Borgo Maggiore
47890 San Marino
Tägl. Juli/Aug. 7.50–1, Mai–Juni und Sept. bis 20 Uhr, sonst kürzer; jeweils alle 15 Min., Rückfahrkarte € 4,50

Museum für sakrale Kunst mit Gemäldegalerie
Chiesa San Francisco
Via Basilicius
47890 San Marino
✆ 05 49 88 51 32
Website, Öffnungszeiten und Eintritt wie Museo di Stato
Die Gemäldegalerie ist derzeit wegen Renovierung geschl.

Museo di Stato
Palazzo Pergami Belluzzi, Piazzetta del Titano 1
47890 San Marino
✆ 05 49 88 38 35
www.museidistato.sm
Tägl. Mitte Juni–Mitte Sept. 8–20, sonst 9–17 Uhr, Eintritt € 4/3 (6–12 J.), Sammelticket für alle staatlichen Museen € 10 (10 Tage gültig)

REGION 8
Trentino-Südtirol

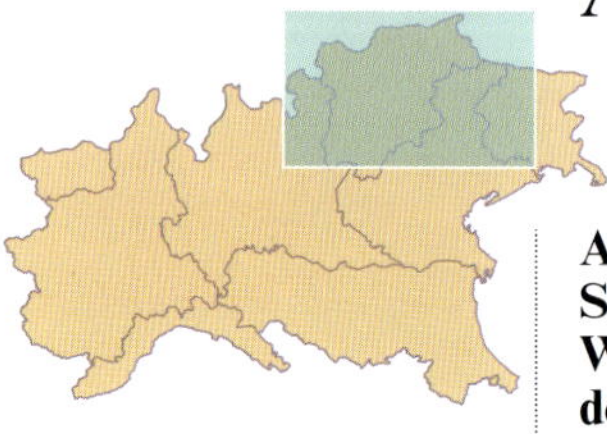

Trentino-Südtirol/ Trentino-Alto Adige

Auf der Sonnenseite der Alpen

An der Südseite der Alpen gelegen genießen die vier Haupttäler Südtirols – Etschtal, Eisacktal, Vinschgau und Pustertal – beste Wintersportbedingungen und im Sommer angenehmes Klima. Mit dem 3905 Meter hohen Ortler und einigen der markantesten Züge der von der UNESCO zum Welterbe erklärten Dolomiten besitzt die autonome Region Trentino-Südtirol eindrucksvolle Naturlandschaften – von den zahlreichen Naturparks (sieben in Südtirol) gar nicht zu reden. Zu den geologischen Naturdenkmälern Süd-

Marterl am Wegesrand bei Cortina d'Ampezzo

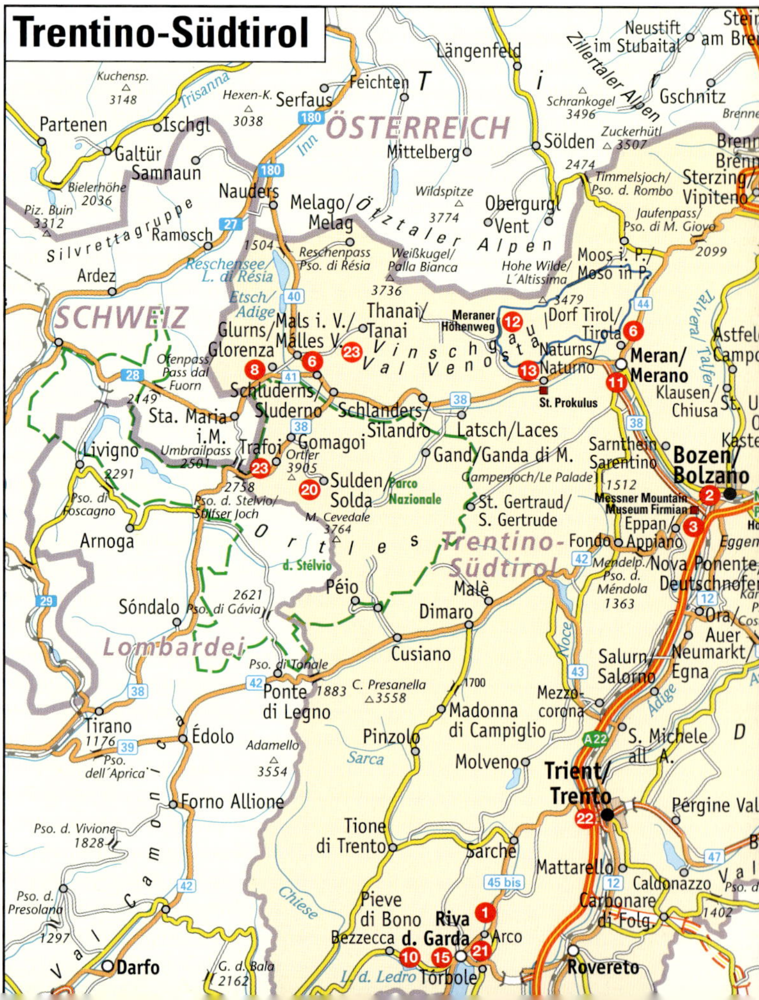

tirols zählen unter anderem der Geoparc Bletterbach und die mit einer Höhe von bis zu 30 Metern größten Erdpyramiden Europas in der Gemeinde Ritten.

So erscheint der nördlichste Teil Italiens heute seiner wechselvollen Geschichte zum Trotz als ein vom Glück begünstigtes Land. Urlaubern bietet es Wintersport, Wandern, Wellness – und alles vom Besten. Eine prachtvolle Landschaft, eine Küche, die Nord und Süd miteinander versöhnt, großartige Weine und wirtschaftliche Stabilität machen das Dasein hier angenehm. Das war nicht immer so. Vom harten Leben der Bergbauern, bevor Technologie den Alltag und die Arbeit erleichterte und medizinische Versorgung auch entlegene Täler erreichte, erzählt manches Heimatmuseum. Alte Alpenbewohner erinnern sich noch selbst daran.

Impression aus Wolkenstein

Oktober am Lago d'Antorno mit der Cadini-Gruppe in den Sextener Dolomiten

Im Lauf der Geschichte herrschten hier die Römer, die Grafen von Tirol, die Habsburger und Napoleon. Im 20. Jahrhundert geriet das Gebiet zum Spielball politischer Mächte. Im Ersten Weltkrieg wurde die Region zum Schlachtfeld, auf dem Hunderttausende ihr Leben verloren, und nach seinem Ende begann das Ringen um die heute autonome Provinz Südtirol erst richtig. Während es zur Zeit Österreich-Ungarns das Land Tirol gab, zu dem Nord-, Süd- und Osttirol ebenso gehörten wie das heutige Trentino, sprach der Friedensvertrag von Saint-Germain den mittleren, deutschsprachigen Teil Tirols (das heutige Südtirol) sowie den südlichen, italienischsprachigen Teil (das heutige Trentino) Italien zu. Aus ihnen wurde die Provinz Venetia Tridentina gebildet.

Als 1922 die Faschisten an die Macht kamen, verschärfte sich die Lage. Die »Italienisierung« der neuen Gebiete begann; die deutsche Sprache wurde verboten. Südtirol hieß nun Alto Adige, die Menschen mussten ihre Namen italienisieren und selbst Grabsteine durften nur noch in italienischer Sprache beschriftet werden. 1939 schlossen Hitler und Mussolini das Optionsabkommen, das die Aussiedlung der Südtiroler vorsah und Dörfer und Familien zerriss. Jeder musste sich entscheiden – fürs Dableiben oder für die Umsiedlung. 75 000 Menschen verließen Südtirol in Richtung Österreich und Deutschland, zwei Drittel von ihnen kehrten nach dem Zweiten Weltkrieg zurück. Südtirol und Trient wurden zu einer Region, deren deutschsprachige Bewohner sich aber kulturell und wirtschaftlich benachteiligt fühlten. 1972 trat nach langem Ringen das »Südtirol-Paket« in Kraft, das den besonderen Schutz von Minderheiten im italienischen Staat vorsieht und als beispielhafte Lösung für ein multikulturelles Zusammenleben gilt. 1992 wurde der Autonomiestatus als vollzogen erklärt. Seither gibt es die autonomen Provinzen Bozen-Südtirol/Alto Adige und Trentino, die zusammen die autonome Region Trentino-Südtirol bilden mit einer Fläche von 13 607 Quadratkilometern und 1 040 000 Einwohnern. Schilder sind dreisprachig und tragen außer den italienischen auch die deutschen und ladinischen Namen.

Ideales Terrain für Wanderer, Reiter und Paraglider: die Seiser Alm ▷

Geschützte Alpen-Küchenschelle

REGION 8 Trentino-Südtirol

Küche und Keller in Trentino-Südtirol
Mediterran-alpine Brückenschläge

In Trentino-Südtirol trifft eine deftige Bauernküche Tiroler Prägung auf habsburgische Einflüsse und italienische Leichtigkeit, mühe- und zwanglos mischen sich

Die »Marende« genannte Brettljause

die Vorzüge beider Küchen. Als Vorspeisen sind Suppen, Leber- oder Buchweizenknödel ebenso denkbar wie Nocken (Teigklößchen) oder italienische Frittata (in Scheiben geschnittene, geschichtete Pfannkuchen). Zum ersten Gang gibt es selbstverständlich Pasta oder Risotto, während der Hauptgang oft deftig ausfällt: Tiroler Knödel mit Speck, Jungschaf- oder Schweinebraten kann es hier geben, ein deftiges Gulasch oder aber ein leichtes Vitello tonnato (Kalbfleisch mit Thunfischsoße). Beim Nachtisch blühen Habsburger Bräuche in Form von Marillen- oder Zwetschgenknödeln, Apfelstrudel und Kaiserschmarren. Oder aber es wird italienisch mit Panna cotta und Tiramisu. Auch die Strauben sind beliebt.

Südtiroler Spinatknödel mit frischen Pfifferlingen

Die Brettljause aus Brot, Almkäse und geräucherter Wurst gibt Kraft für die nächsten Abfahrten und die Wanderung. Käse und Speck sind neben Äpfeln und Wein die wichtigsten Erzeugnisse der Region. Wer sichergehen will, authentische Produkte zu kosten und zu kaufen, sollte auf das Qualitätssiegel »Roter Hahn« achten. Unter diesem Namen haben sich rund 50 Südtiroler Höfe zusammengeschlossen, die authentische regionale Spezialitäten zusammen vermarkten (außerdem bündelt der »Rote Hahn« schöne Adressen für Urlaub auf authentischen Bauernhöfen und die Adressen von 41 bäuerlichen Schankstuben; www.roterhahn.it).

Allgemeines regionales Weinbrevier aus Trentino-Südtirol

Im Herbst ist das Törggelen – die »Torggl« bezeichnete einstmals die Weinpresse – eine gesellige Art, direkt beim Erzeuger die neuen Weine zu probieren. Dazu werden Speck und Maronen (Esskastanien) gereicht. Was früher ein unter Nachbarn und Freunden gepflegter Brauch war, ist heute auch eine touristische Institution. Adressen und Termine vermitteln die Fremdenverkehrsämter.

Nur 0,1 Prozent der italienischen Weine wird in Südtirol gewonnen, trotzdem ist das kleinste italienische Weinbaugebiet das am meisten ausgezeichnete. Für die Güte der Weine sorgen das milde Klima in den Tälern und die mineralstoffreichen Böden. Anbaugebiete sind die sonnigen Hänge des Etschtals zwischen Meran und Salurn sowie im Eisacktal. Zwischen Meran und Salurn erstreckt sich im Tal der Etsch die **Südtiroler Weinstraße**. Sie ist die Heimat der Weine, die Südtirols Ruhm als Weinbaugebiet begründet haben. Mit 60 Prozent liegt der **Rotwein** vorn.

Aus der Vernatsch-Traube werden der St. Magdalener, Meraner und Bozener Leiten gewonnen, der Kalterer See und der Südtiroler Vernatsch. Vor allem um Bozen und in Gries wird der Lagrein hergestellt, ein ausdrucksstarker Roter, der nur knapp zehn Prozent der Rotweine ausmacht, aber zunehmend an Bedeutung

gewinnt. An **Weißweinen** sind besonders Chardonnay und Weißburgunder zu nennen, aber auch Gewürztraminer, Ruländer und Sauvignon. 98 Prozent der Südtiroler Weine tragen das DOC-Siegel, das für ihre kontrollierte Herkunft bürgt.

Ein ausgewähltes Rezept aus Trentino-Südtirol

Strauben – Südtiroler Hausmannskost
Für vier Personen
280 g Mehl
250 ml Milch
3 Eier
40 g Butter
2 Esslöffel Marillenschnaps oder Rum
Salz
Öl zum Backen

Mehl und Milch glattrühren, die flüssige Butter, eine Prise Salz, den Rum und die drei Eigelb dazugeben. Das zu Schnee geschlagene Eiweiß unterheben, so dass ein dickflüssiger Teig entsteht. Die Masse in einen Trichter geben und spiralförmig in das in einem flachen Topf erhitzte Öl einfließen lassen.

Sobald die Unterseite der Strauben hellbraun schimmert, wenden und auch die andere Seite ausbacken. Herausnehmen, auf Küchenkrepp abtropfen lassen und noch heiß mit Puderzucker bestäuben. Die Strauben werden mit Preiselbeermarmelade, geschlagener Sahne oder Eis serviert.

Hoch über dem Etschtal: Kurtatsch an der Südtiroler Weinstraße

Die Heimat der Gewürztraminer-Rebe ist Tramin südlich des Kalterer Sees

Eine süße Köstlichkeit: Südtiroler Strauben

Seit dem 12. Jahrhundert überragt von der Burg: Arco

❶ Arco
Klettern und Kuren am See

Das fünf Kilometer vom nördlichen Ufer des Gardasees im Trentino gelegene Arco (16 600 Einwohner) ist nicht nur ein anerkannter Luftkurort, sondern auch die Welthauptstadt des Kletterns. Jedes Jahr findet hier der internationale Free-Climbing-Wettbewerb der Rock Master statt, zu dem Sportler aus der ganzen Welt nach Arco reisen. Auch Amateure finden an den unmittelbar an die Stadt grenzenden Bergen reichliche Klettermöglichkeiten. In Arco und den benachbarten Orten wie Torbole gibt es mehr als 2000 ausgewiesene Klettersteige, darunter Steilhänge und gesicherte Felswände. Im Stadtbild hat sich das Faible fürs Klettern ebenfalls niedergeschlagen: Hier liegt ein Ausrüstungsgeschäft neben dem anderen und Climber und Mountainbiker bevölkern von den ersten warmen Sommertagen an die Stadt. Arco wurde schon in der Mitte des 19. Jahrhunderts in höchsten Kreisen als Fluchtort und Feriendomizil geschätzt. Erzherzog Albrecht von Österreich (1817–95), Enkel von Kaiser Leopold II. und Cousin von Kaiser Franz-Joseph, ließ sich eine schmucke Villa bauen. Er wollte gegen Ende einer anstrengenden militärischen Laufbahn und nach persönlichen Schicksalsschlägen – seine jüngere Tochter war mit 18 Jahren gestorben, nachdem ihr Kleid bei einem Ball Feuer gefangen hatte – den Winter statt im kalten Wien lieber im milden Mikroklima Arcos verbringen. Er legte 1872 das **Arboretum** an, das noch heute üppig mit mediterranen Pflanzen bewachsen ist und besichtigt werden kann. Auch andere Aristokraten und wohlhabende Bürger fanden den Weg hierher und ließen sich elegante Villen bauen. Erzherzog Albrecht starb 1895 in seiner Villa in Arco.

Weithin sichtbar thront auf einem Felsen über Arco die in den letzten Jahren restaurierte **Burgruine**. Durch Olivenhaine kann man in etwa 20 Minuten hinaufsteigen, von oben bieten sich großartige Ausblicke auf die Umgebung mit dem nördlichen Ufer des Gardasees. Im ehemaligen Rittersaal sind restaurierte Fresken zu sehen.

ℹ Ufficio Turistico Arco
Viale delle Palme 1
38062 Arco
✆ 04 64 53 22 55
www.gardatrentino.it
Mai–Sept. tägl. 9–13 und 15–19 Uhr, Okt.–April tägl. außer So 9.30–12.30 und 14–17.30 Uhr

◉ Castello di Arco
Via Castello 10
38062 Arco
✆ 04 64 51 01 56
www.comune.arco.tn.it, April–Sept. tägl. 10–19, sonst bis 16 Uhr, Eintritt € 3,50/2 (12–18 J.)

Arco gilt als eines der Top-Kletterzentren der Region Trentino-Südtirol

❷ Bozen/Bolzano
Laubengänge und blühender Handel

Südliches Flair, eine wunderschöne Altstadt mit florierendem Einzelhandel, die berühmteste Mumie der Welt und dazu das Beste aus italienischer und Südtiroler Küche zählen zu den Trümpfen Bozens. Dank der Lage an wichtigen Verkehrswegen zwischen Nord und Süd blüht in Bozen, der mit 103 000 Einwohnern größten Stadt und dem politischen, wirtschaftlichen und kulturellen Zentrum Südtirols, von jeher der Handel. In den Arkadengängen der **Laubengasse**, die im Sommer Schatten

IAT Bozen/Bolzano
Waltherplatz 8
39100 Bozen
✆ 04 71 30 70 00
www.bolzano-bozen.it, Mo–Fr 9–19, Sa 9.30–18 Uhr

Südtiroler Archäologiemuseum
Museumstr. 43
39100 Bozen
✆ 04 71 32 01 00
www.iceman.it
Juli/Aug. und Dez. tägl. 10–18 Uhr, sonst Mo geschl.
Eintritt € 9/7 (Schüler und Studenten), unter 6 J. frei

Der quirlige Waltherplatz in Bozen mit dem Denkmal für Südtirols beliebten Minnesänger Walther von der Vogelweide

spenden und zu jeder Jahreszeit vor Niederschlägen schützen, liegen hinter historischen Fassaden schöne Geschäfte.

Ein Muss ist der Besuch bei der berühmten Gletschermumie »Ötzi«. 1991 fand ein Ehepaar aus Nürnberg in den Ötztaler Alpen die Leiche eines Mannes, der augenscheinlich schon länger tot war. Und zwar gute 5000 Jahre, wie sich herausstellen sollte. Der Sensationsfund machte auch das **Südtiroler Archäologiemuseum** weltberühmt. Heute kann man hier nicht nur hinter Glas die gekühlte Mumie betrachten, sondern auch alles über den erstaunlich hoch entwickelten Alltag, die medizinische Vorgeschichte und das gewaltsame Ende dieses Alpenbewohners erfahren.

Es könnte sein, dass der Dichter Walther von der Vogelweide einstmals in Bozen lebte – oder auch nicht. Für alle Fälle hat man das Herz der Stadt, den **Waltherplatz**, nach ihm benannt. Der deutsche Name für das italienisch wirkende Treiben spiegelt die zwei Seiten Bozens. Hier trifft sich abends die halbe Stadt; man spaziert, sitzt beim Aperol und lauscht den Klängen der Livebands. Gleich daneben liegt der **Dom**, ein um 1500 erbautes gotisches Gotteshaus. Mit seinem im Jahr 2009 restaurierten, grün leuchtenden Dach und dem schlanken, 62 Meter hohen Turm ist es ein Wahrzeichen der Stadt.

Die 2009 eröffnete **Rittner Seilbahn** verbindet alle vier Minuten Berg und Tal schnell und emissionsarm miteinander. In zwölf Minuten schafft sie es nach Oberbozen, einem Dorf von beträchtlichem alpenländischen Reiz, und bietet unterwegs fantastische Ausblicke auf die Stadt im Tal, Etschtal und Eisacktal sowie die Dolomiten.

3 Messners Bergwelt in Bozen
Mountain Museum Firmian

Messner Mountain Museum Firmian
Sigmundskroner Str. 53
39100 Bozen
✆ 04 71 63 12 64
www.messner-mountain-museum.it
März–Nov. tägl. außer Do 10–18 Uhr
Eintritt € 9/3 (6–14 J.), Sammelticket für alle MMMs € 23, Familienkarte € 50

Das größte der fünf allesamt spektakulär gelegenen Standorte der Museumsgruppe des 1944 in Brixen geborenen Über-Bergsteigers Reinhold Messner liegt oberhalb von Bozen auf **Schloss Sigmundskron**. Sein Thema: »Der verzauberte Berg«. Die Ausstellungen über die spirituelle Bedeutung der Berge, über berühmte Bergsteiger, ihre Expeditionen und die Geschichte des Alpinismus sind so fesselnd, dass kein Besucher Bozens sie verpassen sollte. Nur durch Zitate kommentiert und in den Wehrtürmen der mittelalterlichen Burg versenkt, bieten sie eher Denkanstöße als bloße Präsentation – und verlangen mit steilen Treppen und hohen Stufen den Besuchern Ähnliches ab wie ein moderater Ausflug in die Bergwelt. Reinhold Messner hat als erster Mensch die Gipfel aller 14 Achttausender der Welt ohne Sauerstoffflaschen bestiegen – von Extremtouren wie der Querung der Antarktis, Grönlands und der Wüste Gobi zu Fuß ganz zu schweigen – und er hat von 1999 bis 2004 die italienischen Grünen im Europäischen Parlament vertreten. Er ist hier auch häufig anzutreffen.

Die Festung selbst ist fast so bemerkenswert wie die Ausstellungen. Obwohl sie aufs 10. Jahrhundert zurückgeht, wurde sie erst im 15. Jahrhundert so umgestaltet, dass sie Feuerwaffen trotzen konnte. Um diese Zeit erhielt sie auch den Namen Sigmundskron. 1975 war sie Schauplatz einer großen Kundgebung, bei der mehr als 30 000 Südtiroler unter der Parole »Los von Trient« die Autonomie Südtirols forderten.

Ein halber Tag lässt sich im Mountain Museum leicht verbringen. Südtiroler Küche erwartet die Gäste im Schlossrestaurant, wo häufig auch Messner mit Gästen plaudert. Im Ortlergebiet befindet sich mit dem Messner Mountain Museum Ortlers in Sulden ein weiteres der Messner-Museen; thematischer Schwerpunkt ist in dem auf 1900 Meter liegenden, unterirdisch angelegten Museum das Eis. Die anderen Museen sind das MMM Ripa in Bruneck (Thema: »Das Erbe der Berge«), das MMM Juval in Kastelbell (Thema: »Mythos Berg«) und das »Museum in den Wolken«, das MMM Dolomites auf dem Monte Rite in Cibiana di Cadore. Reinhold Messner hat zahlreiche Bücher veröffentlicht, darunter die lesenswerte »Gebrauchsanweisung für Südtirol«, in der er unter anderem das Zusammenleben der Menschen im Vielvölkerland Südtirol darstellt (erschienen im Piper Verlag).

4 Brixen/Bressanone
Kirchen, Klöster und Wein

Auf halber Strecke zwischen Brennerpass und Bozen bildet Brixen, die drittgrößte Stadt Südtirols (20 900 Einwohner), das Tor zum sonnigen Süden. Der von Weinbergen geschützte ehemalige Bischofssitz (bis 1964) ist heute dank der Zweigstellen der Universitäten von Bozen und Padua ein Städtchen von maßvoller Lebhaftigkeit und Heimat zahlreicher Sakralbauten.

Schon in prähistorischer Zeit war das Tal besiedelt. Im 10. Jahrhundert machte Brixen als Bischofssitz Karriere. Von da an hatte hier die Kirche das Sagen – ab 1027 in der Gestalt deutscher Fürstbischöfe, die trotz gelegentlicher Auseinandersetzungen mit dem örtlichen Adel ihre Macht weit über die Stadtgrenzen hinaus wirken ließen. Sogar bis nach Rom: Im Jahr 1088 fand hier das Konzil statt, das Wibert von Ravenna als Clemens III. zum Papst wählte. Das Kirchenviertel um die Hofburg des Bischofs blieb das Zentrum der Macht, bis das Bistum zu Beginn des 19. Jahrhunderts jäh an Geld und Macht verlor, als Brixen in Folge des Kriegs zwischen Frankreich und Bayern auf der einen und Österreich auf der anderen Seite an Österreich fiel. Als Südtirol 1919 Italien zugesprochen wurde, sank es in noch tieferen Dornröschenschlaf, aus dem es erst nach dem Zweiten Weltkrieg erwachen sollte.

In der einstigen Hofburg des Bischofs ist heute das **Diözesanmuseum** mit einer Sammlung sakraler Kunst aus Südtirol untergebracht. Der von zwei Kuppeltürmen gekrönte **Dom** mit dem angrenzenden Kreuzgang, dem Priesterseminar und den umliegenden Kirchen und Klöstern beherrscht noch immer die Altstadt. Obwohl es hier schon um das Jahr 1000 eine Kirche gab, stammt der heutige Barockbau aus den Jahren

Barocke Pracht: der Kreuzgang des Brixener Doms

Tourismusverein Brixen
Regensburger Allee 9
39042 Brixen
✆ 04 72 83 64 01
http://holiday.brixen.org

Augustiner Chorherrenstift Neustift
Stiftstr. 1
39040 Vahrn
✆ 04 72 83 61 89
www.kloster-neustift.de, Führungen tägl. außer So 10, 11, 14, 15 und 16 Uhr, € 7/3

Der barocke Dom von Brixen

REGION 8
Trentino-Südtirol

MMM Ripa
Schloss Bruneck
Schlossweg 2
39031 Bruneck
✆ 04 71 63 12 64
www.messner-mountain-museum.it
Mitte Mai–Okt. tägl. außer Di 10–18, Weihnachten bis Ende April Mi–Mo 12–18 Uhr
Eintritt € 8/3 (6–14 J.)

Südtiroler Landesmuseum für Volkskunde
Herzog-Diet-Str. 24
39031 Dietenheim/Bruneck
✆ 04 74 55 20 87
www.volkskundemuseum.it
Ostermontag–Okt. Di–Sa 10–17, So 14–18, Juli/Aug. Mo–Sa 10–18, So 14–18 Uhr
Eintritt € 6/4,50

1745 bis 1754. Die Deckenfresken von Chor und Langhaus schuf der berühmte Tiroler Barockmaler Paul Troger (1698–1762), der hier sein letztes großes Meisterwerk vollendete. Ein Gang verbindet die klassizistische Vorhalle mit dem romanischen Kreuzgang. Seine gotischen Fresken, die überwiegend im 15. Jahrhundert entstanden, zeigen Bibelszenen.

Der Kreuzgang grenzt an die **Johanneskirche**, deren gotische und romanische Fresken ebenfalls sehenswert sind. Drei Kilometer außerhalb liegt mit dem 1142 gegründeten **Augustiner Chorherrenstift Neustift** (Abbazia di Novacella) das größte Kloster Südtirols – ebenfalls ein Meisterwerk barocker Baukunst. Dis Stiftskirche ist das südlichste Beispiel des süddeutschen Spätbarocks, die Bibliothek mit 92 000 Bänden und einem Lesesaal im Stil des Rokokos überaus sehenswert. Das Kloster liegt zwischen Weinreben, aus deren Trauben die Chorherren sehr gute Eisacktaler Weißweine herstellen. Im **Stiftskeller** kann man die Weine – ebenso wie die Rotweine aus südlicher in Südtirol gelegenen Besitzungen des Klosters – verkosten.

❺ Bruneck/Brunico
Der Nabel des Pustertals

Die mit 15 600 Einwohnern große Kleinstadt (und fünftgrößte Stadt Südtirols) erstreckt sich in der Mitte eines weiten Tals. Bruneck ist das touristische Zentrum des Pustertals und bietet Wanderern und Wintersportlern – Brunecks Hausberg ist der 2275 Meter hohe **Kronplatz** (Plan de Corones) – gleichermaßen viel. Auch die umliegenden Orte Reischach, St. Georgen, Gais, Percha, Pfalzen und St. Lorenzen, das Tor zu den Dolomiten, sind überaus reizvoll. Vom 1. Advent bis zum Dreikönigstag taucht ein stimmungsvoller **Weihnachtsmarkt** Brunecks historisches Zentrum in festliche Beleuchtung und den Duft Südtiroler Spezialitäten.

1256 wurde der Ort erstmals erwähnt, bald darauf ließ Bruno von Kirchberg, der Fürstbischof von Brixen, hier eine Burg bauen. Ab dem 15. Jahrhundert war Bruneck eine bedeutende (Markt-)Stadt, die durch ihre Lage am Handelsweg von Süddeutschland nach Venedig noch an Bedeutung gewann. Einiges aus dieser frühen Blüte hat die Zeit überdauert. Schon von Weitem sieht man **Schloss Bruneck**, den einstigen Sommersitz der Fürstbischöfe, der auf einem Hügel über der Stadt thront. Im Jahr 2011 eröffnete Reinhold Messner hier sein fünftes Museum, das **Messner Mountain Museum Ripa**, das dem Thema »Bergvölker« gewidmet ist. Dabei geht es nicht nur um die Alpenbewohner, sondern um die Kultur, Traditionen, Religion und die Bedeutung des Tourismus im Leben von Tibetern, Sherpa und Mongolen in Asien, den südamerikanischen Inka sowie von Bergvölkern in Afrika.

Fürstbischof Bruno, der Gründer von Bruneck

Teile der alten Stadtmauern rund um den Burghügel sind ebenso wie vier **Stadttore** – das in die Oberstadt führende Ragentor, das von Fresken geschmückte Ursulinentor, das Rienz- und das Florianitor – noch zu sehen und tragen zum historischen Flair der Stadt bei. Das merkantile Zentrum Brunecks bildet die von schönen, zum Teil noch mit alten Fresken verzierten historischen Häusern gesäumte **Stadtgasse**. Weil die Häuser nicht nur Standort von Geschäften, sondern in den oberen Stockwerken bewohnt sind, bietet Bruneck auch am Abend das Bild einer belebten Stadt. Das in den einstigen Postställen am Fuß des Schlossbergs beheimatete **Stadtmuseum** dokumentiert die Geschichte der Stadt und besitzt bedeutende sakrale Kunstwerke aus der Region. Das **Südtiroler Landesmuseum für Volkskunde** in Dietenheim erklärt das Leben der Bergbevölkerung quer durch Zeiten und Schichten.

Eingebettet zwischen Weinbergen: Schloss Tirol

6 Von Dorf Tirol nach Meran
Traumlandschaft

Am Eingang zum Naturpark Texelgruppe liegt Dorf Tirol (2400 Einwohner) über Meran in schönster und besonders vielfältiger Landschaft. Das »Dorf« wurde seinem Namen hinzugefügt, um es von der gleichnamigen Alpenregion zu unterscheiden. Durch die Lage am Hang reicht die Vegetation von Palmen, Zitronenbäumen und Oleander im am tiefsten gelegenen Teil bis zu Nadelwald und Alpenblumen oben. Das Dorf entstand rund um das hoch über dem Etschtal gelegene **Schloss Tirol**, die Stammburg der Grafen von Tirol. Schon seit dem 12. Jahrhundert bezeichneten sich die Grafen von Vinschgau als die Grafen von Tirol. Im 13. Jahrhundert entschied Meinhard II. von Görz-Tirol den Machtkampf gegen die Bischöfe im Land für sich und vereinte die Region unter seinem Namen. Zugleich brachte er es zu Wohlstand, indem er durchreisenden Händlern saftige Weggebühren abnahm. Bis die Landesfürsten ihre Residenz von Meran nach Innsbruck verlegten, blieb Tirol Machtzentrum. Ab dem 15. Jahrhundert verfiel das historisch bedeutsamste Schloss der Region. Heute ist es restauriert und seit 2003 Standort des **Südtiroler Landesmuseums für Kultur- und Landesgeschichte**. Das Museum dokumentiert die Geschichte des Gebiets von der Besiedlung in der Bronzezeit (aus der eine völlig intakte Schmelzofenanlage erhalten ist) bis hin zu den Entwicklungen im 20. Jahrhundert – ein weitgespannter Bogen, der fesselnd und mit vielen Möglichkeiten zur Interaktion aufbereitet ist. Sehenswert ist die im 11. Jahrhundert um das Schloss errichtete Ringmauer.

Einige der uralten, rund 1000 Meter über Meran gelegenen **Muthöfe**, deren älteste aus dem 13. Jahrhundert datieren, sind schön restauriert. Auf den an den Südhängen der Mutspitze gelegenen Höfen führten die Almbauern einst ihr entbehrungsreiches Leben. Heute werden sie auch touristisch genutzt – wie der **Gasthof Hochmuth**.

Rund um Dorf Tirol gibt es ein 70 Kilometer umfassendes Netz von Wanderwegen unterschiedlicher Schwierigkeitsgrade und Themen (etwa der Apfel- und Weinweg), aber mit gleichermaßen spektakulären Ausblicken. Nordwestlich des Dorfs liegt mit den zehn Spronser Seen auf 2500 Metern Höhe im Herz der Texelgruppe die größte hochalpine Seenplatte. Ein Rundwanderweg öffnet immer neue Panoramablicke auf die Bergseen. Aus der Vogelperspektive ist der Überblick naturgemäß besonders gut. Wer sich nicht gleich ans Gleitschirmfliegen wagt, kann mit dem Sessellift von der Bergstation Küchelberg bis nach Meran hinabschweben.

i Tourismusverein Dorf Tirol
Hauptstr. 31
39019 Dorf Tirol
✆ 04 73 92 33 14
www.dorf-tirol.it
April–Okt. Mo–Do 8.30–18, Fr/Sa 9–17, So 9.30–12.30, Nov–März Mo und Mi–Fr 8.30–12 und 13–17.30, Di 8.30–14 und 15–17.30 Uhr

Südtiroler Landesmuseum für Kultur- und Landesgeschichte Schloss Tirol
Schlossweg 24
39019 Dorf Tirol
✆ 04 73 22 02 21
www.schlosstirol.it
Tägl. außer Mo Mitte März bis Anfang Dez. 10–17, Aug. bis 18 Uhr
Eintritt € 7/3,50, Familien € 14

Gasthof Hochmuth
Muthöfeweg 8
39019 Dorf Tirol
✆ 33 32 66 84 84
www.hochmuth.it
Tägl. 7–23 Uhr

7 Eggental/Val d'Ega
Käse und Klanghölzer

Jenseits der Bergwiese erheben sich schroffe Dolomitengipfel. Hinter der Theke steht die Mutter, hinter einem Fenster sieht man den Sohn in der Käserei arbeiten. Der Vater betreibt die Viehwirtschaft des Lehrnerhofs am Rand des auf dem Regglberg gelegenen **Deutschnofen** (3800 Einwohner). »Er liefert die Milch, alles andere ist meine Sache«, erklärt Stefan Köhl, Jahrgang 1986, selbstbewusst. Seit 2007 führt er seine eigene Käserei mit Hofverkauf. 15 Tonnen Käse produziert er im Jahr – ausschließlich aus der Milch des hofeigenen Grauviehs. Sie muss nicht entrahmt werden, weil sie weniger Fett enthält als die anderer Kühe. Sehr wohlschmeckend ist sie außerdem. Dafür sorgen die langen Sommer, die die Tiere auf kräuterreichen Almwiesen verbringen.

Das wenige Kilometer von Bozen mitten in den Dolomiten gelegene Eggental vereint unverfälschte Natur mit einer ausgeprägten Genusskultur. Außer den Gipfeln von **Rosengarten** und **Latemar** gehören zu seinen Reizen idyllische Dörfer, mit dem auf 1561 Meter gelegenen **Obereggen** ein wichtiger Wintersportort und die Spuren langer Geschichte – das im 13. Jahrhundert erbaute Kirchlein **St. Helena** besitzt Fresken, die um 1420 entstanden und die Schöpfungsgeschichte und den Lebensweg Jesu erzählen. In der **Bletterbachschlucht** sind versteinerte Spuren von Dinosauriern erhalten, die hier vor 260 Millionen Jahren lebten.

Orgelbaumeister Oswald Kaufmann ist der einzige Meister seines Fachs in Südtirol. In Deutschnofen hat er seine Werkstatt. Geeignetes Holz für den Instrumentenbau kommt aus der Nachbarschaft. Bis zu 45 Meter hoch sind die Bäume, die im **Latemar-Wald** in 1450 bis 2500 Meter Höhe ideale Bedingungen vorfinden: kalkhaltige Böden, kurze Wachstumsperioden, dazu reichlich Niederschlag. So erreichen sie leicht ein Alter von bis zu 250 Jahren und besitzen sehr ebenmäßiges Holz mit besonders schmalen Wachstumsringen. Fichten fühlen sich hier so wohl, dass auch die Haselfichte stark vertreten ist: Die Art unterscheidet sich äußerlich nicht von der gemeinen Fichte, eignet sich aber besonders für den Instrumentenbau. Erst wenn sie geschlagen ist, erkennt man ihre gewellten Jahresringe. Ist das Holz dazu noch frei von Astlöchern, lassen sich hochwertige Klaviere, Gitarren, Celli und Geigen daraus anfertigen.

Wenn im September das Holz geschnitten wird, zeigt sich der nahe **Karer See** im schönsten Licht: von Fichten umstanden spiegelt seine Oberfläche die Zacken von Rosengarten und Latemar. Glasklar ist der aus Quellwasser gespeiste See und leuchtet blau, türkis und hellgrün. Zu verdanken ist das Farbspiel einem Zauberer. Um das Herz einer Nixe zu gewinnen, spannte er einen Regenbogen über den See und behängte ihn mit Juwelen. Doch weil er vergaß, sich selbst zu verkleiden, sprang sie erschrocken zurück in den See. Erbost zerschlug der Zauberer den Regenbogen. Dessen Farben fielen ins Wasser und leuchten dort bis heute. So erzählt es die Legende.

Eggental Tourismus
Dolomitenstr. 4
39056 Welschnofen
✆ 04 71 61 95 00
www.eggental.com

Geoparc Bletterbach
Besucherzentrum
Lerch 40
39040 Aldein/Aldino
✆ 04 71 88 69 46
www.bletterbach.info
Mai–Okt. tägl.
9.30–18 Uhr
Eintritt € 5, unter 6 J. frei

Almgasthof Lahneralm
Lerch 39
39040 Aldein
✆ 04 71 88 60 56
Auf der in 1583 m Höhe beim Geoparc Bletterbach gelegenen Lahneralm werden unter anderem köstliche Strauben serviert.

8 Glurns/Glorenza
Ein spätmittelalterliches Juwel

Mit 894 Einwohnern ist das auf 907 Metern Höhe im oberen Vinschgau gelegene Glurns die kleinste Stadt Südtirols und eine der kleinsten des gesamten Alpenraums. Ihre Hauptattraktion ist heute, dass sie sich trotz massiver Eingriffe in ihren Frieden äußerlich seit Jahrhunderten nur wenig – fast gar nicht – verändert hat.

Im 12. Jahrhundert wurde Glurns zum ersten Mal urkundlich erwähnt, obwohl eine erste Siedlung bereits zur Zeit der Römer an der Kreuzung der Via Claudia Augusta und eines Handelswegs in die nahe Schweiz bestand. 1291 bedachte der Tiroler Graf Meinhard II. es mit Marktrechten. Salzhandel und Wegzölle sorgten außerdem für wachsenden Wohlstand der günstig nahe der Schweizer Grenze gelegenen Stadt. Von dieser ersten Blüteperiode hat nichts überdauert, denn die Grenzlage barg auch Gefahren. 1499 lieferten sich die Schweizer Bündner und die habsburgischen Truppen Kaiser Maximilians ein als die Schlacht von Calven in die Geschichte eingegangenes Gefecht, das die Schweizer für sich entschieden. Der Vergeltungsschlag des kaiserlichen Heers traf Glurns, das geplündert und niedergebrannt wurde. Beim Wiederaufbau war man wachsam und setzte auf Verteidigung. 1580 war die zehn Meter hohe **Ringmauer** mit drei Türmen fertiggestellt, die bis heute erhalten ist. Trotz weiterer Feuersbrünste im 17. und 18. Jahrhundert überdauerte das mittelalterliche Stadtbild mit seinen historischen Häusern, Laubengassen, Kirchen und dem **Schloss Glurns** in erstaunlich gutem Zustand. Gelegentlich hat es als Filmkulisse gedient, so etwa im Film »Annas Heimkehr« (2003) mit Veronika Ferres. Im **Schludernser Torturm** dokumentiert eine Ausstellung die Geschichte der Stadt.

Die schöne spätgotische Kirche **St. Pankratius** mit barockem Zwiebelturm liegt knapp außerhalb der Stadtmauern. In der sogenannten Außerstadt befinden sich heute auch die meisten Ställe der Glurnser Bauernschaft. Noch vor wenigen Jahren sorgten die Bauern mit dem morgendlichen Viehtrieb von den Ställen der Stadt auf die außerhalb gelegenen Weiden für ein idyllisches Bild. Denn nicht nur äußerlich, auch in seinem Inneren hatte sich das Leben in Glurns lange kaum verändert. Eine Wende hat mittlerweile der Tourismus bewirkt, der die Landwirtschaft als wichtigstes wirtschaftliches Standbein ablöst. An den mittelalterlichen Bartholomäusmarkt, der ab 1294 für einen ersten Boom der Stadt sorgte, erinnert heute noch einmal im Jahr, am 24. August, der gleichnamige Bauernmarkt.

Glurns Marketing
Rathausplatz 1
39020 Glurns
✆ 04 73 83 11 90
www.glurns.eu

Schludenser Torturm
39020 Glurns
✆ 04 73 83 10 97
Tägl. außer So Juli/Aug. 9–18, April–Mitte Juni 9–12.30, Mitte–Ende Juni und Sept./Okt. Mo–Fr 9–12.30 und 15–18 Uhr, Sa nur vormittags, Eintritt € 3

Après-Ski am Grödnerjoch

9 Grödnertal/Gherdëina/ Val Gardena
Der Berg ruft

Das Grödnertal, ein 25 Kilometer langes Seitental des Eisacktals, bildet neben dem Südtiroler Gadertal, dem Fassatal im Trentino sowie Fodom und Cortino d'Ampezzo in Venetien eines der ladinischsprachigen Dolomitentäler. Die Sprachgrenze zwischen deutscher und ladinischer Sprache verläuft an der Porta Ladina genannten Talenge von Pontives. Hinter ihr liegen die Orte **St. Christina** (ladinisch Santa Cristina; 1900 Einwohner), **St. Ulrich** (Urtijëi; 5600 Einwohner) und **Wolkenstein** (Sëlva; 2600 Einwohner), wo die Ruine der Stammburg der Tiroler Adelsfamilie Wolkenstein-Trostburg an der Stevia-Felswand klebt. Mit den vier Gruppen der Grödner Dolomiten, einigen Bergseen auf 2000 Metern Höhe (und darüber) und den dichten Nadelwälder ist das Grödnertal ein Dorado für Wanderer und

Wandern in der Steinernen Stadt (Gröden)

🛈 **Val Gardena – Gröden Marketing**
Str. Dursan 80/c
39047 S. Cristina
✆ 04 71 77 77 77
www.valgardena.it

🏛 **Museum Gherdëina**
Cësa di Ladins
Reziastr. 83
39046 St. Ulrich
✆ 04 71 79 75 54
www.museum gherdeina.it
Mitte Mai–Mitte Okt. Mo–Fr 10–12 und 14–18 Uhr, Juli/Aug. auch Sa, Jan.–März Di–Fr
Eintritt € 7/2,50 (6–18 J.)

Outdoor-Fans. Trotzdem bildet der Winter hier die Hauptsaison, weil die Anbindung an das Skikarussell Dolomiti Superski Zugang zu über 1200 Pistenkilometern verschafft.

In St. Ulrich dokumentiert das **Museum Gherdëina** (Museum Gröden) die Geschichte des Grödnertals seit prähistorischen Tagen. Unter anderem besitzt es die umfangreichste Fossiliensammlung der Dolomiten, eine Sammlung Grödner Holzschnitzarbeiten vom 17. bis 20. Jahrhundert und ein Herbarium, aber auch eindrucksvolle Beispiele lokaler sakraler Kunst und eine Gedenksammlung für den Bergsteiger, Schauspieler, Regisseur und Schriftsteller **Luis Trenker**, dessen künstlerischen Nachlass es ebenso wie Gegenstände aus seinem persönlichen Besitz bewahrt. Trenker wurde am 4. Oktober 1892 in St. Ulrich geboren. Trenker sprach als Sohn eines Nordtirolers und einer Ladinerin sowohl Ladinisch als auch Deutsch; in der Schule kam später Italienisch hinzu. Er arbeitete bereits als Architekt, als er per Zufall – als Bergführer – in die Filmbranche geriet, wo er schnell Erfolg hatte. 1938 drehte er mit »Der Berg ruft« seinen wohl bekanntesten Film, der die Erstbesteigung des Matterhorns zum Thema hat. Als er sich in der Optionsfrage erst nach langem Zögern für Deutschland entschied, fiel der zuvor bei den Nationalsozialisten (ebenso wie bei Mussolini) wegen des Pathos seiner Bergfilme sehr wohlgelittene Schauspieler in Ungnade, wurde mit einem Berufsverbot belegt und ging schließlich nach Rom. Nach dem Krieg drehte er wieder in Deutschland Filme; darunter 1950 »Duell in den Bergen« und 1955 »Flucht in die Dolomiten«. Trenker, der am 12. April 1990 in Bozen starb, wurde auf dem Dorffriedhof von St. Ulrich im Grab seiner Familie beerdigt.

10 Ledrosee/Lago di Ledro
Pfahlbauten aus der Bronzezeit

Auf 655 Metern Höhe liegt der Ledrosee zwischen Idro- und Gardasee am östlichen Ende des Ledrotals (Valle di Ledro) im Trentino. An der tiefsten Stelle misst er 47 Meter. An seinen Ufern liegen die Orte Mezzolago, Molina di Ledro und Pieve di Ledro. Trotz beträchtlichen landschaftlichen Reizes verdankt der See seinen Ruhm der Archäologie – und einem Zufallsfund. Als im Jahr 1929 Wasser für das Kraftwerk in Riva del Garda benötigt wurde, senkte man seinen Wasserspiegel, dabei kamen eigenartige, tief in den Grund des Sees gerammte Pfähle zutage. Es waren die Überreste von Pfahlbauten, die etwa 3500 Jahre zuvor in der Bronzezeit errichtet worden waren. Auf einer Fläche von 4000 Quadratmetern hatten die Menschen im See auf rund 15 000 Pfählen ein Dorf erbaut. So konnten sie sich leicht mit Fisch versorgen und waren zugleich vor Angriffen geschützt. Wie durch ein Wunder hatten eine weite Zone von Pfählen, ein Hüttenboden und andere Gegenstände die Zeit im Wasser überdauert. Die genauere Erforschung begann indessen erst knapp 30 Jahre nach der Entdeckung. Zunächst war der Wasserspiegel wieder gestiegen, bis er kurz vor dem Zweiten Weltkrieg durch längere Trockenzeit neuerlich sank.

🏛 **Pfahlbautenmuseum**
Via al Lago 1
38060 Molina di Ledro
✆ 04 64 50 81 82
www.palafitteledro.it
Juli/Aug. tägl. 9–18, sonst tägl. außer Mo 9–17 Uhr
Eintritt € 3,50/2,50

Als Ende der 1950er Jahre die wissenschaftliche Auswertung begann, hatten sich schon zahlreiche Amateure an der Fundstätte zu schaffen gemacht und manches abmontiert. Was noch gefunden wurde, wird heute im **Pfahlbautenmuseum** (Museo delle Pallafitte del Lago di Ledro) in Molina di Ledro ausgestellt, das die dörfliche Architektur und das Leben der Menschen am und auf dem See erläutert. Neben dem Fischfang betrieben sie Landwirtschaft, gingen auf die Jagd und tauschten Waren mit den Bewohnern anderer Pfahlbaudörfer. Auch ein viereinhalb Meter langer Einbaum gehört zu den Exponaten. Im Außenbereich sind drei Pfahlbauten mit Schilfrohrdächern originalgetreu nachgebaut worden. Einer illustriert die handwerklichen Fähigkeiten der Menschen, die Bronze bearbeiteten, Werkzeuge herstellten, zimmern und Leinen weben konnten. Die größte der Hütten ist eine Wohnstätte, die von häuslichen Verrichtungen der Bronzezeit zeugt: weben, nähen, mahlen, kochen. Die dritte Hütte ist eine Kombination aus Unterstand und Schuppen für prähistorisches Arbeitsgerät. Die UNESCO zählt das Museumsdorf zum Weltkulturerbe.

Blick von Schloss Tirol auf Meran

⑪ Meran/Merano
Der Charme vergangener Tage

Zwischen Reschenpass und Bozen liegt die ehrwürdige Kurstadt Meran am Zusammenfluss von Etsch und Passer. Die bis zu 3337 Meter hohen Gipfel der Texelgruppe umschließen die in einem Talkessel gelegene Stadt und machen sie auch zu einem günstigen Basislager für Wanderer. Mit 37 800 Einwohnern ist Meran die zweitgrößte Stadt Südtirols nach Bozen. Zwischen dem im Jugendstil errichteten **Kurhaus** und der **Laubengasse** entfaltet sich behaglicher südlicher Charme. Dazu trägt neben der schönen Architektur das mediterrane Klima bei: 300 Sonnentage im Jahr machen das Leben in Meran äußerst angenehm. Von Süden her strömt warme Luft ins Tal, nach Norden schützt die Texelgruppe vor Kälte. So ist die Vegetation südlich geprägt mit Palmen, Zypressen und Steineichen.

Meran wurde nicht erst als Kurort erfunden. In der Spätantike befand sich hier bereits eine *Castrum Maiense* genannte römische Siedlung. Später wurde Meran die Hauptstadt der Grafschaft Tirol und erhielt im 14. Jahrhundert diverse Handelsprivilegien. Die Übersiedlung des

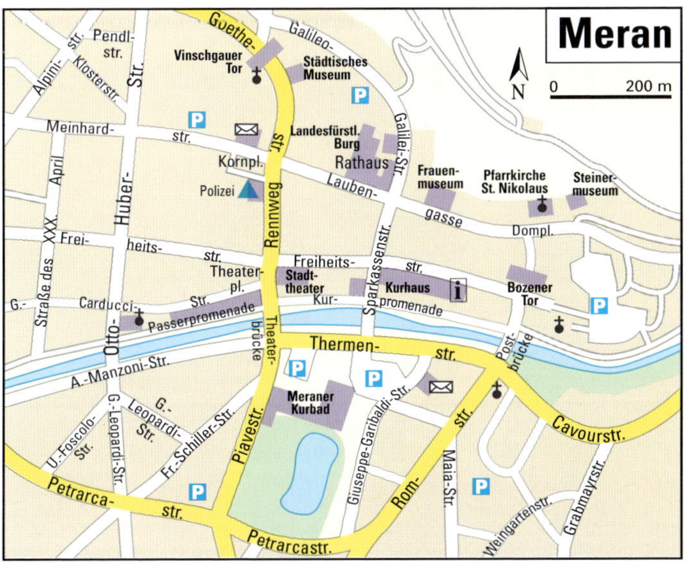

ℹ Kurverwaltung Meran
Freiheitsstr. 45
39012 Meran
✆ 04 73 27 20 00
www.meran.eu
Mo–Fr 9–18, Sa bis 16, So 10–12.30 Uhr

Therme Meran
Thermenplatz 9
39012 Meran
✆ 04 73 25 20 00
www.thermemeran.it
Pools tägl. 9–22 Uhr
Eintritt Therme 2 Std. € 12,50/8,50 (3–13 J.); Tageskarte Therme € 18,50/11,50

Gärten Schloss Trauttmansdorff/ Touriseum
St. Valentin-Str. 51 A
39012 Meran
✆ 04 73 23 57 30
www.trauttmansdorff.it
April–Okt. tägl. 9–19, Juni–Aug. Fr bis 23, erste Novemberhälfte tägl. 9–17 Uhr, Eintritt € 11/8 (8–18 J.); Eintritt Touriseum inbegriffen

REGION 8
Trentino-Südtirol

Exotische Gartenlandschaften und atemberaubende Ausblicke: Schloss Trauttmansdorff in Meran

Landesfürsten nach Innsbruck und die Errichtung des Brenners als wichtigster Weg über die Alpen läutete Merans Bedeutungsverlust ein, bis es mit der Etablierung des Kurwesens in der Mitte des 19. Jahrhunderts wieder bergauf ging.

Nun kamen die Reichen und Schönen. Prominentester Gast war Kaiserin Elisabeth alias Sisi von Österreich, die zwei Winter auf **Schloss Trauttmansdorff** verbrachte. Der blaublütigen Urlauberin zu Ehren wurde ein **Sisi-Weg** vom Schloss zur Therme angelegt. An den Hängen des Schlosses liegt heute der **Botanische Garten**, der in 80 Gartenlandschaften über einen Höhenunterschied von 100 Metern die Vegetation unterschiedlichster Weltengegenden erblühen lässt. Künstler haben dazu zehn Gartenpavillons gestaltet. Seit 2003 ist im Schloss das **Touriseum** beheimatet, ein unterhaltsames Museum, das von 200 Jahren alpiner Tourismusgeschichte erzählt.

Die größte Attraktion Merans ist jedoch nach wie vor die **Therme** – und die Atmosphäre der Stadt. Bei ihr ist allerdings ein Wandel von der Nostalgie zum Glamour wahrnehmbar. 2005 wurde die Therme gründlich modernisiert – 25 Pools, acht Saunen und Dampfbäder, ein Fitnesscenter und das postmoderne Design des Südtirolers Matteo Thun verhalfen ihr zu neuem Glanz. Meran wird schicker, die Gäste kommen aus Mailand und München hierher, um in der schönen Landschaft und dem angenehmen Klima zu entspannen.

⓬ Meraner Höhenweg
Durch den Naturpark der Texelgruppe

Schöner geht es kaum: Vom nahezu mediterranen Klima des Etschtals führt der Meraner Höhenweg in einer Kombination aus Wanderung und Bergtour ins Hochgebirgsklima der Texelgruppe und bietet dabei immer neue Ausblicke auf Meran im Tal, aber auch auf das Vinschgau, das Meraner Becken, das Passeier Tal sowie auf die Bergwelt der Sarntaler, Stubaier und Ötztaler Alpen; bei klarer Sicht erscheinen auch Dolomiten, das Ortlermassiv und die Brenta-Gruppe zum Greifen nahe. Auf einer Strecke von 94 Kilometern führt er in einer Nord- und Südumrundung nördlich von Meran um den Naturpark Texelgruppe. Die Unterteilung macht es möglich, den Weg, dessen höchster Punkt auf 2895 Metern liegt, zu verschiedenen Jahreszeiten zu begehen.

Sehenswerter Jugendstil: Kurhaus Meran

Begegnung beim Wandern

1976 wurde der 33 000 Hektar große Naturpark Texelgruppe begründet, um die einzigartige Berglandschaft vor möglichen Eingriffen zu schützen. Der Naturpark reicht vom Schnalstal im Westen bis zum Passeiertal im Osten und von den Ötztaler Alpen im Norden bis zum unteren Vinschgau im Süden. Einige Jahre später folgte die Idee, verschiedene einzelne Wanderwege sowie einige entlegene Bergbauernhöfe zu einem zusammenhängenden Fernwanderweg zu verbinden. Seit 1985 kombiniert er sportliche Herausforderung mit Naturerleben. Der Weg umrundet den zentralen Teil der Texelgruppe, öffnet fantastische Ausblicke und führt über insgesamt 5000 Höhenmeter – Erfahrung im Bergwandern und eine gewisse Fitness sind also durchaus von Vorteil. Vollständig begehbar ist der mit der Nummer 24 markierte Weg in der Zeit von Ende Juni bis Oktober. Seine exponierten Stellen sind durch Seile, Ketten oder Geländer gesichert; teilweise erleichtern Naturstufen Auf- und Abstieg. Mögliche Startpunkte sind Katharinaberg, Unterstell, Hochmuth und Ulfas. Mindestens vier Tage sollte man für die mittelschwere Route einplanen, entspannter ist sie in sechs Tagen zu schaffen. Einsteiger können einzelne Etappen in Tagestouren erwandern. Wer sich für den ganzen Weg entscheidet, übernachtet unterwegs in Schutzhütten oder auf Bergbauernhöfen. Eine Adressenliste ist beim Fremdenverkehrsverband Meraner Land erhältlich (✆ 04 73 20 04 43, www.meranerland.com).

St. Prokulus und Museum
St. Prokulus-Straße
39025 Naturns
✆ 04 73 66 73 12
(Kirche)
✆ 04 73 67 31 39
(Museum)
www.naturns.it
April–Okt. tägl.
außer Mo 9.30–12
und 14.30–17.30 Uhr
Eintritt € 5,20/3,50

⓭ St. Prokulus in Naturn/Naturno
Fresken aus vorkarolingischer Zeit

Zwölf Kilometer von Meran entfernt befindet sich am Rand des Dorfs Naturn (5500 Einwohner) das uralte Kirchlein St. Prokulus. In einem Grab wurde ein germanisches Kurzschwert gefunden, das Archäologen auf die Mitte des 7. Jahrhunderts datieren. Auch andere Funde stammen aus dieser Zeit, so dass St. Prokulus spätestens zu dieser Zeit entstanden sein muss. Dass die Kirche bereits existierte, als das Kurzschwert einem Verstorbenen als Grabbeigabe in seine letzte Ruhestätte gegeben wurde, ist unumstritten; ebenso gilt als sicher, dass sich an dieser Stelle zuvor ein Wohnhaus befand, das um das Jahr 600 durch ein Feuer zerstört wurde. Ein Ohrring und ein Trinkbecher, die den Brand überstanden, ermöglichen die Datierung. Vermutlich starb eine etwa 45-jährige Frau in den Flammen. Das Haus wurde nicht wieder aufgebaut; eine verbliebene Mauer aber in den Kirchenbau integriert. So lässt sich auch der Zeitpunkt des Baus zeitlich eingrenzen. Frühmittelalterliche Gräber belegen, dass es sich um eine Begräbniskirche handelte.

Noch spektakulärer als das Alter der kleinen Kirche sind indessen die Fresken, die insbesondere ihren unteren Teil schmücken und die Szenen

Die ältesten Fresken im deutschsprachigen Raum …

aus dem Leben des heiligen Prokulus zeigen. Auch Engel und andere Heilige sind dargestellt. Die Malereien bilden den am vollständigsten erhaltenen Zyklus früher Fresken in der Region. Ihr Alter ist nicht schlussendlich geklärt, Wissenschaftler gehen aber davon aus, dass auch sie aus dem 7. Jahrhundert oder spätestens aus dem 8. Jahrhundert stammen. Auf jeden Fall aber entstanden sie in vorkarolingischer Zeit, das heißt, bevor Karl der Große am Weihnachtstag des Jahres 800 zum Kaiser gekrönt wurde, und sind damit die ältesten im deutschsprachigen Raum.

Die Fresken, mit denen die obere Hälfte der Wandflächen ausgemalt sind, stammen aus dem beginnenden 15. Jahrhundert. Sie zeigen unter anderem die Muttergottes, Jesus und das Letzte Abendmahl sowie die Heiligen Drei Könige. An einer Außenwand sind gotische Malereien zu sehen, die die Erschaffung der Welt und den Sündenfall zum Thema haben. Sie stammen ebenfalls aus der Zeit um das Jahr 1400. Das gegenüberliegende unterirdisch angelegte **Prokulus-Museum** führt durch die Geschichte des Kirchleins seit der Spätantike und bewahrt die abgenommenen gotischen Fresken und archäologischen Funde auf.

... beherbergt das kleine romanische Kirchlein St. Prokulus in Naturns

⑭ Pustertal/Val Pusteria
Im Reich der bleichen Berge

Tourismusverband Hochpustertal
Dolomitenstr. 29
39034 Toblach
✆ 04 74 91 31 56
www.hochpustertal.info

Weißer Dolomit prägt die Felslandschaften im Hochpustertal und hat den »bleichen Bergen« am östlichen Rand Südtirols den Namen gegeben. Eine der berühmtesten Formationen im gesamten Alpenraum sind die Drei Zinnen, die steil und zackig in den Himmel ragen. Im Licht des Mittags sind sie tatsächlich bleich, erst die Abendsonne taucht sie in eine Palette warmer, leuchtender Farbtöne. Im westlichen, ganz in Südtirol gelegenen (der andere Teil befindet sich in Österreich) Pustertal finden sich die Ortschaften **Toblach**, **Olang**, **Welsberg** und **Bruneck**. Das nicht ganz klar abgegrenzte Südtiroler Hochpustertal reicht etwa von Niederdorf bis zur österreichischen Grenze.

Im Winter ist diese Region wie gemacht für die Fortbewegung auf Brettern oder Board. 77 Pistenkilometer führen durch die Gipfelpanoramen der **Sixtner Dolomiten**, 31 Liftanlagen machen die Skigebiete leicht zugänglich. Höhepunkt ist der Blick vom höchsten Aussichtspunkt am Helm auf die Sextner Sonnenuhr im Skigebiet Hochpustertal: Hier lässt die Sonne zu jeder vollen Stunde einen anderen Gipfel aufleuchten. Im Sommer kann man im Schatten der bleichen Berge wandern, klettern, Mountainbike oder Fahrrad fahren.

Die Orte Sexten, Innichen (das eine schöne Stiftskirche besitzt), Niederdorf, Toblach und Prags sind fest im Fremdenverkehr verwurzelt und bieten von einem breiten Spektrum an Unterkünften und Restaurants bis zu Wellness- und Sporteinrichtungen alles, wovon Urlauber träumen mögen. Das **Kulturzentrum Grand Hotel Toblach** ist Standort eines Gustav Mahler gewidmeten Konzertsaals und kulturelles Zentrum des Hochpustertals (www.grandhotel-dobbiaco.com). Der Komponist war hier zu Beginn des 20. Jahrhunderts ein häufiger Gast. Glanzpunkt des Hochpustertals sind jedoch die berühmten Zacken der **Drei Zinnen** (Tre Cime). Sie liegen im knapp 12 000 Hektar großen, zum UNESCO-

Welterbe zählenden **Naturpark Drei Zinnen**. Die charakteristische Gipfelformation lässt sich von Sexten und von Toblach aus erwandern. Alternative ist die Anfahrt mit Auto (mautpflichtige Straße) oder Bus zur Auronzohütte. Auch von hier aus führen mehrere Wanderwege in die Gipfelwelt der Dolomiten. Ebenfalls Teil des UNESCO-Welterbes Dolomiten ist der 25 600 Hektar große **Naturpark Fanes-Sennes-Prags**. Mit dem **Pragser Wildsee** liegt hier vor dem Massiv des **Seekofels** (2810 m) auf knapp 1500 Metern Höhe ein wunderschöner Bergsee. Er ist Startpunkt des Dolomiten-Höhenwegs 1. Der See ist einer der meistbesuchten in Südtirol – nicht zuletzt deshalb, weil er zu den Drehorten der in Italien überaus beliebten Serie »Un passo dal cielo« zählt, in der Terence Hill einen schlitzohrigen Geistlichen spielt.

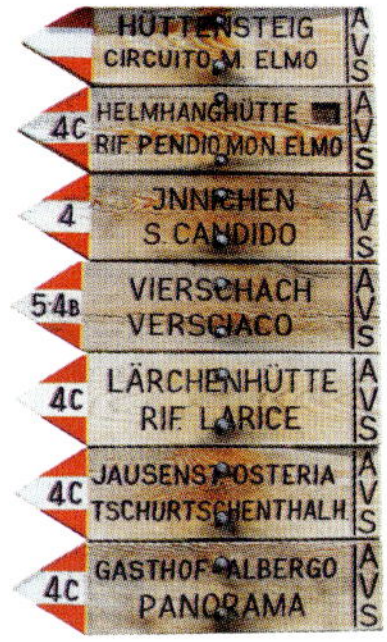

Wegzeichen im Pustertal

⑮ Riva del Garda
Glamourös, romantisch, inspirierend

Der größte Ort (16 000 Einwohner) des Trentino am Gardasee ist Riva del Garda, dessen schöne Architektur neben der idyllischen Lage zwischen südlichem Alpenrand und Seeufer schon Heinrich Mann (1871–1950) begeisterte. Der deutsche Schriftsteller kam 1893 erstmals hierher, als das Städtchen am nördlichen Seeufer als Kur- und Badeort der Habsburger Elite diente. Was als medizinisch indizierte Kur im hiesigen Sanatorium des befreundeten Arztes Christoph Hartung von Hartungen begann, entwickelte sich zum Selbstzweck: Mann blieb – von Reisen in Italien unterbrochen – zweieinhalb Jahre, kehrte bis zum Ausbruch des Ersten Weltkriegs immer wieder und gelegentlich in Begleitung von Bruder Thomas zurück und verarbeitete seine Eindrücke vom Leben am See und im Gebiet südlich von diesem in seinen frühen Romanen »Die Göttinnen oder Die drei Romane der Herzogin von Assy« (1903) – eine Trilogie, die er um die Jahrhundertwende in Riva schrieb – und »Die kleine Stadt« (1909). Auch Franz Kafka schätzte Riva als Urlaubs- und Erholungsort; er kam 1909 zum ersten Mal und verliebte sich gleich in eine junge Frau aus der Schweiz.

Besiedelt war das schöne Ufer schon zur Römerzeit. Sehr viel später, da gehörte es längst zu Österreich-Ungarn, wurde Riva del Garda zur Festung ausgebaut, Teile davon sind erhalten. Trotzdem wirkt die Stadt heute nicht mehr wehrhaft. Der 800 Jahre alte und 34 Meter hohe Uhrenturm **Torre Apponale**, der einstmals vermutlich als Wachturm

ℹ IAT Riva del Garda
Largo Medaglie d'Oro al Valor Militare 5
38066 Riva del Garda
✆ 04 64 55 44 44
www.gardatrentino.it
Mai–Sept. tägl. 9–19, Okt.–April Mo–Fr 9–18, Sa/So 9.30–12.30 und 14–18 Uhr

In einzigartiger Lage: Riva del Garda

Glanzpunkt des Hochpustertals: die Drei Zinnen

Stadt und Hafen überblickte, und die von Wasser umgebene Burg **Rocca di Riva** (heute Sitz von Stadtmuseum und Pinakothek), deren Ursprung ins 12. Jahrhundert zurückreicht, verleihen ihr ebenso wie die beiden Barockkirchen **Santa Maria Assunta** und **Inviolata** historisches Flair. In einen Dornröschenschlaf ist Riva nie gesunken. Heute ist es ein Ziel für Aktivurlauber. Mountainbiken und Radfahren, Segeln und Windsurfen, Paddeln und Rudern – dem sportlichen Spektrum sind wenig Grenzen gesetzt. Wer es ruhiger mag, erfreut sich an Oliven-, Zitronen- und Lorbeerbäumen, an Palmen und Zypressen und dem Panorama der Berge hinter diesem prachtvollen Flecken Erde.

16 Rosengarten und Latemar
Vom Zwergenkönig Laurin

Das im Südwesten der Dolomiten gelegene Rosengarten-Latemar-Gebiet misst rund 250 Quadratkilometer. Es beginnt am Tierser Tal und umfasst den Gummerer Berg, Welschnofen, Obereggen, den Karersee, Deutschnofen und Petersberg. Gekrönt wird es von den Bergkämmen des Rosengartens und des Latemars mit ihren Türmen und Zacken. Bergwanderer haben hier eine Menge zu tun; es gibt eine Vielzahl von Wanderwegen unterschiedlicher Längen und Schwierigkeitsgrade. An den **Schlern** (2513 m) schließt sich die Rosengartengruppe an, deren höchster Gipfel der **Kesselkogel** (3004 m) ist. Sie wird durch den **Karerpass** mit der Latemargruppe verbunden. Das Reiterjoch am Fuß des Latemars billdet den Übergang zu den Eggentaler Bergen. Zu ihnen gehören unter anderem die Zwillingsberge Schwarzhorn (2439 m) und Weißhorn (2317 m).

Obwohl es so gut passen würde, verdankt die Rosengartengruppe ihren Namen nicht den eindrucksvollen Farbenspielen des Sonnenuntergangs auf dem Kalkstein ihrer Gipfel. Sowohl der deutsche Name als auch das italienische *Catinaccio* haben ihren Ursprung nach Ansicht von Sprachwissenschaftlern in früheren Formen der jeweiligen Begriffe für »Geröll«. Poetischer ist hingegen die Herleitung des Namens von der Sage vom Zwergenkönig Laurin, der in einem blühenden Rosengarten herrschte. Er erfuhr eine schwere Kränkung, als alle Adeligen

Der türkisfarbene Karer See unterhalb des Karerpasses, im Hintergrund die Bergkämme des Latemars

der Gegend zur Bräutigamschau der Königstochter Similde eingeladen wurden – nur er nicht. Er setzte seine Tarnkappe auf und fuhr trotzdem hin. Als er die schöne Prinzessin sah, war er sofort entflammt. Er riss sie auf sein Pferd und stob mit ihr davon, eine Schar aufgebrachter Mitbuhler hinter sich, die sich vor seinem Rosengarten aufbauten. Laurin griff zu einem weiteren praktischen Hilfsmittel: einem Gürtel, der ihm die Kraft von einem Dutzend Männern verlieh. So stellte er sich seinen Mitbewerbern um die Gunst Simildes, die gar nicht erst nach ihren Neigungen befragt wurde. Weil die Gegner übermächtig waren, streifte Laurin zusätzlich die Tarnkappe über, um ungesehen angreifen zu können. Doch die Bewegungen des Rosenlaubs verrieten, wo er sich aufhielt. Er wurde überwältigt und verfluchte zornig seinen Rosengarten: Kein Mensch sollte ihn mehr zu Gesicht bekommen, weder bei Tag noch bei Nacht. Nur die Dämmerung vergaß er zu erwähnen, weshalb nach der Volkssage seither immer bei Sonnenauf- und -untergang die Farbenpracht der blühenden Rosen zu sehen ist.

Widerkäuer vor der Kulisse des Rosengarten-Massivs

17 Seiser Alm/Alpe di Siusi
Auf Haflingern über Europas größte Alm

365 Almen, Hütten und Schwaigen auf einer Fläche, so groß wie 80 Fußballfelder: Das ist die Seiser Alm, mit einer Fläche von 57 Quadratkilometern die größte Hochalm Europas und ein gewaltiger Outdoor-Spielplatz für Menschen aller Altersstufen mitten in den Dolomiten. Sie liegt nur wenige Kilometer Luftlinie (aber 40 km Straße) östlich von Bozen oberhalb der Orte **Seis am Schlern** und **Kastelruth**. Die Alm liegt auf einer Höhe von 1680 bis 2350 Metern; ihr westlicher Teil bildet mit der Schlergruppe und dem Rosengarten den **Naturpark Schlern-Rosengarten**. Die Gipfel von Schlern, Lang- und Plattkofel prägen das Panorama. Obwohl sie zu den touristischen Hauptanziehungspunkten Südtirols gehört, ist die Seiser Alm authentisch geblieben. Noch immer betreiben Bergbauern hier Landwirtschaft; noch gibt es mehr Bauernhöfe als Gaststätten.

Von 9 bis 17 Uhr ist die Straße zum Landschaftsschutzgebiet Seiser Alm für Privatautos gesperrt. Erreichbar ist die Alm ab **Seis** mit zur Seiser Almbahn (www.seiseralmbahn.it) führenden Shuttlebussen (Linie 1); von **St. Ulrich** und **Kastelruth** (Linie 4), **St. Valentin** (Linie 5) und **Völs am Schlern** (Linie 2) verkehren Shuttlebusse zur Bahnstation in Seis.

60 Abfahrtkilometer, zahlreiche Liftanlagen, 60 Kilometer Langlaufloipen und die Anbindung ans weltgrößte Skigebiet Dolomiti Superski machen die Seiser Alm für Wintersportler attraktiv. Fürs Naturerleben ist die warme Jahreszeit jedoch mindestens genauso empfehlenswert. Im Juni und Juli blühen auf den Almwiesen Kräuter und Blumen, darunter Enzian, Primeln, Prachtnelken und Alpenrosen. Jetzt sind Wandern und Klettern die natürlichen Fortbewegungsformen, doch es gibt auch Alternativen. Wer die Hochalm auf bergtauglichen Pferden erkundet, verbindet Naturerlebnis und Sport und kommt dem Herzen der Landschaft besonders nahe. Denn Reiter begegnen mehr Wildtieren, die vor Wanderern eher fliehen als vor Pferden. Die zuverlässigen, gutmütigen und besonders trittsicheren Haflinger sind in Südtirol daheim. Rund 200 Haflinger dürfen sogar den ganzen Sommer auf der Alm verbringen. Diese Tiere sind die idealen Begleiter für einen Ausritt oder eine Tagestour durch Wiesen und Wälder, bei denen man nichts hört außer dem Rauschen des Windes, dem gelegentlichen Schnauben der Pferde und dem Knarren des Sattelzeugs.

i Informationsbüro Seiser Alm
Compatsch 50
39040 Seiser Alm
✆ 04 71 72 79 04
www.seiseralm.net

Kastelruth am Fuß des Schlerngebiets

REGION 8 Trentino-Südtirol

Reitstall Unterlanzin
Telfen-Lanzin 61
39040 Seis
✆ 33 98 68 68 68
www.reiterhof-oberlanzin.com
Tagesritt auf die Seiser Alm mit Mittagessen € 90

Tourismusverein Corvara
Col Alt 36
39033 Corvara
✆ 04 71 83 61 76
www.altabadia.org

Tourismusverein Arabba
Boè-Arraba 17
32020 Livinallongo
✆ 04 36 78 00 19
www.arabba.it

Wandern, Bergsteigen, Skifahren, Snowboarden: Rund um die Marmolada kommen sportlich Begeisterte auf ihre Kosten

18 Skigebiete Arabba und Corvara
Die Marmolada als Kulisse

Das auf 1500 Metern sich zwischen Sellagruppe und dem Monolithen Sassongher schmiegende Städtchen **Corvara** (1340 Einwohner) befindet sich im Zentrum der Dolomiten. Ein großes Netz von Pisten (insgesamt 130 km) und zahlreiche Liftanlagen machen den Ort, der zu den fünf ladinischsprachigen Gemeinden des Gadertals zählt, zum idealen Winterziel. Die 26 Pistenkilometer plus diverse Seilbahnabschnitte (14 km) umfassende, mittelschwere Skitour **Sellaronda**, die die Sellagruppe umrundet, führt in einer lückenlosen Kette von Abfahrten und Liften durch verschneite Landschaften vor Bergzacken auch an Corvara vorbei (das sich auch als Startpunkt eignet). Um die ganze Runde zu fahren, braucht man den Skipass Dolomiti Superski, der mehr Pistenkilometer abdeckt als irgendein anderes Skigebiet der Welt. Man sollte vor 10 Uhr starten und spätestens um 15 Uhr den letzten Pass gefahren sein, um den letzten Lift zum Ausgangspunkt zu erwischen. Die Tour lässt sich im und auch gegen den Uhrzeigersinn fahren. In den 1970er Jahren bildete die Sellarunde das erste große Skikarussell; heute gibt es im Gebiet Alta Badia dank des hervorragenden Liftnetzes mehrere Tagestouren. Die Sellarunde gehört jedoch immer noch zu den schönsten Karussellen überhaupt.

Ein weiterer möglicher Startpunkt der Sellaronda ist das Nachbardorf **Arabba**. Der kleine Ort liegt auf 1600 bis 2500 Metern Höhe unmittelbar am Südabfall der Sellagruppe und ist mit 62 Pistenkilometern, darunter die bekannte Abfahrt Portavescovo, und 31 Liftanlagen ein wichtiges Ziel im **Dolomiti-Superski-Gebiet**. Über Arabba erhebt sich die Marmolada (3343 m), deren Nordflanke den einzigen größeren Dolomiten-Gletscher trägt: den **Ghiacciaio della Marmolada**. Die Marmolada ist vom Ort aus auf Skiern erreichbar. Im Ersten Weltkrieg bildete der Berg die Grenze zwischen Österreich-Ungarn und Italien und war Teil der Front. In der Seilbahnstation **Serauta** informiert auf 2950 Metern Höhe das kleine **Museo della Guerra** über das Kriegsgeschehen. Das historisch bedeutsame und bergsteigerisch anspruchsvolle Massiv bildet die Kulisse der beiden Skigebiete.

⑲ Sterzing/Vipiteno
Alte Handelsstadt am Fuß des Brennerpasses

Im Norden Südtirols, unweit der Grenze zu Österreich, liegt mit dem malerischen Städtchen Sterzing (6500 Einwohner) das wirtschaftliche und kulturelle Zentrum des Wipptals. Seiner Lage an einem wichtigen Handelsweg zwischen Nord und Süd verdankt Sterzing eine lange Geschichte. Schon zur Zeit der Römer gab es hier eine Burg, die die Straße sicherte. Zur Hochform aber lief Sterzing im Mittelalter auf, als es vom zunehmenden Handelsverkehr zwischen beiden Seiten der Alpen profitierte. Auch die Fuggers aus Augsburg, wohlhabende Kaufleute und Bankiers, wickelten ihre internationalen Geschäfte über diese Route ab. Politisch gewann Sterzing an Gewicht, als es sich im Kräftemessen zwischen der geistlichen Macht in Brixen und den Tiroler Grafen auf die Seite der weltlichen Macht stellte. Weiteren Wohlstand brachten ab dem ausgehenden Mittelalter der Abbau von Silber und Blei in den umliegenden Tälern. Im 17. Jahrhundert waren die Minen erschöpft; Sterzing erlebte eine Phase des Niedergangs.

Zu Beginn des 19. Jahrhunderts geriet Sterzing auf die Bühne der Politik, als der Freiheitskämpfer Andreas Hofer mit seinen Tiroler Schützen 1809 hier bayerische Stellungen angriff. Der Hintergrund: Österreich hatte Tirol nach seiner Niederlage gegen Napoleon in Austerlitz 1805 an Bayern, den Bündnispartner Frankreichs, abgetreten. Die Tiroler fühlten sich durch den Herrscherwechsel nicht befreit, sondern belagert und gingen gegen die als Besatzer wahrgenommenen Bayern vor. Die zögerten ihrerseits nicht, das erbeutete Gebiet als »Südbayern« zu bezeichnen. Es kam zum Widerstand, zu dessen Symbolfigur der Tiroler Bauer und Freiheitskämpfer **Andreas Hofer** wurde. In Sterzing musste Hofer seine Niederlage unterschreiben (wonach er aber neuerlich in den Kampf zog). Hofer wurde zum Tod verurteilt, das Urteil im Februar 1810 in Mantua vollstreckt. 1813 wurde die Volkserhebung endgültig niedergeschlagen.

Heute ist Sterzing mit seinem bildschönen Zentrum aus dem Mittelalter, dem gotischen **Zwölferturm** in der im 16. Jahrhundert überwiegend im Stil der Gotik erbauten Neustadt und der gut erhaltenen **Burg Reifenstein** am Stadtrand ein lohnendes Ziel. Im Hauptschiff der 1399 fertiggestellten **Heiliggeist-Spitalkirche** sind die prachtvollen spätgotischen Fresken des Südtiroler Künstlers Hans von Bruneck besonders sehenswert. Neben der Kirche befand sich früher ein Spital, das der Kirche den Namen gegeben hat.

REGION 8
Trentino-Südtirol

In der malerischen Einkaufsstraße von Sterzing

ℹ Tourismusverein Sterzing
Stadtplatz 3
39049 Sterzing
✆ 04 72 76 53 25
www.sterzing.com

⑳ Sulden/Solda
Murmeltiere und tibetanische Yaks

Das im Nationalpark Stilfser Joch gelegene Ortlergebiet zählt mit 14 Dreitausendern zu den eindrucksvollsten Bergwelten im Alpenraum. Zu den Orten des Gebiets zählen Trafoi, Stilfs, das Stilfserjoch, Gomagoi und Sulden. Krönung ist der Ortler selbst, mit 3905 Metern der höchste Berg in Südtirol. Im auf 1900 Metern Höhe gelegenen Sprengel **Sulden** (400 Einwohner) hat Extrembergsteiger Reinhold Messner 1985 eine Herde tibetanischer Yaks angesiedelt. Bis heute züchtet er die Tiere, die sich in Sulden anscheinend wohlfühlen. Regelmäßig im Frühsommer treibt Messner, der die Sommermonate meist in seinem Schloss Juval im Vinschgau verbringt, die Yaks auf die Alm – ein werbewirksames Bild für den Ort und die ganze Umgebung. In Sulden besitzt Messner das Gasthaus »Yak & Yeti« in einem restaurierten Bergbauernhof. Auch das dem Thema Eis gewidmete **Messner Mountain Museum Ortles** ist hier

Heimisch im Nationalpark Stilfserjoch: pfeifende Murmeltiere

REGION 8
Trentino-Südtirol

i Ferienregion Ortlergebiet
Hauptstr. 72
39029 Sulden
✆ 04 73 61 30 15
www.ortlergebiet.it
Tägl. außer So 9–12 und 15–18 Uhr

MMM Ortles/ Yak & Yeti
Forststr. 158 A
39029 Sulden
✆ 04 73 61 35 77
www.messner-mountain-museum.it
Tägl. außer Di Juni–Mitte Okt. und Mitte Dez.–April 14–18, Juli/Aug. 13–19 Uhr
Eintritt € 6/3 (6–14 J.)
Im Restaurant gibt es Südtiroler Küche sowie Spezialitäten aus dem Himalaya.

angesiedelt. Es zeigt Eisgeräte aus 200 Jahren und eine große Sammlung von Ansichten des Ortlers. Außerdem berichtet Messner hier von Faszination und Schrecken des Eises an Achttausendern oder in der Antarktis.

Jenseits der Yaks (und der asiatischen Spezialitäten bei Yak & Yeti) präsentiert sich Sulden ganz alpenländisch. Wer sich daranmacht, das Netz von insgesamt 100 Kilometern Wander- und Höhenwegen zu erkunden, wird eher Murmeltieren und Gämsen begegnen als dem Yeti. Mit der Seilbahn kann man auf 2300 Meter schweben und von dort aus wandern und das prachtvolle Panorama der umliegenden Dreitausender genießen. Die Skigebiete liegen auf 1900 bis 3250 Metern. Sulden besitzt 40 Kilometer Piste und gilt als ausgesprochen schneesicher. Langläufer können sich auf eine der höchstgelegenen Loipen in Europa freuen, die durch die Talsohle am Fuß des Ortlers führt.

21 Torbole
Ein Ziel für Träumer und für Surfer

Wo die Sarca in den nordöstlichen Teil des Gardasees mündet, liegt das idyllische Torbole (2800 Einwohner) am Fuß des **Monte Altissimo**. Mit roten Ziegeldächern und schlanken Zypressen vor dem Blau des Sees verströmt das Städtchen ähnlich südlichen Charme wie das fünf Kilometer entfernte Riva del Garda. Geschützt von den Bergen der Monte-Baldo-Kette erfreut sich Torbole eines ganzjährig milden Klimas.

Besiedelt war die Gegend um Torbole schon im Neolithikum, wie archäologische Funde belegen. Im 15. Jahrhundert übernahmen die Venezianer die Herrschaft über Riva del Garda und das umliegende Gebiet. Mit großer Entschlossenheit und einer Flotte aus 25 Lastkähnen und sechs Galeeren waren sie 1439 die Etsch bis nach Mori hinaufgesegelt und hatten den Lago di Loppi gequert. Über Land quälten sie sich mit Ochsen und Baumstämmen. Die erste Schlacht um die Herrschaft über den Gardasee verloren sie, beim zweiten Versuch ein Jahr später waren die Venezier siegreich. Ein späterer Besucher kam in friedlicher Absicht: Johann Wolfgang von Goethe. Die Begeisterung des berühmten Autors der »Leiden des jungen Werther« über das Land, wo die Zitronen blühen, sorgte für einen ersten Reiseboom vor allem unter Künstlern, Schriftstellern und romantisch gesinnten Bürgersöhnen. Eine bronzene Tafel an der **Piazza Vittorio Veneto** und eine Inschrift am Brunnen der **Casa Alberti** erinnern an Goethes Aufenthalt am See.

Das alte **Zollhäuschen** im Hafen zeugt davon, dass während der Ära der Habsburger in Torbole die Grenze zwischen Österreich und Italien verlief. Sehenswert ist die Wandmalerei an der **Casa Beust**. Das Fresko »Der Heilige Antonius spricht mit den Fischen« stammt vom Berliner Maler Hans Lietzmann (geb. 1872), der schon als Kind mit seinem Vater an den Gardasee gereist war. 1899 kaufte er ein Haus am See, das

Sulden wird überragt von den Bergen der Ortlergruppe

»Café Paradiso« in Torbole. Es wurde zum Treffpunkt von Künstlern auf Italienreise. Als Mussolini nach dem Ersten Weltkrieg ausländische Grundbesitzer enteignete, verlor auch Lietzmann sein Haus, kehrte aber 1925 zurück. Im Zweiten Weltkrieg gelang es ihm die Zerstörung Torboles durch zurückweichende deutsche Truppen zu verhindern. 1955 starb Lietzmann in Riva del Garda im Alter von 83 Jahren. Seine letzte Ruhestätte fand er in seinem geliebten Torbole.

Heute ist Torbole Italiens Surfzentrum. Die Tramontana, ein kräftiger Nordwind, treibt die Windsurfer morgens nach Süden, nachmittags bringt sie die Ora, eine ebenso zuverlässiger Südwind, wieder zurück. Auch Segler und Kite-Surfer finden hier ideale Bedingungen vor. Auf einer Anhöhe über dem Städtchen liegt **Nago**, wo sich das **Castel Penede** befindet (derzeit wird die Burg restauriert). Von hier öffnet sich ein prachtvoller Ausblick auf den See.

Umgeben von steilen Gardaseebergen: Torbole

i Fremdenverkehrsbüro Torbole sur Garda
Via Lungolago
Verona 19
38069 Torbole sur Garda
✆ 04 64 50 51 77
www.torboleweb.com

22 Trient/Trento
Die Hauptstadt von Welschtirol

Trient (115 000 Einwohner) ist Hauptstadt des Trentino (Welschtirol) und Kapitale der autonomen Region Trentino-Südtirol (das 55 Kilometer nördlich von Trient gelegene Bozen ist Landeshauptstadt der autonomen Provinz Südtirol) und darüber hinaus Universitätsstadt und Sitz des Erzbistums Trient. Ihren besonderen Reiz erhält die Stadt, die für ihre hohe Lebensqualität bekannt ist, durch die schöne Lage zwischen Bergen im weiten Tal der Etsch. Die Zweitausender Monte Bondone, Paganella, Monte Calisio und Becco di Filadonna sowie die Brentagruppe verleihen Trient eine eindrucksvolle Kulisse. Ein sowohl von der Renaissance als auch von der Ära Österreich-Ungarn geprägtes Stadtbild macht Trient zu einem städtebaulichen Juwel, die vielseitigen Museen – vom 2013 eröffneten **Wissenschaftsmuseum** (Museo delle Scienze) bis zum der Luftfahrt gewidmeten **Museo dell'Aeronautica Gianni Caproni** mit allerhand Fluggeräten – und die renommierte Universität machen es zum kulturellen Zentrum der gesamten Region.

Trients Geschichte ist lang: Von den Kelten besiedelt, von den Römern erobert und nach dem Niedergang des Römischen Reichs von diversen Germanenvölkern überrannt, erlebte es eine erste Blüte, als Kaiser Heinrich II. im 11. Jahrhundert den Bischöfen weltliche Macht übertrug. Trotz einer Revolution zu Beginn des 15. Jahrhunderts konnten sie ihren Einfluss lange behaupten. 1212 wurde mit dem Bau des romanischen **Duomo San Vigilio** begonnen, den eine barocke Kuppel krönt. Vor dem

Besonders der nördliche Gardasee gilt als Eldorado der Windsurfer

REGION 8
Trentino-Südtirol

APT Trento, Monte Bondone, Valle dei Laghi
Via Manci 2
38122 Trento
✆ 04 61 21 60 00
www.visittrentino.it
Tägl. 9–19 Uhr

Museo Castello del Buonconsiglio
Via Bernardo Clesio 5
38122 Trento
✆ 04 61 23 37 70
www.buonconsiglio.it
Tägl. außer Mo Mitte Mai–Okt. 10–18, Nov.–Mitte Mai 9.30–17 Uhr
Eintritt € 8/4; Torre Aquila € 1

Dom sprudelt auf der **Piazza del Duomo** ein barocker, von einem Neptun gekrönter Brunnen.

Mitte des 16. Jahrhunderts wurde hier im Kirchenkonzil Tridentinum die katholische Gegenreformation auf den Weg gebracht. Kein leichtes Unterfangen: Mit Unterbrechungen dauerte das Konzil fast 20 Jahre. Begleitet wurde es von reger Bautätigkeit, der sich die Renaissancepaläste Trients verdanken. In der bereits 1520 erbauten Kirche **Santa Maria Maggiore** tagte das Konzil gelegentlich (die meisten Sitzungen fanden im Dom statt). Von der Macht der Fürstbischöfe zeugt das **Castello del Buonconsiglio**. Die mächtige Burg ruht auf einem Felsvorsprung am Rand der Altstadt. Bis 1796 war sie die Residenz der Fürstbischöfe. Berühmt sind ihre Monatsbilder im Torre Aquila (Adlerturm). Heute ist das Castello Sitz des **Museo Provinciale d'Arte e Museo Storico**, des kunsthistorischen und historischen Museums, mit Ausstellungen zu Archäologie, mittelalterlicher Kunst, Holzschnitzerei, einer Münzsammlung sowie Bronzefiguren und Medaillen.

23 Vinschgau/Val Venosta
Wenn Flachlandkinder wandern lernen

Zunächst schlängelt sich der Weg gemächlich bergan. Dann führt er beunruhigend nahe am Abgrund entlang, bis einige Höhenmeter zu klettern sind. Dabei bieten an den Felsen befestigte Seile Halt. Es folgte ein sehr schmaler Pfad, der unmittelbar am Abhang verlief. Bald ging es talwärts, wo der Weg an der Kapelle bei den Heiligen drei Brunnen endete. Der malerisch gelegene Wallfahrtsort verdankt sich der Marienerscheinung, die ein Holzfäller um das Jahr 1500 dazu bewog, den Baum zu schonen und neben ihm eine Kapelle zu bauen. Ein plätschernder Bach, der sich aus drei Quellen speist, bildet hier mehrere Becken. Neben ihm rauscht der Gletscherfluss. In seinem Bett konnte man von Stein zu Stein springen und eiskaltes Wasser trinken. Die Route ist trotz »einiger exponierter Stellen« als Familienwanderweg ausgewiesen und beweist, dass in Südtirol andere Maßstäbe gelten als nördlich der Alpen. Naturerleben und Bergwandern ist in Südtirol immer eins – das gilt schon für die Jüngsten. Deshalb stehen im **Hotel Bella Vista** am Fuß des Ortler regelmäßig Familienwanderungen auf dem Programm – für manches Flachlandkind eine ganz neue Erfahrung. Stephan Gander, der mit seiner Frau Petra in fünfter Generation das in **Trafoi** im Nationalpark Stilfserjoch gelegene Hotel führt, ist als Vater von vier Kindern mit Erfahrung und zudem mit pädagogischem Geschick gesegnet. So kennt er nicht nur diverse Tricks zur Motivation, sondern überzeugt Wanderneulinge vor allem durch seine eigene Begeisterung.

Steilere Abschnitte gewinnen an Reiz, wenn Stephan zeigt, wo die Hand hinkommt und an welche Stelle dann der Fuß gesetzt wird. Der Weg muss Abwechslung bieten, um als Ziel zu bestehen – etwa einen Wasserfall, hinter dessen rauschendem Vorhang man geht. Auch Tiere sind geeignet, die Aufmerksamkeit zu fesseln. Kommt gerade kein Grauvieh des Wegs und lässt sich keine Gämse sehen, genügt eine Pflanze wie die Feuerlilie, die Stephan den Kindern zeigt. Ihre auffällige Färbung betrachten sie mit gespanntem Interesse. Dann wieder spielen die Kinder an einem Gebirgsbach. Ein gefragter Experte bei der Stauung von Bächen ist auch Stephans Ganders Schwiegervater Gustav Thöni, einstmals erfolgreichster Skiläufer Italiens, mehrfacher Olympiasieger und Weltcup-Gewinner sowie neun Jahre lang Trainer von Alberto Tomba. Im Winter stellt Thöni Gastkinder auf die Skier, im Sommer spielt er mit ihnen. Das Hotel im 50-Einwohner-Dorf Trafoi ist auch das Haus seiner Kindheit.

Hotel Bella Vista
39029 Trafoi
✆ 04 73 61 17 16
www.bella-vista.it.
Das DZ mit Halbpension kostet im Sommer ab 65 Euro pro Person, eine Suite mit getrenntem Kinderschlafzimmer ab 75 Euro pro Person. Zu bestimmten Terminen übernachten Kinder (bis 8 J.) gratis im Zimmer der Eltern.

Highlight im Vinschgau: die Benediktinerabtei Marienberg

24 Johannesstube im Hotel Engel in Welschnofen/ Nova Levante

Zu Gast beim Sternekoch

Der Idylle und dem sichtlichen Wohlstand zum Trotz haben die Dörfer des Eggentals keine Menschen hervorgebracht, deren Ehrgeiz sich in der Pflege ihrer Balkonbepflanzung erschöpfen würde. »Ich habe immer das Gefühl, nicht genug zu wissen«, sagt der 1994 geborene Johannes Kohler. Dennoch wurde er Anfang 2012, noch 17 Jahre alt, der jüngste Sommelier Italiens. Im Hotel Engel in Welschnofen (1900 Einwohner), das seine Eltern in fünfter Generation führen, war Wein immer ein wichtiges Thema – genau wie das Essen. Nicht umsonst wurde die Küche der hauseigenen Johannesstube noch unter Leitung von Küchenchef Markus Baumgärtner – mit einem Michelin-Stern ausgezeichnet. In diesem Umfeld fing Johannes Köhler als Teenager an, sich mit dem Thema Wein zu beschäftigen. Heute liebt er die Weine Südtirols besonders, doch gibt er zu, dass ihn auch Weine aus dem Burgund faszinieren. Nach Auslandserfahrung in einem deutschen Spitzenrestaurant ist er heute als Sommelier in der urig mit Naturmaterialien – von den Tischen aus Südtiroler Zirbenholz bis zum Stein- oder Holzteller – eingerichteten Johannesstube tätig. Auch die Aussicht auf Rosengarten und Latemar ist Teil der Attraktion des Hauses im Hauptort des Eggentals. Hier berät er die Gäste und pflegt den mit mehr als 450 Weinen gut sortierten Keller.

Die Küche der Johannesstube leitet seit 2014 Theodor Falser – eine Herausforderung, der sich der 1973 geborene Bozner gerne gestellt hat. Nach Stationen in den Restaurants von 5-Sterne-Hotels in Asien, im arabischen Raum sowie auf Kreuzfahrtschiffen freute er sich auf eine Rückkehr in seine Südtiroler Heimat. Sommelier und Küchenchef haben für die traditionsreiche Johannesstube ein junges Konzept ausgearbeitet, das Gourmetküche in einem entspannten Rahmen zum Erlebnis macht. Die produktbezogene Küche Falsers mit ihrem deutlichen Akzent auf Kräutern und Gemüse stellt die Natur in den Mittelpunkt: »Meeresnatur« ist beispielsweise das Motto eines Menüs mit Fisch-Schwerpunkt. Wobei Falser sich das Recht vorbehält, sich auch von den exotischen Küchen seiner beruflichen Vergangenheit inspirieren zu lassen.

Johannesstube im Wellness-Resort & Hotel Engel
Gummerer Str. 3
39056 Welschnofen
✆ 04 71 61 31 31
www.hotel-engel.com
Do–Mo 12–14 und 19–21.30 Uhr

REGION 9
Venetien

Venetien/Veneto

Im Hoheitsgebiet der Venezianer

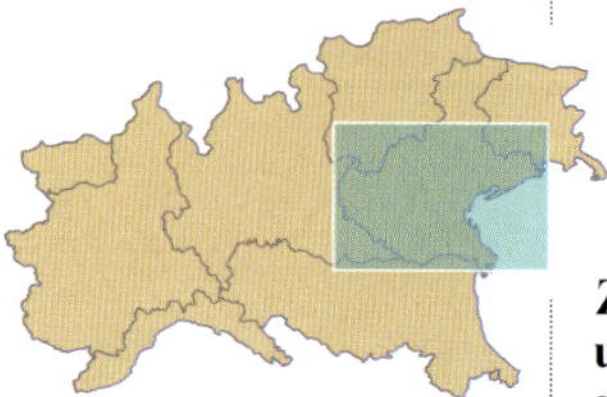

Zwischen den südlichen Alpenausläufern über liebliches Hügelland und die Weite der Po-Ebene bis an die Gestade der Adria erstreckt sich mit Venetien eine abwechslungsreiche Landschaft, angefüllt

Der venezianische Löwe, Hoheitszeichen der »Serenissima«, der Republik Venedig, im gesamten Veneto

mit spektakulären Baudenkmälern und Kunstschätzen, Jahr für Jahr besucht von Millionen Menschen. Insbesondere die Ostküste des Gardasees und Venedig locken die Besucher; aber auch Kunststädte wie Padua, Vicenza und Verona, die Lagunen von Venedig mit Murano und Grado sowie, natürlich, die 150 Kilometer lange Küste selbst mit ihren breiten Stränden. 4,9 Millionen Menschen teilen sich die Fläche von 18 400 Quadratkilometern. Die Region wird von Tirol und Kärnten im Norden, Trentino-Südtirol im Nordwesten, der Lombardei im Westen, der Emilia-Romagna im Süden und Friaul-Julisch Venetien im Osten eingerahmt. Im Südwesten grenzt sie an die Adria.

Die Perle der Region ist die Stadt auf dem Wasser: Venedig. Als während der ausgehenden Antike Kriege und Völkerwanderungen

Wäscheleinen im Zickzack: Alltag im Sestiere Castello (Venedig)

REGION 9
Venetien

Eine der märchenhaften Villen in der venezianischen Terraferma: die Villa Pisani aus dem 18. Jahrhundert am Brentakanal

Die Villa Piovene von Andrea Palladio in den Hügeln der Provinz Vicenza (Lonedo di Lugo Vicentino) wurde zusammen mit anderen Palladio-Villen zum UNESCO-Weltkulturerbe erklärt

das Leben in Norditalien gefährlich machten, zogen sich Venetier vom Festland auf die Inseln der Lagune zurück und errichteten dort Siedlungen, die später auf Pfählen im Meer erweitert wurden. Ihre Etablierung als Handelsdrehscheibe zwischen dem Orient und dem Heiligen Römischen Reich verschaffte der Seerepublik einen beispiellosen Aufstieg. Vom 12. bis 15. Jahrhundert war Venedig die mächtigste Stadt Europas. Ihr Besitz reichte vom Veneto bis zu den Mittelmeerinseln Kreta und Zypern. Während der Renaissance erlebte auch die *Terraferma*, der Besitz Venedigs auf dem Festland, eine künstlerische Blüte. Es war die Zeit Andrea Palladios, der die Region mit klassizistischen Villen dekorierte, seiner Wahlheimat Vicenza einen unauslöschlichen Stempel aufdrückte und Venedig zwei seiner schönsten Kirchen schenkte; aber auch die Zeit von Tizian, Jacopo Tintoretto, den Brüdern Bellini, Vittore Carpaccio und Giorgione.

Ab dem 16. Jahrhundert bahnte sich der wirtschaftliche Niedergang der durch ständige Kriege mit dem Osmanenreich geschwächten Republik an. Sie verlor ihre Besitzungen im Osten, die Republik Genua wurde zur Konkurrenz und der Welthandel verlagerte sich vom Orient in die Neue Welt, was Venedig erst bemerkte, als Spanien, Portugal und England sich dort bereits etablierten. 1797 fiel der größte Teil Venetiens an die Habsburger, 1805 ans italienische Königreich, nach zehn Jahren wiederum an Österreich. 1866 wurde es endgültig zu einem Teil Italiens, und um diese Zeit begann der Aufstieg Venedigs zum Ziel von Romantikern und Bildungsreisenden. Im Ersten Weltkrieg wurde Venetien zum Schauplatz erbitterter Schlachten zwischen Italien und Österreich. In den 1960er und 1970er Jahren begann ein wirtschaftlicher Aufschwung, der Venetien zu einer der wohlhabendsten Regionen Italiens machte. Landwirtschaft, Lebensmittelherstellung, Mode und die Schwerindustrie am Porto Maghera sind neben dem Tourismus die wichtigsten wirtschaftlichen Standbeine.

Nicht nur in Venedig gibt es Kanäle: die Riva Vena in Chioggia

REGION 9
Venetien

Aus dem europäischen Norden exportiert nach Oberitalien: Baccalà (Stockfisch), kredenzt mit Polenta

Trauben und ...

Gastronomische Erzeugnisse Venetiens
Polenta und Baccalà

So abwechslungsreich wie die Landschaft ist auch die Küche Venetiens. Dafür sorgen die kulinarischen Reichtümer der Region: **Fisch und Meeresfrüchte** aus dem Meer und in den Lagunen, weißer Spargel aus der Gegend um Bassano del Grappa, Kürbis aus Chioggia sowie Salat – darunter diverse Sorten Radicchio – und Gemüse von der *Terraferma*, dem zu Venedig gehörenden Festland; nicht zuletzt die Reissorte **Vialone Nano**, die bei Verona angebaut wird, als eine der besten Sorten Italiens gilt und Grundlage für köstliches **Risotto** ist. Weil die Po-Ebene im Gegensatz zur Lagune Platz bietet und so auch Viehwirtschaft ermöglicht, stehen auch Fleisch und köstliche Käse zur Verfügung. Auf dem Festland wurde über Jahrhunderte eine einfache Bauernküche gepflegt. Hier aß und isst man **Polenta** und Reis, Bohnen – etwa in Form eines kräftigen **Jota** genannten Eintopfs – und im Winter Ente und Gans. In Vicenza wird der **Baccalà mit Polenta** besonders geliebt: In Milch, Zwiebeln und Petersilie geschmort, gerät der traditionelle Stockfisch zur milden Köstlichkeit.

In den Lagunen spielen auch exotische Gewürze eine Rolle, was an der Vergangenheit Venedigs als internationale Handelsdrehscheibe liegt. Ingwer, Safran, Vanille und Zimt, aber auch Auberginen fanden auf Handelsschiffen den Weg an die Adria und bald auch Eingang in die Küche der Seerepublik. **Sarde in saor** ist ein Beispiel für eine Allianz aus heimischen und exotischen Zutaten. Das Gericht besteht aus Sardinen auf gebratenen Zwiebeln. Ein Schuss Essig entlockt dieser Grundlage saure Noten, Rosinen und Pinienkerne verleihen ihr eine angenehme Süße. Die nächstliegende Nahrungsmittelquelle war den Veneziern stets das Meer. Ein Salat aus Meeresfrüchten als Vorspeise, ein Risotto mit Tintenfisch als erster Gang, als *secondo* ebenfalls Fisch – das ist hier Standard, außer wenn mit der kühleren Jahreszeit die Saison für Wildvögel beginnt. Dass in Venetien die **Polenta**, eine Art Maisbrei, heiß geliebt wird, ist ein Erbe aus Habsburger Tagen. Sie rangiert hier mit dem Risotto deutlich vor der Pasta.

Allgemeines regionales Wein-Brevier Venetiens

Einige der bekanntesten Weine Italiens stammen aus den Anbaugebieten Soave, Valpolicella, aus der Ebene entlang dem Piave und dem Gebiet um Verona, das – unter anderem – die Heimat des **Bardolino** ist. Alle Gebiete haben besonders kalkhaltige Böden, denen sie neben den unterschiedlichen klimatischen Gegebenheiten von den Alpenausläufern bis zur Po-Ebene ebenso gute wie vielseitige Weine verdanken. Auch von seiner Fläche her ist das Veneto eines der wichtigsten Anbaugebiete des Landes: 20 Prozent der italienischen Weine mit DOC-Siegel werden hier produziert.

Die Region besitzt acht DOCG-Gebiete sowie zahlreiche DOC-Weine. Unter ihnen ist zahlenstark der viel geliebte **Prosecco** vertreten. Eine Produktion von rund 150 Millionen Flaschen pro Jahr macht ihn zum wesentlichen Wirtschaftsfaktor. Prosecco mit DOC-Status stammt aus zahlreichen Anbaugebieten in mehreren Provinzen Venetiens und Friaul-Julisch Venetiens. Der prickelnde Wein wird außerdem auch in DOCG-Qualität abgefüllt. Die Reben für den Prosecco mit entsprechendem Siegel reifen in Colli Asolani, in Valdobbiadene und Conegliano in der Provinz Treviso. Die beiden letzteren Anbaugebiete verteilen sich auf 15 Städtchen, die allesamt den Prosecco kontrollierter und geschützter Herkunft herstellen. Ursprünglich bezeichnete der Begriff »Prosecco« die gleichnamige Rebsorte, die ausschließlich in Treviso angebaut und zum Perlwein *(frizzante)* mit wenig Kohlensäure, zu Schaumwein *(spumante)* mit mindestens

zehn Volumenprozent Alkohol sowie zu Stillweinen gekeltert wurde.

Um Traube und kontrollierte Herkunft unterscheidbar zu machen, wird die Prosecco-Traube seit 2010 offiziell bei ihrem lateinischen Namen *Giera* genannt. Prosecco bezeichnet seither das Herkunftsgebiet. Um eine gleichbleibende Qualität des Verkaufsschlagers zu gewährleisten, sind außer dem Anbaugebiet auch Herstellungsort sowie der Ort der Abfüllung gesetzlich festgelegt.

Ein besonders für seine **Rotweine** bekanntes Gebiet ist die DOC-Region **Valpolicella**, die ein breites Spektrum von roten Tafelbis zu Spitzenweinen umfasst. Die Roten werden hier überwiegend aus den Rebsorten Corvina, Molinara und Rondinella gekeltert.

Ein ausgewähltes Rezept aus Venetien

Fegato alla Veneziano – Kalbsleber auf venezianische Art
Für vier Personen
500 bis 600 g Kalbsleber
3 bis 4 mittelgroße weiße Zwiebeln
30 g Butter
4 Esslöffel Olivenöl
100 ml trockener Weißwein
Mehl, weißer Pfeffer, Salz
1 Bund glatte Petersilie

Die geschälten und in Ringe geschnittenen Zwiebeln in Butter und Olivenöl in einer Pfanne glasig dünsten, aus der Pfanne herausnehmen und beiseitestellen. Die restliche Butter und das Olivenöl in derselben Pfanne erhitzen und bei mittlerer Hitze die in schmale Streifen geschnittene und zuvor in Mehl gewälzte Leber von allen Seiten goldbraun braten. Mit dem Weißwein ablöschen, die Zwiebel dazugeben, einköcheln lassen, mit Pfeffer und Salz abschmecken. Die fein gehackte Petersilie darüberstreuen und servieren. Als Beilage eignen sich hervorragend in Scheiben geschnittene Polenta oder Kartoffelbrei.

... Rebhänge des Valpolicella-Gebiets

Fegato alla Veneziano – Kalbsleber auf venezianische Art, serviert mit Polenta

REGION 9
Venetien

Die weltbekannte italienische Schauspielerin Eleonora Duse wohnte in Asolo und wurde hier auch begraben

Pro Loco di Asolo
Piazza d'Annunzio 3
31011 Asolo
✆ 04 23 550 45
www.prolocoasolo.it

Rocca
Sa/So April–Okt.
10–19, Nov.–Feb. bis
17 Uhr, Eintritt € 2

Asolo, reizvoll in den Hügeln nördlich von Treviso gelegen

1 Asolo
Die Stadt der hundert Horizonte

40 Kilometer nordwestlich von Treviso liegt mit Asolo eine kleine (9000 Einwohner), reizvolle Stadt in lieblichem Hügelland. Ganz bescheiden nennt sie sich »Stadt der 100 Horizonte«. Tatsächlich öffnen sich von jedem ihrer Hügel, die bereits in vorchristlicher Zeit besiedelt waren, neue Blicke auf das Umland und die Altstadt, die zu den schönsten Italiens gehört. Dominiert wird ihre Silhouette von der ab dem 12. Jahrhundert erbauten **Rocca**.

Asolo lockte bereits frühe Italienreisende, unter ihnen war der englische Dichter Robert Browning (1812–89). Er hatte mit seiner Frau und Kollegin Elizabeth Barrett Browning (1806–61) in Venedig gelebt, seit die beiden 1846 nach hastiger Heirat London überstürzt verlassen hatten. Als sie starb, kehrte er mit dem gemeinsamen Sohn nach England zurück, konnte Italien aber auf Dauer nicht fernbleiben. Browning nahm in der im 17. Jahrhundert erbauten **Villa Scotti-Pasini** (nicht zu besichtigen) Quartier, deren hängende Gärten seinen Eindruck noch verstärkten, einen schöneren Ausblick habe er nie genossen. Deutlich früher, nämlich im Jahr 1489, kam Caterina Cornaro hierher, die für kurze Zeit Königin Zyperns war. Die italienische Aristokratin hatte den zypriotischen Monarchen geheiratet, der bald nach der Hochzeit ermordet wurde. Sie musste die Krone aufgeben und wurde mit Asolo entschädigt. Bis 1509 führte sie mit ihrem Hofstaat im **Castello della Regina** (von dem nur der Uhrenturm geblieben ist) ein angenehmes Leben. Hier gab es einen 1698 errichteten Theatersaal (in dem auch Eleonora Duse auftrat), den John Ringling, amerikanischer Zirkusgründer und Kunstsammler, 1949 kaufte und heim nach Sarasota, Florida, brachte. Einzig der Kristalllüster verblieb in Asolo und erhellt nun den Saal des Stadtrats. Eleonora Duse besaß hier ein Haus; zwar starb sie 1924 in den USA, doch sie wurde auf dem Friedhof Sant'Anna bestattet. Dem Komponisten Gian Francesco Malipero gefiel es hier ebenso wie den amerikanischen Schriftstellern Henry James und Ernest Hemingway sowie der englischen Reiseschriftstellerin Freya Madeline Stark, die 1993 im Alter von 100 Jahren starb und auf dem Friedhof von Asolo ihre letzte Ruhe fand.

Asolos **Duomo Santa Maria Assunta** hat seinen Ursprung im 10. Jahrhundert, wurde aber im 18. Jahrhundert stark verändert. Zu seinen Schätzen zählen ein Gemälde von Tizian sowie eines von Lorenzo Lotto; beide haben die Himmelfahrt Marias zum Thema.

Das Hügelland am Südostufer des Gardasees …

❷ Bardolino
Rosé und Fresken am Ostufer des Gardasees

30 Kilometer von Verona entfernt liegt Bardolino (6800 Einwohner), dessen Name im Ausland nicht zu Unrecht mit Wein assoziiert wird, am südöstlichen Ufer des Gardasees. Das gleichnamige Anbaugebiet bringt über die Staatsgrenzen hinaus geschätzte leichte Rote und den funkelnden Rosé Chiaretto hervor. Am Südufer des Gardasees treten die Alpen in den Hintergrund; hier gesellen sich zum milden Klima, das der wärmespeichernden Wirkung des Sees zu verdanken ist, im Hügelland für den Weinbau günstige Platzverhältnisse. Doch nicht nur wegen seiner Weine ist Bardolino eines der beliebtesten Ziele des Ostufers. Den Wassersportmöglichkeiten sind hier kaum Grenzen gesetzt und mit dem bildschönen, kleinen Hafen und der von Mauern und Türmen geprägten Altstadt verströmt Bardolino jede Menge südlichen Charme. Entsprechend voll wird es hier an Sommerwochenenden. Wer zeitlich flexibel ist, sollte Bardolino daher während der Woche besuchen.

Besonders sehenswert ist die im 8. Jahrhundert erbaute **Chiesa San Zeno** an der Piazza San Gervaso. Sie ist eines der schönsten Beispiele karolingischer Kirchenbaukunst in Italien und hat das Erdbeben von 1117 nahezu unbeschadet überstanden. Obwohl sie bereits im 13. Jahrhundert aufgegeben wurde, ist sie so gut wie unverändert erhalten geblieben. In ihrem Inneren sind die karolingischen Kapitelle ihrer sechs Säulen sowie Fragmente einiger – leider stark verblasster – Fresken besonders sehenswert.

Die knapp außerhalb der Altstadt gelegene, romanische **Chiesa San Severo** mit hohem, schlankem Glockenturm steht auf einem Vorgängerbau aus dem 9. Jahrhundert. Dessen langobardische Krypta mit erstaunlich gut erhaltenen Stützpfeilern wurde unter der Apsis gefunden und ausgegraben. Die übrige Bausubstanz der ersten Kirche wurde beim Erdbeben des Jahres 1117 so stark beschädigt, dass sie im Lauf des 12. Jahrhunderts noch in romanischem Stil neu aufgebaut wurde. Der dreischiffige Bau ist seither kaum verändert worden, lediglich seine westliche Seite wurde im 18. Jahrhundert überarbeitet. Auch die romanischen Fresken aus der ersten Hälfte des 12. Jahrhunderts haben zu Teilen überdauert. Die Nordseite schmücken Szenen aus der Passionsgeschichte, auf der Südwand sind die Apostel sowie Szenen aus der Apokalypse des Johannes dargestellt.

Museo del Vino Zeni
Via Costabella 9
37011 Bardolino
✆ 04 57 21 00 22
www.museodelvino.it
Mitte März–Okt. tägl. 9–13 und 14.30–19 Uhr, Eintritt frei
Interessantes kleines Weinmuseum im gleichnamigen Weingut; auch Verkostungen und Einkauf möglich.

… ist das Anbaugebiet für den Bardolino

❸ Ponte degli Alpini in Bassano del Grappa
Palladios Holzbrücke über die Brenta

Hauptsehenswürdigkeit von Bassano del Grappa ist eine überdachte Holzbrücke aus der Renaissance. Sie verbindet Bassano über den Fluss Brenta hinweg mit dem Ortsteil **Angarano** und wurde – wie könnte es in dieser Gegend anders sein – vom vielbeschäftigten Star-Architekten Andrea Palladio entworfen und 1569 nach seinen Plänen erbaut. Die Brücke ist so konstruiert, dass ihre fünf Pfeiler parallel zum Flusslauf verlaufen und diesen so in seiner Strömung kaum bremsen. Weil sie nicht nur die Ortsteile verbindet, sondern auch an der Straße nach Vicenza lag, war die Brücke immer stark beansprucht und bei militärischen Konflikten ein wichtiges strategisches Ziel. So musste sie im Lauf der Jahrhunderte einige Male zumindest teilweise wieder aufgebaut werden. Schon im 12. Jahrhundert gab es an dieser Stelle eine Brücke, die ebenso wie mehrere Nachfolgebauten zerstört wurde. Als die letzte, ebenfalls eine Konstruktion aus Holz, 1567 einem Hochwasser zum Opfer fiel, wurde Palladio eingeladen, sich etwas auszudenken. Zunächst schlug er den Bau einer steinernen Brücke mit drei Bögen nach römischem Vorbild vor – von der Architektur der Antike war sein ganzes Schaffen bestimmt. Die Stadtväter Bassanos aber waren auf ihre Weise konservativ und wünschten sich einen Neubau in gewohnter Optik. 1569 reichte Palladio seinen zweiten Entwurf ein, der stilistisch an den Vorgängerbau angelehnt war, aber durch bessere Statik und Konstruktionstechnik eine längere Lebensdauer versprach. Sie hielt immerhin 200 Jahre, bis zu einem Hochwasser 1748.

Glücklicherweise hatte man Palladios Pläne gut aufbewahrt und konnte, wenn ihr Wiederaufbau notwendig wurde – wie 1813, als sie von marodierenden Truppen abgefackelt wurde –, stets auf sie zurückgreifen. Besonders schlimm hatte es die Brücke im Zweiten Weltkrieg erwischt. 1948 wurde sie von italienischen Gebirgsjägern originalgetreu wieder aufgebaut und trägt seither offiziell den auf die Alpentruppe verweisenden Namen **Ponte degli Alpini**. In der Umgangssprache heißt sie allerdings nach wie vor Ponte Vecchio. Die Fußgängerbrücke bietet prachtvolle Ausblicke auf die Berge und das Tal der Brenta.

Bassano del Grappa: die hölzerne Palladio-Brücke Ponte degli Alpini über die Brenta

»The Blue Hour«: die Chiesa Madonna dell'Angelo, älteste Kirche von Caorle

❹ Caorle
Ein Fischerdorf wird Touristenmagnet

Wenige Kilometer westlich des Badeorts Bibione und 60 Kilometer von Venedig entfernt präsentiert sich mit Caorle (11 800 Einwohner) ein reizvolles und ursprüngliches Hafenstädtchen mit einer schönen Altstadt, Gassen, Glockentürmen und bunt gestrichenen Fischerhäusern. Bis heute besitzt das Städtchen einen lebhaften Fischerhafen. Auch Ernest Hemingway hielt sich hier auf und fuhr im Rahmen seiner Studien örtlicher Sitten und Gebräuche mit lokalen Fischern in die Lagune hinaus. Später verarbeitete er seine Erlebnisse hier und in anderen Orten Venetiens in seinem Roman »Über den Fluss und in die Wälder«.

Schon zur Zeit der Römer war der Hafen der an der Mündung des Flusses Livenza in die Adria gelegenen Stadt ein bedeutendes Handelszentrum und ab dem 9. Jahrhundert Bischofssitz. Als der Hafen versandete, der Caorle zu einer der größten Städte der Region gemacht hatte, sank sein Stern. Die traditionell enge Bindung Caorles an Venedig erwies sich zudem als Bumerang, als genuesische Truppen im Jahr 1380 den Verbündeten Venedigs überfielen und fast dem Erdboden gleichmachten. Es sollte lange dauern, bis Caorle sich erholte. Dank des Tourismus floriert der Handel heute wieder; Caorle besitzt schöne Geschäfte und stellt mit der malerischen Altstadt ein nettes Kontrastprogramm zu den Badefreuden am Strand dar.

Besonders sehenswert ist der fast 1000 Jahre alte romanische **Duomo** mit erhaltenen Fresken. Der leicht schief stehende Glockenturm wurde etwas später, im Jahr 1100, erbaut. Noch älter ist die Kirche **Madonna dell'Angelo** am östlichen Ende des Damms, die aus dem 6. Jahrhundert stammen soll; der romanische Glockenturm kam im 8. Jahrhundert hinzu.

Im **Alten Hafen** liegen heute die Fischerboote; die *Casoni* – alte, schilfgedeckte Fischerhütten – stehen auf Pfählen in der Lagune und sind nur per Boot zu erreichen. Mit der **Spiaggia di Ponente** und der **Spiagga di Levante** besitzt Caorle außerdem zwei schöne, feinsandige Strände mit umfassendem Freizeitangebot – heute seine eigentlichen Besuchermagnete. Den Badeort Porto Santa Margherita jenseits der Flussmündung verbindet eine Fähre mit Caorles Lido Altanea.

[i] IAT Caorle
Rio Terrà 3
30021 Caorle
✆ 04 21 810 84
www.turismovenezia.it/bibione-e-Caorle
Mai–Sept. tägl. 9–19 Uhr

Die bunten Häuser im Zentrum von Caorle erinnern an Burano

❺ Castelfranco Veneto und Giorgione
Geburtsort des großen Meisters der venezianischen Hochrenaissance

Giorgiones »Madonna mit Kind« (um 1505) im Dom seines Geburtsorts Castelfranco Veneto

Casa di Giorgione
Piazza San Liberale
31033 Castelfranco Veneto
✆ 04 23 73 56 26
www.museocasagiorgione.it
Mai–Sept. Di–Sa 10–13 und 15.30–18.30, So 10–13 und 15–19, Okt.–April Di–Sa 9.30–12.30 und 15–18, So 10–13 und 14–18 Uhr
Eintritt € 5/3

Zwischen Padua, Vicenzo und Treviso liegt mit Castelfranco Veneto (38 000 Einwohner) der Geburtsort des großen Renaissancekünstlers Giorgione. Castelfranco besitzt eine gut erhaltene historische Altstadt, die im späten 12. Jahrhundert zur Verteidigung Trevisos gegen Padua in kurzer Zeit erbaut wurde. Innerhalb der Stadtmauern befindet sich der **Dom** aus dem 18. Jahrhundert, der mit dem **Altarbild Pala di Castelfranco** (Madonna mit Kind zwischen dem heiligen Franziskus und Nicasius) von Giorgione ein weltbekanntes Hauptwerk der Renaissance und eines der wenigen erhaltenen Gemälde des großen Sohns der Stadt besitzt. Das Bild war für die Privatkapelle der Familie Costanzo angefertigt worden und erhielt erst später seinen Platz im Dom. Außerdem sind in seinem mutmaßlichen Elternhaus, der in der Nähe des Doms gelegenen **Casa di Giorgione**, Wandfriese erhalten, die ebenfalls Giorgione zugeschrieben werden.

Castelfranco wurde von Treviso als Festung an der Kreuzung der Straßen nach Vicenza und Padua angelegt, als sich der Stadtstaat im Krieg mit Padua befand. Den ersten Bewohnern wurde Wohnraum innerhalb der Stadt geschenkt, um die Festung zu verteidigen. Dafür waren sie von Steuern und Zöllen befreit. Ein solcher Anreiz war auch nötig, denn der Konflikt zwischen Treviso und Padua zog immer wieder Besuche unterschiedlich disziplinierter Truppen nach sich. 1339 fiel die Stadt an Venedig.

Als Giorgione alias Giorgio da Castelfranco hier im Jahr 1477 geboren wurde – sein genauer Name ist nicht bekannt –, waren die unruhigen Zeiten vorbei. Das Städtchen entwickelte sich dank seiner Lage an der Kreuzung wichtiger Straßen zum florierenden Handelszentrum. Giorgione verließ es, um sich in einer venezianischen Werkstatt ausbilden zu lassen. Um die Jahrhundertwende kehrte er in seine Heimatstadt zurück, wo er um 1504 das berühmte Bild der Madonna malte. Zurück in Venedig fand er unter anderem in der Fondaco dei Tedeschi Beschäftigung als Freskenmaler; Dokumente belegen außerdem, dass er eine Auftragsarbeit für den Dogenpalast anfertigte. Nur wenige seiner Arbeiten haben überdauert, die meisten hängen heute in Europas großen Museen. Dass er kein umfangreicheres Werk hinterließ, liegt vor allem daran, dass ihm nur ein kurzes Leben beschieden war. Giorgione fiel im Jahr 1510 in Venedig der Pest zum Opfer.

❻ Von Chioggia aus mit dem Hausboot durch die Lagune von Venedig
Freizeitkapitän in der Laguna di Venezia

Die Luft flimmert im Licht des Morgens. Vögel fliegen neben dem Boot auf. Außer ihren Rufen ist nichts zu hören. Wer die nur durch schmale Streifen Land vom Meer getrennte Lagune von Venedig im Hausboot erkundet, erlebt sie als Naturlandschaft ohne Gedränge und braucht sich auch über Hotels keine Gedanken zu machen. Freizeitkapitäne benötigen dazu keinen Bootsführerschein. Von Chioggia geht es beispielsweise zu den Inseln Pellestrina (die einen Teil der Lagune abschließt), Murano, Burano und Torcello und von dort weiter über den Fluss Sile oder den Brentakanal. Der Anbieter Locaboat entlässt Freizeitkapi-

täne nach einer gründlichen Einweisung ab Chioggia aufs Wasser (www.locaboat.com; es gibt unterschiedliche Routen von sieben, zehn oder 14 Tagen Dauer).

Chioggia liegt am südlichen Ende der Lagune von Venedig. Die mit 50 000 Einwohnern zweitgrößte Stadt in der Bucht kommt ihrer berühmten großen Schwester 50 Kilometer nördlich durch die Lage auf mehreren, mit Brücken verbundenen Inseln auch optisch recht nahe, allerdings ist ihr Charakter bodenständiger. Traditionell die Heimat von Arbeitern und Fischern, besitzt sie bis heute den größten Fischereihafen der nördlichen Adria (und einen sehenswerten **Fischmarkt**, der Frühaufstehern täglich außer sonntags ein eindrucksvolles Schauspiel bietet).

Schon zur Zeit der Etrusker befand sich hier eine Siedlung. Allerdings wurde die Stadt im Lauf der Geschichte immer wieder überfallen und zerstört, so dass die bedeutendsten erhaltenen Bauten aus dem Mittelalter stammen. Die Kathedrale **Duomo Santa Maria Assunta** stammt ursprünglich aus dem frühen 12. Jahrhundert, der **Campanile di San Andrea** kam im 13. Jahrhundert dazu. Ihre heutige Form entstand im 17. Jahrhundert nach Plänen von Baldassare Longhena. Die Kathedrale liegt beim einstigen Stadttor **Porta di Santa Maria Assunta** am **Corso del Popolo**, dem von Palästen gerahmten Zentrum der Altstadt. Bemerkenswert ist hier der 1322 erbaute **Palazzo del Granaio**, der zu den ältesten Gebäuden der Stadt zählt und einstmals als Getreidespeicher diente.

Gegenüber der Stadt liegt **Sottomarina** auf einer Halbinsel, ein Badeort mit sechs Kilometern Sandstrand, der von der Altstadt über die 700 Meter lange **Ponte dell' Unione** zu erreichen ist. Wer stilecht mit dem Boot nach Venedig fahren möchte, kommt mit dem Vaporetto 11 mehrmals täglich ab Piazzetta Vigo über Pellestrina zum Lido di Venezia.

Eine Falle für vorbeiziehende Fischschwärme: Trabucco bei Chioggia

i IAT Chioggia
– Palazzo Ravagnan
Riva Vena 895
30015 Chioggia
✆ 041 529 87 11
www.turismovenezia.it
Di–Fr 8.30–13 und 15–18, Sa und Mo 8.30–13 Uhr

Mit einem gecharterten Boot durch die Lagune von Venedig

❼ Euganeische Hügel südwestlich von Padua
Thermalbäder und ein Wanderparadies

Zahlreiche Thermalquellen sprudeln im wenige Kilometer südwestlich von Padua gelegenen Hügelland aus dem Boden und machen die Gegend zu einer der größten Thermalregionen in Europa. Berühmt sind die Kurorte **Abano Terme**, **Montegrotto Terme**, **Battaglia Terme** und **Galzignano Terme**. Die höchste Erhebung in der aus der Po-Ebene ragenden Hügelkette ist der **Monte Venda** (601 m). Die moderaten Steigungen und die liebliche Landschaft machen die Euganeischen Hügel zu einem beliebten Wandergebiet. Zum Netz von Wanderwegen gehören 16 Rundwege von eineinhalb bis 21 Kilometern Länge; außerdem führt der Fernwanderweg Alta Via dei Colli Euganei durch das Gebiet. Die Landschaft wird seit 1989 als Naturpark Parco Regionale dei Colli Euganei geschützt.

Die Euganeer, die dem Landstrich den Namen gegeben haben, sollen diese Hügel noch vor den Venetiern, die die Quellen bereits nutzten, bewohnt haben. Später hielten hier die Römer ihre Füße ins warme Wasser und erbauten erste Thermalanlagen. Sie nannten die Quellen nach dem für Schmerzlinderung zuständigen Gott Aponus »Fons Aponi«. Mit dem Römischen Reich endeten auch die frühen Badefreuden; die Langobarden zerstörten die Thermalanlagen. Erst im 19. Jahrhundert kam mit der Eröffnung der Bahnverbindung von Padua nach Bologna wieder ein Badetourismus in Gang. Als einer der ersten Orte in Italien wurde Abano Bagni, wie Abano Terme damals hieß, 1927 zur Thermalstation erklärt. Allein dieses Städtchen (20 000 Einwohner) besuchen heute zwei Millionen Urlauber im Jahr.

Die heutigen Thermalbäder dienen nicht nur der Entspannung müder Wanderer, sondern werden auch wegen ihrer therapeutischen Wirkung geschätzt. Vor allem bei Rheuma und Nervenleiden setzt man auf die schmerzlindernde und heilende Wirkung des leicht radioaktiven Wassers, das dem Euganeischen Thermalbecken entspringt und heute vor allem in Fango- und Inhalationstherapien angewendet wird. Die meisten Kur- und Wellnesshotels besitzen außer Badelandschaften für eher an Wellness interessierte Gäste eigene Quellen, aus denen das bis zu 87 Grad heiße Wasser sprudelt. Ansonsten ist von entspannenden Massagen bis zur Anti-Aging-Behandlung alles im Angebot, wovon erschöpfte und gestresste Urlauber träumen mögen. (Informationen zu Wellness-, Wander- und Übernachtungsmöglichkeiten bieten die Orte des Hügellands gemeinsam unter www.collieuganei.biz.)

❽ Punta San Vigilio bei Garda
Der »schönste Ort der Welt«

Einer der schönsten Orte am Gardasee ist die Punta San Vigilio, eine von Olivenbäumen und Zypressen begrünte Landzunge, die zwischen Garda und Torri del Benaco in den See hinausragt. Das Kirchlein **Chiesa San Vigilio** aus dem 13. Jahrhundert, die **Villa Guarenti di Brenzone**, der malerische Hafen und sein Gästehaus, die im 14. Jahrhundert erbaute **Locanda San Vigilio** – noch heute ein Hotel mit sieben Zimmern und sieben Suiten – machen es vor der Kulisse des tiefblauen Sees zum Inbegriff des Traums vom Land, wo die Zitronen blühen. Aus dieser außergewöhnlichen Halbinsel ein Gesamtkunstwerk aus Natur und Architektur zu machen war auch die Intention von Agostino di Brenzone, einem wohlhabenden Bürger und Humanisten aus Verona, der das Land im Jahr 1540 erwarb. Unter Leitung des Veroneser Renaissance-Architekten

🅇 **Hotel Ristorante Locanda San Vigilio**
Punta San Vigilio
37016 Garda
✆ 04 57 25 66 88
www.locanda-sanvigilio.it
April–Okt.

und Festungsbaumeisters Michele Sanmicheli (1484–1559) ließ er das Ensemble aus Landschaft und Gebäuden anlegen, in das die Kirche und der Hafen als bereits bestehende Elemente integriert wurden. Die Wirkung war umwerfend und ist es geblieben. Das ist vielleicht das Erstaunlichste an diesem verzauberten Ort: In 500 Jahren hat er sich nicht verändert. Sogar die Zypressenallee, die zum höchsten Punkt der Landzunge führt, hat die Zeit überdauert. Brenzone traf sich hier mit Künstlern und Gelehrten, um wissenschaftlichen und philosophischen Diskurs zu pflegen. Zu Recht pries er das von ihm geschaffene Refugium als den »schönsten Ort der Welt«.

Am »schönsten Ort der Welt«, der Landzunge Punta San Vigilio, ließ sich der Dichter Agostino Brenzone eine Villa bauen

Sowohl in der Villa, die heute im Besitz der Familie Guarenti di Brenzone ist, als auch in der Locanda logierten zahlreiche illustre Persönlichkeiten. Marie-Louise von Österreich und Zar Alexander III., später Winston Churchill, Laurence Olivier und Vivien Leigh sowie in jüngerer Vergangenheit der englische Thronfolger, der spanische König Juan Carlos und Richard von Weizsäcker.

Von Garda aus ist die Punta San Vigilio fußläufig zu erreichen. Autofahrer können an der Villa parken (gegen Gebühr). Jenseits der Landzunge schließt sich die Badebucht **Baia delle Sirene** an, einer der beliebtesten und schönsten Strände des Sees.

9 Malcesine
Fotogen am Fuße des Monte Baldo

Optisch wird Malcesine (3700 Einwohner), ein aufgrund seiner Windverhältnisse bei Surfern und Seglern besonders beliebter Ferienort am nordöstlichen Ufer des Gardasees, vom **Castello Scaligero** dominiert, der Burg der Scaliger. Sie errichteten im 13. Jahrhundert die obere Burg und den Bergfried; die Venezianer ergänzten im 17. Jahrhundert die

Malcesine: Über der Altstadt erhebt sich imposant die Scaligerburg

Ufficio Turismo
Via Capitanato 6
37018 Malcesine
✆ 045 658 99 04
www.malcesinepiu.org
Tägl. 10–14 Uhr

Museo di Storia Naturale del Baldo e del Garda Malcesine
Via Castello 39
37018 Malcesine
Feb./März Sa/So 12.30–18, April–Okt. tägl. 9.30–19 Uhr
Eintritt € 6/2 (6–13 J.), unter 6 J. frei

Befestigungsanlage um die untere Burg (Palazzo Inferiore). Die Österreicher steuerten später den Pulverturm bei. Trutzig und wehrhaft wie im Mittelalter thront das Castello auf einem Hügel über der Bucht. Der Italienreisende Johann Wolfgang von Goethe verharrte fasziniert vor der Burg, um sie zu zeichen; das brachte ihm eine Festnahme wegen des Verdachts der Spionage ein. Eine Büste erinnert in der Burg an seinen Aufenthalt, an einer Mauer berichtet ein Schild in lateinischer Sprache, dass Goethe hier am 1. September 1786 zeichnete. Heute darf man nach Belieben schauen und auf Wunsch auch zeichnen; man wird sogar ermutigt, das **Naturhistorische Museum** (Museo di Storia Naturale del Baldo e del Garda Malcesine) in den Räumen der Burg zu besichtigen. Außer über Fauna und Flora des Landes am See informiert es über Goethes Aufenthalt in der Stadt. Vom Bergfried hat man außerdem einen spektakulären Ausblick auf die Stadt und den See. Die Altstadt ist mit verschlungen Gassen, der Barockkirche **Santo Stefano** (18. Jahrhundert) und dem **Palazzo dei Capitani**, dem im 13. Jahrhundert errichteten Sitz des Stadthalters der Scaliger, ausgesprochen malerisch. Der Palazzo dei Capitani erhielt im 15. Jahrhundert sein heutiges gotisches Gesicht. Die einschiffige Pfarrkirche **Santi Benigno e Caro** stammt aus dem 16. Jahrhundert.

Über Malcesine erhebt sich der Monte Baldo, der von der Stadt aus mit einer Seilbahn zu erreichen ist. Er ist ein beliebter Ausgangspunkt für Gleitschirmflüge und Mountainbiketouren.

⑩ Marostica
Lebende Schachfiguren in historischen Kostümen

IAT Marostica
Piazza Castello 1
36063 Marostica
✆ 04 24 721 27
www.vicenzae.org
Mo–Fr 10–12.30 und 14–16, Sa/So 10–12.30 Uhr

Fünf Kilometer von Bassano del Grappa liegt das überschaubare Städtchen Marostica (14 000 Einwohner) in einer von den Scaligern angelegten, gut erhaltenen mittelalterlichen Befestigung aus Mauern, Zinnen und Türmen. Außer der Stadtmauer schützen das Dorf gleich zwei Festungen, die **Untere Burg** (Castello Inferiore) im Ort, die heute Sitz der Gemeindeverwaltung ist, und die **Obere Burg** (Castello Superiore) auf dem Gipfel des Monte Pausolino. Zu Füßen der Unteren Burg liegt die **Piazza**, die sich wesentlich von ihren Pendants in anderen Dörfern und Städten Norditaliens unterscheidet: In ihren Boden ist ein überdimensioniertes Schachbrett eingelassen. Das eigenwillige Design des Platzes geht der Überlieferung zufolge auf einen Zwischenfall im Jahr 1454 zurück, als zwei junge Männer, nämlich Rinaldo da Angarano und Vieri da Vallarona, um die Gunst der bezaubernden Tochter des Kastellans Taddeo Parisico stritten (ihre Meinung wurde in diesem Stadium der Hochzeitsverhandlungen nicht eingeholt). Die Verliebten wollten unverzüglich zu den Waffen greifen, doch Vater Taddeo war ein kluger

Mann und verfügte, dass die beiden Bewerber nicht im Duell, sondern beim Schachspiel um die Hand seiner Tochter Lionora kämpfen sollten. Einen Verlierer sollte es dabei nicht geben, denn er würde beide in seine Familie aufnehmen. Zudem solle das Schachspiel ein Spektakel werden, denn Rinaldo und Vieri würden auf dem Platz der Stadt die Partie austragen und dabei lebendige Schachfiguren dirigieren. Auch die Aristokratie der umliegenden Gemeinden und die ganze Bevölkerung waren eingeladen, bei dem schicksalhaften Schachspiel zuzusehen. Die Geschichte nahm ein für alle glückliches Ende: Die Partie gewann Lionoras Favorit, der Unterlegene bekam Taddeos viel jüngere und sehr anziehende Schwester Oldrada zur Frau. Lionora freute sich so sehr, dass sie zum Zeichen ihres Glücks das Schloss mit ungezählten Kerzen in weißes Licht tauchte. Bis heute wird es zur Erinnerung an dieses denkwürdige Verlöbnis jeden Herbst festlich beleuchtet. In jedem geraden Jahr kommt es außerdem am zweiten Septemberwochenende zu einer Neuauflage des legendären Schachspiels, bei dem Partien, die zum Teil über 100 Jahre alt sind, wiederum mit Menschen als Figuren nachgespielt werden.

Lebendiges Schach in den alten Burgmauern von Marostica

In Form einer Ellipse: der Prato della Valle im Januar (Padua)

IAT Padova
Galleria Pedrocchi
35100 Padua
✆ 04 98 20 16 76
www.turismo padova.it
Tägl. außer So 9–19 Uhr

Astronomische Uhr am Uhrenturm des Palazzo del Capitano (Padua)

⓫ Padua
Pilgerziel am Rand der Po-Ebene

Schon zu Römerzeiten war die 37 Kilometer westlich von Venedig gelegene Provinzhauptstadt Padua (207 000 Einwohner), die neben Rom, Florenz und Venedig zu den wichtigsten italienischen Kunststädten zählt, bedeutend.

1222 wurde die Universität – die zweite in Italien nach Bologna – gegründet, an der Galileo Galilei lehrte und Kopernikus studierte. Bis heute gehört sie zu den größten Italiens. Darüber hinaus bietet Padua als alter Handelsplatz nach wie vor verlockende Shoppingmöglichkeiten.

Im 13. Jahrhundert wurde hier die »Il Santo« genannte **Basilica di Sant'Antonio** erbaut, die außer den Gebeinen des heiligen Antonius zahlreiche Kunstschätze beherbergt. Der Wanderprediger war ein Sohn Paduas, das sich bis heute »Stadt des Heiligen« nennt. Sein Grab ist das Ziel von Pilgern aus der ganzen Welt. Im Herzen der Stadt liegt die **Universität** mit dem berühmten Auditorium **Teatro Anatomico**, dem ältesten anatomischen Lehrsaal in ganz Europa. Sehenswert ist auch ihr 1545 angelegter Botanischer Garten, den die UNESCO zum Weltkulturerbe zählt.

Im 14. Jahrhundert wurden die Kirchen der Stadt mit großartigen Fresken ausgekleidet. Der Zyklus des Florentiner Künstlers Giotto di Bondone (1266–1337) macht die **Cappella degli Scrovegni** (auch Arenakapelle, ab 1300 erbaut) zur bedeutendsten Sehenswürdigkeit der an Kunstschätzen reichen Stadt. Die über 100 Szenen aus dem Leben Marias und Jesu sowie der Passionsgeschichte sind zwischen 1304 und 1306 entstanden, hervorragend erhalten und gelten als Meisterwerk des reifen Künstlers. Zugleich brachte er die Kunst seiner Zeit an einen Wendepunkt, indem er seinen Figuren durch plastische Realität eine bislang nicht gekannte Eindringlichkeit verlieh. In der **Chiesa Eremitani** sind Reste von Fresken Andrea Mantegnas zu sehen. Der **Dom** wurde zwischen dem 16. und 18. Jahrhundert fertiggestellt. Im benachbarten Baptisterium ist ein großartiger Freskenzyklus von Giusto de Menabuoi zu sehen, der Szenen aus der Genesis, der Apokalypse und die Geschichte von Johannes dem Täufer zum Thema hat.

Ein großer Sohn der Stadt ist der Renaissancebaumeister **Andrea Palladio**. Er wurde am 30. November 1508 in Padua geboren und ließ sich hier zum Steinmetzen und Bildhauer ausbilden. Später ging er nach Vicenza, wo er in Stadt und Umland rund 60 Villen baute.

Basilica di Sant'Antonio
Piazza del Santo 11
35123 Padua
✆ 04 98 22 56 52
www.basilicadel santo.org
Mai–Okt. tägl. 6.20–19.45, Nov.–April bis 19 Uhr
Eintritt frei
Museum: Di–Fr 9–13, Sa/So 9–13 und 14–18 Uhr
Eintritt € 2,50/1,50

⓬ Basilica di Sant'Antonio in Padua
Der Heilige für Verlorenes

Am 13. Juni 1231 starb der aus einer portugiesischen Adelsfamilie stammende Franziskanermönch Antonius in Arcello, das heute zu Padua gehört. So sehr wurde Antonius verehrt, der zu Lebzeiten manches Wunder bewirkt haben soll, dass er schon ein knappes Jahr nach seinem Tod heiliggesprochen wurde. Er selbst hatte eine bereits existierende Kapelle als seine letzte Ruhestätte vorgesehen. Im Bemühen, für die sterblichen Überreste des verehrten Mönchs eine angemessene Kirche zu bauen, schuf Padua an dieser Stelle eines der berühmtesten Heiligtümer Italiens: die Basilica di Sant'Antonio, hier auch nur liebevoll »Basilica di Santo« genannt und eines von weltweit acht internationalen Heiligtümern der katholischen Kirche. Noch im Jahr des Todes des Heiligen wurde der Grundstein gelegt, zu Beginn des 14. Jahrhunderts war der Bau fertig. Die ursprüngliche Grabkapelle wurde in die neue Kirche einbezogen.

Ihre heutige Architektur besticht durch acht breite Kuppeln, zwei an Minarette erinnernde Türme, zwei Glockentürme und eine üppig verzierte Fassade aus roten Ziegeln. In ihrer Gestaltung sind byzantinische, lombardische und spätromanische Elemente sichtbar. Über dem Hauptportal sieht man eine Statue des Antonius. Im Inneren der Basilika sind Skulpturen und das Kruzifix von Donatello, Werke von Sansovino sowie die Fresken von Altichiero und Menabuoi besonders bemerkenswert. Donatello ist außerdem mit einem Reiterstandbild auf

Das berühmte Reiterstandbild des »Condottiere« Gattamelata (1447–50) vor der Basilica di Sant'Antonio in Padua

Atlanten an der Eingangsfront der Villa Pisani

der **Piazza del Santo** vor der Basilika vertreten: Die 1452 entstandene Skulptur zeigt den Venezianer Erasmo da Narni.

Herzstück der Basilika ist die Grabkapelle des heiligen Antonius, die **Cappella dell Santo**. Die barocke **Cappella del Tesoro** (Schatzkapelle) bewahrt einige Reliquien des Heiligen – unter anderem seine Zunge, die sich in zwei Reliquienschreinen befindet, die aus dem 14. bzw. 15. Jahrhundert datieren. Sehenswert sind die vier Kreuzgänge; bis auf den Kreuzgang des Noviziats sind alle zugänglich. Der im 15. Jahrhundert entstandene Laubengang der Novizen, dessen gotischen Bögen auf schmalen Säulen ruhen, darf nur in Begleitung eines Paters (nach Anmeldung) besichtigt werden. Im **Museo Sant'Antonio** sind Gemälde, Skulpturen und Goldschmiedearbeiten vor allem aus dem Mittelalter ausgestellt, die Leben und Werk des Heiligen zum Thema haben.

i Riviera del Brenta Turismo
Via Mazzini 76
30031 Dolo
✆ 041 51 02 341
www.rivieradelbrentaturismo.com
Mo–Fr 9–12.30 und 15.30–19.30, Sa 9–12.30 Uhr

13 Bootsfahrt auf dem Brentakanal von Padua nach Venedig

Entspannung auf einer historischen Wasserstraße

Schon im 16. Jahrhundert wurde der Fluss Brenta kanalisiert. Er war durch die Gezeitenbewegungen in der Lagune stark verschlammt, so dass man ihm ein neues Bett grub, das südlich von Chioggia ins Meer mündet. Das alte Flussbett erhielt Schleusen und wurde weiterhin als Transportweg ins Land genutzt, während der neue Kanal nun sozusagen die Schnellstraße von Padua nach Venedig bildete. Seine Ufer entwickelten sich zu bevorzugten Wohnlagen. Außerhalb Venedigs gibt es nirgends so viele venezianische Villen wie an der **Riviera del Brenta**, wie die Uferlandschaft links und rechts des Kanals genannt wird. Eine der prachtvollsten ist die **Villa Pisani** im acht Kilometer von Padua gelegenen **Strà**. Sie erinnert eher an ein funkelndes Schlösschen als an ein Haus, und sei es noch so komfortabel. Erbaut wurde sie nach Plänen

Majestätisch: Villa Pisani am Brentakanal in Strà

des Architekten Girolamo Frigimelica (1653–1732), der zwei Jahre nach Baubeginn starb. Vollendet wurde sie daher von Francesco Maria Preti – was beweist, dass der große Andrea Palladio nicht alle Villen Venetiens schuf, nur besonders viele.

Die Dichte märchenhafter Sommersitze des venezianischen Adels macht heute den größten Reiz der Riviera del Brenta aus. Der Kanal wird noch immer befahren, und die entspannteste Art, die Glanzstücke der Architektur von Andrea Palladio, Vincenzo Scamozzi, Girolamo Frigimelica und Francesco Maria Preti zu sehen, ist eine Fahrt mit dem Schiff. Wie in Venedig sind die Villen zum Wasser ausgerichtet, so dass Bootsurlauber hier buchstäblich von Haustür zu Haustür fahren können – genau wie einst venezianische Aristokraten, die mit der Gondel in Venedig aufbrachen, um Freunde auf dem Land zu besuchen, und häufig brachte man Musiker oder Gaukler zur Unterhaltung gleich mit.

Die heutigen Boote verkehren in Blutdruck senkender Geschwindigkeit, so dass reichlich Zeit ist, die unverbauten Uferlandschaften zu bewundern, und legen planmäßige Stopps an bestimmten, der Öffentlichkeit zugänglichen Villen ein.

Bootstouren von der Villa Pisani zum Markusplatz in Venedig oder umgekehrt werden von Mai bis Oktober täglich angeboten.

14 Botanischer Garten in Padua
Der älteste Botanische Garten der Welt

1545 begründeten Benediktinermönche auf dem Gelände ihres Klosters Santa Giustina in Padua einen Botanischen Garten, um Studenten des medizinischen Instituts in Padua Anschauungsmaterial bieten und, wichtiger noch, sich und andere mit Heilkräutern versorgen zu können. Im 16. Jahrhundert stellten diese die einzige Form medizinischer Behandlung dar, die gelegentliche Erfolge versprach. Weil Irrtümer bei der Verabreichung von Wildkräutern schwere gesundheitliche Folgen nach sich ziehen konnten, war eine profunde Pflanzenkenntnis für angehende Heilkundler besonders wichtig.

Wegen seiner wertvollen Kräuter war der Garten beständigen Übergriffen ausgesetzt, weshalb man ihn mit einer runden Mauer sicherte, deren vier Tore aus dem 18. Jahrhundert stammen. Der Garten sollte jahrhundertelang blühen und ist heute der älteste zu einer Universität gehörende Garten der Welt: ein lebendiges Botanikbuch, durch dessen duftende Seiten die Besucher flanieren. Mit der seit dem 16. Jahrhundert unverändert erhaltenen Anlage und seiner fortgesetzten Nutzung durch Botaniker schlägt er Brücken zwischen Gartenlust, Geschichte und Wissenschaft. Seine Gestaltung ist überaus kunstvoll: Zwei sich in der Mitte kreuzende Wege teilen sein Rund in gleiche Viertel, von denen jedes in unterschiedlichen Mustern bepflanzt ist. Außerdem schmücken ihn Springbrunnen, Büsten und Statuen sowie drei Sonnenuhren. Die UNESCO erklärte den 22 000 Quadratmeter großen Garten 1997 zum Welterbe.

Zu den außergewöhnlich alten Pflanzen gehört eine Zwergpalme, die 1585 gepflanzt worden sein soll und die der Überlieferung zufolge schon der Italienreisende Goethe interessiert betrachtete. Zudem besitzt der Garten sehr seltene Arten, denn zu seinen Funktionen gehört heute auch die Erhaltung vom Aussterben bedrohter Pflanzen.

Außerhalb der Mauern gibt es ein Arboretum, eine Orangerie, ein Tropen- und ein Farnhaus sowie das »Botanische Theater«, in dem im 19. Jahrhundert botanische Vorlesungen gehalten wurden. Derzeit befindet sich ein zusätzlicher Garten im Aufbau, der die Flora unterschiedlicher Klimazonen vorstellen soll.

✿ Orto Botanico di Padova
Via Orto Botanico 15
35123 Padua
✆ 049 827 21 19
www.ortobotanico.unipd.it
Mo–Sa März 9–18, April–Okt. bis 19, Nov.–Feb. bis 15, So jeweils ab 10 Uhr
Eintritt € 5/2

Kuppelfresko im ▷ Baptisterium in Padua: das »Paradies« (1375–76)

⑮ Kathedrale Santa Maria Assunta in Padua
Das Paradies in der Kuppel

Auch wenn es auf den ersten Blick im Schatten der Kathedrale kaum auffällt, ist das kleine Baptisteriums überaus eindrucksvoll – nicht zuletzt, weil man in seiner Kuppel einen Blick ins Paradies werfen kann. Auch ist die Taufkapelle älter als die dazugehörige Kirche, die eine wechselvolle Geschichte hinter sich hat.

Nachdem diverse Vorgängerbauten nicht überdauert hatten, wurde der 1075 geweihte erste Dom 1117 von einem Erdbeben zerstört. In gut 70 Jahren Bauzeit entstand daraufhin eine romanische Kathedrale, die vom 16. Jahrhundert bis zur Mitte des 17. Jahrhunderts nach und nach durch den heutigen dreischiffigen Dom ersetzt wurde, dem ein Entwurf von Michelangelo zugrunde liegt.

Die Fassade weist einen schlichten noch romanischen Stil auf, während die Vielzahl von Kuppeln und Türmen an eine orthodoxe Kirche erinnert. Das Innere ist entsprechend der späteren Fertigstellung überwiegend barock geprägt. Zu den Schätzen der Kathedrale zählen der Altar mit Reliefs von Tiziano Aspetti, Gemälde von Giandomenico Tiepolo und Bassano sowie das Bild einer Madonna mit Kind von Giusto de Menabuoi in der Sakristei.

Deutlich älter ist das benachbarte rein romanische **Baptisterium:** Die Taufkapelle des Doms stammt aus dem Jahr 1281. Hier konnte sich der Florentiner Maler Giusto de Menabuoi (1320–91) richtig austoben. Er dekorierte das Baptisterium 100 Jahre nach seiner Fertigstellung mit einem Zyklus prachtvoller, vollständig erhaltener Fresken. An den Wänden sind Episoden aus dem Leben der Evangelisten und von Johannes dem Täufer abgebildet; außerdem diverse überaus detailreiche Bibelszenen. Die Kuppel der Kapelle zeigt den Himmel, der von Christus im Kreis ungezählter Engel beherrscht wird. Insgesamt besitzt die Taufkapelle 100 Bildfelder. Wer sie in allen Details studieren möchte, sollte ein Opern- oder Fernglas mitbringen.

Duomo Santa Maria Assunta
Piazza del Duomo
35100 Padua
✆ 049 66 28 14
Mo–Fr 7.30–12 und 15.45–19.30, Sa/So 7.45–13 und 15.45–20.30 Uhr
Eintritt frei
Baptisterium: tägl. 10–18 Uhr
Eintritt € 2,50/1,50

⑯ Scrovegni-Kapelle in Padua
Giottos strahlendes Meisterwerk

Vom einstigen Palazzo der reichen, adeligen Bankiersfamilie der Scrovegni ist außer einigen Grundmauern nur ihre in den **Giardini dell'Arene** gelegene Kapelle geblieben. Die aber erstrahlt dank ihrer schlichten, erhabenen Architektur, vor allem aber wegen der Fresken des großen Giotto di Bondone, eines der wichtigsten Kunstschätze Italiens, hell und klar über die Jahrhunderte hinweg.

Enrico Scrovegni ließ die Kapelle zwischen 1300 und 1305 für seinen verstorbenen Vater bauen (für dessen Seelenheil wohl viel zu beten war, denn den Schilderungen Dantes in der »Göttlichen Komödie« zufolge briet der wegen Wuchers in der Hölle) und wollte sie auch künftig als Grablege für seine Familie nutzen. Mit einer Länge von 20,5 Metern bei einer Breite von 8,5 Metern und der Höhe von 18,5 Metern hat der Innenraum die Maße einer intimen Familienkapelle. Ihre gotischen Spitzbogenfenster fügen sich so perfekt in Giottos Meisterwerk, dass man annimmt, er habe die Kirche auch selbst entworfen. Zwischen 1304 und 1306 malte er die Kapelle aus. Ein aus 38 großformatigen (insgesamt 900 Quadratmeter), strahlend bunten Bildern bestehender, vollständig restaurierter Zyklus erzählt vom Leben der heiligen Anna

Die kleine Cappella degli Scrovegni (Padua)

Fresko von Giotto in der Scrovegni-Kapelle in Padua: »Der Judaskuss« (1304–05)

und Joachim (Bild 1–6), der Jungfrau Maria (7–13) sowie vom Leben und Tod Jesu – so anschaulich, lebhaft und detailreich, dass sie wirken wie Fenster in die biblische Vergangenheit. Auf der dem Altar gegenüberliegenden Wand ist als Schlusspunkt der Rettung der Menschheit das Jüngste Gericht abgebildet.

Den Altarbereich schmücken drei Marmorstatuen von Giovanni Pisano, die die Madonna mit Kind und zwei Engel darstellen, und der Sarkophag Enrico Scrovegnis. Im 19. Jahrhundert verfiel die Kapelle und befand sich in desaströsem Zustand, als die Stadt Padua sie 1880 erwarb. In mehreren umfangreichen Maßnahmen wurde sie restauriert, zuletzt seit dem Jahr 2000, als sie eine Art künstliche Lunge erhielt. Zuvor war die Farbschicht auf dem Stein durch Umweltgifte buchstäblich abgebröselt. Diese Klimaanlage reinigt die Luft und überwacht permanent Temperatur und Feuchtigkeit. Derzeit wird das Problem von Salzablagerungen bekämpft. Ein Warteraum mit Luftschleuse ermöglicht eine bessere Kanalisierung der Besucherströme. Jeweils 25 Besucher dürfen die Kapelle für 15 Minuten betreten.

Cappella degi Scrovegni
Piazza Eremitani 8
35100 Padua
✆ 04 92 01 00 20
www.cappelladegli scrovegni.it
Tägl. 9–19 Uhr; Aufenthalt 15 Minuten
Reservierung per Telefon oder online nötig, Eintritt € 13/6 (inkl. € 1 Reservierungsgebühr)

17 Treviso
Frostiger Radicchio di Treviso

Nur 30 Kilometer nördlich von Venedig liegt die Provinzhauptstadt (30 000 Einwohner) mit einer schönen autofreien Altstadt. Im Mittelalter war Treviso in ständig wechselnden Allianzen immer wieder in kriegerische Auseinandersetzungen verwickelt. Umso erstaunlicher ist, dass die – zu Beginn des 16. Jahrhunderts erneuerte – Stadtbefestigung mit ihren Mauern und Bastionen so gut erhalten ist. Reizvoll sind die Kanäle, die Treviso durchziehen und der Stadt eine Ahnung venezianischer Herrlichkeit verleihen. Der im 12. Jahrhundert erbaute **Duomo San Pietro** wurde ebenfalls im 16. Jahrhundert erneuert. Er besitzt eine sehenswerte romanische Krypta und Gemälde von Tizian. Der **Palazzo dei Trecento** ist eines der schönsten Rathäuser Norditaliens.

Der historischen Bausubstanz zum Trotz verdankt Treviso seinen Ruhm heute vor allem einem Blattsalat. Der Radicchio der Sorte *Rosso di Treviso Tardivo* ist nach Auffassung vieler Einwohner von Stadt und Umland der König unter den Radicchi. Als »Blüte des venezianischen Winters« wird er verehrt, weil er den Sommer über wächst, bis die ersten nächtlichen Fröste den idealen Erntezeitpunkt signalisieren. Nach den Vorgaben des Konsortiums, das den Anbau überwacht, muss die Pflanze zwei Frostnächte aushalten. Denn dieser Kälteschub beendet ihr Wachstum. Die äußeren Blätter schützen die inneren Triebe vor dem Frost, so dass diese sich nun qualifizieren, als erstklassiger Rosso di Treviso Tardivo auf dem Markt verkauft zu werden. Vorher müssen sich

Radicchio rosso di Treviso

die Salatköpfe dieser Sorte allerdings noch zwei bis drei Wochen lang in warmem Wasser vom Kälteschock erholen und einen neuen Trieb entwickeln. Die frostgeschädigte Mutterpflanze würde bitter schmecken.

Zwar wird überall in Venetien Radicchio angebaut, doch Treviso hält seine Sorten (ähnlich wie andere Gemeinde ihre) für die besten. Unbestritten ist, dass der Rosso Tardivo aus Treviso ebenso wie die Sorte Rosso Precoce, die auch hier angebaut wird, das Zeug zur echten Delikatesse hat. Auch Chioggia und Verona bauen eigene Sorten des Salats an, der seinen Ursprung in Venedig hat. Die Vielfalt von Varietäten ist im Kontext einer Supermarktkultur, die ihr Angebot an Obst und Gemüse auf eine immer geringere Zahl vermeintlich am leichtesten verkäuflicher Sorten beschränkt, erfreulich anachronistisch. Die meisten Sorten sind herkunftsgeschützt, das heißt, den Zusatz »di Treviso« darf nur tragen, was auch rund um die Stadt angebaut wurde.

18 Parco Giardino Sigurtà in Valeggio sul Mincio
Parkansichten der Extraklasse

Mit dem Wort »Garten« ist diese 50 Hektar große, vom Frühling bis zum Herbst blühende Fläche nur unzureichend beschrieben. Doch tatsächlich war der Parco Giardino Sigurtà einst die zur in **Valeggio sul Mincio** (14 700 Einwohner) gelegenen herrschaftlichen **Villa Maffei** gehörige Grünfläche. Die Villa wurde zwischen 1690 und 1693 in neoklassizistischem Stil von einem Schüler Andrea Palladios erbaut. Als die Existenz des Parks ebenfalls im 17. Jahrhundert zum ersten Mal schriftlich dokumentiert wurde, diente er in erster Linie zur Versorgung von Haus und Gutsherr mit Gemüse und Obst.

Als Napoleon III. die Villa 1859 entdeckte, machte er sie zu seinem Hauptquartier und ließ den Garten seinen Wünschen entsprechend umgestalten. Später gab der Graf Carlo Sigurtà dem Park seinen Namen und machte sich ab 1941 daran, ihn innerhalb von 40 Jahren in ein irdisches Paradies zu verwandeln. Mit Hilfe des Wassers, das er dem Fluss Mincio entnehmen durfte, ließ er üppige Gärten erblühen, die zu jeder Jahreszeit ihren eigenen Reiz entfalten. Heute zeigt eine Statue im Park den Begründer des Gartens. Sein Enkel Enzo Sigurtà setzte

✿ **Parco Giardino Sigurtà**
Via Cavour 1
37067 Valeggio sul Mincio
✆ 045 63 10 33
www.sigurta.it
April–Sept. tägl. 9–19, zweite Märzhälfte und Okt./Nov. bis 18 Uhr
Eintritt € 12/6,50 (6–15 Jahre)

Gärtnerherzen schlagen höher im Parco Giardino Sigurtà

CANNAREGIO
C. d. Beccarie
Fond. d. S. Giobbe
Fond. del Battello
Fond. di Cannaregio
Fond. Savorgnan
Calle d. Cereria
S. Giobbe
Tempio e Israelitico
Museo della Comunità Ebraica
Fond. Pescaria
GHETTO
Fondamenta della Sensa
Fond. degli Ormesini
Fond. G. Contarini
Madonna dell'Orto
Pal. Contarini dal Zaffo
Sacca della Misericordia
Casa del Tintoretto
Fond. della Misericordia
Rio Terà S. Leonardo
Campiello d. Anconetta
Pal. Correr
Abbazia d. Misericordia
I Gesuiti
Calle Riello
Pte. d. Guglie
Pal. Labia
S. Marcuola
Pal. Gritti
Pal. Zeno
S. Geremia
Lista d. Spagna
Pal. Vendramin Calergi
Pal. Giovanelli
Strada
S. Caterina
Campo d. Gesuiti
R. d. Pozzi
Canal Grande
Riva di Biasio
Fondaco d. Turchi
Pal. Battagià
Pal. Babarigo
Rio Terà B. Fruttarol
Staz. Ferroviaria S. Lucia
Ponte degli Scalzi
SANTA CROCE
Rio Terà
C. S. Giov. Decollato
Pal. Gussoni
Ca Pesaro
S. Sofia
SS. Apostoli
S. Simeon Profeta
S. Giacomo dall'Orio
Pal. Mocenigo
F. d. Grue
Ca d'Oro
Nuova
Fond. Santa Lucia
S. Simeone Picc.
R. Bella
Campo d. Strope
Pal. Corner d. Regina
Pal. Valmarana
S. Maria dei Miracoli
Ca da Mosto
Fond. S. Chiara
Corte Canal
Pescheria
Ponte della Constituzione
Campo d. Lana
C. d. Lacca
Scuola Gr. di S. Giov. Ev.
Campo d. S. Agostin
Casa di Aldo Manuzio
Fabbriche Vecchie
S. Giovanni Elemosinario
Pal. d. Camerlenghi
Piazzale Roma
S. Giovanni Evangelista
SAN POLO
C-llo Albrizzi
Fondaco dei Tedeschi
S. Nicolò da Tolentino
Staats-archiv
Pal. Corner-Mocenigo
S. Aponal
C. d. Storione
Ponte di Rialto
S. Rocco
S. Polo
Pal. Coccina
Pal. Dolfin Manin
S. Maria d. Fava
Rio Terrà dei Pensieri
Saliz. S. Pantalon
Scuola Grande di San Rocco
Santa Maria Gloriosa d. Frari
Pal. Cappello
Pal. Bernardo
Canal Grande
Pal. Loredan
S. Salvador
Fond. delle Procuratie
C. d. Preti
Crosera
Pal. Pisani-Moretta
Pal. Barbarigo della Terraza
Pal. Grimani
Corner
Teatro Goldoni
Ponte Baratteri
Calle Contarini
Campo Santa Margherita
Pal. Balbi
Pal. Cont. d. Figure
Pal. Corner Spinelli
Pal. Pesaro degli Orfei
Pal. Contarini del Bovolo
C. Fiubera
Proc. Vecchie
Fond. Rossa
Fond. Foscari
Ca'Foscari
Pal. Grassi
Teatro La Fenice
Piazza San Marco
DORSODURO
Scuola Grande d. Carmini
Ca' Rezzonico
S. Stefano
C. S. Stefano/ F. Morosini
Ala Napoleonica
Angelo Raffaele
SAN MARCO
Proc. Nuove
C. d. Chiesa
Calle lunga S. Barnaba
Pal. Loredan d. Amb.
Ca' del Duca
Pal. Pisani
Pal. Corner
Pal. Contarini Fasan
S. Sebastiano
Fond. di Borgo
Pal. Contarini degli Scrigni
The Gritti Palace Hotel
Campo S. Basegio
Gallerie dell' Accademia
Ponte dell' Accademia
Canal Grande
Punta della Dogana
Fond. Zattere Ponte Lungo
Squero di San Trovaso
R. T. A. Foscarini
Pal. Contarini dal Zaffo
Coll. Peggy Guggenheim
Museo Punta della Dogana
Campo S. Trovaso
S. Maria della Salute
S. Maria del Rosario ai Gesuati
DORSODURO
Spirito Santo
Fond. Zattere allo Spirito Santo
Molino Stucky
Fondamenta San Biagio
Canale della Giudecca
S. Eufemia
Fond. d. Ponte Piccolo
Fond. d. Convertite
Campo S. Cosmo
Fond. d. Ponte Longo
ÍSOLA DELLA GIUDECCA
della Croce
C. drio la Croce
Corte d. Cordami
Fondamenta
S. Cosmo e Damiano Ex Convento
Il Redentore

Venedig
N
0 200 m
Cimitero San Michele
31 ÍSOLA DI SAN MICHELE
Canale delle Fondamenta Nuove
Fondamenta Nuove
S. Lazzaro Mendicanti
Ex Scuola Grande d. S. Marco
Santi Giovanni e Paolo
46
Barbaria
d. Tole
S. Francesco d. Vigna
Campo d. Confraternità
Campo d. Celestia
Can. d. Galeazze
S.Maria Formosa
Campo S.Lorenzo
Scuola d. S. Giorgio d. Schiavoni
Fondazione Querini-Stampalia
S. Giorgio d. Greci
S. Giovanni Nuovo
C.d.Arco
F. Perini
21
Arsenale
Darsena Grande
Canale di Porta Nuova
S. Zaccaria
Campo Bandiera e Moro
Campo d. Arsenale
Pal. Dandolo
S. Giovanni in Bragora
Ponte dei Sospiri
Riva degli Schiavoni
S. Maria d. Pietà
C.d. Forni
CASTELLO
Museo Storico Navale
R.d.Ca' di Dio
S. Biagio
S. Francesco di Paola
Via G. Garibaldi
Riva dei Sette Martiri
Campo di Ruga
Canale di S. Pietro
23
Basilica di San Pietro di Castello
ÍSOLA DI SAN PIETRO
S. Anna
QUARTIERE
Viale G. Garibaldi
Calle Correra
Secco Marina
S. Giuseppe di C.
Giardini
Esposizione Int. d'Arte Moderna BIENNALE
Viale Trento
Viale dei Giardini Pubblici
Pubblici
S. ELENA
Canale di San Marco
Campo S. Giorgio
S. Giorgio Maggiore
Fondazione Cini
36
ÍSOLA DI SAN GIORGIO MAGGIORE
Teatro Verde
Canale di S.Giorgio

sein Werk fort. Seit 1978 ist der Park der Öffentlichkeit zugänglich. Ein sieben Kilometer langer Spazierweg eröffnet immer wieder neue Ausblicke auf die unterschiedlichen Gartenlandschaften. Eine schöne Sicht auf die umliegenden Gartenanlagen hat man vom Zentrum des Labyrinths, einem zierlichen Pavillon mit Messingkuppel. Allerdings ist er nicht ganz leicht zu erreichen.

Ansonsten lässt man sich hier von Wunder zu Wunder treiben. In der Rosenallee blühen im Frühsommer 30 000 Rosen. Eine mächtige, 400 Jahre alte Eiche soll der älteste Baum des Parks sein. Hügel, Wiesen, ein Heilkräutergarten, japanische Koi-Teiche, zu Skulpturen geformte Buchsbäume, Wassergarten und Zypressenwand, ein neogotisches Schlösschen und die im ausgehenden 18. Jahrhundert von Antonio Maffei erbaute Einsiedelei machen das Areal zu einem Ort zum Schauen und Träumen, zum Picknicken, Radeln und Entspannen. Für Kinder ist außerdem eine Fahrt mit der kleinen Eisenbahn unterhaltsam.

⓳ Venedig und seine Lagune
La Serenissma – Die melancholische Allerdurchlauchteste

118 Inseln, 400 Brücken, 166 Kanäle und 59 000 Einwohner im historischen Zentrum – das klingt überschaubar. Doch das Herz Venedigs muss 30 Millionen (Tages-) Touristen im Jahr verkraften. Die Besucher bringen Geld, sorgen aber auch für Missmut. So ist es für die Einheimischen schwierig, erschwinglichen Wohnraum zu finden. Deshalb verlassen sie die Allerdurchlauchtigste in Scharen. Nur noch jeder vierte Venezianer wohnt auf einer der Inseln. Venedigs Bevölkerung schmilzt wie Butter in der Sonne, weil sich die Venezianer das Leben in ihrer eigenen Stadt nicht mehr leisten können.

Dazu kommen die Umweltprobleme: der dauernde Kampf mit dem Hochwasser, der durch Erderwärmung und steigende Meeresspiegel verschärft wird; Diesel und Abgase allzu vieler Boote greifen die historische Bausubstanz und die Pfähle an, auf denen die Stadt ruht und deren Pflege nach dem Ende der Republik vernachlässigt wurde. Das

Venedigs prächtige Schauseite vom Bacino di San Marco aus gesehen: die Piazzetta di San Marco mit Dogenpalast (rechts), Biblioteca Nazionale Marciana und dem Campanile von San Marco

Ausbaggern zu tiefer Fahrrinnen für Ozeanriesen beförderte häufigeres Hochwasser und Erosion. So ist kaum verwunderlich, dass die Serenissima auch eine gewisse Melancholie verströmt. Denn einstmals lagen die Dinge anders. Zur Zeit der Renaissance war Venedig die größte Stadt in Europa, Zentrum des Welthandels und Sitz der mächtigen Flotte der Seerepublik. Hier konzentrierten sich Einfluss und Geld. Man konnte sich alles leisten, die schönsten Paläste, die prächtigsten Gondeln, Prunkbauten und Kunstschätze, wie sie kaum eine andere Stadt ansammelte (mit Ausnahme von Florenz). 1797 endete mit der Republik auch die Hoch-Zeit der Stadt. Dafür interessierten sich ab dem 19. Jahrhundert die Touristen für die aufs Wasser gebaute Stadt. Anfangs kamen vor allem Künstler, reiche Bürgersöhne und -töchter sowie junge Aristokraten, um Venedigs Kunstschätze zu sehen. Erst der Massentourismus des 20. Jahrhunderts erwies sich als Gefahr für die sensible Lagunenstadt – durch das bloße Gewicht von 40 000 zusätzlichen Menschen pro Tag, durch die Infrastruktur, die es braucht, die Besucher zu transportieren und zu verköstigen; nicht zuletzt durch den Müll, den jeder Tagesbesucher hinterlässt. Die Venezianer, die vom Tourismus leben, haben mittlerweile umfangreiche Maßnahmen ersonnen, um den Ansturm umweltverträglicher bewältigen zu können. Schon 1966 brachte die UNESCO ein Programm zur Rettung Venedigs auf den Weg. 1985 wurde ein Gesetz zum Schutz der Lagune verabschiedet. Auch ihm ist zu verdanken, dass die 550 Quadratkilometer große Lagune heute noch über eine reiche Fauna und Flora verfügt. Und noch eines ist den Altstadt-Venezianern geblieben: das Bewusstsein, in einer der schönsten Städte der Welt zu leben. Denn kein Hochwasser und kein Urlauberstau auf der Rialtobrücke vermag den Zauber Venedigs zu zerstören.

20 Acqua alta in Venedig
In Gummistiefeln über den Markusplatz

Hochwasser war schon immer eine Bedrohung für die auf Millionen Holzpfähle gebaute Lagunenstadt. Im November 1966 sorgte eine Sturmflut für so hohe Wasserstände (1,94 m über dem normalen Wasserspiegel), dass man auf dem Markusplatz hätte schwimmen können und die UNESCO sich genötigt sah, ein Rettungsprogramm für die Stadt auf den Weg zu bringen. Obwohl seither viel dafür getan wurde, Venedig vor dem Versinken zu bewahren, ist die Gefahr nicht gebannt. Im Dezember 2008 stand das Wasser 1,56 Meter über dem normalen Pegel, im November 2012 immerhin 1,49 Meter. Zum einen sackt die Stadt im Zusammenspiel von Zeit und Gewicht ab. Doch wer noch Zweifel hegt, dass die Meeresspiegel ansteigen, kann sich in Venedig eines Besseren belehren lassen. Zwischen den Jahren 1900 und 2000 ist das Meer in der Lagune um mehr als 20 Zentimeter angestiegen. Das liegt zum Teil an lokalen Umweltsünden wie dem Ausheben zu tiefer Fahrrinnen für Kreuzfahrtschiffe und Öltanker auf dem Weg zum Industriehafen Porto Maghera, zum Teil aber auch an jenem Phänomen, das auch den Bewohnern der fernen Malediven Kopfzerbrechen bereitet: dem weltweiten Anstieg der Meeresspiegel.

1996 verabschiedete die italienische Regierung das Vorhaben, 2003 wurde der Grundstein für das Projekt »MOSE« gelegt: *Modulo Sperimentale Elettromeccanico*. Silvio Berlusconi tat den ersten Spatenstich, was manchem als ungünstiges Vorzeichen erschien. Hinter MOSE verbergen sich an den drei Öffnungen der Lagune zum offenen Meer im Meeresboden verankerte, aus 79 einzelnen Ele-

Azienda di Promozione Turistica Venezia
S. Marco 71/F
30124 Venedig
✆ 041 529 87 11
www.turismo
venezia.it
Hier kann man Broschüren schriftlich anfordern.

Uffici Informazioni
Venice Pavillon, nahe der Vaporettostation Vallaresso; Piazzale Roma; Markusplatz links vom Museo Correr; am Bahnhof und am Flughafen
Tägl. 9–14.30 Uhr

Alljährlich wiederkehrend: das Hochwasser in Venedig – Acqua alta

menten bestehende Schleusen, die bei Bedarf die Lagune abschließen sollen. Kritiker bemängeln, dass bei weiterem Anstieg des Meeresspiegels die Probleme von vorn beginnen würden. Auch äußern sie Besorgnis über die Folgen der jahrelangen Bautätigkeit für Fauna und Flora in der Lagune. Zu den leidenschaftlichsten Gegnern des Projekts gehörte Venedigs ehemaliger Bürgermeister Massimo Cacciari. Nach weiteren extremen Hochwassertagen hat der Widerstand gegen das Projekt in der Stadt jedoch nachgelassen. Zwischen fünf und sechs Milliarden Euro kostet der Bau, der auch künftig hohe Wartungskosten mit sich bringen wird. Stadt, Staat, EU, UNESCO und diverse Stiftungen legen zusammen, um die schönste Stadt der Welt zu retten. 2016 soll MOSE fertig sein. Bis dahin werden die Venezianer noch einige Male in Gummistiefeln über den Markusplatz und auf Brettern zu ihren Hauseingängen gehen.

21 Arsenal in Venedig
Ein geheimer Industriekomplex

Museo Storico Navale
Riva di S. Biasio – Castello 2148
Vaporettostation Arsenale
30122 Venedig
✆ 041 244 13 99
www.marina.difesa.it
Mo–Fr 8.45–13.30, Sa bis 13 Uhr
Eintritt € 1,55

Das von Löwen und der personifizierten Gerechtigkeit bewachte Renaissanceportal **Ingresso di Terra** (1460) ist der Haupteingang zu Venedigs Werftkomplex, der größten vorindustriellen Fertigungsstätte für Schiffe und somit der Ursprungsort von Venedigs legendärer Flotte (die nicht nur militärischen Zwecken diente, sondern auch Voraussetzung für Venedigs Haupteinnahmequelle war: den Handel). In dem mit festungsartigen Mauern gesicherten Arsenal wurden Schiffe, aber auch Kanonen gebaut wie anderswo Handkarren. Außerdem war es Standort der venezianischen Flotte. Unter Napoleon wurde das Arsenal zur modernen Werft. Erst als die italienische Marine im 20. Jahrhundert ihre Flotte in den Süden Italiens verlegte, senkte sich Stille über das Arsenal, dessen Geschäftigkeit schon Dante vor 700 Jahren in der »Göttlichen Komödie« besang und in dem zeitweise 10 000 Menschen beschäftigt waren.

Die Werft ist nicht vollständig stillgelegt, noch immer werden in einem kleinen Teil Schiffe repariert – in Venedig auch heute eine alltägliche Notwendigkeit. Doch das insgesamt 32 Hektar große Gelände kann nicht besichtigt werden. Die italienische Marine unterhält hier eine Ausbildungsstätte und duldet keine Besucher. Tatsächlich ist es noch immer militärisches Sperrgebiet – genauso wie in jener Zeit, als das Venedig der Renaissance hier seine gefürchteten Kriegsschiffe am liebsten ohne Zuschauer baute. Nur einen Teil konnte die Stadt Venedig im Jahr 2012 übernehmen.

Portal dell' Arsenale – der Eingang zu Venedigs Werftkomplex

Kleine Einblicke erhält man dennoch, und zwar bei der Architektur-Biennale, wenn einige Hallen als Ausstellungsflächen genutzt werden. Und beim Museumsbesuch. Ein kleiner Teil des Arsenals ist nämlich Standort des **Museo Storico Navale**. Dieses wichtigste Marinemuseum in Italien arbeitet in 42 Ausstellungsräumen auf vier Etagen die Geschichte der venezianischen Seefahrt auf. Das völlig zu Unrecht wenig bekannte Museum ist nicht nur, aber auch für Familien mit Kindern spannend. Es besitzt eine erstaunliche Sammlung ganz und gar unterschiedlicher Boote aus jedem Winkel des Planeten. Über eine Holzbrücke erreicht man den zweiten Teil des Museums, den »Schiffspavillon« des Arsenals mit historischen Schiffen. Hier sind auch einige sehr schöne Gondeln zu sehen – darunter die Gondel der Mäzenin und Kunstsammlerin Peggy Guggenheim.

Ein zauberhafter Sommerabend vor der Basilica di San Marco

22 Basilica di San Marco in Venedig
Antike Schätze unter fünf Kuppeln

Der Markusplatz mit dem Markusdom ist das Wahrzeichen Venedigs. Unter seinen fünf Kuppeln verbergen sich Kostbarkeiten aus den Werkstätten der bedeutendsten Künstler Italiens und Europas. Über Jahrhunderte wurde die Grabkirche des heiligen Markus verziert, verschönert und mit den Schätzen gefüllt, die die venezianischen Händler aus allen Winkeln der Welt mitbrachten.

Die als Dogenkapelle konzipierte Kirche war der ideelle Mittelpunkt des venezianischen Staates. Ihre heutige Gestalt erhielt die 1094 geweihte Basilika zwischen 1063 und 1071. Der spätromanische Bau ähnelt der Apostelkirche von Konstantinopel. Der Marmorfußboden, die mit Goldmosaiken überzogenen Wände, die Szenen aus der Bibel, dem Leben der Heiligen und natürlich aus dem Leben des Schutzheiligen

Porta Sant'Alipio an der Westseite des Markusdoms: Dieses einzige aus dem Mittelalter überlieferte Mosaik zeigt die Überführung der Reliquien des heiligen Markus in die Basilica di San Marco ▷

XC

Die originalen »Goldenen Pferde« von San Marco sind im Markusdom zu bewundern

Markus zum Thema haben (12.–18. Jahrhundert), und nicht zuletzt ihre fünf Kuppeln geben der Kirche ein deutlich orientalisch-mystisches Gepräge. Mehr als 8000 Quadratmeter Mosaiken bedecken Wände, Gewölbe und Kuppeln der Basilika und tauchen sie in warmes goldenes Licht. Unvergleichlich ist der ebenfalls goldene Altaraufsatz, die **Pala d'Oro**, ein Meisterwerk byzantinischer und venezianischer Goldschmiede- und Emaillearbeit des 10.–14. Jahrhunderts.

Die Reliquien des heiligen Markus fanden 828 den Weg aus Alexandrien nach Venedig – wie in solchen Fällen üblich auf nicht ganz lupenreinen Wegen. Sie wurden geraubt. Reliquien zogen immer Pilger an und die eines Evangelisten bedeuteten handfestes Kapital. Sofort löste der heilige Markus seinen Vorgänger Theodor als Stadtpatron Venedigs ab. Nun fehlte nur noch eine angemessene Grabkirche, die in der unverzüglich errichteten Dogenkapelle schnell gefunden war. Nachdem sie Ende des 10. Jahrhunderts abbrannte, wurde die neue Kirche geplant. Wie durch ein Wunder tauchten die Gebeine des Heiligen rechtzeitig zur Weihe der Basilika wieder auf.

Im **Tesoro** (Kirchenschatz) werden byzantinische Beutestücke von 1204, liturgisches Gerät und Gefäße von seltener Schönheit aufbewahrt. Die Originale der berühmten **Goldenen Pferde** sind von der Galerie aus zu besichtigen.

Der 90 Meter hohe **Campanile** musste erneuert werden, nachdem sein Vorgänger am 14. Juli 1902 nach fast 1000 Jahren eingestürzt war. 1912 wurde der heutige Turm eingeweiht: Äußerlich ganz der alte wurde er um 600 Tonnen Gewicht abgespeckt und mit 1000 zusätzlichen Holzpfeilern zur Verstärkung seines Fundaments ausgestattet.

Basilica di San Marco
Piazza S. Marco – S. Marco
30124 Venedig
www.basilicasanmarco.it
Basilika, Museum, Goldaltar, Schatzkammer: Mo–Sa 9.45–17, So 14–16, April–Nov. bis 17 Uhr, Museum So geschl., Eintritt Basilica frei, Museum € 5, Goldaltar € 2, Schatzkammer € 3, Glockenturm € 8, Führung möglich

23 Basilica San Pietro di Castello in Venedig
An der Peripherie der Stadtrepublik

Im östlichsten Winkel der Stadt liegt die schöne, von der UNESCO zum Weltkulturerbe erklärte Basilika San Pietro di Castello auf der **Insel San Pietro**. In den 1970er Jahren wurde sie umfassend restauriert. Man erreicht sie über die Via Garibaldi, die breiteste Straße Venedigs, und die Calle Tiepolo (oder auf dem Wasserweg per Vaporetto 52). Die Lage der Basilika war einst zentral; das Sestiere Castello ist das älteste Venedigs. Im 8. Jahrhundert und von 1451 bis zum Fall der Republik war sie als Sitz des Patriarchen das geistliche Zentrum Venedigs. 1807 erhob Napoleon den Markusdom zur Kathedrale und drängte San Pietro endgültig an den Rand. Gerade das macht heute einen Teil ihres Reizes aus. Hier ist es nie überlaufen und so verströmt dieser Flecken als Schauplatz venezianischen Alltags seine ganz eigene Magie. Der ehemalige Sitz des Patriarchen nebenan wurde später in eine Kaserne umgewandelt und wartet noch auf seine Restaurierung.

Schon im 7. Jahrhundert gab es an dieser Stelle eine Kirche, die heutige basiert auf einem Bau aus dem 12. Jahrhundert und wurde

San Pietro di Castello – Vedute von Francesco Guardi aus der Mitte des 18. Jahrhunderts

immer wieder umgestaltet. 1558 sollte Andrea Palladio der Basilika ein neues Gesicht verleihen. Allerdings starb der Doge, bevor die Verträge unterschrieben waren. So machte sich mit Francesco Smeraldi ein Schüler Palladios ans Werk und vollendete zu Beginn des 17. Jahrhunderts die Fassade, deren an einen antiken Tempel erinnerndes Bild klar den Einfluss Palladios verrät. Die Innenausstattung ist im Gegensatz zur klassizistischen Strenge der Fassade barock geraten und stammt auch aus dem 17. Jahrhundert. Der Hauptaltar ist – ebenso wie die Vendramin-Kapelle im linken Seitenschiff – ein Werk von Baldassare Longhena, der unter anderem auch an der Gestaltung von Santa Maria della Salute am Canal Grande beteiligt war. Interessant ist die **Kathedra Petri**, ein unter anderem mit arabischen Ornamenten verzierter Bischofsstuhl, der ein Geschenk für den 13. Dogen, Pietro Tradenico, gewesen sein soll.

Den **Campanile** hatte bereits 1480 Mauro Codussi fertiggestellt. Sein reizvoll schiefer Turm erinnert daran, dass in Venedig alle 100 Jahre ein Kirchturm einstürzen soll. Nach dem Zusammenbruch des Campanile San Marco anno 1902 ist der nächste Zwischenfall überfällig; allerdings gibt es auch noch anderswo im Stadtgebiet geneigte Kandidaten.

San Pietro di Castello
Castello 70
30122 Venedig
Tägl. außer So 10–17 Uhr, Eintritt € 3

24 Burano in der Lagune von Venedig
Die Insel der bunten Fischerhäuser

Weltberühmt sind Buranos (2700 Einwohner) strahlend bunte Fassaden, einer Legende zufolge sollten sie den heimkehrenden Fischern zur Orientierung dienen – bei Nebel oder vielleicht auch Trunkenheit. Es besteht aus vier Inseln, die durch Brücken miteinander verbunden sind. Die Kombination aus den spielzeugbunten Häuschen, den Brücken und Kanälen sowie den Zeugnissen alten Fischerei- und Kunsthandwerks strahlt Ruhe und einen ganz eigenen Zauber aus. So bietet ein Aus-

Markenzeichen von Burano: die bunten Fischerhäuser entlang der Kanäle

Museo del Merletto di Burano
Piazza Galuppi 187
30142 Venedig
✆ 041 73 00 34
http://museomerletto.visitmuve.it
Tägl. außer Mo April–Okt. 10–18, Nov.–März bis 17 Uhr
Eintritt € 5/3,50 (6–14 J.), unter 6 J. frei

flug auf dieses Inselchen eine schöne Abwechslung vom Trubel und der Grandezza Venedigs.

Während Murano die Heimat des Glaskunstwerks ist, sind auf dieser idyllischen Insel von jeher Fischer und Spitzenklöpplerinnen zu Hause. Mit der Nadel werden die Spitzen *(merletti)* gestickt. An besonders filigranen Tischdecken können zehn Frauen bis zu drei Jahre gearbeitet haben. Die heutige Ware ist natürlich sehr viel gröber. Niemand kann sich mehr eine echte Luftstichdecke leisten – und niemand möchte oder kann mehr diese Feinarbeit verrichten (vielmehr pendeln die meisten Insulaner zu ihren ganz normalen Jobs nach Venedig). Dennoch hat die Scuola di Merletti die Spitzenstickerei, die gegen Ende des 18. Jahrhunderts zurückging, wiederzubeleben versucht, so dass man auch heute noch exzellent gearbeitete Nachbildungen alter Muster und Nadeltechniken bekommt – zu entsprechenden Preisen. Im Gebäude der Scuola an der Piazza Galuppi befindet sich auch das **Museo del Merletto**, das die Geschichte der Kunst des Spitzenklöppelns erläutert.

Die Piazza Galuppi ziert außerdem das **Denkmal** des Komponisten Baldassare Galuppi (1706–85), der auf Burano geboren wurde und sich vor allem um die Opera buffa verdient machte. Über 100 Opern verfasste er und genoss in ganz Europa hohes Ansehen.

Auch auf Burano gibt es neben dem Kunsthandwerk ein Sakralbauwerk, dessen Besuch lohnt. Die Kirche **San Martino** besitzt außer einem schiefen Campanile im Inneren eine sehenswerte Kreuzigungsszene von Tiepolo.

25 Canal Grande in Venedig
Stadt der Brücken und Kanäle

Auch wer noch nie in Venedig war, kennt den Canal Grande von Gemälden und Postkarten, aus Büchern und Filmen. 3800 Meter lang ist die wohl berühmteste Wasserstraße der Welt, an ihrer breitesten Stelle misst sie 70 Meter. Auf ihrem Weg durch Venedig beschreibt die Hauptverkehrsader der Stadt, eigentlich das letzte Stück des nördlichen Arms des Flusses Brenta, ein »S«. 45 Kanäle müden in den Canal Grande, vier Brücken überspannen ihn.

Den berühmtesten Weg über den Kanal, der eigentlich ein Fluss ist, bietet die notorisch von Touristen und japanischen Bräuten in weißen Puffärmelkleidern verstopfte **Rialtobrücke** (Ponte di Rialto). Die Ende des 16. Jahrhunderts an Stelle einer Holzkonstruktion erbaute Brücke aus Stein ist ein Symbol der Stadt und führt ins alte Handelsviertel, das noch heute Standort bunter Märkte ist. Von der Brücke hat man beiderseits weite Ausblicke auf den Canal Grande mit seinen Palastfronten, die man auch gleich doppelt – im Wasser gespiegelt – sieht. Der venezianische Ausdruck *canalazzo* aus *canal* und *palazzo* beschreibt präzise das Wesen dieser Prachtstraße.

Schmuckstück am Canal Grande: ein Palazzo im Stil der venezianischen Gotik

300 Gebäude aus dem Zeitraum vom 12. bis zum 18. Jahrhundert bezeugen das Selbstverständnis der Kaufleute vom Rialto, deren Paläste die Funktion von Handelshöfen mit den Formen eleganter Repräsentation verschmolzen.

1934 löste die Steinbrücke **Ponte degli Scalzi** die für die größeren Vaporetti zu niedrig gewordene Vorgängerbrücke aus Holz ab. Sie ist wie die ebenfalls im 20. Jahrhundert erneuerte **Ponte dell'Accademia**, die San Marco mit Dorsoduro verbindet, ein Werk des Venezianers Eugenio Miozzi. Der Name leitet sich vom gegenüberliegenden

Konvent der Karmelitermönche, auch »Barfüßer« genannt, her. Erst 2008 eröffnet wurde die 94 Meter lange **Ponte della Costituzione**, ein Werk des spanischen Architekten Santiago Calavatra. Sie verbindet den Bahnhof mit dem Piazzale Roma.

Mehr als nur eine Brücke: Ponte di Rialto

Wer sich nicht durch die Menschenmenge auf der Rialtobrücke kämpfen möchte, erreicht das andere Ufer mit dem Wasserbus Vaporetto oder breitbeinig im Traghetto balancierend. Die Gondelfähre über den Canal Grande gehört zu den raren preisstabilen Einrichtungen der Stadt. Noch immer in adrette blau-weiße oder rot-weiße Hemden gewandet, stehen die Gondolieri mit Sonnenbrille und *telefonino*, dem Mobiltelefon, in ihren Traghetti und sehen aus, als habe sie erst Armani erfunden. An acht Stellen queren Fähren und Wasserbusse den Canal Grande.

26 Canale della Giudecca und Santa Maria della Salute in Venedig

Votivkirche nach einer verheerenden Pest-Epidemie

47000 Menschen starben 1630 in Venedig an der Pest – jeder dritte Bewohner der Stadt. Als die Epidemie vorüber war, machten sich die Überlebenden, wie sie (und der Doge) es der Mutter Gottes versprochen hatten, unverzüglich an den Bau einer Kirche. Geweiht ist sie denn auch der »Madonna der Gesundheit«. Ausführender Baumeister war Baldassare Longhena, der die Weihe der Kirche 1687 nicht mehr erlebte. Für das Fundament der Votivkirche – eine von zweien in Venedig; die andere ist Andrea Palladios **Il Redentore**, die ebenfalls zum Dank nach einer Epidemie erbaute Votivkirche auf der Giudecca – wurden 1 156 627 (andere Quellen nennen die kaum weniger erstaunliche Zahl 1 106 657) je vier

Santa Maria della Salute
Campo della Salute – Dorsoduro
30123 Venedig
Tägl. 9–12 und 15–17.30 Uhr
Eintritt € 2 für die Sakristei

Schöne Aussicht: der Canale della Giudecca, davor die Votivkirche Santa Maria della Salute

Meter lange Baumstämme in den Lagunengrund getrieben. Allein diese Vorarbeit dauerte zwei Jahre.

Die Hauptfassade der mit Marmor verkleideten, achtseitigen Kirche mit zwei Kuppeln und zwei Türmen geht auf den Canal Grande. Neben das Portal treten die Achteckseiten wie Nebenfassaden. Diese Wirkung verstärken die wuchtigen Voluten am Kuppeltambour. Sie sind ein illusionistisches Element und funktionsloser Zierrat, da die Kuppel eine leichte Holzkonstruktion ist, die die eigentlichen Steingewölbe nur poetisch in Szene setzt.

Der monumentale Innenraum birgt eine byzantinische Marien-Ikone aus dem 12./13. Jahrhundert. In der Sakristei sollte man sich Tintorettos »Hochzeit zu Kana« und Tizians beinahe geopferten Isaak ansehen. Ebenfalls sehenswert ist der Marmorfußboden mit aufwendigen Intarsienarbeiten. Am Hochaltar wird die Entstehungsgeschichte der Kirche aufgenommen. Skulpturen zeigen eine vor der Madonna kniende Figur, die Venedig repräsentiert. Ein Engel verjagt zugleich die Pest, die nach heutigen Maßstäben politisch nicht ganz korrekt als hässliche Alte dargestellt ist.

Venedig-Vedute von Canaletto: der Canal Grande und die Kirche Santa Maria della Salute (1730, Houston)

Santa Maria della Salute liegt am Eingang zum Canal Grande und mit dem Rücken zum **Canale della Giudecca**. Dieser wichtige Wasserweg wurde in den vergangenen Jahren stark von riesigen Kreuzfahrtschiffen frequentiert. Im Schnitt waren es zwischen vier und fünf Ozeanriesen pro Tag – was nicht nur optisch von vielen Menschen als störend empfunden wird, sondern auch die Fundamente der Stadt angreift. Ende 2014 wird der Kanal für die größten Schiffe gesperrt und der Verkehr der kleineren Kreuzfahrtschiffe eingeschränkt.

㉗ Carnevale di Venezia

Mummenschanz in prachtvollen Kostümen und Masken

Seit Jahrhunderten wird in Venedig Karneval gefeiert: Der älteste Beleg für den Brauch stammt aus dem Jahr 1286. Herzstück des venezianischen Karnevalstreibens vor der Fastenzeit ist die Maske. Sie ist von jeher so gearbeitet, dass sie ihrem Träger vollkommene Anonymität verleiht. So erlaubt sie unerkannte Ausschweifungen, überwindet Standesunterschiede und bietet durch die Verwandlung aller Teilnehmer in Fremde bei Bällen Nervenkitzel – eine Kombination, die schon dem notorischen Playboy Casanova sehr gefiel. Traditionell war das Tragen von Masken vom Tag des heiligen Stefan (26. Dezember) bis zum *Martedì Grasso*, dem Karnevalsdienstag.

In der Blütezeit der Maskerade im 18. Jahrhundert nahmen viele Venezianer ihre Masken allerdings überhaupt nicht mehr ab. Am zweiten Weihnachtstag begann der Karneval. Zur Fastenzeit gebot der Anstand eine Pause, dann ging es zurück zu Bällen, in die Oper und an den Spieltisch, bis der Winter anbrach. In den Zeiten des Niedergangs der Handelsmacht, als Seide und Gewürze längst schon anderswo zu haben waren, bot die Maskierung eben auch psychologische Stütze. Manches Mitglied eines verarmten Adelshauses wollte angesichts der fortdauernden Krise nur noch eines: sich verstecken. Praktisch war die Maskerade außerdem, erlaubte sie doch, sich unerkannt von Gläubigern durch die Stadt zu bewegen. Nur am Roulettetisch war sie verboten – damit sich niemand Kredit verschaffte, dessen Vermögen längst verspielt war. Als die Republik 1797 endgültig zusammenbrach, war die Party vorbei.

Erst 1979 wurde der Karneval in Venedig wiedergeboren. Ein Theaterschaffender kam auf die Idee, in der Lagune vor dem Markusplatz Stücke zu inszenieren; die Besucher sollten maskiert erscheinen. Seither ziehen die Venezianer wieder in voller Kostümierung auf den Markusplatz. Gefeiert wird auch auf anderen Plätzen und Gassen. Allerdings haftet dem Karneval in Venedig wenig vom bisweilen etwas wüsten Straßenkarneval nördlicher Gefilde an; die prachtvollen historischen Kostüme und die Atmosphäre des winterlichen Venedigs verleihen ihm vielmehr eine Aura des Erhabenen. Der Anblick der Kostümierten (und Maskierten), die in schwarzen Gondeln durch die Kanäle fahren, ist unvergesslich.

Klassische Maske des venezianischen Karnevals

Farbenprächtig: die Kostüme und Masken zum Carnevale di Venezia

Peggy Guggenheim Collection
Palazzo Venier dei Leoni
30123 Venedig
✆ 041 240 54 11
www.guggenheim-venice.it
Tägl. außer Di 10–18 Uhr
Eintritt € 14/6 (Schüler und Studenten)

28 Collezione Peggy Guggenheim in Venedig

Die Sammlung einer glamourösen amerikanischen Erbin

Die erstklassige Sammlung der Amerikanerin Peggy Guggenheim (1898–1979), die 30 Jahre lang im **Palazzo Venier dei Leoni** am Canal Grande lebte, umfasst Gemälde und Skulpturen der bedeutendsten Künstler des 20. Jahrhunderts: Braque, Chagall, Max Ernst (mit ihm war sie verheiratet), Kandinsky, Klee, Magritte, Picasso, Pollock – um nur einige zu nennen.

Die **Peggy Guggenheim Collection** wird seit dem Tod der Sammlung 1979 von der Stiftung ihres berühmten New Yorker Onkels verwaltet und gehört unstrittig zu den hochkarätigsten Privatsammlungen der Moderne. Man findet sie in jenem im 18. Jahrhundert erbauten Palast, in dem die Sammlerin auch wohnte. Schon dieser ab 1750 nach Plänen von Lorenzo Boschetti erbaute Palazzo ist absolut sehenswert. Er besticht durch seine klassizistisch-elegante, aber wohl aufgrund eines vorzeitigen Abbruchs der Bauarbeiten nur einstöckige Architektur und durch seine fabelhafte Lage am Kanal. Der Hundefriedhof im Garten verweist mehr als alles andere auf den eigentlich privaten Charakter des Gebäudes.

Das Leben der Erbin, Mäzenin und Kunstsammlerin war so schillernd wie ihr Geschmack exquisit. Geschult hatte sie ihn in ihren Jahren in Paris, wo sie unter Künstlern und Literaten verkehrte; zwischenzeitlich unterhielt sie eine eigene Galerie in London. 1898 wurde Peggy Guggenheim in eine reiche New Yorker Industriellenfamilie geboren. Als sie 14 Jahre alt war, starb ihr Vater beim Untergang der »Titanic«. Mit 21 Jahren erbte sie das Vermögen, das er ihr hinterlassen hatte, und ging bald darauf nach Paris. Hier heiratete sie zum ersten Mal – den Künstler Laurence Vail – und bekam zwei Kinder. Am Vorabend des Zweiten Weltkriegs kaufte sie zahlreiche zeitgenössische Gemälde von flüchtenden Künstlern zu Schnäppchenpreisen, verhalf vielen von ihnen zur Flucht und floh schließlich selbst 1941 mit Max Ernst, der ihr zweiter Ehemann wurde, nach New York. Auch dort förderte sie Künstler, darunter Jackson Pollock, und betrieb eine Kunstgalerie. Nach dem Krieg kehrte sie nach Europa zurück – ohne Ernst – und wählte Venedig als dauerhaften Wohnsitz. 1948 stellte sie ihre Sammlung erstmals auf der Biennale aus und kaufte den Palazzo Venier dei Leoni. Hier schuf sie ihrer Sammlung ein würdiges Heim. Ab 1951 öffnete sie es jedes Jahr im Sommer fürs Publikum. Ihre Kunstsammlung hinterließ sie der Stiftung ihres Onkels. Schon ein Jahr nach ihrem Tod öffnete 1980 die Peggy Guggenheim Collection im Palast am Kanal. Ihr Grab befindet sich im Garten gleich neben dem Friedhof ihrer Hunde.

Lesenswert ist Peggy Guggenheims Autobiografie, die unter dem deutschen Titel »Ich habe alles gelebt« erschienen ist.

Exponat der Collezione Peggy Guggenheim: Paul Klees »Der Zaubergarten« (1926)

(29) Auf den Spuren von Commissario Brunetti durch Venedig
Pasta unterm Glockenturm

Im Stadtteil Castello ist mit der Amerikanerin Donna Leon eine Schriftstellerin zu Hause, die in Deutschland zu den bekanntesten Bestsellerautorinnen zählt und die derzeit erfolgreichsten Bücher über Venedig schreibt. »Castello war das am wenigsten renommierte Sestiere der Stadt, ein Bezirk, wo vorwiegend solide Arbeiterfamilien wohnten, wo Kinder noch unbeleckt von der italienischen Sprache aufwachsen und nur Dialekt sprechen konnten, bis sie in die Grundschule kamen«, beschreibt sie ihr Viertel in der »Venezianischen Scharade«.

In der Bar Colleoni am Campo Santi Giovanni e Paolo neben der gleichnamigen Kirche soll sie gelegentlich schreiben und die Bewohner der umliegenden Straße kennen die Amerikanerin mit den hellen Haarsträhnen im grauen Pagenkopf vom Sehen. Sie streift durch Gassen und Geschäfte, spricht mit Nachbarn, Verkäufern und Bettlern – und macht dabei jene Beobachtungen über die Stadt und ihre Menschen, die es ihr ebenso wie ihre Themen von Umweltsünden bis hin zu Korruption in Kirche und Kommune geboten scheinen lassen, diese Milieustudien dem italienischen Publikum vorzuenthalten.

Denn Donna Leon lehnt es ab, ihre Krimis ins Italienische übersetzen zu lassen. Sie will in ihrer Wahlheimat nicht berühmt sein, und vielleicht fürchtet sie auch Kritik. Womöglich nicht zu Unrecht, heißt es doch etwa beim zehnten Fall, im »Gesetz der Lagune«, ganz unverklärt: »Bonsuan rauchte seine Zigarette zu Ende und warf die Kippe über Bord, völlig gedankenlos wie die meisten Venezianer.« Ihre Beobachtungen zum italienischen Persönlichkeitsbild sind jedoch nicht immer lieblos. »Und da hatte er jene bemerkenswerte Erkenntnis über die Italiener gewonnen«, schreibt Leon in der »Venezianischen Scharade«, »Es existierte keine Wahrheit jenseits der persönlichen Erfahrung, und alle Beweise, die im Widerspruch zur eigenen Ansicht standen, waren vernachlässigbar.«

1942 in New Jersey geboren, lebt Donna Leon bereits seit 1981 in Venedig. Ihre Bücher zeichnen ein stimmungsvolles und treffendes Bild ihrer Wahlheimat. Alle Schauplätze sind authentisch: vom Opernhaus La Fenice, das im Erstling »Venezianisches Finale« eine Hauptrolle übernahm, über die Universität, an der Signora Brunetti lehrt, bis zur Kirche San Stefano, der einzigen in der Stadt, die sich über einen Kanal erstreckt.

Vor ihrer Tür steht meist ein Mann, der auf unterschiedlich befüllten Wassergläsern orgelt. In der »Venezianischen Scharade«, Commissario Guido Brunettis drittem Fall, findet der Komissar in einer Wohnung des Hauses mit der Nummer 3470 gleich gegenüber der Kirche den letzten von drei Toten. Auf dem Rialtomarkt, der Venezianern die Supermärkte ersetzt, versorgt sich auch Brunetti, und in der nahen Cantina da Mori erholt sich der Commissario auf dem Heimweg von der Arbeit bei einer *umbrita vino*, einem Gläschen Wein zu ein paar auf Zahnstocher gepiekten Häppchen. Obwohl die dunkle Stehbar, deren Decke zahlreiche Kupferkessel zieren, zu den berühmtesten Kneipen Rialtos gehört, sind die Einheimischen hier in der Überzahl – vielleicht in Folge ihres ungezwungeneren Herangehens an Wein während der Tagesstunden. Beim nahen Campo San Polo ist der Commissario zu Hause. Mit seiner Frau und zwei Kindern lebt er 94 Stufen über Venedig: »Ihre Terrasse lag so hoch, dass man schon in den Glockenturm von San Polo hätte steigen müssen, um zu sehen, was er trieb.« Allerdings nutzt Brunetti Höhenlage und Abwesenheit seiner Familie lediglich zu einer lässlichen Sünde: Er isst seine Pasta am Abend eines langen, heißen Arbeitstages direkt aus der Schüssel.

Repräsentativ am Canal Grande nahe der Rialtobrücke gelegen: der Fondaco dei Tedeschi

30 Fondaco dei Tedeschi in Venedig
Deutsches Warenlager an der Rialtobrücke

Venedig war im Mittelalter Zentrum des Welthandels und die rührigsten deutschen Kaufmannsfamilien waren darum bemüht, hier mit einem Handelsposten vertreten zu sein. Vor allem Gewürze, Zitrusfrüchte und Edelsteine kamen in Venedig an und wurden hier ebenso wie Stoffe und Glasarbeiten aus Murano in Richtung Norden umgeschlagen.

Das im Jahr 1228 erwähnte Handelshaus der Deutschen (so wurden der Einfachheit halber alle Menschen genannt, die ihre Heimat nördlich der Alpen hatten), an privilegierter Stelle am Canal Grande und unmittelbar an der Rialtobrücke gelegen, brannte im Jahr 1505 ab. Es war wohl ein besonderer Gunstbeweis der Serenissima, dass sie die Kosten für den monumentalen Neubau übernahm. Die Fassade dekorierten Tizian und Giorgione – leider haben diese Fresken die Zeit nicht überdauert. Fünf offene Arkaden direkt am Kanal ermöglichten es, hier Waren ein- und auszuladen. Im Gebäude hatten sie ihr Warenlager und ihre Wohnungen. Eine freie Wahl des Wohnorts war zu dieser Zeit für ausländische Kaufleute nicht vorgesehen – auch anderswo nicht. Später wurde der Bau am Canal Grande erst Sitz des Finanzamts, dann, 1870–2011, Heimat der Hauptpost und schließlich Gegenstand eines heftigen öffentlichen Streits.

Nachdem das Unternehmen Benetton das Gebäude bereits im Jahr 2008 kaufte, sollte hier ein Kaufhaus mit Benetton-Megastore eröffnen. Im Tausch für die Baugenehmigung sollten sechs Millionen Euro in die Stadtkasse fließen. Das Architekturbüro OMA (dessen Mitbegründer der Architektur-Biennale-Kurator Rem Koolhaas ist) war mit der Umgestaltung der insgesamt 160 Räume, die sich in vier Etagen um einen quadratischen Innenhof gruppieren, längst beauftragt. Doch das Vorhaben, aus dem historischen Haus einen schnöden Konsumpalast zu machen, sorgte für große Empörung. Sie steigerte sich noch, als Details bekannt wurden, die gravierende Veränderungen des Baus vorsahen.

2012 schmetterte der nationale Ausschuss für Architektur den Plan ab. Eine stark modifizierte Version des Vorhabens, bei dem den Auflagen des Denkmalschutzes gefolgt wird, hat Venedigs Stadtrat 2013 abgesegnet. So wird es weder Rolltreppen im Innenhof geben noch eine Erhöhung des Bauwerks um eine zusätzliche Etage mit gläserner Fassade – all das hatte der ursprüngliche Plan vorgesehen. Dennoch wird die alte Warenbörse Fondaco dei Tedeschi mit ihrer Umwandlung in ein Kaufhaus mittelfristig zu ihrer einstigen Bestimmung zurückkehren.

31 Friedhofsinsel San Michele in Venedig
Die Verbannung des Todes aus dem Alltag

Die unbewohnte Insel **San Michele** wurde im Jahr 1837 mit der Nachbarinsel San Cristoforo verbunden und darauf der Friedhof von Venedig angelegt. In der Enge Venedigs war es notwendig, den Tod auszulagern – um die Qualität des Trinkwassers nicht zu gefährden. So entschwand er auf eine andere Insel und damit auch an den Rand des venezianischen Bewusstseins.

Trotz oder wegen der sich türmenden monströsen Mausoleen, der unzähligen Urnengräber, des Marmorprotzes und der Engelstatuetten hat San Michele mit seinen Zypressen, seinen Katzen und seiner Stille etwas Berührendes. Es ist das ideale Ziel, wenn man die Reizüberflutung Venedigs für ein paar Stunden mit absoluter Ruhe tauschen möchte. Vor allem die Gräber einiger der prominentesten Künstler des 20. Jahrhunderts erzählen hier ebenso fesselnde wie verstörende Geschichten. Der legendäre Ballett-Impresario Sergej Diaghilew (1872–1929) liegt im nichtkatholischen Bereich, ein paar Schritte weiter rechts hat der ebenfalls weltberühmte Komponist Igor Strawinsky (1882–1971) seine letzte Ruhestätte gefunden. In kongenialer Zusammenarbeit haben diese beiden Künstler die Ballette »Petruschka« und »Der Feuervogel« komponiert bzw. inszeniert. Zur weiteren hier bestatteten Prominenz

Eine magische Atmosphäre herrscht auf der Friedhofsinsel San Michele

zählt der amerikanische Dichter Ezra Pound (1885–1972). Ab 1924 lebte er in Italien. Weil er den Faschismus unterstützte und Antisemitismus propagierte, wurde er 1945 inhaftiert, in Pisa in einem Käfig ausgestellt, in den USA angeklagt und in einer Nervenklinik in Washington, D.C. zwölf Jahre festgehalten. Erst 1958 kam er frei und kehrte nach Italien zurück, wo er abwechselnd bei seiner Tochter in Südtirol und in Venedig lebte. In seinen letzten Jahren sprach er nicht mehr. Womöglich hatte er schon alles gesagt – während des Kriegs und mit seinem großen Werk, »The Cantos«.

Ursprünglich war San Michele eine Klosterinsel, auf der bereits im 13. Jahrhundert Kamaldulensermönche ansässig waren. Von der Klosteranlage sind heute nur noch der Kreuzgang und die weiß leuchtende Kirche **San Michele in Isola** erhalten. Sehenswert ist die angrenzende **Cappella Emiliana**. Das sechseckige Kirchlein mit der weißen Kuppel ist wie die benachbarte Kirche ein bildschönes Renaissancebauwerk. San Michele ist ab Fondamenta Nuove mit dem Vaparetto zu erreichen (alle 15 Minuten).

Giovanni Bellinis »Madonna degli Alberetti« (1487) und …

32 Gallerie dell'Accademia in Venedig
Schatzhaus der venezianischen Malerei

Gallerie dell'Accademia
Campo della Carità – Dorsoduro 1050
30100 Venedig
© 041 520 03 45
www.gallerieaccademia.org
Mo 8.15–14, Di–So 8.15–19.15 Uhr
Eintritt € 15/6 (12–18 und über 65 J.), zzgl. € 1,50 Reservierungsgebühr, unter 12 J. frei

Die erstklassigen Gemäldesammlungen der Gallerie dell'Accademia sind die umfassendste Dokumentation der Entwicklung der Malerei Venedigs und Venetiens, die die Stadt (und das Land) zu bieten hat. Zu ihren Höhepunkten zählen Bilder der Künstler Bellini, Carpaccio, Giorgione, Veronese, Tintoretto, Tizian und Tiepolo, Canaletto – von byzantinischen Einflüssen über Renaissance und Barock bis hin zum 18. Jahrhundert.

Wegen der Fülle der hier versammelten Kunstschätze sollte man sich darauf einstellen, bei einem Besuch nicht alles aufnehmen zu können. Die 24 Säle sind in chronologischer Reihenfolge angeordnet, so dass man sich entweder eine Epoche als Schwerpunkt aussucht oder einen Gesamtüberblick verschafft, indem man von Saal zu Saal durch 500 Jahre venezianischer Kunstgeschichte flaniert.

Ihren Namen verdankt die weltweit größte Sammlung venezianischer Kunst der Tatsache, dass sie aus der 1750 gegründeten Kunstakademie Accademia di belle arti di Venezia hervorging. 1756 übernahm Tiepolo die Präsidentschaft. Mitte des 18. Jahrhunderts entstand als Anschauungsmaterial für die Studenten der Grundstock der Kunstsammlung, die mit der Auflösung von Klöstern und Kirchen durch Napoleon einen großen Zustrom von Werken erfuhr. Im Lauf der Zeit hinteließen außerdem immer wieder private Kunstliebhaber ihre Sammlungen der Accademia.

… Giorgiones Gemälde »Das Gewitter« (1506/07) in der Gallerie dell'Accademia

Seit 1882 ist die Accademia ausschließlich Museum. Sie residiert am Ufer des Canal Grande im Viertel Dorsoduro, gleich an der nach ihr benanten Ponte dell'Accademia, in drei überaus sehenswerten Gebäuden: in der gotischen Kirche Santa Maria della Carità, der dazugehörigen Scuola Santa Maria della Carità (die älteste Laienbruderschaft Venedigs, die sich karitativen Aufgaben widmete) sowie dem von Andrea Palladio entworfenen Kloster Convento Canonici Lateranensi, das unter Napoleon samt Klosterkirche ausgeraubt und säkularisiert wurde.

Neben der permanenten Sammlung werden regelmäßig Wechselausstellungen gezeigt, bei denen der Andrang meist sehr groß ist.

33 **Gondelwerft Squero di San Trovaso in Venedig**
Von Dollen und Bootsgerippen

Still und majestätisch gleiten sie durch die Kanäle und bescheren ihren Passagieren neben einer beträchtlichen Geldausgabe (40 Minuten Fahrt kosten 80 Euro, in die Gondel passen allerdings auch bis zu sechs Personen) auch eine romantische Zeitreise: Venedigs Gondeln, die im Jahr 2008 ihren 1000. Geburtstag feierten. Kaum etwas steht so symbolhaft für die Lagunenstadt wie die eleganten Holzboote. Optisch folgen sie noch immer dem Modell des 19. Jahrhunderts: asymmetrisch und ohne Dach, elf Meter lang, aus acht verschiedenen Holzsorten gebaut und sieben Mal schwarz lackiert. Diese Farbe ist seit dem 16. Jahrhundert charakteristisch. Damals begann der Adel zu schwächeln. Damit Vermögensunterschiede nicht offen zu Tage traten, einigte man sich auf ein demokratisches Schwarz. Die *forcula* aus Nussholz, mit der die Gondel gelenkt wird, ist ihr Herzstück und wird heute noch in der Nähe der Rialtobrücke gefertigt. 800 Euro kostet eine *forcula*; eine ganze Gondel schlägt im Schnitt mit 30 000 bis 35 000 Euro zu Buche. Kommen aufwendige Blattgoldverzierungen hinzu, wird sie noch teurer. Auf vier Werften werden heute noch Gondeln gebaut. In der Gondelwerft **Squero di San Trovaso** (Rio di San Trovaso, Dorsoduro 1079, www.squerosantrovaso.com) kann man einen Blick auf Dollen und Bootsgerippe werfen – wenn sich denn gerade eine im Bau befindet.

Denn da die Gondeln heute in erster Linie dem Vergnügen der Besucher dienen, werden nur noch wenige hergestellt – in der Werft am Squero San Trovaso ist es eine pro Jahr; ansonsten werden hier nur Reparaturen ausgeführt. Drei bis vier Monate dauert es, bis eine Gondel in Handarbeit fertiggestellt ist. Nach zehn Jahren braucht sie in der Regel einen neuen Kiel, dann ist sie fit für zehn weitere Jahre auf den Wasserstraßen Venedigs. 425 sind dort heute unterwegs und werden von geprüften und lizenzierten Gondolieri gelenkt. Wer die anspruchsvolle Prüfung nicht schafft, kann dennoch eine Privatgondel steuern, wie sie sich manche Hotels leisten – ebenso wie einige reiche venezianische Familien.

Der Strohhut – Berufsbekleidung der venezianischen Gondoliere

Die Technik des Gondelfahrens ist alles andere als einfach

REGION 9
Venetien

The Gritti Palace Hotel
Campo Santa Maria del Giglio – 2467
30124 Venedig
✆ 041 79 46 11
www.thegrittipalace.com
DZ ab € 535

Einstiger Hausherr des Gritti Palace: der Doge Andrea Gritti (Gemälde von Vincenzo Catena)

34 The Gritti Palace Hotel in Venedig

Ehrenmitglied im Rund der venezianischen Hotellegenden

Wenn es etwas ganz Besonderes sein soll, ist das Gritti Palace Hotel die richtige, vielleicht sogar die einzige Wahl, denn es ist eines der schönsten Hotels der Welt – und eines der am schönsten gelegenen. Am Canal Grande, einen Steinwurf vom Markusplatz entfernt und gleich gegenüber von Santa Maria della Salute thront dieses Ehrenmitglied im Kreis venezianischer Hotellegenden. Erbaut wurde es 1475 für die Adelsfamilie Pisani; 1525 übernahm und erweiterte es Doge Andrea Gritti. Neben allem erdenklichen Komfort besitzt es ein Interieur, das noch heute eines Dogen würdig wäre. 2013 wurde das Haus nach mehr als einjähriger Renovierung neu eröffnet. Jede einzelne Antiquität, jede Kostbarkeit wurde liebevoll restauriert. Alles andere blieb, wie es war: Die 91 Zimmer und Suiten sind üppig mit Stoffen, Wandbehängen, goldverzierten Decken und wertvollen Leuchtern aus Muranoglas ausgestattet, das Restaurant »Club del Doge« ist exzellent, das Spa »Acqua di Parma Blu Mediterraneo« verspricht ebenso wohlduftende wie hochpreisige Anwendungen.

Seit 1948 ist das Haus eine zuverlässige Anlaufstelle für an gehobenen Lebensstil gewöhnte Venedigreisende. Winston Churchill, Charles de Gaulle, Charlie Chaplin, Greta Garbo, Lauren Bacall und Humphrey Bogart, Grace Kelly und, später, Luciano Pavarotti, Al Pacino und Woody Allen, alle waren sie hier. Einige der illustren Gäste aus der Vergangenheit haben den schönsten Zimmern und Suiten ihren Namen geliehen – wie William Somerset Maugham, englischer Romancier, Dramatiker und Auflagenmillionär. In der »Royal Somerset Maugham Suite« würde er sich gewiss wohlfühlen. Fensterfront und Balkon nehmen eine ganze Seite der Suite ein und öffnen einen Panoramablick auf den Canal Grande: von der Punta della Dogana zur Basilica Santa Maria della Salute gegenüber bis zum Palast der Peggy Guggenheim Collection. Dann wäre da noch die »Ernest Hemingway Presidential Suite«. Der wohl berühmteste Schriftsteller des 20. Jahrhunderts war hier in den 1940er und 1950er Jahren häufiger zu Gast und soll einige Passagen seines durch eine platonische Romanze in Venedig inspirierten Romans »Über den Fluss und in die Wälder« in der nach ihm benannten Suite geschrieben haben. Hier geschah es auch, dass der Pulitzer- und Nobelpreisträger von seinem eigenen Tod in der Zeitung las, als er sich von einem Flugzeugabsturz in Afrika erholte. Und wie es zur Statur dieses Literaten passt, soll die Suite die Geräumigkeit und Grandezza verbinden – mit dem Interieur aus Stuck, Antiquitäten, Parkettböden, Marmorbad und Hemingways höchsteigenem Clubsessel.

35 Il Redentore und La Festa del Redentore in Venedig

Palladios Erlöserkirche und ein grandioses Sommerfest

Die strahlend weiße Erlöserkirche **Il Redentore** auf der Insel Giudecca wurde wie rund 50 Jahre später Santa Maria della Salute am Eingang zum Canal Grande als Dank für das Ende einer Pest-Epidemie erbaut. Während der Pest-Epidemie von 1576/77, der 50 000 Menschen zum Opfer fielen (unter ihnen der Maler Tizian), gelobte die Serenissima den Bau einer Votivkirche, wenn der Erlöser sie von der Seuche befreien würde. 1577 war Baubeginn. Noch auf der Baustelle wurde eine Prozession zu einem provisorisch errichteten Altar veranstaltet und tatsächlich ebbte die Epidemie im Sommer des Jahres ab. 1592 wurde die Kirche geweiht. Il Redentore ist wie San Giorgio Maggiore das Werk des berühmten Architekten Andrea Palladio. Er entwarf sie mit Blick auf eine optimale Wirkung des Baus im Zusammenspiel mit seiner anderen Baustelle, der noch nicht vollendeten Kirche San Giorgio Maggiore. Wie dort entschied er sich auch hier für eine an einen antiken Tempel erinnernde Fassade. Auch von innen wirkt die klassizistisch-strenge Kirche, ein an beiden

Il Redentore
Campo del SS.
Redentore – La
Giudecca
30133 Venedig
Tägl. außer So 10–17
Uhr, Eintritt € 3

Riesenfeuerwerk über der Lagunenstadt anlässlich der Festa del Redentore (Erlöserfest)

Seiten von drei Kapellen flankiertes Längsschiff unter runder Kuppel, weiß und strahlend.

Jahr für Jahr wiederholten die Venezier die Prozession zur mittlerweile fertiggestellten Erlöserkirche (auch wenn Gott sie mit weiteren Epidemien prüfen sollte). Im Lauf der Zeit entwickelte sich aus dem Brauch ein ganzes Wochenende voller Festlichkeiten, das jedoch nach wie vor im Kern religiös motiviert ist. Jedes Jahr wird das Redentore-Fest am Samstag vor dem dritten Sonntag im Juli gefeiert (das ist nicht in jedem Fall der dritte Samstag im Juli), bei dem heute allerdings Volksfestfreude überwiegt. Die Feierlichkeiten beginnen mit einem Feuerwerk um Mitternacht, das die Türme und Kuppeln San Marcos in ein buntes Meer von Farben taucht. Schon bei Sonnenuntergang füllen sich die Bucht von San Marco und der Giudeccakanal mit festlich geschmückten Booten und laternenbehängten Gondeln, in denen man mit venezianischen Spezialitäten (und Weinen) picknickt. Am Sonntag selbst strebt die Bevölkerung auf die Insel Giudecca, die normalerweise nur per Boot zu erreichen ist. Eigens für das Fest wird der Kanal von einer 330 Meter langen Brücke aus Pontons begehbar gemacht. Ziel der Gläubigen ist die Kirche, wo der Patriarch die Stadt segnet. Der Sonntag endet mit Regatten der Gondoliere.

Die Votivkirche des berühmten Architekten Andrea Palladio: Il Redentore am Giudecca-Ufer

36 Isola di San Giorgio Maggiore in Venedig
Die schönste Aussicht auf Venedig

Abbazia di San Giorgio Maggiore
Isola di San Giorgio
Vaparetto 2 ab Markusplatz bis San Giorgio
30133 Venedig
✆ 041 52 78 27
Mai–Sept. Mo–Fr 9.30–18.30, So 8.30–11 und 14.30–18.30 Uhr, Okt.–April jeweils bis Einbruch der Dunkelheit
Eintritt Kirche frei, Glockenturm € 6/4

Nur ein knappes Dutzend Menschen lebt auf der knapp zehn Hektar großen Insel San Giorgio Maggiore in der Lagune von Venedig. Sie teilt sich ihren Namen mit dem ehemaligen Benediktinerkloster, dessen Ursprünge bis ins 10. Jahrhundert zurückgehen.

Auf der Insel, die früher eine Saline, dann ein großer Weingarten war, bauten die Benediktiner zwei Klöster und betrieben von hier aus die Missionierung Ungarns. Schon seit dem 12. Jahrhundert war das Kloster überdies ein wichtiges Pilgerziel, nachdem die Benediktiner 1109 in den Besitz der Reliquien des heiligen Stephanus gelangt waren. In der Frühzeit fanden hier zwei Dogen ihre letzte Ruhestätte: der 991 verstorbene Doge Tribuno Memmo und Sebastiano Ziani, der 1178 auf der Insel verstarb. Im 16. Jahrhundert musste die **Basilica di San Giorgio** erneuert werden. Der Auftrag ging 1565 an den großen Andrea Palladio, der in Vicenza lebte und arbeitete. Hell und strahlend erhebt sie sich zwischen den niedrigen Klostergebäuden aus rotem Ziegelstein. Palladio richtete die neue kreuzförmig angelegte Basilika so aus, dass sie eine Sichtachse mit dem Markusplatz bildet, und gab ihr eine an einen antiken Tempel erinnernde Fassade. Das Portal flankieren Statuen des heiligen Georg und des heiligen Stephanus. Im Inneren birgt die Kirche zahlreiche Kunstwerke, darunter mehrere Gemälde von Jacopo Tintoretto – darunter »Das letzte Abendmahl« am Hauptaltar –, Sebastiano Ricci und Jacopo Palma.

Da Kirchenbauten stets langwierig waren, erlebte Palladio die Fertigstellung der Kirche im Jahr 1610 nicht mehr. San Giorgio Maggiore

Gondeln am Molo von San Marco mit Blick zur Insel San Giorgio Maggiore

blieb bis zum frühen 19. Jahrhundert eines der bedeutendsten Klöster Norditaliens. Im Jahr 1800 wurde wegen der Kriegswirren das Konklave zur Papstwahl in den Mauern des Klosters abgehalten und Papst Pius VII. auf diesem Inselchen zum Papst gewählt. Als die Franzosen bald darauf Venedig besetzten, wurde das Kloster geplündert. In den folgenden Jahrzehnten verfiel es und wurde erst im 20. Jahrhundert restauriert.

Heute beherbergen die Klostermauern verschiedene Forschungseinrichtungen einer von der Familie Cini (die auch die Restaurierung des Klosters initiierte) gegründeten Stiftung. Vom Glockenturm (mit Aufzug) hat man den wohl eindrucksvollsten Blick über die Lagunenstadt, besonders auf das Ensemble aus der Kirche Santa Maria della Salute, Einfahrt zum Canal Grande und den Bauten am Molo.

37 Lido di Venezia
Mit dem Wassertaxi zum Strand von Thomas Mann

Die wohl legendärste Insel in der nördlichen Lagune ist der **Lido**. Zwölf Kilometer lang und knapp einen Kilometer breit erstreckt er sich vor Venedig und schützt die Stadt vor den Wellen der Adria – gewissermaßen als natürliche Grenze von Meer und Lagune (*lido* stammt aus dem Lateinischen und bedeutet so viel wie Nehrung). Sein feiner, flacher Sandstrand, der zum Teil öffentlich, zum Teil privat ist, macht ihn zu einem beliebten und ausgesprochen familienfreundlichen Ausflugsziel der Venezianer. Hier gibt es »normale« Straßen, das offene Meer und endlich einmal Platz. Öffentliche Strände auf dem Lido sind **S. Nicoló** und **Alberoni**, allerdings gibt es dort keine Aufsicht. Wer die typisch italienische Infrastruktur eines Strandbads mit Liegestuhl und Sonnenschirm, Café, Bar, Kinderspielplatz, Duschen, sanitären Anlagen sowie der Aufsicht eines Bademeisters nutzen will, muss eines der *bagni* aufsuchen. Für einen Schirm und zwei Liegen zahlt man 20 bis 25 Euro pro Tag.

Badekabinen am Lido di Venezia

Wer möchte, kann im Hauptort Lido auf Thomas Manns Spuren wandeln, denn das **Grand Hotel des Bains** ist der Originalschauplatz seines Romans »Der Tod in Venedig« und diente auch als Kulisse für Viscontis gleichnamige Literaturverfilmung. Seine Grandezza erinnert an jene Epoche, als der Lido, heute vor allem im Sommer ein reichlich rummeliger, typisch adriatischer Badeort, ein Spielplatz für die Reichen und Schönen Europas war. Auch das in der Nähe gelegene **Hotel Excelsior**, das 1907 erbaut wurde, erinnert ebenso wie das **Casino** noch an seine ruhmvollen Tage. Die Straße **Gran Viale Santa Maria Elisabetta** bildet mit Boutiquen, Cafés und Hotels das Herz des Lido.

Alljährlich im September kehrt der alte Glanz auch heute noch auf die Insel zurück, wenn der Lido zum Mekka der Filmliebhaber der Welt wird: Beim Filmfestival und der Verleihung des Goldenen Löwen, wenn sich auch die Stars aus Hollywood für ein paar Tage einmieten und man gelegentlich Woody Allen oder George Clooney in den Straßen sieht. Schauplätze des Festivals (www.labiennale.org) sind die Kinosäle im würdigen **Palazzo del Cinema**, in der **Sala Darsena**, der **PalaBiennale** – der größte, nur fürs Filmfestival geöffnete Saal mit 1700 Plätzen – sowie im Palazzo del Casinò.

Weitere Orte auf der Insel sind der zentral gelegene Sprengel **Malamocco** und **Alberoni** im Süden. Es lohnt sich, die gesamte lang gestreckte Landzunge mit dem Rad zu erkunden.

Noleggio Bici-Lido
Gran Viale S. Maria Elisabetta 21/B, Lido
30126 Venedig
✆ 041 526 80 19
www.lidoonbike.it
März–Okt. bei Sonne tägl. 9–19 Uhr
Rad ganztags € 9, *family bikes* für zwei Erwachsene und zwei Kinder € 16

38 Marco Polo und Venedig
Ein venezianischer Weltreisender

Dass ausgerechnet ein Bewohner der später meistbesuchten Stadt Europas zum Symbol des Massentourismus wurde, entbehrt nicht einer gewissen Ironie. Dabei war Marco Polo natürlich alles andere als ein Urlauber, sondern eher ein Geschäftsreisender, dessen Asienreise zeitlich aus dem Ruder lief. Reisen bedeutete im 13. Jahrhundert unbefristeten Aufenthalt in fremder Umgebung ohne Verständigungsmöglichkeit, Post von zu Hause oder kurzfristigen Rücktransport, dafür aber mit einem hohen Maß an Unwägbarkeit sowie Gefahr für Leib und Leben.

1254 wurde Polo in Venedig in eine Dynastie von Kaufleuten geboren. Sein Vater und sein Onkel unternahmen bereits Fahrten zur Seidenstraße und bewiesen dabei eine ausgeprägte Fähigkeit, mit den Unwägbarkeiten des Reisens umzugehen. Kriegswirren hielten sie unterwegs so lange auf, dass sie erst nach neun Jahren nach Venedig zurückkehrten. Dort war die Welt inzwischen eine andere geworden. Auch die private: Marco Polos Mutter war verstorben, aus dem sechsjährigen Knäblein Marco ein Jüngling geworden. Bei der nächsten Asienreise von Vater und Onkel war er dabei – mit 17 Jahren. Nach vier Jahren erreichten sie ihr Ziel in China, wo sie 16 Jahre lang Station machten und Marco Polo Präfekt des Herrschers Kublai Khan wurde. Er reiste kreuz und quer durch Asien und begeisterte sich besonders für das heutige Hangzhou. Als die Polos schließlich aufbrechen wollten, hatte man sich in China so an sie gewöhnt, dass man sie nicht gehen lassen wollte. Schließlich gelang der Abschied, und nach vierjähriger Reisezeit erreichten sie 1295 Venedig. Später nahm er als Mitglied der venezianischen Marine an Schlachten teil. In genuesischer Kriegsgefangenschaft erzählte er einem Mitgefangenen von seinen Abenteuern, der sie niederschrieb und veröffentlichte. Der Reisebericht wurde häufig kopiert, fand weite Verbreitung und stieß häufig auf Zweifel an der Echtheit der geschilderten Erlebnisse. Daran hat sich bis heute nichts geändert. In China finden sich keine Belege für seinen Aufenthalt, was andererseits aber nur bedeuten muss, dass sich dort niemand damit aufhielt, den exotischen Namen in für die Nachwelt erkennbarer Form niederzuschreiben. Nach seiner Entlassung aus der Kriegsgefangenschaft im Jahr 1299 kehrte Marco Polo nach Venedig zuruck, heiratete eine Kaufmannstochter und lebte als Vater von drei Töchtern in Cannaregio, wo er 1324 starb. Sein Haus wurde Ende des 16. Jahrhunderts durch ein Feuer zerstört.

39 Murano in der Lagune von Venedig
Die streng gehüteten Geheimnisse der Glashersteller

Glasvasen aus Murano

Seit dem 13. Jahrhundert ist Murano Synonym für die Kunst der Glasherstellung. Die *fornaci* genannten Brennöfen wurden damals von Venedig auf die Insel verlegt, um das Brandrisiko zu mindern, vor allem aber, um das Herstellungsmonopol besser sichern und kontrollieren zu können. Für die Arbeiter war es ab 1291 bei Todesstrafe verboten, die Insel zu verlassen oder auch ihre Berufsgeheimnisse zu verraten, denn man fürchtete, die exklusive Kunst könne auf der ganzen Welt verbreitet und dadurch entwertet werden. Bestimmte

Ein grandioses romanisches Bauwerk auf der Insel Murano: die Basilica Santi Maria e Donato

Rezepturen sind bis heute geheim, andererseits wird aber auch Billigware für den Massenverkauf importiert. Im 16. Jahrhundert lebten und arbeiteten hier 30 000 Menschen. Heute teilen sich rund 6000 Menschen den Ort, der sich über fünf durch Brücken miteinander verbundene Inseln erstreckt. Obgleich das Produkt Glas weitgehend zur Massenware degradiert ist, lohnt der Gang durch eine der Glasfabriken, in der man noch heute die Techniken des Biegens, Drehens, Blasens und Schleifens praktiziert. Kostbares Glaswerk, Spiegel, Kristalle und drei gewaltige Kronleuchter sind im **Museo del Vetro** im 1680 als Bischofssitz erbauten Palazzo Giustinian versammelt.

Zwei Kirchen Muranos lohnen einen Besuch. Aus dem beginnenden 12. Jahrhundert datiert die **Basilica Santi Maria e Donato**, ein grandioses romanisches Bauwerk mit frei stehendem Campanile und barocken Elementen und ursprünglich Bischofssitz für die Inselgemeinden Murano und Torcello. Herausragend sind ihre Bodenmosaiken. Auch die im 14. Jahrhundert als Klosterkirche der Dominikaner errichtete und nach einem Brand Ende des 15. Jahrhunderts wieder aufgebaute Pfarrkirche **San Pietro Martire** ist sehenswert. Sie liegt an der Fondamenta Vetrai und besitzt ein 1488 geschaffenes Votivbild von Giovanni Bellini.

Sehenswert ist außerdem der neben der Kirche gelegene **Palazzo da Mula**, der im ausgehenden 14. Jahrhundert als einer der zahlreichen Sommersitze wohlhabender Venezianer auf der Insel errichtet wurde. Weißer Marmor, ein rotes Ziegeldach und eine der wenigen erhaltenen Gartenanlagen der Insel prägen das Bild des spätgotischen Baus. Im ummauerten Garten ist ein schöner marmorner Rundbogen aus vorgotischer Zeit zu sehen. Der Palast selbst beherbergt heute Muranos Standesamt und wird nur anlässlich von Ausstellungen fürs Publikum geöffnet. Wer ihn individuell besichtigen möchte, kann sich hier trauen lassen.

40 Palazzo Ducale in Venedig
Machtzentrum und Sitz des Dogen

900 Jahre lang war der Dogenpalast das Zentrum von Politik, Macht und Prachtentfaltung im Herzen Venedigs. 120 Dogen regierten zwischen 802 und 1797 Venedig, und alle hatten hier ihren Sitz. Der erste Dogenpalast wurde allerdings wie diverse – ebenfalls aus Holz erbaute – Nachfolger durch Feuer zerstört. Der erste steinerne Palast wurde zu klein, als der Rat auf 900 Mitglieder anschwoll, denn er war nicht nur Residenz des Dogen, sondern auch Regierungssitz.

Seine heutige Form geht auf den Anfang des 15. Jahrhunderts zurück, als die Fassaden zum Molo (vollendet 1419) und zur Piazzetta San

Palazzo Ducale
Piazzetta S. Marco – S. Marco 1
Eingang Porta del Frumento, Piazzetta San Marco
30124 Venedig
✆ 041 271 59 11
www.visitmuve.it
April–Okt. tägl. 8.30–19, Nov.–März bis 17.30 Uhr
Eintritt € 16/10 (6–14 J.), unter 6 J. frei
»Geheime Führungen« auf Englisch Fr–Mo 9.55 und 11.35 Uhr, auf Italienisch 9.30 und 11.10 Uhr, auf Französisch 10.20 und 12 Uhr; Dauer ca. 1 Std. und 15 Min., Teilnahme € 20/14 (inkl. Eintritt), Voranmeldung ist erforderlich (✆ 041 42 73 08 92 oder online).

Marco (1424) ihre Gestalt erhielten. Höhepunkt der gotischen Bauphase ist die **Porta della Carta** (1438–41), der Innenhof ist der Beitrag der Renaissance.

Heute ist der Palast eine weitläufige Museumslandschaft, zu der unter anderem ein Opernmuseum (**Museo dell'Opera**), die Appartements des Dogen mit prächtigen Wand- und Deckengemälden, Hof und Loggien, eine Waffenkammer und die gefürchteten, mit der Seufzerbrücke verbundenen Gefängniszellen gehören. Sie sind allerdings nur im Rahmen spezieller Führungen, der »Geheimen Routen«, zu besichtigen. Dabei gelangt man in Casanovas Kerker, wirft einen Blick in die Folterkammer, sieht aber auch Räume, die dem eher unblutigen politischen Tagesgeschäft gewidmet waren.

Die zwischen dem Eingang zum Kanal und der Kapelle des Dogen (dem Markusdom) gelegenen Räume des Staatschefs wurden 1483 durch einen Brand schwer beschädigt und danach im Stil der Renaissance neu gebaut und ausgestattet. Die Privatgemächer befanden sich ober- und unterhalb der Repräsentationsräume. So war es nicht ungewöhnlich, dass der Doge vor seiner Wahl einen deutlich größeren Palazzo bewohnte als während seiner Tätigkeit im Dienst der Republik. Immerhin durfte er sich die Dienstwohnung mit eigenen Möbeln behaglich einrichten.

In der Fülle der Kunstschätze sind einige besonders bemerkenswert: Die Kassettendecke des **Atrio Quadrato** mit einem Gemälde von Tintoretto gehört ebenso dazu wie die **Sala dell'Anticollegio** mit Werken von Tintoretto, Bassano und Veronese und die **Sala del Collegio**. Hier trafen sich die Regierungsmitglieder und konnten bei anstrengenden Beratungen die Augen auf Wandgemälden von Tintoretto und einem Deckenfresko von Veronese ruhen lassen. Letzteres stellt den Dogen Sebastiano Venier in Gesellschaft von Jesus Christus dar.

Im Palazzo Ducale, dem Dogenpalast, wurden einst die Geschicke der Serenissima Repubblica di San Marco gelenkt

REGION 9 Venetien

Vom Campanile di San Marco überblickt man bei schönem Wetter Venedig und die gesamte Lagune

Um die Piazza San Marco liegen die teuersten und nobelsten Geschäfte der Stadt

41 Piazza und Piazzetta di San Marco in Venedig
Die opulente Bühne der Stadt

Nirgends ist der Cappuccino teurer als in Venedigs guter Stube: der Piazza di San Marco, einem der berühmtesten Plätze ganz Italiens, wenn nicht Europas. Der Markusplatz, einst Repräsentationsfläche der Seerepublik, ist städtebauliches Glanzstück und Mittelpunkt der Stadt. Mit Markusdom und Campanile, Dogenpalast und Stadtmuseum (Museo Civico Correr) säumen ihn dazu außer eleganten Boutiquen und Cafés (etwa das berühmte »Florian«) auch einige der wichtigsten Sehenswürdigkeiten Venedigs. Mit seiner Weitläufigkeit und Luftigkeit bildet er einen eindrucksvollen Kontrast zum umliegenden Labyrinth enger Gassen und kleiner Plätze und besitzt so tatsächlich den Charakter einer Bühne. Details wie der aus Marmor- und Steinplatten gemusterte Boden beweisen, dass Geld im Schatten des Dogenpalasts keine große Rolle spielte.

So perfekt das Ensemble heute anmutet – es ist nicht das Ergebnis einer einzigen geistigen Anstrengung, sondern hat sich über 700 Jahre entwickelt. Der zwischen dem 9. und 16. Jahrhundert langsam (unter anderem durch das Zuschütten eines Kanals) gewachsene trapezförmige Fest-, Zeremonial- und Siegesplatz der Serenissima ist 175 Meter lang, 56–82 Meter breit und auf zwei Seiten von den Arkaden der Verwaltungsgebäude **Procuratie Vecchie e Nuove** (Alte und Neue Prokuratien) gesäumt, die im 16. Jahrhundert erbaut und unter Napoleon im Westen durch die **Ala Napoleonica** miteinander verbunden wurden. Napoleon ließ die Kirche San Geminiano abreißen und durch die Ala Napoleonica ersetzen. Heute ist hier das **Museo Correr** ansässig.

Den Eingang zur Merceria, der Einkaufsstraße, markiert der um 1502 erbaute **Torre dell'Orologio** (Uhrturm) von Mauro Codussi, dem die symbolische Funktion des Stadttors zufällt. Die Ostseite der Piazza gehört dem Markusdom. Zum Molo hin setzt sich der Platz L-förmig in die **Piazzetta San Marco** fort, die vom **Palazzo Ducale** und der **Biblioteca Nazionale Merciana** flankiert wird.

Obwohl im Dogenpalast schon lange nicht mehr Geschichte geschrieben wird, schafft der Markusplatz es regelmäßig in die Weltnachrichten, wenn er von Hochwasser geflutet wird. Dieser Spuk ist glücklicherweise meist innerhalb weniger Stunden vorbei, und ertrunken ist auf dem Markusplatz auch noch niemand. Die Cafébetreiber werden heute per SMS informiert, wenn Hochwasser droht, damit sie ihre Möbel rechtzeitig wegräumen können. Der Bau des Schleusensystems MOSE soll ab 2016 mit Hochwasser im Wohnzimmer der Stadt endgültig aufräumen.

42 **Ponte dei Sospiri in Venedig**
Leidvoller Weg zum Tribunal

Die Seufzerbrücke (Molo/Riva degli Schiavoni – S. Marco), zwischen 1600 und 1603 von Antonio Contin erbaut, dem Neffen des Erbauers der Rialtobrücke Antonio da Ponte, zählt zu den bekanntesten Brücken Venedigs. Die elf Meter lange, geschlossene Brücke aus Kalkstein führt über den acht Meter breiten Rio di Palazzo und verbindet den Dogenpalast mit den *Prigioni nuove*, dem Kerker für politische Gefangene. Wer sie betrat, war entweder auf dem Weg zum Tribunal oder hatte bereits im Dogenpalast schlechte Nachrichten erhalten. Eine Haftstrafe war noch die bessere Variante, auch wenn die Haftbedingungen in den sieben Zellen dieses Gefängnisses so misslich waren, dass mancher dort auch ohne Todesurteil ums Leben kam. Wer zum Tod verurteilt worden war, ging ebenfalls zunächst über die Seufzerbrücke ins Gefängnis und mochte dabei durchaus vernehmlich seufzen. Trotzdem erhielt die Brücke diesen Namen erst später. Im Inneren ist sie durch eine Längsmauer geteilt. So entstanden zwei getrennte Wege, die es zum und vom Tribunal kommenden Häftlingen nicht erlaubten, Informationen auszutauschen.

Nur einer gab sich mit bloßem Seufzen nicht zufrieden: der venezianische Autor, Abenteurer, Frauenverschleißer und bekanntester Insasse der Prigioni, **Giacomo Casanova** (1725–98). Er hatte sich allerhand Ärger eingehandelt; was man ihm genau vorwarf, ist heute nicht bekannt. Vermutlich war Gotteslästerung ein Thema; auch der Besitz verbotener Bücher könnte ein Grund für seine Festnahme gewesen sein. In der Nacht zu Allerheiligen 1756 gelang ihm und einem Mithäftling die Flucht aus dem Hochsicherheitstrakt, dessen »Bleikammern« als so ausbruchssicher galten wie später die »Titanic« als unsinkbar. Ihren Namen verdankten sie dem Umstand, dass sie unter dem bleigedeckten Dach des Dogenpalasts lagen. Die Flüchtlinge erreichten vom Dachboden aus das Dach und flohen von dort in einen anderen Teil des Palasts. Seinen eigenen Schilderungen zufolge verließ Casanova ihn durchs Hauptportal, das ihm ein Bediensteter beflissen öffnete. Von dort ging es über Mestre in Richtung Paris. Casanova verarbeitete das Erlebnis in seinem Buch »Die Geschichte meiner Flucht«.

Die Brücke kann im Rahmen von Führungen durch den Dogenpalast besichtigt werden. Wer sie fotografieren möchte, bekommt sie am besten von der **Ponte della Paglia** aus aufs Bild.

Der Ponte dei Sospiri, die Seufzerbrücke, verbindet den Dogenpalast mit den Prigioni, dem Kerker der venezianischen Republik

43 **Punta-della-Dogana-Museum in Venedig**
Gegenwartskunst im ehemaligen Zollamt der Seerepublik

Auf dem dreieckigen äußersten Zipfel der Insel Dorsoduro an der südlichen Zufahrt zum Canal Grande mussten einstmals Waren aus aller Herren Länder angemeldet werden, noch bevor die Kapitäne einen Blick auf die dahinter gelegene Kirche Santa Maria della Salute erhaschen konnten. Hier befindet sich seit 2009 das vom japanischen Architekten Tadao Ando gestaltete **Museo Punta della Dogana**. Ando verwandelte dafür die Punta della Dogana, das ab 1677 von Giuseppe Benoni erbaute dreieckige Zollamt der Republik (das die Habsburger später umbauten), in ein Museum für zeitgenössische Kunst. Zur 53. Kunst-Biennale wurde es eröffnet. Ando hatte zuvor bereits den **Palazzo Grassi** zum Museum umgestaltet. In beiden Fällen handelte es sich um Aufträge von François Pinault, dem milliardenschweren französischen

Chef verschiedener Modemarken und eines Weinchateaus sowie leidenschaftlichen Kunstsammler.

Dass gut 75 Prozent der Fassaden des Gebäudes am Wasser liegen, machte die Umbauarbeiten auch logistisch kompliziert. Die 10 000 Tonnen Baumaterial, die die Umgestaltung erforderten, wurden in 2000 Ladungen über einen temporären Hafen vor der Baustelle abgeladen. Anso zog in den aus neun Lagerhallen bestehenden historischen Bau eine zweite Ebene und Trennwände aus poliertem Sichtbeton – ein für seine Architektur typisches Material – ein, so dass auf der Grundfläche des Dreiecks mit zwei je 105 Meter langen Seiten, die auf den Canal Grande und den Canale Giudecca weisen, und der 75 Meter langen Basis des Dreiecks eine Ausstellungsfläche von 5000 Quadratmetern entstanden ist. 20 Millionen Euro hat es gekostet, der Kunstsammlung Pinaults neuen Raum zu geben. Die klare, sachliche Ästhetik des neuen Interieurs steht in spannungsvollem Kontrast zu den alten Ziegelmauern und der ebenfalls erhaltenen Holzbalkendecke. Herz des Baus ist der doppelstöckige Kubus in der Mitte, der die gesamte Höhe nutzt und durch den alle Wege durchs Museum führen. Durch die Fensterfronten fällt nicht nur viel natürliches Licht ins Innere, sie öffnen auch den Blick auf die beiden Kanäle. Wichtiger sind hier jedoch die Exponate. Das Museum zeigt in regelmäßigem Wechsel Glanzstücke aus Pinaults Sammlung zeitgenössischer Kunst. Er besitzt unter anderem Arbeiten von Maurizio Cattelan (geboren 1960), Mike Kelley (1954–2012), Richard Prince (geboren 1949), Mark Grotjahn (geboren 1968), Marlene Dumas (geboren 1953), des deutschen Künstlers Sigmar Polke (1941–2010) und des 1954 in Oldenburg geborenen Thomas Schütte.

Das Pinault-Museum Punta della Dogana

🏛 **Punta della Dogana**
Dorsoduro 2
Vaporetto 1 bis Salute
30123 Venedig
✆ 041 271 90 31 (aus dem Ausland), 199 112 112 (in Italien)
www.palazzograssi.it
Tägl. außer Di 10–19 Uhr, Eintritt € 15/10 (12–18 und über 65 J., Schüler und Studenten), Kombiticket mit Palazzo Grassi € 20/15

44 Regata Storica in Venedig
Kostümierte Wettfahrt

Es ist ein farbenprächtiges, faszinierendes Schauspiel: In einer strahlend bunten Parade von Gondeln werden die als Doge, Gattin des Dogen oder andere Würdenträger der Seerepublik verkleideten Teilnehmer den Canal Grande hinaufgefahren. Der Festzug der von ebenfalls kostümierten Männern geruderten historischen (oder wie Gondeln aus dem 16. Jahrhundert anzuschauenden) Boote vermittelt ein farbiges Bild von dem Prunk und der Pracht, die die Serenissima einstmals zu Ehren hoher Gäste oder bei anderen feierlichen Gelegenheiten entfaltete. Anschließend bieten die von den einheimischen Parteien mit Leidenschaft ver-

Historische Gondeln und kostümierte Gondolieri auf dem Canal Grande: die Regata Storica

Tizians berühmtes Altargemälde »Himmelfahrt Mariens« (1516–18) und …

Santa Maria Gloriosa dei Frari
Campo dei Frari – S. Polo 3072
30125 Venedig
✆ 041 71 04 87
www.basilicadeifrari.it
Mo–Sa 9–18, So 13–18 Uhr
Eintritt € 3

… Donatellos »Johannes der Täufer« (1438) in Santa Maria Gloriosa dei Frari

folgten Gondelwettrennen ein nicht minder eindrucksvolles Schauspiel. Es sind vier Wettbewerbe, beliebtester ist der »Campioni su Gondolini«. Dabei konkurrieren kleine Gondeln, die geradezu übers Wasser fliegen, um den Sieg. Zielpunkt ist die *machina*, eine schwimmende Bühne vor dem Ca' Foscari.

Gondelregatten waren von jeher Teil des venezianischen Selbstverständnisses. Der erste Beleg für das Spektakel stammt aus dem 13. Jahrhundert, vermutlich fanden Regatten aber schon deutlich früher statt. Im 16. Jahrhundert wurden sie ein beliebtes Motiv von Künstlern. Ihre Bilder geben einen recht genauen Eindruck von Gestaltung und Größe der Regatten. Berühmt ist Canalettos Gemälde »La Regata sul Canal Grande« aus dem 18. Jahrhundert. Auch als die Republik ab 1797 nicht mehr bestand, setzte sich der Brauch fort. Nun lieferten sich vor allem betuchte Venezianer Wettrennen auf dem Kanal. Der heutige Wettbewerb hat seinen Ursprung im Jahr 1841, als anstelle von Privatleuten wieder die Stadt das Rennen ausrichtete. Die Regatta sollte den Gondolieren Anreiz bieten, ihre vielgerühmten Fähigkeiten ständig zu trainieren, um ein gewisses Niveau aufrechtzuerhalten. Als Venedig im Jahr 1866 im italienischen Königreich aufging, änderte sich der Charakter des Wettbewerbs. Fortan standen weniger Ehrgeiz und Berufsethos der Gondoliere im Mittelpunkt, sondern die Erinnerung an Venedigs stolze Vergangenheit. Um diese Zeit kamen auch die Kostüme hinzu, und ab 1899 hieß die Veranstaltung Regata Storica.

Wer das Spektakel miterleben möchte, sollte seinen Aufenthalt beizeiten planen. Um ein Hotelzimmer mit Kanalblick muss man sich Monate vorher bemühen, aber auch andere Hotels sind früh ausgebucht. Der Termin ist alljährlich der erste Sonntag im September.

45 Santa Maria Gloriosa dei Frari in Venedig
Tizians großartige »Himmelfahrt Mariens«

Diese ab Mitte des 14. Jahrhunderts aus rotem Ziegelstein erbaute Franziskanerkirche wirkt in ihrer strengen Gotik äußerlich eher schlicht, birgt mit Tizians »Himmelfahrt Mariens« (1516–18) sowie einigen anderen Kunstwerken von Weltrang aber einen einzigartigen Schatz.

Stilistisch und in ihrer Funktion als Grablege von Dogen und anderen hochgestellten Persönlichkeiten ist die »Frari« (Brüder), wie man sie in Venedig kurz und liebevoll nennt, der zweiten, ebenfalls in gotischem Stil erbauten Bettelordenskirche San Zanipolo (Santi Giovanni e Paolo) der Dominikaner verwandt. Hier werden die Grabmäler indessen von anderen Meisterwerken übertroffen. Neben Tizians **»Himmelfahrt Mariens«** sind es Donatellos Holzskulptur **»Johannes der Täufer«** (1438), Giovanni Bellinis »Madonna mit vier Heiligen« (1488) und »Madonna des Hauses Pesar« (1519–26).

Die Franziskaner ließen sie an der Stelle eines Vorgängerbaus errichten, der dem rasch wachsenden Kloster zu klein geworden war. 1396 stand der Campanile, Bau und Ausstattung der Kirche nahmen große Teile des 14. und 15. Jahrhunderts in Anspruch. 1469 war sie fertiggestellt. Tizians berühmtes Ölgemälde erhielt im Mai 1518 seinen Platz auf dem Hochaltar. Mit einer Größe von 6,90 mal 3,60 Meter ist es nicht nur eines der schönsten, sondern auch das größte Altargemälde der Stadt. Es zeigt die Jungfrau Maria von Engeln umringt zum Himmel aufsteigend und die gestikulierenden Apostel am Fuß des Bildes. Im oberen Drittel nimmt der ihr zugewandte Gottvater Maria im Himmel auf. Die Darstellung strahlt besondere Kraft und Dynamik aus, die Apostel wirken geradezu plastisch, Maria erscheint als ausdrucksstarkes Individuum.

In der Frari-Kirche haben mehrere Dogen, der mutmaßliche Baumeister der Kirche und Mönch Beato Pacifico sowie der neoklassizistische Bildhauer Antonio Canova (1757–1822) ihre letzte Ruhestätte gefunden. Tizian, der am 27. August 1576 an der Pest starb, wurde ebenfalls in der Kirche beigesetzt. Er war das einzige Opfer dieser Epidemie, das kirchlich bestattet wurde. Alle anderen wurden aus Furcht vor Ansteckung in Massengräbern außerhalb der Stadt beerdigt. Eine Statue des großen Renaissancekünstlers, der über 90 Jahre alt wurde (sein Geburtsdatum ist nicht genau belegt), wurde im 19. Jahrhundert von zwei Schülern Canovas geschaffen und erinnert an den Schöpfer des Altarbildes.

Santi Giovanni e Paolo
Campo dei Santi Giovanni e Paolo – Castello 6363
30122 Venedig
Mo–Sa 9–18, So 12–18 Uhr
Eintritt € 2,50

46 Santi Giovanni e Paolo in Venedig
Pantheon der venezianischen Dogen

Die nach einer Stiftung 1246–1430 errichtete Dominikanerkirche, in venezianischem Dialekt kurz **San Zanipolo** genannt, zählt zu den bedeutendsten Sakralbauten Venedigs. Ebenso wie Santa Maria Gloriosa dei Frari hatte sie die Obrigkeit der Republik aufgrund ihrer enormen Größe irritiert. 101,5 Meter Länge und ein 35 Meter hoher Gewölbebau machten diese aus Spenden und Schenkungen finanzierte Kirche zum größten Sakralbau Venedigs. Doch ein ungeschriebenes Gesetz sah vor, dass kein Bauwerk jene der Republik überragen dürfe. Das Problem wurde konstruktiv gelöst, als man darauf verfiel, die Riesenkirchen der beiden Bettelorden zu Grablegen der Dogen zu erklären – damit gehörten sie zum Staat, durften also so hoch sein, wie sie nur wollten.

Wandgrab (1509) des Condottiere Nicola Orsini in Santi Giovanni e Paolo

Auch äußerlich erinnert San Zanipolo mit würdiger Backsteingotik an die Kirche der Franziskaner, die ungefähr zeitgleich erbaut wurde. Im Jahr 1430 wurde die Dominikanerkirche eingeweiht. Ihrer Bestimmung gemäß sind im Inneren die aufwendig gearbeiteten Grabmäler von der Gotik bis zum Barock besonders bemerkenswert. 27 Dogen fanden in dieser Kirche ihre letzte Ruhe, was von der spirituellen Bindung der Republik an diesen Orden zeugt. Der erste Doge war 1249 Jacopo Tiepolo, der den Dominikanern das Land zum Bau ihrer Kirche geschenkt hatte. Seine Grablege aus Marmor ist schlicht gehalten. Ganz anders wirkt das barock-ausladende Grab von Alvise Mocenigo I., dem 85. Dogen, der im Bündnis mit Spanien und dem Papst bei Lepanto die osmanische Flotte geschlagen hatte, aber Zypern verlor und schwere Reparationszahlungen leisten musste. Seine ganze Amtszeit war von Krieg und Seuchen begleitet. Auch deshalb waren viele Venezianer froh, als er 1577 sein zweigeschossiges Grabmal aus istrischem Stein bezog. Die Liegefiguren auf den unter einem segnenden Christus ruhenden Sarkophagen stellen ihn und seine Frau dar. Auch Adelsfamilien wählten Zanipolo zu ihrer Begräbniskirche. Zu den Künstlern, die hier bestattet wurden, zählen Giovanni Bellini, Jacopo Palma der Jüngere und Lorenzo Lotto. Die Kirche wirkt auch innen besonders großzügig, nachdem im 17. Jahrhundert das Chorgestühl entfernt wurde.

REGION 9
Venetien

Das »Selbstporträt« (1588, Musée du Louvre, Paris) zeigt Tintoretto (1518–94) mit 70 Jahren

🏛 **Scuola Grande di San Rocco**
Campo San Rocco
3052 San Polo
✆ 04 15 23 48 64
www.scuolagrandesanrocca.it
Tägl. 9.30–17.30 Uhr
Eintritt € 10/8, Jugendliche bis 18 J. in Begleitung eines Elternteils frei

47 Scuola Grande di San Rocco und Tintoretto in Venedig

Manieristische Kompositionen und Bilderfindungen

Die Scuola Grande di San Rocco ging im 15. Jahrhundert aus dem Zusammenschluss zweier Bruderschaften hervor. Der Besitz von Reliquien des heiligen Rochus sorgte für regen Pilgerbesuch und rasch wachsenden Wohlstand dieser Scuola, die sich nun für größere Räumlichkeiten interessierte.

Ende des 15. Jahrhunderts entstand die Kirche San Rocco (die allerdings früh im 18. Jahrhundert erneuert wurde). Ab 1577 kam der neue zweigeschossige Sitz der Bruderschaft am Campo di San Rocco hinzu. Zum Platz hin präsentiert sich die Fassade aus weißem Marmor und istrischem Stein. Über dem Hauptportal befindet sich eine Statue des heiligen Rochus aus dem späten 15. Jahrhundert. Das grandiose Treppenhaus ist mit Fresken und großformatigen Gemälden geschmückt, darunter zwei Darstellungen der Pest-Epidemie von 1630 von Pietro Negri und Antonio Zanchi. Die am Ende der Epidemie aus Dankbarkeit errichtete Kirche della Salute am Canal Grande ist in Negris »Die Madonna errettet Venedig von der Pest« im Hintergrund zu sehen.

Für die Dekoration der Säle wurde Jacopo Tintoretto (1518–94) engagiert. Ein Verkündigungsengel, der mit Hochgeschwindigkeit in die Zimmermannswohnung einbiegt, und ein doppelstöckiger Stall von Bethlehem sind nicht die einzigen Überraschungen. Der große venezianische Maler stattete zwischen 1564 und 1588 die Scuola mit einem 56 Gemälde umfassenden Bilderzyklus mit Darstellungen von Bibelszenen aus – ein einmaliger Bilderschatz, aus dem »Die Kreuzigung« und das Deckengemälde »Die Glorie des heiligen Rochus von Montpellier« in der **Sala dell'Albergo** in der oberen Etage sowie 24 Reliefs in der benachbarten **Sala superiore**, die das Leben des Heiligen darstellen, besonders hervorzuheben sind. Die untere Etage, die ganz von der **Sala terrena** eingenommen wird, dominieren Bilder, die Szenen aus dem Leben Marias und der Kindheit von Jesus zum Thema haben.

Tintoretto stammte aus Venedig und begründete hier eine einflussreiche Malerwerkstatt, an der drei seiner Kinder – seine Tochter Marietta sowie die Söhne Marco und Domenico – beteiligt wurden und die später von seinem deutschen Schwiegersohn Sebastian Casser fortgeführt wurde. Er war selbst Mitglied der Bruderschaft San Rocco. Seinen Stil entwickelte er zu einer Zeit, als sich die Kunst in Venedig im Umbruch befand und von der manieristischen Malerei der Meister in Florenz und Rom beeinflusst wurde. Die Arbeiten in dieser Scuola Grande zählen zu den wichtigsten Werken Tintorettos, der neben vielen anderen künstlerischen Engagements auch Bilder für den Dogenpalast malte.

Die Scuola Grande di San Rocco war die einzige der venezianischen Gilden und Zünfte, die Napoleons Gebot der Auflösung aller Scuole 1805 entging.

48 Teatro La Fenice in Venedig

Wiederauferstanden: Venedigs prachtvolles Opernhaus

Am 29. Januar 1996 brannte das älteste und berühmteste Theater Venedigs, von Antonio Selva 1792 nach dem Brand des Vorgängerbaus errichtet, bei Restaurierungsarbeiten komplett aus. Das Teatro, das mit vollem Namen **Gran Teatro La Fenice di Venezia** heißt, ist einer der traditionsreichsten Musiktempel der Welt, in dem viele Werke uraufgeführt wurden, u.a. Verdis »Rigoletto« und »La Traviata« sowie Rossinis »Tancredi«. Die Wiedereröffnung wurde im Dezember 2003 mit einem Konzert des Orchesters des Hauses unter den Augen der ganzen Welt gefeiert. Zuvor war es nach langen und mühsamen Ermittlungen gelungen, zwei mutmaßliche Brandstifter zu identifizieren. Allerdings konnte der Verdacht nie ganz ausgeräumt werden, dass die beiden angeklagten Handwerker als Sündenböcke herhalten mussten, um eine Tat der Mafia zu verschleiern. Außer technischen Verbesserungen in Hinblick auf Sicherheit, Bühne sowie einer noch besseren Akustik als zuvor wurde alles originalgetreu nach dem Vorbild von 1792 aufgebaut: »dov'era, com'era«, wie man in Venedig in solchen Fällen fast immer entscheidet: wo es war, wie es war. Allerdings, und auch das ist nicht untypisch für Venedig, dauerte es einige Jahre, bis man sich auf den am Original orientierten Entwurf des Mailänder Architekten Aldo Rossi geeinigt hatte. Rossi, der 1997 bei einem Verkehrsunfall starb, erlebte die glanzvolle Wiedereröffnung nicht mehr; der Bau wurde von seinen Mitarbeitern nach seinen Plänen fertiggestellt. Die erste Oper, die im neuen La Fenice gespielt wurde, war Verdis »La Traviata«.

Ein Besuch des neuen alten Opernhauses gehört zu den Höhepunkten einer Venedigreise. Auch wenn nun alles neu ist, wirkt der schwelgerisch mit Stuck und funkelnden Leuchtern in der Farbpalette von Gold bis Rot ausgestattete Zuschauerraum wie ein Blick ins alte Venedig. Vom musikalischen Genuss in einem der besten Opernhäuser der Welt ganz zu schweigen.

Der amerikanische Schriftsteller John Berendt hat mit »Die Stadt der fallenden Engel« (The City of Fallen Angels) ein spannendes Buch über Venedig geschrieben, das mit dem Feuer im La Fenice beginnt und der Suche nach den Tätern folgt. Dabei zeichnet er ein faszinierendes Porträt der Stadt und erzählt von Intrigen und Skandalen, berühmten Besuchern und Bewohnern.

Teatro La Fenice
San Marco 4387
30124 Venedig
✆ 041 78 65 11
Infotelefon ✆ 041 24 24 (ital., engl.), Fax 041 272 26 73
www.teatrolafenice.it
Führungen durch das Haus tägl. 9.30–18 Uhr, unbedingt telefonisch reservieren, € 9/6,50, unter 6 J. frei

Gold verzierte Stuckaturen und eine himmelblaue Kuppel über dem Zuschauerraum des Teatro La Fenice

REGION 9
Venetien

Apsismosaik aus dem 12. Jahrhundert in der Kathedrale Santa Maria Assunta (Torcello)

Locanda Cipriani
Piazza Santa Fosca 29
✆ 041 73 01 50
https://locandacipriani.com

49 Torcello in der Lagune von Venedig
Gourmettreff in der »Laguna morta«

Schon von Weitem sieht man den **Campanile** von **Torcello**. Die Insel war bereits im 1. Jahrhundert besiedelt. Einstmals reichste Stadt der Lagune und Bischofssitz, verlor Torcello seit dem Mittelalter nach und nach an Bedeutung. Durch Malaria und Versumpfung des Landes schrumpfte die Einwohnerzahl von einstmals 20 000 auf kaum 50, und vom einstigen Glanz sind nur zwei Kirchen geblieben. Beide liegen an der gute zehn Gehminuten vom Vaporettibahnhof entfernten Piazza.

Ein Highlight ist die Kathedrale **Santa Maria Assunta.** Die dreischiffige bischöfliche Basilika aus dem 11. Jahrhundert ist wegen ihrer Mosaiken aus dem 12. Jahrhundert, deren Schönheit sich mit denen des Markusdoms durchaus messen kann, wegen der byzantinischen Madonna mit Kind und des »Jüngsten Gerichts« auf der Eingangswand ein echtes Kleinod. Ihr Glockenturm gehört zu jenen in der Lagune, die schon einmal eingestürzt sind. Im 17. Jahrhundert schlug ein Blitz in die Spitze ein, worauf diese abbrach. Gleich nebenan am schönen Domplatz steht die durch einen Säulengang mit der Kathedrale verbundene kleine **Kirche Santa Fosca**, ein prachtvoller romanischer Bau mit byzantinischen Elementen, der ebenfalls aus dem 11. Jahrhundert datiert.

Torcello liegt so weit nördlich in der Lagune, dass der Gezeitenwechsel die Insel kaum noch erreicht. Das Wasser, das man sieht, ist überwiegend Süßwasser – weshalb dieser Teil der Lagune auch »Laguna morta«, die tote Lagune, genannt wird. Doch ist dieses romantische Inselchen viel eher friedlich als tot. Ernest Hemingway, der vor allem im Jahr 1948 viel Zeit im Veneto und in Venedig verbrachte, war fasziniert vom morbiden Charme Torcellos, der gefallenen Stadt – und dem Restaurant **Locanda Cipriani**, das es bis heute gibt. Begründet wurde es von Guiseppe Cipriani, dem legendären Erfinder von »Harry's Bar« und dem Hotel Cipriani auf der Giudecca. Cipriani kaufte hier 1934 ein kleines Weingeschäft und machte ein Gasthaus daraus: ein paar Gästezimmer und ein Restaurant im Blumengarten mit Blick auf Torcellos Kirchtürme. Hemingways Roman »Über den Fluss und in die Wälder« machte die Locanda mit einem Schlag berühmt, und so ist es geblieben – mit dem Unterschied, dass heute Guiseppes Enkel Bonifacio Brass der Chef ist. Das Restaurant, heute unter Leitung von Cristian Angiolin, ist ein Gourmettreff geblieben.

IAT Verona
Via degli Alpini 9
(Piazza Bra)
37100 Verona
✆ 045 806 86 80
www.turismoverona.eu
Mo–Sa 9–19, So 10–16 Uhr

50 Veronas Altstadt
Die Kapitale der Scaliger

Malerisch schmiegt sich Veronas Altstadt, im Jahr 2000 von der UNESCO zum Weltkulturerbe erklärt, in eine Schleife der Etsch.

Schon zu römischer Zeit besaß die 89 v. Chr. eroberte Kolonie Bedeutung. Die vor dem römischen Colosseum erbaute Arena, das römische Theater, Stadttore, der (wiederaufgebaute) Triumphbogen Arco dei Gavi und die Brücke Ponte Pietra beweisen, dass Verona sich schnell zur Großstadt entwickelte. Nach dem Untergang Roms war Verona – neben Pavia und Ravenna – Sitz des ostgotischen Königs Theoderich und später Regierungsadresse des Langobardenkönigs Alboin. Zu Beginn des 12. Jahrhunderts wurde Verona selbstständig und Teil des Lombardischen Städtebundes. Unter den Scaligern, die von 1261 bis 1387 an der Macht blieben, entfaltete Verona die Pracht, die es bis heute ausstrahlt. So konnte sich der Dichter Dante Alighieri nach seiner Verbannung aus Florenz in seiner neuen Heimat Verona mit dem Gedanken trösten, dass alles noch viel schlimmer hätte kommen können. Der bedeutendste

Blick auf die Piazza delle Erbe vom Torre dei Lamberti aus (Verona) ▷

Scaliger war Cangrande I. della Scala (1291–1329), der unter anderem Padua, Bassano und Vicenza unterwarf und Patron von Dante, des Malers Giotto und des Dichters Petrarca war.

Durch Verona lässt sich flanieren wie durch ein farbenfrohes, lebendiges Geschichtsbuch. Bauten aller Zeiten und Baustile haben überdauert. Der romanische **Dom** aus dem 12. Jahrhundert, die romanisch-gotische Basilika **San Zeno Maggiore**, die prunkvollen Paläste aus dem 16. Jahrhundert und das **Castel Vecchio**, Wohnsitz und Trutzburg des während des Mittelalters tonangebenden Herrschergeschlechts der Scaliger sorgen dafür, dass es in Verona nicht langweilig wird. Die Scaliger verhalfen Verona im 14. Jahrhundert zum Status eines mächtigen Staates. Ihre Burg ist nicht nur – wie auch ihre Gräber an der **Piazza dei Signori** – an sich sehenswert, sondern auch wegen der mittelalterlichen und modernen Kunstsammlungen Veronas, die sie heute beheimatet.

In der alten Stadt schlägt ein noch immer junges Herz. Im Sommer strömen Festspielbesucher in die Stadt, um im römischen Amphitheater Weltstars wie Placido Domingo singen zu hören. Das mutmaßliche Elternhaus der unglücklichen Julia aus Shakespeares Drama wird von Romantikern und Literaturfans aller Altersstufen bestürmt. Zwischen den großen Sehenswürdigkeiten verbirgt die Altstadt viele hübsche Ecken und Gassen. Man sollte sich hier einfach treiben lassen.

Grabmal der Scaliger in Verona

Basilica di San Zeno Maggiore
Piazza San Zeno
37100 Verona
✆ 045 59 28 13
www.chieseverona.it
März–Okt. Mo–Sa 8.30–18, So 12.30–18, Nov.–Feb. Mo–Sa 10–13 und 13.30–17, So 12.30–17 Uhr
Eintritt € 2,50/2, für vier Kirchen (San Zeno, Duomo, Sant'Anastasia, San Fermo) € 6

Tafeln der weltberühmten romanischen Bronzetüren von San Zeno Maggiore in Verona erzählen Episoden des Alten Testaments wie die »Wurzel Jesse«

51 Basilica di San Zeno Maggiore in Verona

Unvergleichliche Bronzetüren erzählen biblische Geschichten

Die im 12. und 13. Jahrhundert erbaute Basilica di San Zeno Maggiore ist eine der schönsten romanischen Kirchen Oberitaliens und gehört zu den wichtigsten Bauten in der überreich mit Sehenswürdigkeiten gesegneten Stadt. Kunsthistorisch ist sie besonders interessant, weil sie mit ersten gotischen Formen den Übergang von der Romanik zur Gotik antizipiert. Erbaut wurde sie an der Stelle diverser Vorgängerbauten, deren ältester aus dem 4. Jahrhundert stammt.

1117 sorgte das schwere Erdbeben für einen Rückschlag bei den Bauarbeiten, doch 1135 war der Bau der dreischiffigen Kirche in seinen Grundzügen abgeschlossen. Der schöne, 1178 fertiggestellte freistehende Glockenturm, die etwa um diese Zeit ebenfalls vollendete Fassade mit dem großen Rundfenster und den sich abwechselnden Streifen aus Tuff- und Ziegelstein sowie das Portal mit fein gearbeiteten Marmorreliefs machen San Zeno schon äußerlich überaus eindrucksvoll. Einige in die Fassade eingearbeitete steinerne Platten enthalten Szenen aus dem Leben und der Ära des Ostgotenkönigs Theoderich. Spektakulär sind die berühmten romanischen **Bronzetüren**. Es sind die am reichsten mit Bibelszenen geschmückten erhaltenen Bronzetüren überhaupt. Ihre genaue Datierung ist umstritten, es wird aber davon ausgegangen, dass sie während mehrerer Phasen im 12. Jahrhundert entstanden. Die rechte Tür berichtet aus dem Alten Testament und aus dem Leben des Bischofs Zenos. Dass die Vertreibung Adams und Evas aus dem Paradies auf beiden Türen dargestellt wird, stützt die These, dass sie für verschiedene Kirchen vorgesehen waren. Die Identität der Künstler, die die beiden Türen schufen, ist nicht bekannt – als sicher gilt nur, dass es nicht nur einer war.

Im Kircheninneren sind die Fresken aus dem 12. bis 14. Jahrhundert besonders beachtenswert, außerdem die gotisch anmutende Decke, der Ende des 14. Jahrhunderts im Stil der Gotik umgestaltete Chor, das Bild des Hochaltars in Form eines Triptychons, den Andrea Mantegna im 15. Jahrhundert schuf, sowie die **Krypta**, in der die Reliquien des heiligen Zeno bewahrt werden. Er war der 8. Bischof von Verona.

52 Casa di Giulietta in Verona
Die Nachbarschaft von Liebe und vom Tod

»Die Welt ist nirgends außer diesen Mauern; nur Fegefeuer, Qual, die Hölle selbst. Von hier verbannt, ist aus der Welt verbannt«, murmelt Romeo düster in Shakespeares Tragödie. Verona meint er, die schöne Stadt am Fuße der Alpen. Für den verliebten Jüngling war Julia natürlich die Hauptattraktion. Aber auch mancher Besucher würde dieser Einschätzung Veronas zustimmen. Jeden Tag ist der Hof der **Casa di Giulietta** in der Via Cappello, wo die »echte« Julia gelebt haben soll, brechend voll. Obwohl er von Shakespeare-Fans überschwemmt wird, ist der schlichte, efeubewachsene Patio des Scaligerbaus ein schöner Ort. Dass es für Romeo und Julia keine gesicherten historischen Vorbilder gibt, kann weder ihm noch den Besuchern etwas anhaben. Immerhin lebten in dem Palazzo aus dem 14. Jahrhundert die dal Cappellos, wovon ihr in einen Bogen gemeißeltes Wappen zeugt. Und die könnten durchaus das Vorbild für die Capulets, die Familie der Julia, gewesen sein. Tatsächlich wurde der Balkon erst früh im 20. Jahrhundert an die Fassade geheftet, um dem Bedürfnis wachsender Besucherströme nach Authentizität gerecht zu werden. Und natürlich ging es dabei auch ums Geld. Auch Shakespeare ist ein Wirtschaftsfaktor, und das nicht nur in seinem Heimatstädtchen Stratford-upon-Avon im lieblichen Mittelengland.

Trotz solch ernüchternder Realitäten ist es schwierig, nicht minutenlang die steinerne Balkonbrüstung anzustarren, über die Giulietta Capuleti auf Romeo hinablächelt (dabei ist bei Shakespeare eigentlich nur von einem Fenster die Rede – womit das Haus als Schauplatz des echten Dramas an Glaubwürdigkeit gewinnt). Auf den Wänden im Durchgang zum schattigen Innenhof ist kein freier Fleck mehr, so viele Besucher haben sich hier verewigt. Junge Paare lassen sich neben der von Nereo Costantini gefertigten Bronzestatue Julias fotografieren, als hätte die Geschichte der Liebenden glücklich geendet. Touristen aus der ganzen Welt steigen in den ersten Stock des Hauses, um vom Balkon hinabzublicken wie in der Tragödie die Julia. Ihn hangelt Romeo sich hoch, um seiner Liebsten näherzukommen. Ob's wirklich so war, ist eigentlich egal. Romantisch genug für die große Tragödie ist der kleine Innenhof allemal. Weit hatte Romeo es übrigens nicht zu seiner Liebsten. Das Haus der Montagues wird nur wenige Ecken entfernt in der Via Arche Scaligere vermutet.

Liebesschwüre aus aller Welt: die Casa di Giulietta in Verona

Casa di Giulietta
Via Cappello 23
37121 Verona
✆ 04 58 03 43 03
Mo 13.30–19.30, Di–So 8.30–19.30 Uhr
Eintritt € 6/4,50
Außer dem Balkon kann auch das Interieur aus dem 17. Jh. besichtigt werden.

Der berühmte Balkon der Julia im Hof des Palazzo Capuleti (Verona)

REGION 9
Venetien

Arena di Verona
Piazza Brà 1
Theaterkasse: Via Dietro Anfiteatro 6 B
37121 Verona
✆ 045 800 51 51
www.arena.it
Vor den Festspielen Mo–Fr 9–12 und 15.15–17.45, Sa 9–12 Uhr; während der Festspiele an allen Spieltagen 10–21, an spielfreien Tagen 10–17.45 Uhr
Preise: € 19–204
Tipp: Bei den Reisebussen, die am Fluss geparkt stehen, werden manchmal Restkarten verkauft – oft zum halben Preis.

Das grandiose römische Amphitheater im Herzen Veronas

53 Römische Arena in Verona
Ein Pilgerziel für Klassikfans

An der **Piazza Bra** liegt das Amphitheater, das drittgrößte nach dem römischen Kolosseum und der Arena in Capua (Kampanien) und seit dem 100. Geburtstag Giuseppe Verdis 1913 Schauplatz von Veronas berühmten Opernfestspielen. Es hätte auch anders ausgehen können. Bei dem Erdbeben des Jahres 1117 wurde der Außenring des Theaters schwer beschädigt. Immerhin nur er. Nur vier seiner Bögen, die ursprünglich die ganze Arena umschlossen, sind erhalten. Doch als Kulisse für das vielleicht schönste Opernfestival der Welt, das nicht nur Opern- und Klassikfans, sondern auch die berühmtesten Sänger der Welt begeistert, reichen sie völlig aus.

Ab dem Nachmittag sieht man Opernfans an der Piazza Brà nach den letzten Karten anstehen. Vor der sengenden Sonne schützen sich viele mit Regenschirmen. Gegen Abend sammeln sich die Operngänger, um vor dem Kulturgenuss im Café rasch einen Espresso zu nehmen. Auch wer keine Karte ergattert hat, erlebt jetzt ein Schauspiel: Großfamilien mit Picknickkörben, Damen in Abendroben und ihre befrackten Begleiter inszenieren hier Auftritte von unterschiedlicher Dramatik.

22 000 Menschen strömen im Juli und August jeden Abend in die Arena, um Opernhits wie Verdis »Aida« zu hören und zu sehen. Ein Erlebnis ist das auf jeden Fall. Die Kulisse des um das Jahr 30 n. Chr. erbauten Theaters, in dem vor bald 2000 Jahren Gladiatorenwettkämpfe stattfanden, ist einfach grandios. Oben auf den Stufen sitzen Familien mit Kindern, im Parkett werden trotz erheblicher Hitzegrade festliche Abendstolen übers bodenlange Schwarze geworfen. Nach neun Uhr, wenn sich Dämmerung über die Arena senkt und die Fledermäuse erwachen, erklingen die ersten Töne aus dem Orchestergraben, Speer- und Fackelträger treten aus üppigen Kulissen, und auf den Stufen leuchten Tausende Lämpchen auf: Denn die Opernfans nutzen ihre Lampen nicht

zur Lektüre des Libretto, sondern zur Steigerung der ohnehin unfassbar romantischen Atmosphäre.

Wenn die Operngänger Stunden später die Arena verlassen, liegt Verona noch längst nicht im Schlaf. In den Trattorien und Bars der Piazza Brà ist noch eine Menge los. Italienische Arenabesucher entscheiden sich statt für mitteleuropäisch frühes Abendessen vor der Oper für das späte Nachtmahl nach dem Kunstgenuss – natürlich auf der Piazza Brà.

REGION 9
Venetien

i IAT Vicenza
Piazza Matteotti 12
36100 Vicenza
✆ 04 44 32 08 54
www.vicenzae.org
Tägl. 9–13.30 und 14–17 Uhr

54 Vicenza
Die Stadt Palladios

Vicenza (113 700 Einwohner), die etwa 30 Kilometer nordwestlich von Padua und 60 Kilometer von Venedig gelegene Hauptstadt der gleichnamigen Provinz, ist mit den Palästen des grandiosen Baumeisters der Renaissance Andrea Palladio (1508–80) buchstäblich gepflastert. Seit 1994 zählt die UNESCO die Stadt daher zum Weltkulturerbe. Vicenza ist aber nicht nur architektonisch einmalig, sondern auch schön, reich, elegant und voller Versuchungen. In den Bogengängen der Altstadt haben die großen italienischen Designer ihre Filialen, die alten Villen und Palästen sind noch existent, wenn heute auch weniger Privatleute in ihnen residieren als Banken und Verwaltung.

Das Zentrum von Vicenza mit der Basilica Palladiana des Andrea Palladio

Schon den Römern gefiel die günstige Lage zwischen zwei Flüssen, die damals bis zur Adria schiffbar waren. Sie brachten die Stadt zu einer ersten Blüte. Nachdem Vicenza zu verschiedenen Kleinstaaten gehörte, schloss es sich 1404 der Republik Venedig an.

Der in Padua geborene Andrea Palladio schuf hier ab 1540 rund 60 Villen und Stadtpaläste im klassizistischen Stil. So viele Herrenhäuser waren vonnöten, weil Vicenza keine einzelne Herrscherfamilie hatte, sondern von einer größeren Adelsclique dominiert wurde, deren Mitglieder alle angemessen wohnen wollten. Viele lebten außerhalb der Stadtmauern im Hinterland; auch dort baute Palladio ihnen die gewünschten standesgemäßen Villen. Einige sind in Privatbesitz, können aber wie die 1567–72 erbaute Villa Almerico Capra Valmarana, kurz **La Rotonda**, trotzdem zu bestimmten Zeiten besichtigt werden.

Über der Piazza dei Signori in Vicenza thront der venezianische Löwe

Die **Basilica Palladiana** im Herz der Stadt wurde von Palladio von 1546–49 umgestaltet. Dabei setzte er zwei Loggien auf den bestehenden Palast, den Palazzo della Ragione. Trotz ihres Namens ist sie nämlich keine Kirche, sondern der Ratssaal der Stadt – und heute auch ihr Symbol. Palladios letzte Arbeit war das **Teatro Olimpico**. Ein weiteres herausragendes Werk ist der gegenüberliegende **Palazzo Chiericati** an der Piazza Matteotti, der heute Standort des Stadtmuseums ist. Der mittelalterlichen **Loggia del Capitaniato**, einstmals der Wohnsitz eines Offiziers der Republik Venedig, verlieh Palladio 1565 ein neues Erscheinungsbild.

Johann Wolfgang von Goethe verehrte Palladio und verbrachte zu Beginn seiner Italienreise 1786 eine ganze Woche in Vicenza. Er streifte durch die Stadt, mischte sich unter die Einheimischen und bewunderte Palladios Bauten. Auch La Rotonda besichtigte er und konstatierte in seiner »Italienischen Reise« begeistert: »Die Baukunst hat möglicherweise noch nie einen solchen Grad an Herrlichkeit erreicht …« Womöglich ist es wirklich so.

REGION 9
Venetien

La Rotonda
Via della Rotonda 45
36100 Vicenza
www.villalarotonda.it
Tägl. außer Mo
März–Nov. 10–12
und 15–18, Dez.–
Feb. 10–12 und
14.30–17 Uhr
Eintritt € 10 (innen
und außen), € 5 (nur
Garten)

55 »La Rotonda« in Vicenza
Die Königin unter Palladios Villen

Mit vollem Namen heißt sie Villa Almerico Capra Valmarana. Ihre Form gab ihr den geläufigeren Namen La Rotonda. Vier Kilometer außerhalb der Stadt schaut sie als perfekt symmetrische Form erhaben von einem Hügel. Palladio war selbst begeistert von der »wie ein Theater« wirkenden Lage und den Aussichten, die sich von hier boten; glücklicherweise sind diese Ausblicke trotz der Erweiterung der nahen Stadt noch immer zu erkennen. Und auch die Wirkung der prachtvollen weißen Villa ist unverändert geblieben. Perfekte Linien und die exponierte Lage verbünden sich hier zu einem Bild, dessen Reiz sich nicht verschleißt.

Entworfen und erbaut wurde die Königin unter Palladios Villen 1567–91 im Auftrag des in päpstlichem Dienst stehenden Beamten Paolo Almerico, nach dem sie zunächst auch benannt wurde. Das architektonische Glanzstück gilt als Palladios bedeutendste Villa und zählt zum UNESCO-Weltkulturerbe (ebenso wie die Altstadt Vicenzas).

Vereinfacht ließe sich sagen, dass der Grundriss der Villa der Devise folgt, das Runde ins Eckige zu bringen. Das Rund des zentralen Raums mit der Kuppel darauf wird gerahmt von vier Fassaden, die ein Quadrat ergeben. Jeder Fassade ist ein von einem dreieckigen Giebel gekrönter Portikus mit jeweils sechs Säulen vorgebaut. Breite Treppen, deren Seitenwände Statuen bewachen, führen durch die Säulen zur Beletage, die dazu diente, Gäste zu unterhalten und ordentlich zu beeindrucken. Durch sie erreicht man den zentralen, mit prächtigen Fresken ausgemalten und mit Stuck dekorierten Kuppelsaal, in den von oben Licht fällt. Alle Wirtschaftsräume wurden in die Etage unter den Prunkgemächern verbannt, so dass die Profanität des Alltags aus dem Leben der Herrschaft ausgesperrt war. Über der Prunketage befindet sich ein Halbgeschoss mit den normalen Wohnräumen. So zeugt die Architektur der Villa auch vom Lebensstil der Bessergestellten in der Renaissance. Die Villa und ihr Garten bilden heute regelmäßig die romantische Kulisse für Konzerte.

Villa Almerico Capra Valmarana, genannt »La Rotonda« vor den Toren Vicenzas

56 Teatro Olimpico in Vicenza
Palladios letztes Werk

Die illusionistische Bühnenarchitektur des Teatro Olimpico in Vicenza

Kurz vor seinem Tod wurde Palladio mit dem Bau von Vicenzas berühmtem **Teatro Olimpico** beauftragt, dem ersten freistehenden Theater in Europa seit der Antike und dem ersten permanent überdachten überhaupt. Die Olympische Akademie der Stadt hatte das Bauland gekauft, um ein Theater zu errichten. Im Februar 1580 begannen die Arbeiten, doch die Fertigstellung seines Meisterwerks sollte Palladio nicht mehr erleben: Er starb im August des Jahres. Zunächst übernahm sein Sohn den Bau, der vier Jahre später von Vincenzo Scamozzi beendet wurde. 1994 erklärte die UNESCO das Teatro zum Weltkulturerbe.

Das nach dem Vorbild eines römischen Theaters errichtete Haus zählt zu den schönsten Bauten der Stadt. Der Italienreisende Goethe strebte, in Vicenza angekommen, eiligst zur im Zentrum gelegenen Bühne. »Ein Theater nach antikem Vorbild, aber im Kleinen realisiert und unaussprechlich schön«, urteilte der Dichter beeindruckt. Die Bühne hatte Palladio in zwei Etagen nach dem Vorbild der Fassade eines Palasts gestaltet. Dominiert wird sie von einem Triumphbogen, an den Seiten befinden sich zwei weitere Portale sowie Fensternischen, auf die lebensgroße Abbilder diverser Akademiemitglieder gemalt sind. Die Kulisse stellt eine Stadt dar, die das Bühnenbild in jeder Aufführung bestimmt. Die Zuschauerreihen sind wie in einem Amphitheater in einem Halboval von Stufen angelegt. Dort sitzen die Zuschauer zwar anders als in der Antike nicht unter freiem Himmel, doch dafür schmückt die Decke ein gemalter Himmel.

Über 430 Jahre nach seiner Grundsteinlegung wird das Teatro Olimpico noch immer jeweils von Mai bis Juni für Konzerte und im September und Oktober fürs Schauspiel genutzt. Vor allem klassische Stücke werden im Herbst auf die Bühne gebracht. Hintergrund des saisonalen Spielbetriebs ist die Tatsache, dass das Theater aus konservatorischen Gründen weder Heizung noch Klimaanlage besitzt. Mit 470 Plätzen ist es übersichtlich, was den Inszenierungen eine intime Atmosphäre verleiht.

Teatro Olimpico
Piazza Matteotti 11
36100 Vicenza
✆ 04 44 22 28 00
http://olimpico vicenza.it
Tägl. außer Mo 9–17 Uhr, Eintritt € 10/8 (3 Tage gültig, mit allen städtischen Museen: Palladio-Museum, Archäologisches und Naturwissenschaftliches Museum, Palazzo Chiericati, Renaissancemuseum, Palazzo Leoni Montanari), bis 14 J. frei

Die Hausherrin der Villa Barbaro auf einem Fresko (1560–61) von Paolo Veronese

Villa Barbaro (Villa di Maser)
Via Cornuda 7
31010 Maser
✆ 04 23 92 30 04
www.villadimaser.it
April–Juni und Sept./Okt. Di–Sa 10–18, So 11–18, März und Juli/Aug. Di, Do, Sa 10.30–18, So 11–18, Jan./Feb. und Nov./Dez. Sa/So 11–17 Uhr
Eintritt € 6/3 (6–14 J.)

Villa Foscari (La Malcontenta)
Via dei Turisti 9
30034 Malcontenta di Mira
✆ 041 547 00 12
www.lamalcontenta.com
Mai–Okt. Di und Sa 9–12 Uhr, Eintritt € 10

Ein Zitat antiker Architektur – die Villa Barbaro in Maser von Andrea Palladio

57 Palladio-Villen in der Terraferma
Auf den Spuren Andrea Palladios

In den zur Republik Venedig gehörenden Gebieten auf dem Festland *(Terraferma)* gestaltete Andrea Palladio traumhafte Landsitze für Aristokraten und wohlhabende Venezianer. Der Boom der Sommersitze auf dem Land war eine Zeiterscheinung der Renaissance. Man wollte zurück zur Natur, die Freuden des Lebens in ländlicher Umgebung genießen, und das ging nun mal schon immer am besten in der Geborgenheit einer komfortablen Villa. Die Stadtflucht hatte aber auch eine politische Komponente: Die Republik Venedig, die die Festlandgebiete im 15. Jahrhundert unterworfen hatte – was den Beginn einer langen Ära des Friedens einläutete –, wollte hier auch präsent sein.

Zu den Villen gehörten auch Güter, die so wirtschaftliche und kulturelle Zentren bildeten. Beispiele sind die Villa Foscari alias La Malcontenta in Mira am Brentakanal und die 1554–58 erbaute **Villa Barbaro** bei Asolo, die auch als **Villa di Maser** bekannt ist. Ihre von vier Säulen gestützte und von Seitenflügeln sowie Eckpavillons flankierte Fassade schmückt das Wappen der Familie Barbaro. Die Taubenschläge der Pavillons zeugen vom Wunsch der Barbaro, auch in der Sommerfrische mit dem Rest der Welt in Verbindung zu bleiben. Sensationell sind die von Paolo Veronese stammenden Fresken mit bukolischen und mythologischen Szenen. Die Villa, zu der auch ein bekanntes Weingut gehört, kann besichtigt werden.

Die wie die Villa Barbaro von der UNESCO zum Weltkulturerbe erklärte **Villa Foscari** entstand zwischen 1550 und 1560. Ihre Lage am Kanal, über den Padua und Venedig erreichbar waren, entsprach einer heutigen Autobahnanbindung – nur ohne Lärmbelästigung. Auftraggeber waren die Brüder Nicolò und Alvise Foscari, Sprösslinge einer wohlhabenden und einflussreichen Adelsfamilie, die bereits einen Dogen gestellt hatte.

Wie bei einem venezianischen Palast ist die Fassade dem Wasser zugewandt; ansonsten trägt die Villa mit ihrer an einen antiken Tempel erinnernden Front klar Palladios klassizistische Handschrift. Ihre erhöhte Lage schützt sie vor Hochwasser. Wunderschöne, aber nicht vollständig erhaltene Fresken schmücken die Räume der Villa. Ursprünglich gehörten Wirtschaftsgebäude, Ställe, eine Hauskapelle und Mauern zum Anwesen, doch nur die Villa und der Park haben die Zeit überdauert. Sie befindet sich heute wieder im Besitz der Familie Foscari und kann besichtigt werden. Weitere palladinische Villen sind die **Villa Tiepolo Passi** in Carbonera, die **Villa Ca'Marcello** in Piombino Dese, das **Castello di Roncade** in Roncande, die **Villa Sandi** in Crocetta del Montello und die **Villa Emo** in Vedelago.

Palladios Villa Foscari, genannt »La Malcontenta« am Naviglio del Brenta in Mira

Service von A bis Z

Anreise, Einreise

Dank Schengener Abkommen gehören Grenzkontrollen der Vergangenheit an. Dennoch benötigen EU-Bürger einen gültigen Ausweis, das gilt auch für Kinder, Einträge im Reisepass der Eltern werden nicht mehr akzeptiert. Autofahrer müssen auch Führerschein und Kfz-Schein mit sich führen.

Mit dem Auto
Am beweglichsten ist man mit dem eigenen Fahrzeug, auch wenn die Anreise langwierig sein kann – zumindest wenn man nicht in Bayern lebt. Mit dem Auto fährt man via Brenner (nach Südtirol), Tauern- oder Gotthardautobahn. Dann entweder Richtung Genua (Ligurien), Mailand (Lombardei), Bologna (für die südliche Adria und San Marino) oder über Verona in Richtung Udine und Venedig für die nördliche Adria. Schweizer fahren über Mailand.

Autobahnen sind in Österreich, der Schweiz und Italien mautpflichtig. Für Österreich kann man die erforderliche Vignette an der Grenze kaufen, sie kostet für 10 Tage € 8,50, für zwei Monate € 12,40 und für ein Jahr € 32,90. Für eine Jahresvignette für Schweizer Autobahnen zahlt man € 33. Auf den italienischen Autobahnen müssen die Gebühren an Mautstellen bar oder per Kreditkarte bezahlt werden (siehe »Automiete, Autofahren«). Autofahrer benötigen ihren Führerschein und den Fahrzeugschein. Die Mitnahme der grünen Versicherungskarte wird empfohlen.

In Österreich müssen Autofahrer ihre Warnweste im Fahrgastraum (nicht im Kofferraum) haben.

Mit der Bahn
Von Deutschland führen mehrere Verbindungen pro Tag über den Brenner oder über Mailand nach Bologna, Verona oder Rimini. Größere Badeorte sind von dort aus problemlos mit der Bahn zu erreichen. Von Mailand aus gelangt man

Auch heute noch aufregend: eine Fahrt über die kehrenreiche St.-Gotthard-Passstraße

unkompliziert und mit mehreren Verbindungen täglich an die ligurische Küste, aber auch in Städte wie Parma. Die Anreise mit dem Autoreisezug (von Hamburg, Düsseldorf und Berlin nach Verona) schützt vor Staus, ist aber nicht gerade billig. Näheres unter www.bahn.de/autozug.

Mit dem Flugzeug
Es bestehen Linienverbindungen nach Venedig, Bologna, Turin, Mailand-Malpensa und Ancona sowie zahlreiche Verbindungen mit sogenannten Billigfliegern nach Venedig, Mailand-Orio al Serio, Rimini, Bologna, Pescara oder Ancona.

Flughäfen:
Ancona: © 07 12 82 71
www.ancona-airport.com
Bologna: © 05 16 47 96 15
www.bologna-airport.it
Pescara: © 89 58 98 95 12
www.abruzzoairport.com
Rimini: © 05 41 71 57 55
www.riminiairport.com
Trieste: © 04 81 77 32 24
www.aeroporto.fvg.it
Venedig: © 04 12 60 92 60
www.veniceairport.it
Mailand-Malpensa: © 02 23 23 23
www.airportmalpensa.com
Turin: © 01 15 67 63 61
www.aeroportoditorino.it

Auskunft

Fremdenverkehrsamt ENIT (Ente Nazionale Italiano per il Turismo)

In Deutschland:
Barckhausstr. 10, 60325 Frankfurt am Main
© (069) 23 74 34
www.enit-italia.de

In Österreich:
Mariahilfer Str. 1b, 1010 Wien
© (01) 505 16 39
www.enit.at

In der Schweiz:
Uraniastr. 32, 8001 Zürich
© (043) 466 40-40
www.enit.ch

Die Regionen Norditaliens im Internet:
Aostatal: www.lovevda.it
Emilia-Romagna: www.emiliaromagnaturismo.it
Friaul-Julisch Venetien: www.turismofvg.it
Ligurien: www.turismoinliguria.it
Lombardei: www.turismo.regione.lombardia.it
Piemont: www.piemonteitalia.eu
San Marino: www.visitsanmarino.com
Südtirol: www.suedtirol.info
Trentino: www.visittrentino.it
Venetien: www.veneto.to

Jeder Ort hat außerdem ein lokales Tourismusbüro, das meist IAT (Informazione e Accoglienza Turistica) heißt.

Automiete, Autofahren

Autos kann man problemlos an Flughäfen sowie in Städten und Ferienorten mieten, wo die bekannten großen Verleihfirmen ebenso zu finden sind wie kleinere lokale Agenturen. Ein Preisvergleich lohnt sich. Am günstigsten ist es in der Regel, den Wagen bereits von zu Hause aus zu buchen. Beim Autovermieter braucht man außer dem Führerschein eine Kreditkarte als Sicherheit für die Kaution.

Innerorts darf man höchstens 50 km/h auf dem Tacho haben. Auf Landstraßen beträgt die Höchstgeschwindigkeit 90 km/h, auf Schnellstraßen *(superstrade)* 110 km/h, auf Autobahnen *(autostrade)* 130–150 km/h (bei Regen 110 km/h). Es empfiehlt sich dringend, diese Geschwindigkeiten einzuhalten, da Überschreitungen sehr teuer werden können!

Apropos teuer: Autobahnen sind in Italien bis auf einige meist kurze Abschnitte gebührenpflichtig. In der Regel zieht man ein Ticket, wenn man auf die Autobahn fährt. Beim Verlassen passiert man eine weitere Station, an der das Geld für die zurückgelegten Abschnitte kassiert wird – heute allerdings nicht mehr durchgängig von Menschen, sondern oft durch Automaten. Auch sehr geringe Beträge kann man mit der Kreditkarte bezahlen. Dennoch wird das Reisen durch die Gebühren ähnlich wie in Frankreich und Spanien schnell teuer. Fast immer verläuft parallel zur Autobahn die Landstraße, auf der man naturgemäß langsamer vorankommt.

Außerhalb geschlossener Ortschaften und auf Autobahnen gilt Lichtpflicht auch am Tag. Auf der Autobahn müssen im Fall einer Panne alle Personen, die das Fahrzeug verlassen, eine **Warnweste** tragen, außerdem muss man die Polizei verständigen. Die **Promillegrenze** liegt bei 0,5. Auch in Italien darf man beim Autofahren nur mit einer Freisprechanlage telefonieren. An schwarz-gelb-gestreiften Bordsteinen sowie Haltestellen von Bussen und Taxen darf nicht geparkt werden. Bleifreies Benzin *(senza piombo)* ist überall zu bekommen. Außerhalb von Autobahnen können Tankstellen sonntags und über Mittag geschlossen haben. In der Regel kann man überall auch mit Kreditkarte bezahlen. Anders als in Deutschland sind bemannte Kassenhäuschen selten geworden; zumeist muss man sich mit Automaten auseinandersetzen, die nach Einspeisen von Bargeld oder Kreditkarten das Tanken ermöglichen.

Diplomatische Vertretungen

Konsulate der Bundesrepublik Deutschland
– Viale Trieste 3 E
47037 Rimini
✆ 05 41 277 84
– Palazzo Condulmer, Santa Croce 251
30125 Venedig
✆ 041 523 76 75
– Via Solferino 40, 20121 Mailand
✆ 02 623 11 01, www.mailand.diplo.de
– Corso Vittorio Emanuele II 98, 10121 Turin
✆ 011 53 10 88

Konsulate der Republik Österreich
– Palazzo Condulmer, Santa Croce 251
30125 Venedig
✆ 041 524 05 56
– Piazza del Liberty 8/4, 20121 Mailand
✆ 02 78 37 43
– Corso G. Matteotti 28, 10121 Turin
✆ 011 440 78 20

Schweizerische Konsulate
– Dorsoduro 810 – Campo S. Agnese
30123 Venedig
✆ 041 522 59 96
– Via Palestro 2, 20121 Mailand
✆ 02 777 91 61
– Via della Consolata 1, 10122 Turin
✆ 011 59 55 09

Einkaufen

Außer typischen Souvenirs von ganz unterschiedlicher Qualität gibt es in Oberitalien jede Menge Verlockungen für Freunde des gehobenen Konsums. Der typisch italienische Dreiklang aus **Schuhen**, **Taschen** und **Sonnenbrillen** ist zwar nur wenig günstiger als zu Hause, die Auswahl jedoch besticht und im Bereich italienischer Markenwaren sind durch Sonderangebote oder Schlussverkauf auch manche Schnäppchen möglich. Die Kollektionen italienischer Couturiers, die vor allem in den mondäneren Badeorten und größeren Städten vertreten sind, haben allerdings geradezu schwindelerregende Preise. Eine Alternative zu den Boutiquen sind Outlet-Center (besonders zahlreich in Mailand, aber auch an den Peripherien anderer Städte vertreten).

Schönes fürs Heim ist ebenfalls in großer Vielfalt zu haben: **Glaswaren** aus Venedig und Murano oder **Keramikarbeiten** aus Faenza sind zwar alles andere als billig, dafür aber eben auch von besonderer Qualität und Schönheit. Es lohnt sich für **kulinarische Mitbringsel** und Andenken Platz im Kofferraum zu lassen: Wein, Olivenöl aus Ligurien, Parmesan aus der Emilia-Romagna (eingeschweißt einige Monate haltbar), Salami, Schinken, getrocknete Pasta und alles, was man in Italien schon in simplen Supermärkten bekommt und das einfach besser schmeckt als nördlich der Alpen.

Eintrittspreise

Der Eintritt in Kirchen ist frei, es sei denn, sie wurden zu Museen umgewidmet. In staatlichen Museen haben EU-Mitglieder bis 18 und ab 65 Jahre freien Eintritt. In anderen Museen ist die Kinderermäßigung recht unterschiedlich: freier Eintritt bis 6, 11 oder bis 14 Jahre ist möglich.

Essen und Trinken

Zwei der besten Gründe, nach Italien zu reisen, sind das Essen und der Wein. Hier wird aus der Nahrungsaufnahme fast eine Religion gemacht. Entsprechend fallen die Ergebnisse aus. Der Glaube an möglichst unverfälschte und hochwertige Zutaten sorgt dafür, dass man nicht nur in ausgesprochenen Feinschmeckerlokalen, sondern auch in preiswerten Trattorien ausgezeichnet essen kann. Hinzu kommt, dass einige der fundamentalen Bestandteile klassischer italienischer Kochkunst aus der Region der beiden norditalienischen Meeresküsten und ihrem Hinterland stammen.

Vor allem die Emilia-Romagna hat sich in diesem Bereich hervorgetan: Das beweisen Parma, Ursprungsort des berühmten **Schinkens**; Ferrara, das die Reihe nationaler Großtaten um **mit Kürbis gefüllte Tortellini** ergänzt hat, sowie Modena, die Heimat vom teuren **Aceto Balsamico tradizionale**,

Speisen auf einem Logenplatz direkt am Canal Grande (Venedig)

von dem schon wenige Tropfen ausreichen, um ein Kalbsfilet oder auch ein Dessert unvergesslich zu machen. Vom würzigen **Parmesan** und Weinen wie dem **Lambrusco**, der um Modena angebaut wird und dessen Qualität viel besser ist als sein Ruf, gar nicht zu reden. Köstlich sind die für die Emilia typischen **Vorspeisenplatten** aus Schinken, Mortadella und anderen gut gewürzten Wurstsorten.

In Venetien spielen **Aale** aus der Lagune eine wichtige Rolle, wie überhaupt **Fisch** natürlich einen wesentlichen Teil der Küstenküche abdeckt. In den Marken hingegen kommt auch viel **Fleisch**, vor allem Geflügel, Schwein und Wild auf den Tisch. Pasta isst man besonders gerne gefüllt *(vincisgrassi)*.

Bei solchen Zutaten gebührt dem Essen im Tagesverlauf viel Platz. Zwar fällt das traditionelle italienische Frühstück eher übersichtlich aus – es basiert auf starkem *café* und süßem Gebäck, in den Hotels hat man sich jedoch in der Regel auf die Bedürfnisse ausländischer Gäste eingerichtet und das Angebot um Wurst, Käse, Früchte und gelegentlich auch Eierspeisen erweitert. Am Sonntag wird gerne mittags getafelt: mit *antipasto* (Vorspeise), *primo piatto* (erster Gang), der aus einer kleinen Portion Pasta oder Risotto besteht und dem der *secondo piatto*, der zweite Gang, folgt, der Fisch oder Fleisch beinhaltet. Die *dolce* (Nachspeisen) und ein *café* (der hier übrigens nicht Espresso heißt) machen das Menü komplett. An den anderen Tagen der Woche findet das üppige Gelage eher abends statt und wird dann gerne von einem Grappa (Trester) gekrönt. Wie das Brot gehört auch der **Wein** zum Essen und die Auswahl könnte größer kaum sein (siehe die Weinbreviers der Regionen).

Feiertage, Feste, Veranstaltungen

Gesetzliche Feiertage:
1. Januar: Neujahr
6. Januar: Fest der Heiligen Drei Könige
Ostermontag
25. April: Tag der Befreiung vom Faschismus
1. Mai: Tag der Arbeit
2. Juni: Tag der Republik
15. August: Ferragosto/Mariä Himmelfahrt
1. November: Allerheiligen
8. Dezember: Mariä Empfängnis
25./26. Dezember: Weihnachten

Feste und Festivals:
Januar: *Notte de Bisò* in **Faenza** (Emilia-Romagna) mit kulinarischen Köstlichkeiten auf der Piazza del Popolo.
Februar: Wunderschön und sehr atmosphärisch ist der Karneval in **Venedig**, allerdings wird es dann auch ausgesprochen voll. Tipp: Am Wochenende vor dem Karneval ist schon viel Maskerade zu sehen.
März: Schokoladenliebhaber können bei der *Grande Festa del Cioccolato* rund um die Piazza Vittorio Veneto in **Turin** (Piemont) nach Herzenslust probieren (www.turismotorino.org).
April: Am 1. des Monats wird die neue Regierung der **Republik San Marino** mit einem festlichen Umzug ins Amt begleitet.
Mai: Zu Himmelfahrt feiert **Cervia** (Emilia-Romagna) mit der *Sposalizio del Mare* die symbolische Vereinigung mit dem Meer. Bei dem Volksfest mit Prozession bitten Fischer um einen reichen Fang. An einem Sonntag in der zweiten Hälfte des Monats findet auf der Piazza Ariostea in **Ferrara** (Emilia-Romagna) der *Palio di San Giorgio* statt, ein historisches Pferderennen zwischen den acht Vierteln der Stadt.

Mitte Mai wird in **Montagnana** in der Provinz Padua eine Woche lang die *Festa del Prosciutto Montagnana* gefeiert, ein Schinkenfest, in dessen Mittelpunkt der Prosciutto Veneto Euganeo Berico DOP steht – mit Verkostungen von Schinken, Käse und Wein, einem Antiquitätenmarkt und viel Trubel im mittelalterlichen Stadtzentrum (www.festadelprosciuttoamontagnana.it).

Am letzten Sonntag im Mai ist *Cantine Aperte* in **Venetien**: 90 Kellereien öffnen ihre Pforten zur Verkostung. Auch im **Aostatal** werden an diesem Tag die Weinkeller geöffnet (diverse Orte, www.movimentoturismovino.it).

In **Ferrara** (Emilia-Romagna) findet am letzten Maisonntag der *Palio di San Giorgio* statt, bunter Schlusspunkt einer Festwoche, die mit farbenprächtigen Umzügen und Reiterspielen an die Renaissance erinnert (www.paliodiferrara.it).
Ende Mai/Anfang Juni: Weinfest *Palio del Chiaretto* in der Altstadt von **Bardolino** (Venetien) mit Verkostungen und einer Drachenboot-Regatta. Im Mittelpunkt steht der am Veroneser Ufer des Gardasees gekelterte Rosé Chiaretto.

Von Mitte Mai bis Mitte Juni laden die 15 Weinbaugemeinden entlang der Südtiroler Weinstraße zu den Südtiroler Weinstraßenwochen *(Vino in Festa)*. Außer zahlreichen Verkostungen stehen auch Weinseminare und kulinarische Events auf dem Programm (www.suedtiroler-weinstrasse.it).
Juni: In **Ravenna** beginnt das Musikfestival mit Opern, Konzerten und Tanzaufführungen.

Esporre il biglietto
in modo visibile
sul cruscotto

P.zza Vitt. Emanuele 2

1881 10:39 08.07.17
fino a

st 10:30
10.07.17

€

P.zza Vitt. Emanuele 2
Nr
a
10:30 [illegible] 1881st
Importo [illegible]

Ein farbenfrohes Spektakel: der Carnevale di Venezia

Am vierten Sonntag im Juni findet in **Faenza** (Emilia-Romagna) der *Palio del Niballo* statt. Die Reiterspiele bilden den Höhepunkt einer ganzen Festwoche mit Musik, Umzügen und kulinarischen Events (www.paliodifaenza.it).

Juli: Am ersten Freitag des Monats taucht die *Notte Rosa* die **Küste der Emilia-Romagna** von Comacchio bis Cattolica in rosa Farbe – mit Feuerwerken, Strandpartys, Konzerten und, nicht zuletzt, rosafarbener Pasta in den Restaurants (www.lanotterosa.it).

Ende Juli/Anfang August: Sommerkarneval in **Fano** (www.fanoeventi.it), **Ravenna**-Festival in der dritten Juliwoche, Mittelalterfestspiele in der zweiten Monatshälfte in **Brisighella** (Emilia-Romagna). Am Samstag vor dem dritten Juli-Sonntag wird in **Venedig** mit Feuerwerk, außergewöhnlichem Bootsaufkommen im Giudeccakanal und der Bucht von San Marco die *Festa del Redentore* gefeiert. Am Sonntag finden eine Prozession zur Kirche Il Redentore auf der Insel Giudecca sowie diverse Regatten statt.

Schlern (Südtirol) ist in der 2.–4. Juliwoche Schauplatz des *Schlern International Music Festival*, bei dem besonders begabte Musikstudenten zweimal täglich in historischen Häusern Meisterkonzerte geben (http://schlernmusicfestival.eu).

In und um **Corvara** (Südtirol) und **St. Kassian/ San Cassiano** finden im Rahmen des *Valbadia Jazz Festivals* Konzerte statt (www.valbadiajazz.com).

Juli–Mitte September: Im **Val Gardena** (Grödnertal, Südtirol) werden beim Festival *Valgardena Musika* hochkarätige Klassikkonzerte vor der Kulisse der Dolomitengipfel gespielt (www.valgardena.it).

August: Am ersten Augustwochenende Reitturnier *Giostra della Quintana* in **Ascoli Piceno**. Zum *Buskers Festival* in der letzten Augustwoche treffen sich Straßenmusiker und Gaukler aus der ganzen Welt in **Ferrara** (Emilia-Romagna). Mitte des Monats ist Ferragosto (siehe Feiertage), wenn buchstäblich ganz Italien auf den Beinen und unterwegs ans Meer ist.

Beim *Rock Master Festival* in **Arco** (Trentino) treffen sich am letzten Wochenende im August und in der ersten Septemberwoche Kletterer aus der ganzen Welt (www.rockmasterfestival.com).

September: Am ersten Sonntag liefern sich bei der *Regata Storico* in **Venedig** kostümierte Crews Tausender historischer, festlich geschmückter Boote ein Wettrennen. Am Sonntag darauf wird in historischen Kostümen auf dem Brentakanal die Fahrt des Dogen in seinem Schiff nachgestellt.

Die internationalen Filmfestspiele sorgen in diesem Monat für weiteren Trubel in der Lagunenstadt (www.labiennale.org).

Am zweiten Sonntag im September wird der kleine Ort **Marostica** (Venetien) Schauplatz der *Partita a Scacchi*. Bei diesem außergewöhnlichen Schachturnier übernehmen kostümierte Menschen die Rollen der Schachfiguren und spielen teils über 100 Jahre alte Partien nach (www.marosticascacchi.it).

In **Noli** (Ligurien) wird am selben Tag die *Regata Storico dei Rioni Noelesi* veranstaltet, bei der Mannschaften aus allen vier Stadtteilen in historischen Booten (und historischer Gewandung) gegeneinander antreten. Damit wird an die Gründung der alten Seefahrerrepublik Noli erinnert. Die *Sagra du Stoccafisso* in **Badalucco** (Ligurien) am dritten Sonntag im September bietet die Gelegenheit, Stockfisch in vielen raffinierten Varianten zu probieren.

Mitte Oktober–Mitte November: Bei der Internationalen Trüffelmesse *Feria Nazionale del Tartufo Bianco d'Alba* in **Alba** (Piemont) kann man die kostbaren weißen Knollen erwerben sowie bei der parallel stattfindenden Ausstellung *AlbaQualità* lokale Spezialitäten und Weine probieren (www.fieradeltartufo.org).

Dezember: In den Städten **Südtirols** finden ab Ende November und den ganzen Dezember hindurch Weihnachtsmärkte statt.

Geld, Kreditkarten

Zahlungsmittel ist der Euro, Kreditkarten sind weit verbreitet und können ebenso wie die EC-Karte auch zum Begleichen kleinerer Beträge benutzt werden. Bargeld kann mit der EC- oder Kreditkarte überall an Geldautomaten abgehoben werden (für beides benötigt man eine Geheimnummer!). Insofern sind Reisende von den Öffnungszeiten der Banken *(banca)* und Sparkassen *(cassa di risparmio)* relativ unabhängig (Kernzeiten: Mo–Fr 8.30–13.30 und 15–16 Uhr).

Bei Diebstahl oder Verlust müssen die Karten umgehend gesperrt werden. Notieren Sie sich Ihre Kartennummer und erkundigen Sie sich, ob Ihre Karte über die **zentrale Sperrnummer** für Deutschland **+49 116 116** (zusätzlich +49 30 40 50 40 50) gesperrt werden kann.

Hinweise für Menschen mit Behinderungen

Norditaliens Städte und Regionen sind unterschiedlich gut auf die Reisebedürfnisse Behinderter vorbereitet. Hotels haben meist erst in der gehobenen Preisklasse behindertengerechte Zimmer und Bäder. Campingplätze entsprechen häufiger internationalen Standards. Am besten wendet man sich an das Fremdenverkehrsamt des gewünschten Ferienorts, um Adressen von passenden Hotels zu bekommen. Auch die Altstädte können mit hohen Bordsteinen und Kopfsteinpflaster Schwierigkeiten mit sich bringen. Einzelne Regionen und Städte haben sich allerdings Gedanken gemacht. Die Websites »Südtirol für alle« (www.altoadigepertutti.it; deutschsprachig), »Mailand für alle« (www.milanopertutti.it; englischsprachig) und »Barrierefreier Tourismus Piemont« (http://www.turismabile.it; italienisch- und englischsprachig) geben hilfreiche Tipps, um Urlaubern mit körperlichen Einschränkungen die Reise zu erleichtern. Die aufgrund von Treppen und Kanälen besonders schwer erschließbare Stadt Venedig hat einen speziellen Stadtplan erarbeitet, der unter http://www.comune.venezia.it/flex/cm/pages/ServeBLOB.php/L/EN/IDPagina/1318 abrufbar ist.

Internet

Nahezu alle Hotels (und viele Restaurants und Cafés) bieten ihren Gästen kostenlos drahtlosen Internetzugang. Internetcafés sind entsprechend im Rückzug begriffen.

Oberitalien im Internet:

www.tartufoevino.it – deutschsprachige Informationen des Consorzio Turistico Langhe Monferrato Roero zu Unterkünften und Veranstaltungen im kulinarischen Kernland des Piemont

www.turismoreligioso.eu – Informationen zu Pilgerreisen in Norditalien und im übrigen Land

www.original-italienisch.de – Hintergrundinformationen und Veranstaltungstipps zur Emilia-Romagna

www.cittadarte.emilia-romagna.it – deutschsprachige Reisetipps und virtuelle Besichtigung der Kunststädte der Emilia-Romagna

www.castellideldducato.it – königlich leben im Hinterland – alles übers Schlafen und Schlemmen in den Schlössern zwischen Parma und Piacenza

www.museicivicivenezianI.it – Venedigs wichtigste Museen im Überblick und Hinweise zu aktuellen Ausstellungen

www.blueflag.org – Übersicht über Badestrände mit besonders sauberem Wasser

Klima, Kleidung, Reisezeit

Die Badezeit an der Adria und der ligurischen Küste reicht von Juni bis September. Am schönsten sind **Früh- und Spätsommer**; im Frühling blüht alles und es herrscht ideales Wetter zum Wandern und Radeln. Einzig im Alpenraum kann man dann oft noch Ski laufen – hier beginnt die Wandersaison erst im Mai. Im **Juli und August** ist es an den Küsten am wärmsten, am vollsten und am teuersten. Wer nicht auf die Schulferien angewiesen ist, sollte diese Monate daher meiden. Mit Regen ist im Frühling und Sommer nur selten zu rechnen, die Durchschnittstemperaturen an den Küsten liegen im Sommer zwischen 25 und 27 Grad Celsius, auch abends kühlt es nur wenig ab. Das Wasser der Adria erreicht in der Hauptreisezeit (Juli/August) wohlige 24–26 Grad Celsius; das Wasser an der westlichen Küste wird nicht ganz so warm. Tagsüber kann es dann allerdings sehr heiß werden – wer gerne radelt oder sich sportlich betätigen möchte, gerät sehr ins Schwitzen. Vor allem in der Po-Ebene brennt die Sonne dann unerbittlich, und wer kann, strebt ans Meer.

Das Piemont ist im **Herbst** ein besonders schönes Ziel zur Trüffelsaison mit Festen und Veranstaltungen rund um die kostbaren Knollen, auch lässt sich die Region dann gut erwandern.

Im **Winter**, wenn in den Alpengebieten die Hauptsaison erst beginnt, versinken die Küsten – mit Ausnahme der stets lebhaften Hafenstadt Genua – im Winterschlaf. Viele Restaurants und die meisten Hotels sind zumindest teilweise geschlossen oder werden renoviert. Reizvoll sind um diese Zeit indessen kulturell orientierte Reisen nach Venedig oder in im Hochsommer zu heiße Städte wie Parma, Verona, Vicenza und Genua – um nur einige zu nennen. Mailand und Turin sind aufgrund ihres kulturellen Angebots Ganzjahresziele.

Medizinische Versorgung

Die medizinische Versorgung ist ausgezeichnet und flächendeckend. In den Ferienorten an der Küste findet man häufig sogar Ärzte und Apotheker, die deutsch oder englisch sprechen. Mit der Versichertenkarte der heimischen Krankenkasse lassen sich in aller Regel die Leistungen von Ärzten in Anspruch nehmen (im Zweifelsfall vor der Reise mit der Kasse abklären). Eine Auslandskrankenversicherung, die eventuell anfallende Differenzen zwischen den entstandenen Kosten und dem, was die eigene Kasse sowie einen eventuellen Krankenrücktransport abdeckt, ist sehr zu empfehlen und schon für etwa zehn Euro im Jahr zu haben.

Mit Kindern in Oberitalien

Die Italiener mögen die *bambini* sehr und sind besonders nett zu ihnen. Hier wird sich niemand beschweren, wenn die Kleinen abends im Restaurant spielen. Einziger Wermutstropfen ist, dass der Urlaub mit Kindern in Italien nicht ganz billig ist. In den meisten Hotels muss schon für Kinder im Kleinkindalter anteilig gezahlt werden, selbst wenn sie im Bett der Eltern schlafen und sich kaum am Buffet bedienen.

Mit Kindern bietet sich die **Adria** als Reiseziel geradezu an. Die Strände sind riesig, feinsandig und fallen zum Meer hin flach ab – ideale Buddel- und Badebedingungen. Das Unterhaltungsangebot ist ausgezeichnet und reicht von Kinderbetreuung in Strandbädern über die zahlreichen piepsenden Spielhöllen, die Eltern weniger gefallen mögen, aber auf Kinder eine unwiderstehliche Anziehungskraft ausüben, bis hin zu den zahlreichen Vergnügungs- und Wasserparks entlang der ganzen Küste. Hinzu kommt noch die ständige Verfügbarkeit von Eis und Spaghetti. Damit kann zwar auch die ligurische Küste auftrumpfen, doch hat sie wegen der kleineren Strände und der Abschnitte mit Steilküste an der östlichen Küste weniger Anziehungskraft für Familien mit Kindern.

Adressen von Vergnügungs- und Aquaparks finden Sie unter den einzelnen Points. Als größter Vergnügungspark an der Adriaküste (und zweitgrößter Italiens) sei hier **Mirabilandia** genannt, das unter anderem eine Achterbahn mit sechs Überschlägen bietet (siehe Region 2 Emilia-Romagna).

Skispass in den Dolomiten (Südtirol)

Golfen vor der Kulisse der Schlerngruppe in Kastelruth (Südtirol)

Notfälle, wichtige Rufnummern

Carabinieri und allgemeine Notruf: ✆ 112
Polizei: ✆ 113
Notarzt und Krankenwagen: ✆ 118
Feuerwehr: ✆ 115
Straßennotdienst: ✆ 116
ADAC-Notrufstation für ganz Italien: ✆ 039 210 41 (Festnetz), +39 039 210 41 (Handy)

Öffnungszeiten

Geschäfte öffnen in der Regel Mo–Fr von 8.30/9 bis 12.30 Uhr, nachmittags geht es ab 15.30/16 Uhr weiter. Mittagspausen sind auch in Badeorten durchaus üblich. An der Küste und in touristischen Zentren bleiben viele Geschäfte bis 22, manchmal auch bis 23 Uhr geöffnet. **Restaurants** öffnen mittags von 12 bis 15 Uhr und abends von 18/19 bis 22/23 Uhr. **Museen** sind meist montags geschlossen. **Kirchen** kann man in der Regel zwischen 8/9 und 12/12.30 Uhr sowie von 15.30/16–19 Uhr besichtigen.

Post, Briefmarken

Briefmarken für die Ansichtskarten nach Hause gibt es bei der Post (Mo–Fr 8.30–13, Sa bis 12 Uhr), im Tabakwarengeschäft *(tabacchi)* oder an der Rezeption Ihres Hotels. Das Porto für Briefe und Postkarten in andere europäische Länder beträgt € 0,85.

Presse

Die überregionalen deutschsprachigen Tageszeitungen und Magazine sind in den Badeorten und in größeren Städten problemlos zu bekommen. Auch deutsche Fernsehkanäle sind in vielen Hotels per Kabel oder Satellit zu empfangen. Wer italienisch spricht, hat zusätzlich eine große Auswahl an nationalen und regionalen Rundfunk- und Fernsehsendern sowie verschiedenen Printmedien.

Rauchen

Das Rauchen ist in Italien an allen öffentlichen Orten untersagt. Dazu zählen auch Bars, Restaurants und Clubs, die keine eigens ausgewiesenen Räume für Raucher haben. Es ist sinnvoll, sich daran zu halten, da eine Zigarette ansonsten bis zu € 250 Strafe kosten kann.

Sicherheit

Vor Diebstahl ist niemand sicher, vor allem nicht während der Urlaubssaison und speziell in Städten und am Strand. Gerade im Sommerurlaub, wenn alle Gäste sich mehr um Sehenswürdigkeiten und Freizeitspaß kümmern, werden Diebe aktiv, ganz speziell dort, wo Gedränge zu erwarten ist. Also Handtasche nicht leichtsinnig umhängen oder offen lassen; vor allem der von Männern bevorzugten Gesäßtasche gilt der erste Griff.

Grundsätzlich nur das Notwendigste mitnehmen, wichtige Papiere und nicht benötigtes Geld im Hotelsafe lassen und für alle Eventualitäten eine Kopie des Ausweises oder Passes bei sich tragen. In keinem Fall sollte man wertvolle Gegenstände im Auto lassen, auch ein verdeckter Kofferraum bietet keine Sicherheit. Wählt man bewachte Garagen, müssen diese versichert sein, sonst gibt es keine Haftung. Die Garagen in Hotels sind am sichersten, kein Hotelier möchte seine Gäste verärgern, trifft also entsprechende Vorsorge.

Sport und Erholung

Die Italiener lieben nicht nur Fußball, sondern Sport aller Art. Entlang der adriatischen Küste gibt es eigentlich nichts, was nicht angeboten wird – von Wassersport über Golf, Reiten und Tennis bis zu Strandfußball und Beachvolleyball. An der ligurischen Küste sind ebenso wie an den Alpenseen des Nordens zahlreiche Wassersport- und Tauchmöglichkeiten vorhanden. In gehobenen Hotels ist ein Spa bzw. Wellnessbereich mittlerweile fast überall Standard, auch zahlreiche Golfplätze gibt es in Oberitalien. Im gebirgigen Norden stehen in der kalten Jahreszeit alle Arten von Wintersport (Skifahren, Snowboarden, Schneeschuhwandern, Eisklettern) zur Wahl, im Sommer Wandern, Bergsteigen, Mountainbiking und Klettern. Mutige können sich an den Alpenausläufern im Gleitschirmfliegen versuchen.

Strände

Die Strände der Adria sind breit, feinsandig – und im Bereich der gebührenpflichtigen Badestrände *(bagni)* bestens gepflegt. Sanitäre Einrichtungen, Umkleideräume und Cafés und Bars sind ebenso vorhanden wie Sonnenschirme und Liegen, die man pro Tag oder wochenweise mieten kann (zwei Liegen und ein Schirm kosten pro Tag ab € 12). Die *spiaggie libre* bezeichnen (gebühren-) freie Strandabschnitte, bieten jedoch keinen Service. An der ligurischen Küste sind Strände und Badebuchten deutlich kleiner, doch gibt es an den offiziellen Badestränden ebenfalls die in Italien übliche gebührenpflichtige Infrastruktur aus Liegen, Schirmen, Umkleiden, sanitären Anlagen und gastronomischem Angebot. Auch an dieser Küste haben viele Hotels ihre eigenen Strandabschnitte, die nur Hotelgästen zugänglich sind.

Strom

Die übliche Stromspannung beträgt 220 oder 230 Volt. Schukostecker mit dickeren Stiften wie z. B. beim Fön passen nicht in die italienischen Steckdosen, dafür braucht man einen Adapter.

Telefonieren

Telefonzellen sind, sofern man überhaupt noch welche findet, nurmehr mit Karten *(carta telefonica)* zu bedienen, die man in Postämtern, Bars und Tabakwarengeschäften bekommt. In Italien ist die Vorwahl in die Rufnummer integriert, so dass man stets die gesamte Telefonnummer – mit der 0 am Anfang – wählt.
Vorwahl Deutschland +49
Vorwahl Österreich +43
Vorwahl Schweiz +41
Vorwahl Italien +39, 0 danach mitwählen
Telefonauskunft 12

Befindet man sich in Italien, braucht man keine Landeskennung zu wählen, um eine italienische Mobilnummer anzurufen. Tut man es dennoch, wird man trotzdem verbunden. Von Deutschland aus muss auch vor der italienischen Handynum-

Rimini – einer der populärsten Badeorte des Landes

mer +39 gewählt werden. Den Nummern von Mobiltelefonen wird keine 0 vorangestellt. Bei der Nutzung von Mobiltelefonen im Ausland wird man unmittelbar nach der Ankunft von seinem Provider über die Höhe der Roaming-Gebühren unterrichtet. Diese sind innerhalb Europas insgesamt deutlich günstiger geworden. Bleibt man länger im Land, kann es sich lohnen, eine Prepaid-Karte italienischer Provider zu kaufen.

Eine weitere Möglichkeit, die Kosten überschaubar zu halten, besteht darin, sich in Deutschland z.B. bei einem Discounter eine Prepaid-Karte zu kaufen, die man dann im Lauf des Urlaubs abtelefoniert. Bei der Verwendung von Prepaid-Karten ist zu bedenken, dass man nicht mit der eigenen, sondern einer neuen Telefonnummer zu erreichen ist.

Trinkgeld

In Restaurants und Hotels sowie beim Taxifahrer, Friseur und Reiseleiter bedankt man sich für guten Service mit einem Trinkgeld von etwa 10 Prozent.

Unterkunft

Das Spektrum reicht vom Campingplatz über die einfache Pension bis zum Luxushotel. Die Preise richten sich nach Komfort und – an der Küste – Entfernung zum Strand. Viele **Hotels** an der adriatischen und ligurischen Küste bieten ein eigenes Strandbad. Die Miete von Sonnenschirm und Liegen ist nicht immer im Preis enthalten. In den Städten finden sich Hotels aller Kategorien vom Palazzo bis zum Bed & Breakfast, der Standard ist hoch, aber die Preise sind es auch.

Hinter dem Begriff **Agriturismi** verbergen sich Bauernhöfe, die meist über nicht mehr als eine Handvoll Gästezimmer verfügen und ganz überwiegend Halbpension anbieten. In der Regel nehmen die Gäste die Mahlzeiten gemeinsam ein. Die Gastgeber kochen meist hervorragend und vermitteln zudem Einblicke in den italienischen Alltag. Agriturismi sind vor allem in den ländlichen Gebieten zu finden, ein Verzeichnis für ganz Italien bietet die **Associazione Nazionale per l'Agriturismo, l'Ambiente e il Territorio** (www.agriturist.it). Ein weiteres Verzeichnis von Agriturismi und Ferienhäusern im Internet bietet »Agritalia – Farm Holiday in Italy« unter www.agritalia.it.

Wer mehr über seine Urlaubsregion erfahren, aber nicht notwendigerweise auf dem Land urlauben möchte, ist mit der Unterkunft im **Bed & Breakfast** gut beraten. Diese kleinen Privatpensionen, deren Inhaber Übernachtung, Frühstück und Ansprache bieten, sind anders als die Agriturismi auch in Städten und Dörfern zu finden. Unter dem Namen »Bed & Breakfast Italia« hat sich eine Vielzahl dieser Unterkünfte zusammengeschlossen (Palazzo Sforza Cesarini, Corso Vittorio Emanuele II 282, 00186 Rom, ✆ 06 68 78 618, www.bbitalia.it).

Auskünfte zu **Campingplätzen**, die insbesondere an den östlichen Küsten in großer Zahl zu finden sind, gibt der Verband Confederazione Italiana Campeggiatori (Via Vittorio Emanuele 11, 50041 Calenzano, ✆ 055 88 23 91, www.federcampeggio.it).

Verkehrsmittel

Eisenbahnen (Express- und Schnellzüge) verkehren regelmäßig entlang beider Küsten. Vom Hauptbahnhof in Mailand kann man größere Städte in der Regel sehr gut mehrmals täglich erreichen. Rarer sind Verbindungen mit Regionalzügen von der Adriaküsten ins Binnenland. Insbesondere kleine Orte erreicht man dort eher mit öffentlichen **Bussen**. Wer den Zug nimmt, muss vor Antritt der Fahrt die Fahrkarte am Automaten abstempeln, sonst gilt er bei der Kontrolle im Zug als Schwarzfahrer.

Die Infrastruktur in den größten Urlaubszentren ist ausgezeichnet. An der Adriaküste können Nachtschwärmer mit der **Blue Line** noch spät in der Nacht vom Club im Nachbarort zurück ins Hotel kommen. Auch die Cinque Terre sind durch eine sehr häufig bediente Eisenbahnlinie miteinander verbunden (Anbindung ab Genua und Pisa; www.fsitaliane.it). Außerdem verkehren zwischen den Dörfern und entlang dieses Abschnitts der ligurischen Küste Schiffe (www.navigazionegolfodeipoeti.it).

In Venedig sind die **Vaporetti** (Linienboote) eine preiswerte Alternative zum Wassertaxi. Ein Vaporetto-Fahrschein kostet € 6, eine Stadtfahrt im Wassertaxi ab € 20, vier Personen mit Gepäck zahlen für eine Fahrt vom Bahnhof zum Markusplatz € 60. In den anderen größeren Städten verkehren **Linienbusse**; die Sehenswürdigkeiten sind meist in den Altstädten konzentriert und somit fußläufig zu erreichen. **Taxifahrten** sind nicht preiswerter als bei uns.

Bootsverkehr im Bacino di San Marco mit Blick auf die Isola di San Giorgio Maggiore in Venedig

Orts- und Sachregister

Die **fetten** Seitenzahlen verweisen auf ausführliche Erwähnungen, *kursiv* gesetzte Begriffe bzw. Seitenzahlen beziehen sich auf den Service.

Orts- und Sachregister

Orts- und Sachregister

Namenregister

Namenregister

Bildnachweis

Klaus Acker, Köln: S. 7 u., 51, 52, 223

Peter Bachhuber, Rottach-Egern: S. 132 o., 141

E.N.I.T. Staatliches Italienisches Fremdenverkehrsamt, Frankfurt/M./Distretto Turistico dei Laghi, Stresa/Andrea Lazzarini Editore: S. 202

Herbert Hartmann, München: S. 145, 150 o.

Fotolia/Als15: S. 75; Marco Santi Amantini: S. 246; Amro: S. 161 o.; Antimage: S. 33 u.; Alexey Arkhipov: S. 147 o.; Ataglier: S. 183; Autofocus67: S. 227 u., 251 o.; Kushnirov Avraham: S. 136 u.; Luca Bazzi: S. 72; Bergfee: S. 129 o.; Blickfang: S. 4 o.; Massimo De Candido: S. 16 r.; Captblack76: S. 203; Dave CGN: S. 114, 124; Cheyenne: S. 282/283; Ciaobucarest: S. 32 u.; Claudiozacc: S. 37 o., 47, 50, 54, 59, 129 u.; Cmoj: S. 58; Cmon: S. 311; Claudio Colombo: S. 28, 56; Gianfranco Coscarella: S. 122; Crazycolors: S. 188; Diavoletto: S. 211, 222; Max DJ: S. 136 o.; Dp3010: S. 186; Eddygaleotti: S. 76 u.; Christa Eder: S. 233 o.; Emilia71: S. 73; Fabianosodi: S. 33 o.; Fabioarimatea: S. 201; Farida: S. 110 o.; FKS: S. 104 u.; Flaviorosso66: S. 249 o.; Fotoverlag: S. 267; Franc100: S. 177 o.; Freesurf: S. 109, 133 o.; Fuxart: S. 281 o.; Massimiliano Gallo: S. 130 o.; Sean Gladwell: S. 166; Rostislav Glinsky: S. 191; Gorilla: S. 315; Volkmar Gorke: S. 301 o.; Bianka Hagge: S. 213 o.; lamio: S. 307; I.Ivan: S. 182, 195; Iucazzitto: S. 82 Mitte; Iweide: S. 185; Marie Jardinier: S. 233 u.; Jashin: S. 199; Jeffbeal: S. 99; Jojjik: S. 144; Jovannig: S. 101; Ralf Kabelitz: S. 217 u.; Kab-vision: S. 212 u.; Manfred Karisch: S. 91 o.; Kiloworf: S. 44; Kletr: S. 97; Karol Kozłowski: S. 137, 162; Lovrencg: S. 275 u.; Luciap: S. 42; Thomas Maiwald: S. 209; Marcodeepsub: S. 4 u., 119, 121 u.; Marcovarro: S. 46; Fausto Mariani: S. 187; Valentina Mariani: S. 167; Mariontxa: S. 19 Mitte; MasterLu: S. 151; M.bonotto: S. 173; MF-Media.de: S. 139 o.; Sergey Mikhaylov: S. 133 u.; Mirubi: S. 207 u.; Mi.Ti.: S. 6 o., 64 o., 71; Mito_236: S. 16 l.; Mlehmann78: S. 309; Johanna Mühlbauer: S. 212 o.; Stefano Neri: S. 105; Nikokvfrmoto: S. 10 u.; Onelulu: S. 157; Joachim Opelka: S. 214 o.; Outdoor-Photo: S. 291; Panoramo: S. 103 u., 178 o. r.; Paolomlibertini: S. 178 u.; Martine Pasquini: S. 207 o.; Patriziook: S. 18 o.; Paulista: S. 62 u.; Peggy: S. 256 o.; Barbara Pheby: S. 103 o. l.; JR Photography: S. 88; Picture-Optimize: S. 281 u.; Giuseppe Porzani: S. 103 o. r.; Jakob Radlgruber: S. 165 u.; Roberto Ricca: S. 134; Rik58: S. 26; Maurizio Rovati: S. 168 o., 168 u., 169 u., 170; Mariano Pozo Ruiz: S. 152; Marco Saracco: S. 197 u.; Scatto79: S. 240 o.; Comugnero Silvana: S. 82 o., 84, 93, 131 o., 243 u.; Sorin: S. 238; Speculare: S. 150 u.; Studio Gi: S. 67 u.; SusaZoom: S. 139 u.; Maurizio Targhetta: S. 270 o.; Teodora_D: S. 9 o.; Terranova_17: S. 225 o.; TheStockCube: S. 287; Tunedin: S. 316; Uweha: S. 230; Vencav: S. 231 o.; VeSilvio: S. 256 u.; ViewApart: S. 5 o.; Vision images: S. 227 o., 244 u.; Volbeu: S. 224 o.; Vpardi: S. 130 u.; Karin Wabro: S. 163; Wjarek: S. 295

iStockphoto/Andrearoad: S. 138 u.; Anzeletti: S. 32 o., 78/79; Assalve: S. 317; Astra490: S. 104 o.; Daniel Bärtschi: S. 7 o., 210 o.; Begepotam: S. 126/127; Bernotto: S. 14/15; Alberto Bogo: S. 286; Michele Boiero: S. 176 u.; Maurizio Bonora: S. 61; Borsheim: S. 36, 49; Bosca78: S. 83 o., 83 u.; BostjanT: S. 313; Pauline Breijer: S. 235 u.; BremecR: S. 85 o., 85 u.; Brizius: S. 180 o.; David Callan: S. 125; Caracterdesign: S. 34 u.; Claudiodivizia: S. 153; Clodio: S. 67 o.; Claudio Giovanni Colombo: S. 266; Cos78: S. 89 o., 89 u.; Creativaimage: S. 232; CSLD: S. 10 o.; Luke Daniek: S. 255, 302, 303 o.; David5962: S. 290 o.; Matthew Dixon: S. 5 u., 172, 289; Ermingut: S. 272; Faabi: S. 120; Fabio48: S. 60/61; Fambros: S. 113 u.; Farluk: S. 19 u.; Flory: S. 181; Franco Fojanini: S. 261; Fotonazario: S. 113 o.; Peter Frank: S. 274 o.; Franz-W. Franzelin: S. 208, 213 Mitte; Ernst Fretz: S. 210 u.; Valentina Gabusi: S. 35; Garth11: S. 117; Orietta Gaspari: S. 242 u.; Gaspr13: S. 95 o.; Steve Geer: S. 299; Aleksandar Georgiev: S. 319; Geoste: S. 82 u.; Gim42: S. 189; Gorfer: S. 7 Mitte, 228/229; Ian Hamilton: S. 264 u.; Sebastian Hamm: S. 234; David Henderson: S. 11 u.; Hıpproductions: S. 305; Kevin Holt: S. 268/269; Jdwfoto: S. 213 u.; Cornel Krämer: S. 231 u.; Krom1975: S. 178 o. l.; LianeM: S. 241; Mark Lijesen: S. 31; Livius2: S. 176 o.; Luke1138: S. 159; Lumase: S. 198; Manakin: S. 115; Marcomayer: S. 62 o., 179; Marcovarro: S. 57; Giuseppe Masci: S. 271; Maudanros: S. 102 o.; Mcveras: S. 111; MoreISO: S. 205 o.; Vincent Mosch: S. 304; Mrcmrc: S. 218; Nimu1956: S. 34 o., 242 o., 260 u., 303 u.; Alessandro Di Noia: S. 19 o.; Nullplus: S. 265; Oli-c: S. 94; S. Greg Panosian: S. 273; Pavliha: S. 81 o.; Robert Pavsic: S. 81 u.; Diane Peacock: S. 43; PeJo29: S. 226; Alberto Perer: S. 23; Thomas Perkins: S. 275 o.; Massimo Petranzan: S. 292/293; Photocamera: S. 21; Pigs: S. 284, 292; Pmudu: S. 39; Redstallion: S. 8 o.; Repistu: S. 193 o.; Rglinsky: S. 174, 177 u.; Bettina Ritter: S. 214 u.; Robynmac: S. 131 u.; Romaosl: S. 279; Rusm: S. 290 u.; Roberto A Sanchez: S.

Bildnachweis Impressum

132 u., 143; Savoia: S. 95 u.; Juergen Schonnop: S. 278; Seraficus: S. 64 u.; Silviacrisman: S. 200/201; Alberto Simonetti: S. 91 u., 247 o., 258; Simmi Simons: S. 6 u.; Dorota Stawicka: S. 98; Swisshippo: S. 25; Domenico Timo: S. 288; Danin Tulic: S. 96; Michael Utech: S 237; Flavio Vallenari: S. 17, 18 u., 20, 27, 243 o., 245 o., 245 u., 251 u., 300 o.; Vesilvio: S. 249 u., 254 o., 254 u.; Vicspacewalker: S. 90; ViewApart: S. 77; Waiheng: S. 285; Xyno: S. 30, 112; Zicci: S. 204; Zu_09: S. 215

Markus Kirchgessner/laif, Köln: S. 156

laif, Köln: S. 206

mauritius images: S. 221; mauritius images/CuboImages: S. 252/253

Pixelio/Biggi: S. 247 u.; Matthias Clausen: S. 239; Peter Heinrich: S. 171; Jurec: S. 140; Minimax: S. 146; Udo Sodeikat: S. 235 o.

Andreas Schulz, Potsdam: S. 301 u.

Stefano Torrione/hemis.fr/laif, Köln: S. 24/25

Tourismusverein Dorf Tirol: S. 219

VISTA POINT Verlag (Archiv), Potsdam: S. 6 Mitte, 9 u., 10 Mitte, 11 o., 12 o., 12 u., 37 u., 41, 45 o., 45 u., 48, 53, 63, 65 o., 65 u., 66 o., 66 u., 68, 74 o., 74 u., 76 o., 87, 107, 110 u., 147 u., 149, 154, 155, 158, 161 u., 164, 169 o., 180 u., 192, 193 u., 197 o., 205 u., 225 u., 244 o., 248, 259, 260 o., 264 o., 270 u., 274 u., 276, 280 o., 280 u., 282, 294 o., 294 u., 296, 298, 300 u., 306 o.

Wikipedia CC PD-Mark 1.0: S. 194

Wikipedia/File Upload Bot (Magnus Manske)/ Flickr2 C: S. 138 o.

Wikipedia/Gregorburns: S. 55

Wikipedia (CC BY-SA 2.5)/Sextum: S. 106

Wikipedia (CC BY-SA 3.0)/Cezary p: S. 102 u.; CHfono: S. 240 u.; Daderot: S. 126; Lord Koxinga: S. 224 u.; Marcok: S. 306 u.; Andreas Praefcke: S. 297; Sémhur: S. 13; James Steakley: S. 8 u.; Massimo Telò: S. 165 o.; Ugo franchini-Llorenzi: S. 217 o.; Welleschik: S. 86; Yoruno: S. 121 o.

Titelbild: Venezianischer Gondoliere auf dem Canal Grande, Foto: iStockphoto/DNY59

Vordere Umschlagklappe (innen): Übersichtskarte des Reisegebietes mit den eingezeichneten Reiseregionen

Schmutztitel (S. 1): Das Deckengemälde in der »Camera degli Sposi« im Palazzo Ducale in Mantua täuscht einen Himmel vor (Lombardei), Foto: VISTA POINT Verlag (Archiv), Potsdam

Haupttitel (S. 2/3): Vielleicht der schönste Ort der Cinque Terre – Vernazza (Ligurien), Foto: Fotolia/ Martin M303

Hintere Umschlagklappe (außen): Villa Barbaro in Maser von Andrea Palladio (Venetien), Foto: Fotolia/Bodot

Umschlagrückseite: Hauptfassade des Mailänder Doms (Lombardei), Foto: Fotolia/MasterLu (oben); Die Hausherrin der Villa Barbaro in Maser auf einem Fresko (1560–61) von Paolo Veronese (Venetien), Foto: VISTA POINT Verlag (Archiv), Potsdam (unten)

Reihenkonzeption: Horst Schmidt-Brümmer, Andreas Schulz
Bild- und Textredaktion: Andrea Herfurth-Schindler
Lektorat: Kristina Linke, JB Bild|Text|Satz, Köln
Layout und Herstellung: Sandra Penno-Vesper
Coverentwurf: Martin Wellner, Fremdkörper® Designstudio, Potsdam
Reproduktionen: Henning Rohm, Köln
Kartographie: Kartographie Huber, München

 ISBN 978-3-86871-036-6